Die Begründung und die Beendigung des Arbeitsverhältnisses im deutschen und im polnischen Arbeitsrecht

Europäische Hochschulschriften
Publications Universitaires Européennes
European University Studies

Reihe II
Rechtswissenschaft

Série II Series II
Droit
Law

Bd./Vol. 3972

PETER LANG
Frankfurt am Main · Berlin · Bern · Bruxelles · New York · Oxford · Wien

Magdalena Nacewicz

Die Begründung und die Beendigung des Arbeitsverhältnisses im deutschen und im polnischen Arbeitsrecht

PETER LANG
Europäischer Verlag der Wissenschaften

Bibliografische Information Der Deutschen Bibliothek
Die Deutsche Bibliothek verzeichnet diese Publikation in der Deutschen Nationalbibliografie; detaillierte bibliografische Daten sind im Internet über <http://dnb.ddb.de> abrufbar.

Zugl.: Bochum, Univ., Diss., 2003

D 294
ISSN 0531-7312
ISBN 3-631-52814-0

www.peterlang.de

Gewidmet

meinen Eltern

Inhaltsverzeichnis

Literaturverzeichnis

Ascheid, Reiner/Preis, Ulrich/Schmidt, Ingrid (Hrsg.), Großkommentar zum Kündigungsrecht, München 2000, zit: APS/Bearbeiter, KündR

Bardach, Juliusz/Leśnodorski, Bogusław/Pietrzak, Michał, Historia ustroju i prawa polskiego, wydanie III, Warszawa 1996, zit.: Bardach/Leśnodorski/Pietrzak, Historia

Barton, Dirk Michael, Die Anerkennung eines Weiterbeschäftigungsanspruchs durch Arbeitsgerichte unter „verfassungsrechtlichen Gesichtspunkten", NZA 1985, 77

Barzycka-Banaszczyk, Małgorzata, Prawo pracy, komentarz, Warszawa 1998, zit.: Barzycka-Banaszczyk, Prawo pracy, komentarz

Barzycka-Banaszczyk, Małgorzata, Prawo pracy, wydanie IV, Warszawa 1999, zit.: Barzycka-Banaszczyk, Prawo pracy

Bauer, Jobst-Hubertus, Arbeitsrechtliche Aufhebungsverträge: arbeits-, gesellschafts-, steuer- und sozialversicherungsrechtliche Hinweise zur einvernehmlichen Beendigung von Dienst- und Arbeitsverhältnissen, 6. Aufl., München 1999, zit.: Bauer, Aufhebungsverträge

Bauer, Jobst-Hubertus, Befristete Arbeitsverträge unter neuen Vorzeichen, BB 2001, 2473

Bauer, Jobst-Hubertus/Röder, Gerhard, Aufhebungsverträge bei Massenentlassungen und bei Betriebsänderungen, NZA 1985, 201

Bauschke, Hans-Joachim, Die Beendigung des Arbeitsverhältnisses durch auflösende Bedingung oder Zweckbefristung, BB 1993, 2523

Bauschke, Hans-Joachim, Zur Problematik des arbeitsrechtlichen Gleichbehandlungsgrundsatzes, RdA 1985, 72

Becker-Schaffner, Reinhard, Die Abmahnung im Arbeitsrecht in der Rechtsprechung, DB 1985, 650

Becker, Friedrich/Etzel, Gerhard/Bader, Peter/Fischermeier, Ernst/Friedrich, Hans-Wolf/Lipke, Gert-Albert/Pfeiffer, Thomas/Rost, Friedhelm/Spilger, Andreas Michael/Vogt, Norbert/Weigand, Horst/Wolff, Ingeborg, Gemeinschaftskommentar zum Kündigungsschutzgesetz und zu sonstigen kündigungsschutzrechtlichen Vorschriften, 6. Aufl., Neuwied, Kriftel 2002, zit.: KR-Bearbeiter

Bengelsdorf, Peter, Aufhebungsvertrag und Abfindungsvereinbarungen, 2. Aufl., München 1994, zit.: Bengelsdorf, Aufhebungsvertrag

Bengelsdorf, Peter, Beschluß des Großen Senats des BAG zum Weiterbeschäftigungsanspruch – Unzulässiger richterlicher Rechtsetzungsakt (I), DB, 168

Berkowsky, Wilfried, Änderungskündigung, Direktionsrecht und Tarifvertrag – Zur Dogmatik der „überflüssigen Änderungskündigung", NZA 1999, 293

Bessaraba, Ryszard, Nawiązanie i rozwiązanie stosunku pracy, Warszawa 2000, zit.: Bessaraba, Stosunek pracy

Bieniek, Gerard, Prawo pracy a prawo cywilne (I), PiZS 9/1986, S. 15

Bieniek, Gerard/Brol, Jan/Krajewski, Andrzej/Masewicz, Walery/Szczerski, Jerzy, Kodeks pracy, komentarz (Jończyk, Jan pod red.), Warszawa 1977, zit.: Bearbeiter in KP (Jończyk pod red.)

Bińczycka, Teresa, Ochrona kobiet w ciąży i w okresie macierzyństwa w prawie wspólnotowym i w polskim ustawodawstwie pracy, PiZS 5/1998, S. 13

Birk, Rolf, Das Nachweisgesetz zur Umsetzung der Richtlinie 91/533/EWG in das deutsche Recht, NZA 1996, 281

Bitter, Walter, Der kündigungsrechtliche Dauerbrenner: Unternehmerfreiheit ohne Ende?, DB 1999, 1214

Bitter, Walter/Kiel, Heinrich, 40 Jahre Rechtsprechung des Bundesarbeitsgerichts zur Sozialwidrigkeit von Kündigungen, RdA 1995, 26

Bock, Margot, Rechtsprobleme der Abmahnung, AuR 1987, 217

Boemke, Burkhard, Privatautonomie im Arbeitsvertragsrecht, NZA 1993, 532

Boewer, Dietrich, Der Wiedereinstellungsanspruch – Teil 2, NZA 1999, 1177

Böttcher, Inge/Feldes, Werner/Gabke, Renate/Nielebock, Helga/Perreng, Martina/ Trümner, Martina, Neues Arbeits- und Sozialrecht, Textausgabe mit Kurzkommentierung 2001, Frankfurt am Main 2001, zit.: Bearbeiter in Neues Arbeits- und Sozialrecht

Boruta, Irena/Góral, Zbigniew/Hajn, Zbigniew/Włodarczyk, Mirosław/Wyka, Teresa, Zmiany w kodeksie pracy, komentarz, Warszawa 1996, zit.: Boruta/Góral/Hajn/ Włodarczyk/Wyka, KP

Bram, Rainer/Rühl, Werner, Praktische Probleme des Wiedereinstellungsanspruchs nach wirksamer Kündigung, NZA 1990, 753

Brox, Hans/Rüthers, Bernd, Arbeitsrecht, 15. Aufl., Stuttgart, Berlin, Köln 2002, zit.: Brox/Rüthers, Arbeitsrecht

Buchner, Herbert, Wettbewerbsverbote während und nach Beendigung des Arbeitsverhältnisses, Heidelberg 1995, zit.: Buchner, Wettbewerbsverbote

Ciborski, Piotr/Rutkowski, Tomasz, Jak rozwiązać umowę o pracę, Gdańsk 2000, zit.: Ciborski/Rutkowski, Umowa o pracę

Cudowski, Bogusław/Leszczyńska, Anna, Realizacja pracowniczego prawa do urlopu wypoczynkowego, PiZS 10-11/1988, S. 45

Däubler, Wolfgang, Das neue Teilzeit- und Befristungsgesetz, ZIP 2001, 217

Denck, Johannes, Kurzarbeit vor Kündigung?, Jura 1985, 178

Dobrodziej, Elżbieta, Zatrudnianie na podstawie umów cywilno-prawnych, Bydgoszcz 2000, zit.: Dobrodziej, Umowy cywilno-prawne

Doliński, Andrzej, Zawieranie i rozwiązywanie umów o pracę na czas określony oraz ich modyfikowanie, RP 1/2000, S. 45

Dorndorf, Eberhard/Weller, Bernhard/Hauck, Friedrich/Kriebel, Volkhart/Höland, Armin/Neef, Klaus, Heidelberger Kommentar zum Kündigungsschutzgesetz, 3. Aufl., Heidelberg 1999, zit.: HK-Bearbeiter

Dörner, Hans-Jürgen, Die Befristung von Arbeitsverträgen nach § 620 BGB und § 1 BeschFG 1996 – Rückblick und Ausblick, ZTR 2001, 485

Dubowik, Anna, Nowelizacja ustawy o pracownikach urzędów państwowych, PiZS 8-9/1995, S. 46

Dubowik, Anna, Stosunki pracy pracowników administracji rządowej i samorządowej a reforma administracji publicznej, PiZS 2/1999, S. 20

Dubowik, Anna, Szczególna ochrona przed wypowiedzeniem stosunku pracy, PiZS 3/1997, S. 24

Dubowik, Anna, Wybrane problemy ochrony przed wypowiedzeniem stosunku pracy po nowelizacji kodeksu pracy, PiZS 2/1997, S. 19

Dütz, Wilhelm, Arbeitsrecht, 6. Aufl., München 2001, zit.: Dütz, Arbeitsrecht

Erfurter Kommentar zum Arbeitsrecht, 3. Aufl., München 2003, zit.: ErfK/Bearbeiter

Erman, Bürgerliches Gesetzbuch, Handkommentar mit AGBG, EGBGB, ErbbauVO, HausratsVO, HausTWG, ProdHaftG, SachenRBerG, SchuldRAnpG, VerbrKrG, 10. Aufl., Münster, Köln 2000, zit.: Erman/Bearbeiter

Falkenberg, Rolf-Dieter, Die Abmahnung, NZA 1988, 489

Federgrün, Efraim, Kodeks ustaw pracy, Kraków 1935, zit.: Federgrün, Kodeks

Feudner, Bernd W., Betriebsbedingte Kündigung quo vadis?, NZA 2000, 1136

Fiebig, Stefan/Gallner, Inken/Pfeiffer, Gerhard, Kündigungsschutzgesetz, Handkommentar, Baden-Baden 2000, zit.: HaKo-Bearbeiter

Filcek, Antoni/Formański, Witold/Piekarski, MieczysławRejman, Stanisław/Rusek, Franciszek/Salwa, Zbigniew/Zieliński, Konrad, Kodeks pracy z komentarzem, Warszawa 1979, zit.: Bearbeiter in KP

Fischermeier, Ernst, Die betriebsbedingte Änderungskündigung, NZA 2000, 737

Fitting, Karl, Betriebsverfassungsgesetz, Handkommentar, 21. Aufl., München 2002, zit.: Fitting, BetrVG

Florek, Ludwik, Zakazy wypowiedzenia umowy o pracę, Warszawa 1976, zit.: Florek, Zakazy wypowiedzenia

Florek, Ludwik, Zwolnienia pracowników z przyczyn dotyczących zakładów pracy, komentarz do ustawy z 28 grudnia 1989 r., Warszawa 1992, zit.: Florek, Zwolnienia pracowników

Florek, Ludwik/Zieliński, Tadeusz, Prawo pracy, wydanie III, Warszawa 2000, zit.: Florek/Zieliński, Prawo pracy

Germelmann, Claas-Hinrich, Grenzen der einvernehmlichen Beendigung von Arbeitsverhältnissen, NZA 1997, 236

Gersdorf, Małgorzata, Forma i treść umowy o pracę w kodeksie pracy, PiSZ 7-8/1997, S. 40

Gersdorf, Małgorzata, Jeszcze w sprawie konstrukcji prawnej rozwiązania stosunku pracy w trybie natychmiastowym z winy pracodawcy, PiZS 6/1998, S. 37

Gersdorf, Małgorzata, Kilka uwag praktycznych na temat art. 25[1] kodeksu pracy, PiZS 4/1998, S. 30

Gersdorf, Małgorzata, Okresy wypowiedzenia – zagadnienia praktyczne, PiZS 11/1998, S. 29

Gersdorf, Małgorzata/Rączka, Krzysztof/Skoczyński, Jacek, Kodeks pracy, komentarz, wydanie II, Warszawa 2000, zit.: Gersdorf/Rączka/Skoczyński, KP

Gersdorf, Małgorzata/Rączka, Krzysztof/Skoczyński, Jacek, (pod red. Salwa, Zbigniew) Kodeks pracy, komentarz, wydanie 3, Warszawa 2002, zit.: Bearbeiter in Gersdorf/Rączka/ Skoczyński, KP

Gęsicki, Marek, Kodeks pracy z komentarzem, Skierniewice 2000, zit.: Gęsicki, KP

Götz, Hilmar, Grundzüge des Arbeitsrechts, Band I Arbeitsvertragsrecht, 3. Aufl., München, Wien 1996, zit.: Götz, Arbeitsrecht I

Goździewicz, Grzegorz, Ochrona zdrowia pracowników młodocianych, PiZS 11/1976, S. 21

Goździewicz, Grzegorz, Pracownicza zdolność do czynności prawnych, PiP 6/1972, S. 76

Gujski, Waldemar, Kontrakty menedżerskie oraz inne umowy cywilnoprawne o świadczenie pracy, Warszawa 2000, zit.: Gujski, Kontrakty menedżerskie

Gwarek, Anita/Skibicka-Ghaley, Małgorzata/Sidor-Rządkowska, Małgorzata, Rozwiązanie stosunku pracy, Warszawa 1999, zit.: Gwarek/Skibicka-Ghaley, Stosunek pracy

Hajn, Zbigniew, Pojęcie pracodawcy po nowelizacji kodeksu pracy – część I, PiZS 5/1997, S. 19

Hamann, Wolfgang, Die Zulässigkeit von Befristungsabreden in Arbeitsverträgen, JA 2002, 596

Hansen, Jessica/Kelber, Markus/Zeißig, Rolf, Neues Arbeitsrecht, München 2002, zit.: Hansen/Kelber/Zeißig, Neues Arbeitsrecht

Hillebrecht, Wilfried, Die „Prinzipien des Kündigungsrechts bei Arbeitsverhältnissen" und die Kündigungsrechtsprechung des Bundesarbeitsgerichts, ZfA 1991, 87

v. Hoyningen-Huene, Gerrick/Linck, Rüdiger, Kündigungsschutzgesetz: Kommentar, 13. Aufl., München 2002, zit.: v. Hoyningen-Huene/Linck, KSchG

Hromadka, Wolfgang, Befristete und bedingte Arbeitsverhältnisse neu geregelt, BB 2001, 621

Hromadka, Wolfgang, Befristete und bedingte Arbeitsverhältnisse neu geregelt, BB 2001, 674

Hromadka, Wolfgang, Das Leistungsbestimmungsrecht des Arbeitgebers, DB 1995, 1609

Hromadka, Wolfgang/Maschmann, Frank, Arbeitsrecht Band 1 Individualarbeitsrecht, 2. Aufl., Berlin, Heidelberg, New York 2002, zit.: Hromadka/Maschmann, Arbeitsrecht Band 1

Hueck, Alfred/Nipperdey, Hans Carl, Lehrbuch des Arbeitsrechts, Erster Band, 7. Aufl., Berlin, Frankfurt a. M. 1963, zit.: Bearbeiter in Hueck/Nipperdey, Arbeitsrecht I

Hunold, Wolf, Mehrfachbefristungen heute, NZA 1997, 741

Iwulski, Józef/Sanetra, Walerian, Kodeks pracy, komentarz, wydanie II, Warszawa 2000, zit.: Iwulski/Sanetra, KP

Jackowiak, Urszula, Sytuacja pracownicza kobiet, Gdańsk 1994, zit.: Jackowiak, Sytuacja pracownicza kobiet

Jackowiak, Urszula, Zmiany w zakresie ochrony pracy kobiet, PiZS 3/1996, S. 31

Jackowiak, Urszula (pod red.)/Piankowski, Maciej/Stelina, Jakub/Uziak, Waldemar/Wypych-Żywicka, Alina/Zieleniecki, Marcin, Kodeks pracy z komentarzem, wydanie II, Gdańsk 1997, zit.: Jackowiak, KP

Jackowiak, Urszula/Uziak, Waldemar/Wypych-Żywicka, Alina, Prawo pracy, podręcznik dla studentów administracji, Sopot 1999, zit.: Jackowiak/Uziak/Wypych-Żywicka, Prawo pracy

Janiszweski, Kamil, Umowa o pracę na okres wstępny, PiZS 1/1976, S. 7

Jędrasik-Jankowska, Inetta, Ochrona stosunku pracy w razie niezdolności do pracy z powodu choroby, PiZS 1/1996, S. 34

Jończyk, Jan (pod red.), Komentarz do kodeksu pracy, Warszawa 1977, zit.: Bearbeiter in KP (Jończyk pod red.)

Kasseler Handbuch zum Arbeitsrecht, Band 2, 2. Aufl., Neuwied, Kriftel 2000, zit.: Kasseler Handbuch/Bearbeiter, Band 2

Kasińska, Halina, Rozwiązanie terminowych umów o pracę, PiZS 6/1980, S. 18

Kilian, Alina, Słownik języka prawniczego i ekonomicznego, tom I, polsko-niemiecki, Warszawa 2000; Wörterbuch der Rechts- und Wirtschaftssprache, Band I, polnisch-deutsch, Warschau 2000, zit.: Kilian, Wörterbuch, Band I

Kisielewicz, Andrzej, Zatrudnianie cudzoziemców w Polsce, PP 2/2000, S. 3

Kittner, Michael/Zwanziger, Bertram (Hrsg.), Arbeitsrecht, Handbuch für die Praxis, Frankfurt a. M. 2001, zit.: Kittner/Zwanziger/Bearbeiter, Arbeitsrecht

Kittner, Michael/Däubler, Wolfgang/Zwanziger, Bertram, Kündigungsschutzrecht: KSchR; Kommentar für die Praxis zu Kündigungen und anderen Formen der Beendigung des Arbeitsverhältnisses, 5. Aufl., Frankfurt a. M. 2001, zit.: Kittner/Däubler/Zwanziger, KSchR

Kliemt, Michael, Das neue Befristungsrecht, NZA 2001, 296

Köbler, Gerhard, Juristisches Wörterbuch, 9. Aufl., München 1999, zit.: Köbler, Wörterbuch

Kolasiński, Krzysztof, Prawo pracy I, zabezpieczenia społecznego, wydanie II, Toruń 1999, zit.: Kolasiński, Prawo pracy I

Kolasiński, Krzysztof, Prawo pracy znowelizowane, Toruń 1996, zit.: Kolasiński, Prawo pracy znowelizowane

Kolasiński, Krzysztof, Umowa o pracę, PiZS 7/1978, S. 17

Kort, Michael, Inhalt und Grenzen der arbeitsrechtlichen Fürsorgepflicht, NZA 1996, 854

Korzonek, Jan/Rosenblüth, Ignacy, Kodeks zobowiązań, komentarz I, Kraków 1934, zit.: Korzonek/Rosenblüth, Kodeks zobowiązań I

Krause, Rüdiger, Die Änderungskündigung zum Zweck der Entgeltreduzierung, DB 1995, 574

Krąkowski, Ludwik, Kodeks pracy, krótkie vademecum, Warszawa 1975, zit.: Krąkowski, KP

Lakies, Thomas, Das Teilzeit- und Befristungsgesetz, DZWIR 2001, 1

Latos-Miłkowska, Monika, Rozwiązanie umów o pracę, Warszawa 1999, zit.: Latos-Miłkowska, Rozwiązanie

Lepke, Achim, Rechtsfolgen bei der Verletzung von Verhaltensobliegenheiten des Arbeitnehmers bei feststehender oder behaupteter, aber zweifelhafter krankheitsbedingter Arbeitsunfähigkeit (II), DB 1974, 478

Lewandowski, Henryk (pod red.), Polskie prawo pracy w okresie transformacji w oświetleniu prawa wspólnotowego, Warszawa 1997, zit.: Bearbeiter in Lewandowski (pod red.), Polskie prawo pracy

Lewandowski, Henryk/Góral, Zbigniew, Przeciwdziałanie stosowaniu umów cywilnoprawnych do zatrudnienia pracowniczego, PiZS 12/1996, S. 21

Libera, Tadeusz/Zduńska, Ewa, Pracownik w zakładzie pracy od przyjęcia do zwolnienia, Warszawa 1999, zit.: Libera/Zduńska, Pracownik w zakładzie pracy

Liszcz, Teresa, Nieważność czynności prawnych w umownych stosunkach pracy, Warszawa 1977, zit.: Liszcz, Nieważność czynności prawnych

Liszcz, Teresa, Prawo pracy, Gdańsk 1998, zit.: Liszcz, Prawo pracy

Liszcz, Teresa, Skutki prawne śmierci pracownika i śmierci pracodawcy w zakresie stosunku pracy, PiZS 7-8/1997, S. 29

Löwisch, Manfred, Arbeitsrecht, 5. Aufl., Düsseldorf 2000, zit.: Löwisch, Arbeitsrecht

Löwisch, Manfred, Grenzen der ordentlichen Kündigung in kündigungsschutzfreien Betrieben, BB 1997, 782

Löwisch, Manfred, Kommentar zum Kündigungsschutzgesetz, 8. Aufl., Heidelberg 2000, zit.: Löwisch, KSchG

Łajeczko, Maria, Umowa o pracę i jej warunki, PP 11/1999, S. 3

Łajeczko, Maria, Rozwiązanie umów o pracę, PP 3/2000, S. 3

Łajeczko, Maria, Rozwiązanie umów o pracę (cz. 2), PP 4/2000, S. 3

Małysz, Franciszek, Rozwiązanie umowy o pracę bez wypowiedzenia z winy pracownika, PiZS 1/1998, S. 24

Marburger, Horst, Ist die verschiedenartige Regelung der Meldung der Arbeitsunfähigkeit für den Bezug von Krankengeld und Entgelt sinnvoll?, RdA 1974, 29

Masewicz, Walery, Czas pracy, Bydgoszcz 1994, zit.: Masewicz, Czas pracy

Mayer-Maly, Theo, Über die der Rechtswissenschaft und der richterlichen Rechtsfortbildung gezogenen Grenzen, JZ 1986, 557

Mehrhoff, Friedrich, Die Veränderung des Arbeitgeberbegriffs, Berlin 1984, zit.: Mehrhoff, Arbeitgeberbegriff

Meinhold, Joachim Friedrich, Mitbestimmung des Betriebsrats bei der Einführung von Kurzarbeit und betriebsbedingte Kündigung, BB 1988, 623

Meisel, Peter G., Die soziale Auswahl bei betriebsbedingten Kündigungen, DB 1991, 92

Müller, Bernd, Arbeitsrecht im öffentlichen Dienst, 5. Aufl., München 2001, zit.: Müller, Arbeitsrecht

Müller, Olaf/Rieland, Peter, Arbeitsrecht, Heidelberg 2000, zit.: Müller/Rieland, Arbeitsrecht

Münchener Handbuch zum Arbeitsrecht, Band 1 Individualarbeitsrecht I, 2. Aufl., München 2000, zit.: MünchArbR/Bearbeiter

Münchener Handbuch zum Arbeitsrecht, Band 2 Individualarbeitsrecht II, 2. Aufl., München 2000, zit.: MünchArbR/Bearbeiter

Münchener Handbuch zum Arbeitsrecht, Ergänzungsband Individualarbeitsrecht, 2. Aufl., München 2001, zut.: MünchArbR/Bearbeiter, Ergb.

Münchener Kommentar zum Bürgerlichen Gesetzbuch, Band 1, Allgemeiner Teil (§§ 1 – 240), AGB-Gesetz, 3. Aufl., München 1993, zit.: MünchKomm/Bearbeiter

Münchener Kommentar zum Bürgerlichen Gesetzbuch, Band 4, Schuldrecht Besonderer Teil II §§ 607-704, 3. Aufl., München 1997, zit.: MünchKomm/Bearbeiter

Münchener Kommentar zur Insolvenzordnung, Band 2, §§ 103 – 269, München 2002, zit.: MünchKommInsO-Bearbeiter

Muszalski, Wojciech, Obowiązek zachowanie formy pisemnej dla umowy o pracę, PiZS 1/2001, S. 35

Nägele, Stefan, Aufklärungs- und Hinweispflichten des Arbeitgebers bei Abschluß eines Aufhebungsvertrages, BB 1992, 1274

Nicolai, Andrea/Noack, Stefanie, Grundlagen und Grenzen des Wiedereinstellungsanspruchs nach wirksamer Kündigung des Arbeitsverhältnisses, ZfA 2000, 87

Nikisch, Arthur, Arbeitsrecht, 1. Aufl., Tübingen 1951, zit.: Nikisch, Arbeitsrecht (1951)

Nikisch, Arthur, Arbeitsrecht I. Band, Allgemeine Lehren und Arbeitsvertragsrecht, 2. Aufl., Tübingen 1955, zit.: Nikisch I

Olszewski, Jan/Paszek, Aneta, Umowy o dzieło, agencyjne, zlecenia, Warszawa 2000, zit.: Olszewski/Paszek, Umowy

Orłowski, Grzegorz/Patulski, Andrzej/Patulski, Włodystaw, Prawo pracy w praktyce, Gdańsk 2000, zit.: Orłowski/Patulski/Patulski, Prawo pracy

Pacho, Jerzy, Ochrona prawna wynagrodzenia za pracę, Służba Pracownicza, 12/1979, S. 24

Palandt, Bürgerliches Gesetzbuch, 61. Aufl., München 2002, zit.: Palandt/Bearbeiter

Papier, Hans-Jürgen, Der verfassungsrechtliche Rahmen für Privatautonomie im Arbeitsrecht, RdA 1989, 137

Pelzner, Maren/Scheddler, Albrecht/Widlak, Harald, Flexibilität im Arbeitsverhältnis, Das neue Teilzeit- und Befristungsgesetz in der betrieblichen Praxis, Neuwied, Kriftel 2001, zit.: Pelzner/Scheddler/Widlak, Flexibilität im Arbeitsverhältnis

Piankowski, Maciej, Nowa regulacja niezwłocznego rozwiązania stosunku pracy przez pracownika, PiZS 4/1996, S. 41

Piątkowski, Jan, Zagadnienia prawa stosunku pracy, wydanie II, Toruń 2000, zit.: Piątkowski, Stosunek pracy

Piątkowski, Jan, Wprowadzenie do nowego prawa stosunku pracy, Toruń 1996, zit.: Piątkowski, Nowy stosunek pracy

Pietrzykowski, Krzysztof, Kodeks cywilny, komentarz, tom I, wydanie II, Warszawa 1999, zit.: Pietrzykowski/Bearbeiter, KC

Plander, Harro/Witt, Alexander, Der nur vorübergehende Arbeitsbedarf als Befristungsgrund, DB 2002, 1002

Precklein, Tizia-Berit, Prüfungsmaßstab bei der Änderungskündigung, Dissertation, München 1994, zit.: Precklein, Änderungskündigung

Preis, Ulrich, Autonome Unternehmerentscheidungen und „dringendes betriebliches Erfordernis", NZA 1995, 241

Preis, Ulrich/Gotthardt, Michael, Neuregelung der Teilzeitarbeit und befristeten Arbeitsverhältnisse - Zum Gesetzentwurf der Bundesregierung - , DB 2000, 2065

Preis, Ulrich/Gotthardt, Michael, Das Teilzeit- und Befristungsgesetz, DB 2001, 145

Radomski, Wiesław, Umowa o pracę na okres próbny i wstępny jako warunek zawarcia umowy na czas nie określony, PiZS 7/1975, S. 17

Rafacz-Krzyżanowska, Maria, Ochrona pracy kobiet w kodeksie pracy, PiZS 12/1985, S. 12

Rafacz-Krzyżanowska, Maria, Umowa o pracę na czas określony, PiZS 6/1995, S. 33

Rączka, Krzysztof, Czy domniemanie stosunku pracy?, PUSiG 2/1997, S. 11

Rączka, Krzysztof, Kodeks pracy po nowelizacji z 2 lutego 1996 r. z komentarzem, Warszawa 1996, zit.: Rączka, Nowy KP

Rączka, Krzysztof (pod red.), Prawo pracy po zmianach, Warszawa 1997, zit.: Bearbeiter in Prawo pracy (Rączka pod red.)

Rączka, Krzysztof, Stosunek pracy a cywilnoprawna umowa o świadczenie pracy, PiZS 11/1996, S. 39

Richardi, Reinhard (Hrsg.), Betriebsverfassungsgesetz mit Wahlordnung, Kommentar, 8. Aufl., München 2002, zit.: Richardi/Bearbeiter, BetrVG

Richardi, Reinhard/Annuß, Georg, Der neue § 623 BGB – Eine Falle im Arbeitsrecht?, NJW 2000, 1231

Richardi, Reinhard/Annuß, Georg, Gesetzliche Neuregelung von Teilzeitarbeit und Befristung, BB 2000, 2201

Rieble, Volker, Der Entscheidungsspielraum des Arbeitgebers bei der Sozialauswahl nach § 1 III KSchG und seine arbeitsgerichtliche Kontrolle, NJW 1991, 65

Ring, Gerhard, Gesetz über Teilzeitarbeit und befristete Arbeitsverträge, Bonn 2001, zit.: Ring, TzBfG

Romer, Maria Teresa, Prawo pracy, komentarz, Warszawa 2000, zit.: Romer, Prawo pracy, komentarz

Romer, Maria Teresa, Prawo pracy w praktyce, Warszawa 1993, zit.: Romer, Prawo pracy

Romer, Teresa, Stosunek pracy na podstawie powołania, PP 12/1999, S. 3

Romer, Teresa, Umowy terminowe, PP 4/1998, S. 3

Romer, Teresa, Umowa na czas określony, PP 5/1998, S. 3

Romer, Teresa, Umowa na czas wykonania określonej pracy, PP 6/1998, S. 3

Ruhl, Marion/Kassebohm, Kristian, Der Beschäftigungsanspruch des Arbeitnehmers, NZA 1995, 497

Rumpenhorst, Elmar, Das berechtigte betriebliche Bedürfnis i. S. des § 1 III 2 KSchG bei Massenentlassungen, NZA 1991, 214

Rutkowski, Tomasz, Prawo pracy dla pracowników samorządowych w pytaniach i odpowiedziach, Gdańsk 1999, zit.: Rutkowski, Prawo pracy

Sadlik, Ryszard, Umowa przedwstępna w stosunkach pracy, PP 12/1999, S. 16

Sadlik, Ryszard, Rozwiązanie umowy o pracę bez wypowiedzenia przez pracodawcę lub pracownika, PP 1/2000, S. 19

Sadlik, Ryszard, Odszkodowanie dla pracownika w razie wadliwego wypowiedzenie umowy o pracę, PP 2/2000, S. 15

Sadlik, Ryszard, Konsultacja związkowa przy rozwiązaniu umów o pracę, PP 5/2000, S. 22

Sadlik, Ryszard, Wypowiedzenie zmieniające warunki pracy, PP 9/2000, S. 17

Salwa, Zbigniew, Kodeks pracy po nowelizacji, komentarz, Bydgoszcz 1996, zit.: Salwa, KP

Salwa, Zbigniew, Niektóre problemy umowy na czas określony po nowelizacji kodeksu pracy, PiZS 12/1996, S. 35

Salwa, Zbigniew, Prawo pracy PRL w zarysie, Warszawa 1977, zit.: Salwa, Prawo pracy PRL

Salwa, Zbigniew, Szczególna ochrona stosunku pracy działaczy związkowych, PiZS 5/1997, S. 12

Salwa, Zbigniew, W sprawie rodzajów umowy o pracę i sposobie rozwiązania umowy zawartej na okres wykonania określonej roboty, PiZS 7/1965, S. 23

Salwa, Zbigniew, Wygaśnięcie umowy o pracę, PiZS 2/2000, S. 18

Salwa, Zbigniew/Szubert, Wacław/Święcicki, Michał, Podstawowe problemy prawa pracy, Warszawa 1957, zit.: Salwa/Szubert/Święcicki, Problemy prawa pracy

Sanetra, Walerien, Rozwiązanie umowy o pracę bez wypowiedzenia w znowelizowanym kodeksie pracy, PiZS 6/1996, S. 26

Schaub, Günter, Arbeitsrechts-Handbuch, 10. Aufl., München 2002, zit.: Schaub, Arbeitsrechts-Handbuch

Schaub, Günter, Die Abmahnung als zusätzliche Kündigungsvoraussetzung, NZA 1997, 1185

Schiefer, Bernd, Entwurf eines Gesetzes über Teilzeitarbeit und befristete Arbeitsverhältnisse und zur Änderung und Aufhebung arbeitsrechtlicher Bestimmungen – oder: Überregulierung statt Deregulierung/Umverteilung statt Flexibilität -, DB 2000, 2118

Schmid, Karlheinz, Die Abmahnung und ihre rechtliche Problematik, NZA 1985, 409

Seweryński, Michał, Wynagrodzenie za pracę, Warszawa 1981, zit.: Seweryński, Wynagrodzenie

Schultz, Dietrich, Die Druckkündigung im Arbeitsrecht; kritische Betrachtungen zu einer scheinbar gefestigten Rechtsprechung, RdA 1963, 81

Sieg, Rainer/Prujszczyk, Marek, Arbeitsrecht in Polen, München 1996, zit.: Sieg/Prujszczyk, Arbeitsrecht in Polen

Smoliński, Dariusz, Co pracownik o prawie pracy wiedzieć powinien, Gdańsk 1998, zit.: Smoliński, Pracownik

Sowka, Hans-Harald, Befristete Arbeitsverträge ohne Sachgrund nach neuem Recht – offene Fragen, DB 2000, 2427

Sowka, Hans-Harald(Hrsg.), Kündigungsschutzgesetz: Kölner Praxiskommentar unter Berücksichtigung sozialrechtlicher Bezüge, 2. Aufl., Köln 2000, zit.: KPK-Bearbeiter

Söllner, Alfred, Der verfassungsrechtliche Rahmen für Privatautonomie im Arbeitsrecht, RdA 1989, 144

Söllner, Alfred, Grundriß des Arbeitsrechts, 12. Aufl., München 1998, zit.: Söllner, Grundriß Arbeitsrecht

Spiegelhalter, Hans Joachim, Handlexikon Arbeitsrecht, München 1991, zit.: Spiegelhalter, HL Arbeitsrecht

Stahlhacke, Eugen/Preis, Ulrich/Vossen, Reinhard, Kündigung und Kündigungsschutz im Arbeitsverhältnis, 8. Aufl., München 2002, zit.: Stahlhacke/Bearbeiter, Kündigung

von Staudinger, Julius, Kommentar zum Bürgerlichen Gesetzbuch mit Einführungsgesetz und Nebengesetzen, Erstes Buch, Allgemeiner Teil §§ 90 – 240, 12. Aufl., Berlin 1980, zit.: Staudinger/Bearbeiter

von Staudinger, Julius, Kommentar zum Bürgerlichen Gesetzbuch mit Einführungsgesetz und Nebengesetzen, Zweites Buch, Recht der Schuldverhältnisse §§ 611 – 615, 13. Aufl., Berlin 1999, zit.: Staudinger/Bearbeiter

von Staudinger, Julius, Kommentar zum Bürgerlichen Gesetzbuch mit Einführungsgesetz und Nebengesetzen, Zweites Buch, Recht der Schuldverhältnisse §§ 620 – 630, 13. Aufl., Berlin 1995, zit.: Staudinger/Bearbeiter

Stege, Dieter/Weinspach, F. K., Betriebsverfassungsgesetz, Handkommentar für die betriebliche Praxis, 8. Aufl., Köln 1999, zit.: Stege/Weinspach, BetrVG

Steinmeyer, Heinz-Dietrich, Casebook Arbeitsrecht, 2. Aufl., München 2000, zit.: Steinmeyer, Arbeitsrecht

Stelina, Jakub, Zmniejszenie zatrudnienia jako przesłanka wypowiadania stosunków pracy w trybie przepisów ustawy o tzw. zwolnieniach grupowych, PiZS 4/2000, S. 35

Stelina, Jakub, Zakres podmiotowy stosunków pracy z powołania po nowelizacji kodeksu pracy, PiZS 6/1996, S. 41

Sypniewski, Zbigniew, Nawiązanie i zmiany stosunku pracy na podstawie mianowania, Warszawa, Poznań 1976, zit.: Sypniewski, Mianowanie

Sypniewski, Zbigniew, Służba pracownicza u pracodawcy samorządowego, Źielona Góra 2000, zit.: Sypniewski, Służba pracownicza

Szczepański, Włodzimierz, Kodeks pracy, teksty, objaśnienia, orzecznictwo, wydanie 2, Łódz 1949, zit.: Szczepański, KP

Szczerski, Józef, Wypowiedzenie umowy o pracę, Warszawa 1978, zit.: Szczerski, Wypowiedzenie

Szczerski, Józef, Wypowiedzenie umowy o pracę (I), PiZS 2/1977, S. 53

Szemplinska, Elżbieta, Nabycie prawa do urlopu wypoczynkowego oraz jego realizacja, Służba Pracownicza, 9/1989, S. 3

Szubert, Wacław, Zarys prawa pracy, wydanie II, Warszawa 1980, zit.: Szubert, Zarys prawa pracy

Szymorowski, Stefan, Umowa o pracę robotników, Warszawa 1929, zit.: Szymorowski, Umowa o pracę

Świątkowski, Andrzej, Kodeks pracy, przepisy wykonawcze, orzecznictwo, wydanie II, Warszawa 1998, zit.: Świątkowski, KP

Taeger, Jürgen, Verschwiegenheitspflicht im Arbeitsrecht, AuA 1992, 201

Thannheiser, Achim, Neuregelungen für befristete Arbeitsverträge, AiB 2001, 167

Thüsing, Gregor/Lambrich, Thomas, Das Fragerecht des Arbeitgebers – aktuelle Probleme zu einem klassischen Thema, BB 2002, 1146

Vollmer, Lothar, Verkürzung der regelmäßigen Arbeitszeit statt Einzelkündigung bei dauerhaftem Produktionsrückgang?, DB 1982, 1933

Wagner, Barbara, Terminowe umowy o pracę, Warszawa 1980, zit.: Wagner, Terminowe umowy

Wagner, Barbara, Zagadnienia prawne na tle umowy o pracę na czas określony, PiZS 3/1975, S. 22

Wank, Rolf, Rechtsfortbildung im Kündigungsschutzrecht, RdA 1987, 129

Wank, Rolf, Tendenzen der BAG-Rechtsprechung zum Kündigungsrecht, RdA 1993, 79

Westhoff, Stefan, Wirtschaftliche und verfassungsrechtliche Legitimität von Wettbewerbsverboten, RdA 1976, 353

Wichrowska-Janikowska, Elżbieta, Wypowiadanie umów o pracę na czas określony, PiZS 10/2000, S. 33

Wiese, Günther, Der personale Gehalt des Arbeitsverhältnisses, ZfA 1996, 439

Wisskirchen, Gerlind, Erleichterte Zulassung befristeter Arbeitsverträge nach dem Beschäftigungsförderungsgesetz 1996, DB 1998, 722

Wolf, Manfred/Gangel, Alfred, Anfechtung und Kündigungsschutz, AuR 1982, 271

Wollenschläger, Michael, Arbeitsrecht, Köln, Berlin, Bonn, München 1999, zit.: Wollenschläger, Arbeitsrecht

Wratny, Jerzy, Nowy kodeks pracy z komentarzem, Warszawa 1996, zit.: Wratny, Nowy KP

Zakrzewska-Szczepanska, Krystyna, Obowiązki pracodawcy w zakresie BHP, Służba Pracownicza, 3/1994, S. 8

Zdziennicka-Kaczocha, Grażyna, Poradnik dla zawierających umowę o pracę, Skierniewice 2000, zit.: Zdziennicka-Kaczocha, Poradnik

Zieliński, Józef (pod red.), Prawo pracy, teksty przepisów, orzecznictwo I wyjaśnienia, tom I, Warszawa 1959, zit.: Zieliński, Prawo pracy I

Zieliński, Tadeusz, Prawo pracy. Zarys systemu, część II. Prawo stosunku pracy, Warszawa, Kraków 1986, zit.: Zieliński, Prawo pracy, zarys systemu II

Zieliński, Tadeusz, Skutki prawne wadliwego rozwiązania umowy o pracę, Studia i Materiały IPiSS, 17/1976, S. 80

Zieliński, Tadeusz, Zarys wykładu prawa pracy I, Katowice 1979, zit.: Zieliński, Zarys wykładu prawa pracy I

Zieliński, Tadeusz (pod red.)/Celeda, Ryszard/Florek, Ludwik/Gienieczko, Eugenia/ Hintz, Anna/Kijowski, Andrzej/Szemplińska, Elżbieta/Wagner, Barbara/Zieliński, Tadeusz, Kodeks pracy, komentarz, Warszawa 2000, zit.: Bearbeiter/Zieliński, KP

Zimny, Artur, Umowa zlecenia, Łódz 2000, zit.: Zimny, Umowa zlecenia

Zöllner, Wolfgang/Loritz, Karl-Georg, Arbeitsrecht, 5. Aufl., München 1998, zit.: Zöllner/Loritz, Arbeitsrecht

Zuber, Jörg, Das Abmahnungserfordernis vor Ausspruch verhaltensbedingter Kündigungen, NZA 1999, 1142

Żaro, S. W. Zygmunt, Umowy cywilnoprawne, Skierniewice 2000, zit.: Żaro, Umowy cywilnoprawne

Abkürzungsverzeichnis

a. A.	=	andere Ansicht
a. E.	=	am Ende
a. F.	=	alte Fassung
a. M.	=	am Main
AaO	=	am angegebenen Ort
ABGB	=	Allgemeines Bürgerliches Gesetzbuch (Österreich)
Abs.	=	Absatz
AiB	=	Arbeit im Betrieb
Amtl. Begr.	=	amtliche Begründung
Anm. d. Verf.	=	Anmerkung der Verfasserin
AP	=	Arbeitsrechtliche Praxis
Art.	=	Artikel
AuR	=	Arbeit und Recht
BAG	=	Bundesarbeitsgericht
BAGE	=	Entscheidungen des Bundesarbeitsgerichts
BB	=	Betriebs-Berater
BfA	=	Bundesversicherungsanstalt für Angestellte
BGB	=	Bürgerliches Gesetzbuch
BGBl.	=	Bundesgesetzblatt
BGH	=	Bundesgerichtshof
BT-Drs.	=	Bundestagsdrucksachen
Bzw.	=	beziehungsweise
Cz.	=	częśc (Teil)
DB	=	Der Betrieb
D.h.	=	das heißt
Dz. U.	=	Dziennik Ustawy (Gesetzblatt)
DZWIR	=	Deutsche Zeitschrift für Wirtschafts- und Insolvenzrecht
EG	=	Europäische Gemeinschaft
Einf. v.	=	Einführung vor
ErfK	=	Erfurter Kommentar
Ergb.	=	Ergänzungsband
EU	=	Europäische Union
EzA	=	Entscheidungssammlung zum Arbeitsrecht
f.	=	folgende
ff.	=	fortfolgende
Fn.	=	Fußnote
gem.	=	gemäß
GG	=	Grundgesetz
ggfs.	=	gegebenenfalls

Gł. Sąd	=	Główny Sąd (Hauptgericht)
GS	=	Großer Senat
GSW	=	Gazeta Sądowa Warszawska (Warschauer Gerichtszeitung)
h. L.	=	herrschende Lehre
HaKo	=	Handkommentar
HGB	=	Handelsgesetzbuch
HK	=	Heidelberger Kommentar
HL	=	Handlexikon
Hrsg.	=	Herausgeber
HS.	=	Halbsatz
i. d. S.	=	in diesem Sinne
i. H. v.	=	in Höhe von
IPiSS	=	Instytut Pracy i Spraw Socjalnych (Studia i Materiały) (Institut für Arbeit und soziale Angelegenheiten)
IPiUS	=	Izba Pracy i Ubezpieczeń Społecznych Sądu Najwyższego (Kammer für Arbeit und Sozialversicherungerungen des Höchsten Gerichts)
i. S. d.	=	im Sinne des/der
i. V. m.	=	in Verbindung mit
JA	=	Juristische Arbeitsblätter
KC	=	Kodeks Cywilny
KP	=	Kodeks Pracy
KPC	=	Kodeks Postępowania Cywilnego
KPK	=	Kölner Praxiskommentar
KSchG	=	Kündigungsschutzgesetz
LAG	=	Landesarbeitsgericht
lit.	=	litera
Lit.	=	Literatur
LVA	=	Landesversicherungsanstalten für Arbeiter
MP	=	Monitor Polski (Polnischer Staatsanzeiger)
m. w. N.	=	mit weiteren Nennungen
n. F.	=	neue Fassung
NJW	=	Neue Juristische Wochenschrift
Nr.	=	Nummer
NSA	=	Naczelny Sąd Administracyjny (Hauptverwaltungsgericht)
NZA	=	Neue Zeitschrift für Arbeits- und Sozialrecht
o. ä.	=	oder ähnliche
o. g.	=	oben genannte

ONSA	=	Orzecznictwo Najwyższego Sądu Apelacyjnego (Rechtsprechung des Höchsten Berufungsgerichts)
OSA	=	Orzecznictwo Sądów Apelacyjnych (Rechtsprechung der Berufungsgerichte)
OSN	=	Orzecznictwo Sądu Najwyższego (Rechtsprechung des Höchsten Gerichts)
OSNAP	=	Orzecznictwo Sądu Najwyższego Izba Pracy (Rechtsprechung des Höchsten Gerichts, Kammer für Arbeit)
OSNAPiUS	=	Orzecznictwo Sądu Najwyższego Izba Pracy i Ubezpieczeń Społecznych (Rechtsprechung des Höchsten Gerichts, Kammer für Arbeit und Sozialversicherungen)
OSNCP	=	Orzecznictwo Sądu Najwyższego Izba Cywilna oraz Izba Pracy (Rechtsprechung des Höchsten Gerichts, Zivilkammer und Kammer für Arbeit)
OSP	=	Orzecznictwo Sądów Polskich (Rechtsprechung der Polnischen Gerichte)
OSPiKA	=	Orzecznictwo Sądów Polskich i Komisji Arbitrażowych (Rechtsprechung der Polnischen Gerichte und der Schiedsgerichtskommission)
PiP	=	Państwo i Prawo (Zeitschrift: Staat und Recht)
PiP	=	Państwowa Inspekcja Pracy (Staatliche Aufsichtsbehörde für den Arbeitsschutz)
PiZS	=	Praca i Zabezpieczenie Społeczne (Zeitschrift: Arbeit und Sozialversicherung)
Pod red.	=	pod redakcją (Herausgeber)
Pos.	=	Position
PP	=	Prawo Pracy (Arbeitsrecht)
PRL	=	Polska Rzeczpospolita Ludowa (Volksrepublik Polen)
PUSiG	=	Przegląd Ubezpieczeń Społecznych i Gospodarczych (Einblick in die Sozial- und Unternehmensversicherung)
RdA	=	Recht der Arbeit
RGBl.	=	Reichsgesetzblatt
Rn.	=	Randnummer
RP	=	Radca Prawny (Zeitschrift: Rechtsberater)
Rspr.	=	Rechtsprechung
S.	=	Seite

s. a.	=	siehe auch
s. o.	=	siehe oben
SGB	=	Sozialgesetzbuch
SN	=	Sąd Najwyższy (Das Höchste Gericht)
sog.	=	sogenannte
Sygn.	=	sygnatura (Signatur)
T.	=	tomb (Band)
u.	=	und
u. ä.	=	und ähnliches
v.	=	vom
vgl.	=	vergleiche
z.B.	=	zum Beispiel
ZfA	=	Zeitschrift für Arbeitsrecht
ZIP	=	Zeitschrift für Wirtschaftsrecht
ZTR	=	Zeitschrift für Tarif-, Arbeits- und Sozialrecht des öffentlichen Dienstes

Erster Teil:

Die Begründung des Arbeitsverhältnisses

A. Begriff und Arten des Arbeitsverhältnisses

I. Polen

1. Der Begriff des Arbeitsverhältnisses

Art. 22 § 1 Kodeks Pracy[1] besagt, dass sich durch die Begründung eines Arbeitsverhältnisses der Arbeitnehmer zur Ausübung einer der Art nach bestimmten Arbeit zu Gunsten und unter der Leitung des Arbeitgebers sowie an dem vom Arbeitgeber bestimmten Ort und zu der von ihm bestimmten Zeit verpflichtet, und der Arbeitgeber zur Beschäftigung des Arbeitnehmers gegen Vergütung.

Diese Vorschrift enthält jedoch keine vollständige Definition des Arbeitsverhältnisses, sondern nur wesentliche Merkmale, welche der Abgrenzung von anderen Rechtsverhältnissen, insbesondere von zivilrechtlichen Verhältnissen (z.B. Werkvertrag, Dienstleistungsauftrag, Agenturvertrag), dienen soll.[2] Demnach ist das Arbeitsverhältnis kein zivilrechtliches Verhältnis, sondern Teil des Arbeitsrechts als eigenständiger Rechtszweig.[3] Gem. Art. 300 KP finden die Vorschriften des Zivilrechts nur ausnahmsweise und auch nur hilfsweise entsprechende Anwendung.[4]

Was die Vollständigkeit der Definition betrifft, so wird eine Vielzahl von Merkmalen genannt, welche das Arbeitsverhältnis charakterisieren sollen. Demnach besteht es auf freiwilliger Basis, ist auf Dauer angelegt, entgeltlich und von streng höchstpersönlichem Charakter[5]. Des Weiteren wird dessen Inhalt durch den freien Willen von Arbeitgeber und Arbeitnehmer gestaltet. Es stützt sich auf das Prinzip der Gleichberechtigung. Darüber hinaus ist es ein Rechtsverhältnis, aus dem die Verpflichtung zur gewissenhaften Tätigkeit resultiert, welches Elemente der Unterordnung enthält

---

1 Im Folgenden KP, vom 26.06.1974; Dz. U. 1974, Nr. 24, Pos. 141; mit späteren Änderungen.

2 Bessaraba, Stosunek pracy, S. 19.

3 Florek/Zieliński, Prawo pracy Rn. 8; Jackowiak/Uziak/Wypych-Żywicka, Prawo pracy, S. 12; Kolasiński, Prawo pracy I, S. 22; Bieniek, PiZS 9/1986, S. 15.

4 Florek/Zieliński, Prawo pracy, Rn. 11.

5 SN vom 02.12.1975, Służba Pracownicza 2/1976, S. 28; OSNCP 1970/7-8/138; OSNAPiUS 1998/20/595; OSNAPiUS 1999/24/775; OSNAPiUS 2000/4/138; Gersdorf/Rączka/Skoczyński, KP, Art. 22, Nr. 1; Piątkowski, Stosunek pracy, S. 66 f.; Lewandowski/Góral, PiZS 12/1996, S. 21 (22 ff.).

(Weisungsbefugnis des Arbeitgebers)[6] und mit dem andere Verhältnisse verbunden sind (z.B. Versicherungsverhältnis). Letztlich versteht es sich von selbst, dass das Rechtsverhältnis mit anderen Rechtsvorschriften vereinbar sein muss.[7] Dabei obliegen dem Arbeitgeber gewisse Risiken, wie das Wirtschaftsrisiko, das Produktionsrisiko (technisches und persönliches Risiko) und auch das soziale Risiko.[8]
Das Wirtschaftsrisiko umfasst alle nachteiligen Folgen, die aus der wirtschaftlichen Betätigung resultieren (z.B. mangelnder Gewinn oder sogar Verlust). Bei dem technischen Risiko handelt es sich um alle technisch-organisatorischen Störungen, wie z.B. Arbeitsausfall, Arbeitsunfälle. Was das soziale Risiko betrifft, so sind damit alle Folgen verbunden, die sich aus einer fehlerhaften Auswahl der Arbeitnehmer ergeben. Letztlich ist mit dem sozialen Risiko eine soziale Belastung des Arbeitgebers verbunden, die den Schutz der lebensnotwendigen Interessen der Arbeitnehmer und ihrer Familien betrifft, wie die Verpflichtung zur Auszahlung des Lohns auch bei mangelnder Arbeitsleistung aus Gründen, die sich von Seiten des Arbeitnehmers ergeben.[9]
Auf Grund der oben zitierten Vorschrift und unter Berücksichtigung der genannten Merkmale kann das Arbeitsverhältnis also folgendermaßen definiert werden: „als eine rechtliche Bindung, die von Freiwilligkeit geprägt und auf Dauer angelegt ist, Arbeitnehmer und Arbeitgeber bindet, und dessen Inhalt die Verpflichtung der persönlichen Ausübung einer bestimmten Arbeit durch den Arbeitnehmer, und zwar unter der Leitung, zu Gunsten und auf Risiko des Arbeitgebers beinhaltet, sowie die Pflicht des Arbeitgebers, den Arbeitnehmer im Rahmen der vereinbarten Arbeit gegen Vergütung zu beschäftigen."[10]
Somit wird in der überwiegenden Literatur die Meinung vertreten, dass das Arbeitsverhältnis einen schuldrechtlichen Charakter hat.[11] Dies geht auch expressis verbis aus Art. 22 § 1 KP hervor, der auf der einen Seite von den Pflichten des

---

6 SN vom 02.12.1975, Służba Pracownicza 2/1976, S. 28; OSNAPiUS 1998/13/407; OSNAPiUS 1998/20/595; OSNAPiUS 1999/11/369; Liszcz, Prawo pracy, S. 166; Bieniek, PiZS 9/1986, S. 15 (16 f.); Rączka, PiZS 11/1996, S. 39 (40).

7 Barzycka-Banaszczyk, Prawo pracy, S. 35; Bessaraba, Stosunek pracy, S. 19 f.; Florek/Zieliński, Prawo pracy, Rn. 62; Gęsicki, KP, Art. 22, Nr. 2 f.

8 Gersdorf/Rączka/Skoczyński, KP, Art. 22, Nr. 1; Kolasiński, Prawo pracy znowelizowane, S. 112; Piątkowski, Stosunek pracy, S. 69 ff.; Bieniek, PiZS 9/1986, S. 15 (17); Lewandowski/Góral, PiZS 12/1996, S. 21 (22 ff.).

9 Bessaraba, Stosunek pracy, S. 20; Florek/Zieliński, Prawo pracy Rn. 63; Kolasiński, Prawo pracy znowelizowane, S. 112 f.; Liszcz, Prawo pracy, S. 145 f.; Piątkowski, Stosunek pracy, S. 69 ff; Rączka, PiZS 11/1996, S. 39 (42).

10 Liszcz, Prawo pracy, S. 146; Florek/Zieliński, Prawo pracy, Rn. 59.

11 Eingeführt wurde diese Bezeichnung von Święcicki in: Salwa/Szubert/Święcicki, Podstawowe problemy prawa pracy, S. 75. Salwa, KP, Art. 25, Nr. 1; Barzycka-Banaszczyk, Prawo pracy, S. 34; Bessaraba, Stosunek pracy, S. 19; Florek/ Zieliński, Prawo pracy, Rn. 11, 59; Kolasiński, Prawo pracy I, S. 145; Liszcz, Prawo pracy, S. 144, 146.

aus Art. 22 § 1 KP hervor, der auf der einen Seite von den Pflichten des Arbeitnehmers spricht und auf der anderen Seite von denen des Arbeitgebers.[12]
Anzumerken ist jedoch, dass unter den Begriff des Arbeitsverhältnisses keine Verhältnisse im Sinne von militarisierten Diensten fallen. Dazu zählen der Militärdienst, der Polizeidienst, der Dienst bei den Staatsschutzbehörden und beim Grenzschutz und der Dienst in der Justizvollzugsanstalt. Diese Verhältnisse werden von speziellen verwaltungsrechtlichen Vorschriften geregelt.[13]

2. Die Arten des Arbeitsverhältnisses

Die Rechtsgründe für die Begründung eines Arbeitsverhältnisses sind im KP, d.h. im polnischen Arbeitsgesetzbuch abschließend aufgezählt.[14]
Bei diesen handelt es sich um den Arbeitsvertrag (Art. 25, 25^1 KP), die Berufung (Art. 68 KP), die Wahl (Art. 73 KP), die Ernennung (Art. 76 KP) oder den genossenschaftlichen Arbeitsvertrag (Art. 77 KP). Dies ergibt sich auch aus Art. 2 KP, der den Arbeitnehmerbegriff definiert. Danach ist der Arbeitnehmer eine Person, die aufgrund Arbeitsvertrag, Berufung, Wahl, Ernennung oder genossenschaftlichen Arbeitsvertrag beschäftigt ist.
Der grundlegende Unterschied zwischen diesen Rechtsgründen besteht in deren Begründung und Auflösung, worauf später noch ausführlich eingegangen wird.
Weiterhin wird mit Rücksicht auf die Verschiedenheit der Eigentumsformen, welche die Grundlage der betrieblichen Tätigkeit bilden, zwischen zwei Formen des Arbeitsverhältnisses unterschieden, und zwar zwischen dem arbeitnehmerischen und dem genossenschaftlichen Arbeitsverhältnis. Unter dem arbeitnehmerischen Arbeitsverhältnis versteht man jedes Arbeitsverhältnis, bei dem die Arbeitsmittel Eigentum des Arbeitgebers oder des Staates sind. Das genossenschaftliche Arbeitsverhältnis bildet die grundlegende Form der Beschäftigung von Mitgliedern der Arbeitsgenossenschaft als Miteigentümer der Produktionsmittel. Die Arbeitnehmer bzw. Mitglieder arbeiten mit ihren eigenen Mitteln.[15]
Das arbeitnehmerische Arbeitsverhältnis ist ein selbständiges Rechtsverhältnis, unabhängig von anderen Rechtsverhältnissen. Das genossenschaftliche Arbeitsverhältnis dagegen ist ein unselbständiges Rechtsverhältnis. Es ist abhängig von der Mitgliedschaft.[16]

---

12 Liszcz, Prawo pracy, S. 144.
13 Florek/Zieliński, Prawo pracy, Rn. 60.
14 Barzycka-Banaszczyk, Prawo pracy, S. 34; Jackowiak/Uziak/Wypych-Żywicka, Prawo pracy, S. 75; Liszcz, Prawo pracy, S. 146.
15 Barzycka-Banaszczyk, Prawo pracy, S. 36;Florek/Zieliński, Prawo pracy, Rn. 61; Liszcz, Prawo pracy, S.146 f.
16 Florek/Zieliński, Prawo pracy, Rn. 61; Liszcz, Prawo pracy, S. 147.

3. Die Abgrenzung des Arbeitsverhältnisses von den zivilrechtlichen Verhältnissen

Da es sich, wie oben bereits angemerkt, beim polnischen Arbeitsrecht um einen eigenständigen Rechtszweig handelt, ist eine Abgrenzung zu zivilrechtlichen Verhältnissen, bei denen auch Arbeit geleistet wird, notwendig. Dies gilt besonders für die Abgrenzung zwischen dem Arbeitsvertrag, als häufigstem Rechtsgrund für ein Arbeitsverhältnis,[17] und den zivilrechtlichen Verträgen, wie z.B. Auftragsvertrag, Werk- oder Agenturvertrag.

Die grundlegende Bedeutung dieser Abgrenzung liegt in den unterschiedlichen Rechten der Arbeit leistenden Personen. Arbeitnehmerische Rechte, wie insbesondere z.B. der Schutz des Arbeitsentgeltanspruchs (Art. 84 bis 91 KP), bezahlter Erholungsurlaub (Art. 152 bis 173 KP) oder Versicherungsleistungen im Falle der Arbeitsunfähigkeit (Art. 92 § 4 KP i.V.m. dem Gesetz über die Geldleistungen der Sozialversicherungen bei Krankheit und Mutterschaft vom 25.06.1999;[18] Gesetz über die Organisation der Sozialversicherungen[19]), stehen kraft der Vorschriften des Arbeitsrechts nur den Personen zu, die auf Grund eines Arbeitsvertrages beschäftigt sind.[20] Diese Vorschriften finden demnach keine Anwendung auf Personen, die auf Grund anderer Verträge Arbeit leisten, es sei denn, sie wurden kraft Art. 303 KP ausdrücklich auf diese ausgeweitet. Bisher ist dies nur in Hinsicht auf Personen, die Heimarbeit ausüben, geschehen.[21]

Es geschieht nicht selten, dass Werkverträge oder Auftragsverträge geschlossen werden, wobei die darin enthaltenen Verpflichtungen im Sinne eines Arbeitsverhältnisses ausgestaltet sind. Dies geschieht in der Regel, um die Arbeitskosten, wie z.B. den Sozialversicherungsbeitrag zu senken oder sogar zu umgehen.[22]

Mit dem Ziel, solche Praktiken, d.h. die Umgehung der arbeitsrechtlichen Vorschriften zu begrenzen, wurde im Rahmen der Reform des polnischen Arbeitsgesetzbuches von 1996[23] dem Art. 22 KP die Vorschrift § 1^1 hinzugefügt.[24]

Daraus geht hervor, dass eine Beschäftigung zu den in Art. 22 § 1 KP genannten Bedingungen eine Beschäftigung auf Grund eines Arbeitsverhältnisses ist, und zwar

---

17 Libera/Zduńska, Pracownik w zakładzie pracy, S. 30.

18 Dz. U. 1999, Nr. 60, Pos. 636; mit späteren Änderungen.

19 Vom 13.10.1998; Dz. U. 1998, Nr. 137, Pos. 887; mit späteren Änderungen.

20 Dobrodziej, Umowy cywilno – prawne, S. 10.

21 Verordnung des Ministerrats über die Beschäftigtenrechte von Heimarbeitern, vom 31.12.1975; Dz. U. 1976, Nr. 3, Pos. 19; mit späteren Änderungen.

22 Kolasiński, Prawo pracy znowelizowane, S. 111; Liszcz, Prawo pracy, S. 166; Rączka, PiZS 11/1996, S. 39 (40).

23 Gesetz vom 02.02.1996 über die Änderung des Kodeks Pracy und weiterer Gesetze; Dz. U. 1996 Nr. 24, Pos. 110, in Kraft getreten am 02.06.1996 (Art. 43 des Gesetzes).

24 Art. 1 Nr. 22 des Gesetzes vom 02.02.1996; Florek, Kodeks pracy, Warszawa 1996, wprowadzenie, S. XIVf.; Bessaraba, Stosunek pracy, S. 22, 26; Kolasiński, Prawo pracy znowelizowane, S. 111 f.; Liszcz, Prawo pracy, S. 166; Rączka, PiZS 11/1996, S. 39 (40).

ohne Rücksicht auf die Bezeichnung des von den Parteien geschlossenen Vertrages.[25] Dabei formuliert die Vorschrift kein Verbot des Abschlusses von zivilrechtlichen Verträgen. Sie will nur den betroffenen Personen die Möglichkeit eröffnen, den Arbeitnehmerstatus zu erlangen.[26]

Auch führte Art. 22 § 1^1 KP keinen neuen Grundsatz ein, sondern bestätigte lediglich die bisherige Rechtsprechung.[27] Denn diese hat schon seit langem die gefestigte Rechtsauffassung, dass über den Charakter des Rechtsverhältnisses nicht die von den Parteien gewählte Vertragsbezeichnung entscheidet, sondern „die Parteiabsicht und das Vertragsziel“[28] (Art. 65 § 2 KC[29] i.V.m. Art. 300 KP).

Welches die Parteiabsicht und das Vertragsziel sind, soll sich aus einer Gesamtbetrachtung der Bestimmungen ergeben, wobei die Bezeichnung nur als ein Hinweis anzusehen ist.[30] Eine solche Auslegung wird auch von der jüngsten Rechtsprechung immer wieder bestätigt.[31]

Ausschlaggebend, ob ein Arbeitsverhältnis oder ein zivilrechtliches Verhältnis vorliegt, ist welche Merkmale des jeweiligen Rechtsverhältnisses überwiegen.[32] Sollte jedoch keines der Merkmale überwiegen, dann entscheiden die Parteiabsicht und das Vertragsziel, die auch mit der Vertragsbezeichnung ausgedrückt werden können.[33]

Was die grundlegenden charakteristischen Merkmale eines Arbeitsverhältnisses betrifft, so sind diese, wie sich aus Art. 22 § 1 KP ergibt, die Ausübung einer der Art nach bestimmten Arbeit, zu Gunsten und unter der Leitung des Arbeitgebers sowie an dem vom Arbeitgeber bestimmten Ort und zu der von ihm bestimmten Zeit und zwar gegen Vergütung. Des Weiteren werden auch, wie schon oben behandelt, die Höchstpersönlichkeit der Arbeitsleistung und das Arbeitgeberrisiko als wichtige Merkmale betrachtet.[34]

---

25 OSNAPiUS 2000/5/175; OSNAPiUS 2000/11/417; OSNAPiUS 2001/7/214.

26 Bessaraba, Stosunek pracy, S. 22; Dobrodziej, Umowy cywilno-prawne, S. 10 f.

27 Bessaraba, Stosunek pracy, S. 22; Liszcz, Prawo pracy, S. 167; Jackowiak/Uziak/Wypych-Żywicka, Prawo pracy, S. 80; Iwulski/Sanetra, KP, Art. 22, Nr. 3; Rączka, PiZS 11/1996, S. 39 (47).

28 SN vom 02.12.1975, Służba Pracownicza 2/1976, S. 28; OSNCP 1965, Pos. 157.

29 Kodeks Cywilny vom 23.04.1964; Dz. U. 1964, Nr. 16, Pos. 93; mit späteren Änderungen.

30 OSNCP 1965/8/157, S. 57 f.

31 OSNAPiUS 1998/2/57; OSNAPiUS 1999/3/81; OSNAPiUS 1999/19/627; OSNAPiUS 2001/7/214.

32 OSNAPiUS 1999/19/627; OSNAPiUS 1999/22/718; OSNAPiUS 1999/20/646; Gersdorf/Rączka/Skoczyński, KP, Art. 22, Nr. 1.

33 OSNAPiUS 1999/14/449; OSNAPiUS 1999/3/81; OSNAPiUS 1999/18/582; OSNAPiUS 1999/19/627; OSNAPiUS 2001/1/18; Gersdorf/Rączka/Skoczyński, KP, Art. 22, Nr. 5.

34 SN vom 02.12.1975, Służba Pracownicza 2/1976, S. 28; OSNCP 1970/7-8/138; OSNCP 1976/11/241; OSNAPiUS 1998/20/595; OSNAPiUS 1999/24/775; OSNAPiUS 2000/5/175; Bessaraba, Stosunek pracy, S. 19 f.; Barzycka-Banaszczyk, Prawo pracy, S. 35; Dobrodziej, Umowy cywilno-prawne, S. 9 f.; Florek/Zieliński, Prawo pracy, Rn. 62; Liszcz, Prawo pracy, S. 146.

Gerade in Abgrenzung zum Werkvertrag, welcher das Erreichen eines einmaligen Resultats erfordert, wird aber auch grundlegend auf das Merkmal der dauerhaften Tätigkeit abgestellt.[35]
Anzumerken ist noch, dass auch besonders dem Merkmal „unter der Leitung des Arbeitgebers" große Bedeutung zugemessen wird.[36] Zwar wurde dieses der Definition des Arbeitsverhältnisses erst mit der Reform von 1996 zugefügt.[37] Aber schon früher hat die Rechtsprechung betont, dass die strikte Unterordnung des Arbeitnehmers gegenüber dem Arbeitgeber ein wesentliches Charakteristikum des Arbeitsverhältnisses darstellt.[38]
Um den Unterschied zwischen dem Arbeitsverhältnis und dem zivilrechtlichen Verhältnis zu verdeutlichen, werden im Folgenden die wesentlichen Merkmale des Arbeitsverhältnisses, in Form des Arbeitsvertrages, mit denen des Auftragsvertrages verglichen.
Im Gegensatz zum Arbeitsvertrag, fehlt es beim Auftragsvertrag (geregelt in Art. 734 bis 751 KC) an der strikten Unterordnung des Auftragnehmers gegenüber dem Auftraggeber. Der Auftragnehmer führt seine Arbeit also nicht unter der Leitung des Auftraggebers, sondern in selbstständiger Weise aus, wobei einzelne Hinweise oder Anregungen des Auftraggebers dem nicht entgegenstehen.[39] Weiterhin kann sich der Auftragnehmer der Hilfe Dritter bedienen bzw. er kann ihnen sogar gänzlich den Auftragsvertrag übertragen. Es besteht somit keine Verpflichtung zur höchstpersönlichen Arbeitsleistung.[40] Des Weiteren kann der Auftragsvertrag entgeltlich, aber, anders als der Arbeitsvertrag, auch unentgeltlich erfolgen.[41] Letztlich ist der Auftraggeber nicht mit einer so hohen Risikoübernahme belastet wie der Arbeitgeber.[42]
Bei dem Vergleich weiterer zivilrechtlicher Verträge mit dem Arbeitsvertrag ergeben sich ähnliche Gegensätzlichkeiten der wesentlichen Vertragsmerkmale, auf die aber hier nicht näher eingegangen werden muss.
Sollte nun eine auf Grund eines zivilrechtlichen Vertrages Arbeit leistende Person Zweifel hinsichtlich des zivilrechtlichen Charakters hegen, so kann sie, in Anlehnung

---

35 Dobrodziej, Umowy cywilno-prawne, S. 12 f.; Gujski, Kontrakty menedżerskie, S. 229.

36 OSNAPiUS 1998/2/35; OSNAPiUS 1998/20/595; OSNAPiUS 2000/4/138; OSNAPiUS 2000/5/175.

37 Art. 1 Nr. 22 lit. a des Gesetzes vom 02.02.1996.

38 SN vom 02.12.1975, Służba Pracownicza 2/1976, S. 28.

39 Gujski, Kontrakty menedżerskie, S. 185; Olszewski/Paszek, Umowy, S. 101 f.; Zimny, Umowa zlecenia, S. 11, 13; Żaro, Umowy cywilnoprawne, S. 15 f.; Rączka, PiZS 11/1996, S. 39 (44).

40 Dobrodziej, Umowy cywilno-prawne, S. 14; Gujski, Kontrakty menedżerskie, S. 184; Olszewski/Paszek, Umowy, S. 102; Zimny, Umowa zlecenia, S. 11, 14.

41 Dobrodziej, Umowy cywilno-prawne, S. 14 f.; Gujski, Kontrakty menedżerskie, S. 184; Libera/Zduńska, Pracownik w zakładzie pracy, S. 43; Zimny, Umowa zlecenia, S. 11; Rączka, PiZS 11/1996, S. 39 (43).

42 Gujski, Kontrakty menedżerskie, S. 185; Lewandowski/Góral, PiZS 12/1996, S. 21 (28).

an Art. 189 KPC,[43] vor Gericht auf Feststellung des Bestehens eines Arbeitsverhältnisses klagen.
Diese Möglichkeit der Klageerhebung ist gem. Art. 63¹ KPC auch den staatlichen Arbeitsschutzinspektoren eröffnet.[44]
Eine Bekräftigung des vom Gesetzgeber verfolgten Zwecks mit Art. 22 § 1¹ KP findet sich nun auch in Art. 22 § 1² KP.[45] Dieser stellt ausdrücklich klar, dass das Ersetzen eines Arbeitsvertrages durch einen zivilrechtlichen Vertrag unzulässig ist, wenn die in § 1 bestimmten Bedingungen erfüllt sind.

II. Vergleich mit Deutschland

Hinsichtlich der Einordnung des Arbeitsrechts als Rechtsgebiet ist zunächst festzustellen, dass in Polen das Arbeitsrecht ein eigenständiges Rechtsgebiet darstellt, welches zwar früher Teil des Privatrechts war, aufgrund der immer stärker werdenden Bedeutung und der steigenden Fülle an Regelungen aus diesem aber ausgegliedert worden und damit ein eigener, anderer Rechtszweig geworden ist. Auch in Deutschland hat das Arbeitsrecht teilweise einen selbstständigen Charakter und steht neben dem bürgerlichen Recht.[46] Es ist aber insbesondere auch ein Teilbereich des Privatrechts (sowie teilweise öffentliches Recht), weil das Dienstvertragsrecht des BGB die Basis für das Arbeitsvertragsrecht bildet.[47]
Des Weiteren wurden in Polen die allgemeinen und wesentlichen Grundsätze des Arbeitsrechts im Kodeks Pracy kodifiziert, was in Deutschland, trotz einiger Versuche, noch nicht geschafft worden ist. Ansonsten gibt es aber, wie im deutschen Arbeitsrecht auch, eine Fülle von weiteren Regelungen in Gesetzen, Verordnungen usw.
Auffallend ist, dass das polnische Arbeitsrecht mehrere (abschließende) Rechtsgrundlagen für die Begründung eines Arbeitsverhältnisses kennt, nämlich den Arbeitsvertrag, die Berufung, die Wahl, die Ernennung und den genossenschaftlichen Arbeitsvertrag, während in Deutschland grundsätzlich allein der Arbeitsvertrag die Rechtsgrundlage des Arbeitsverhältnisses nach dem Konsensprinzip bildet.[48]
Was jedoch die Merkmale, die das Arbeitsverhältnis ausmachen, betrifft, die, sowohl im polnischen als auch im deutschen Arbeitsrecht, der Abgrenzung zu anderen

---

43 Kodeks Postępowania Cywilnego (Zivilprozessordnung) vom 17.11.1964; Dz. U. 1964, Nr. 43, Pos. 296; mit späteren Änderungen.

44 Ergibt sich auch aus Art. 8 Abs. 1 Nr. 11 „a“ des Gesetzes über die staatliche Arbeitsinspektion vom 06.03.1981; Dz. U. 2001, Nr. 124, Pos. 1362; mit späteren Änderungen.

45 Hinzugefügt gem. Art. 1 Nr. 2 b des Änderungsgesetzes zum Kodeks Pracy sowie weiterer Gesetze vom 26.07.2002; Dz. U. 2002, Nr. 135, Pos. 1146.

46 BVerfG vom 22.04.1958, AP Nr. 2 zu § 1 UrlaubsG Hamburg.

47 Köbler, Wörterbuch, Stichwort: Arbeitsrecht, S. 26; Schaub, Arbeitsrechts-Handbuch, § 5 Rn. 3.

48 Brox/Rüthers, Arbeitsrecht, Rn. 8; Zöllner/Loritz, Arbeitsrecht, S. 145 f.

Rechtsverhältnissen, in denen Dienste angeboten werden, dienen, so sind wesentliche Übereinstimmungen zu erkennen.

Aus Art. 22 § 1 KP ergibt sich, dass sich durch die Begründung eines Arbeitsverhältnisses der Arbeitnehmer zur Ausübung einer der Art nach bestimmten Arbeit, zu Gunsten und unter der Leitung des Arbeitgebers sowie an dem vom Arbeitgeber bestimmten Ort und zu der von ihm bestimmten Zeit verpflichtet, und der Arbeitgeber zur Beschäftigung des Arbeitnehmers gegen Vergütung. Mit Abschluss eines Arbeitsvertrages nach deutschem Recht, der als Unterfall des Dienstvertrages (§ 611 BGB[49]) gilt, verpflichtet sich der Arbeitnehmer zur Leistung der versprochenen Dienste, besser gesagt der versprochenen Arbeit, und der Arbeitgeber zur Zahlung der vereinbarten Vergütung.[50] Somit decken sich hier schon die Merkmale der Leistung einer bestimmten Arbeit gegen Vergütung. Aber auch das Erfordernis „unter der Leitung des Arbeitgebers", welches auch als das Weisungsrecht des Arbeitgebers bezeichnet werden kann, findet im deutschen Arbeitsrecht seine Entsprechung. Rechtsprechung und herrschende Lehre sehen nämlich das Kriterium für die Arbeitnehmereigenschaft und damit für das Vorliegen eines Arbeitsverhältnisses in der persönlichen Abhängigkeit bzw. Unselbständigkeit, welche insbesondere durch die Weisungsgebundenheit (§ 611 BGB i.V.m. § 84 Abs. 1 S. 2 HGB[51]) bestimmt wird.[52] Der Arbeitnehmer verpflichtet sich also die vereinbarte Arbeit unter Leitung und nach Weisung des Arbeitgebers zu leisten.[53] In beiden Ländern wird demnach großer Wert darauf gelegt, dass sich der Arbeitnehmer hinsichtlich Inhalt, Durchführung, Zeit und Ort der Tätigkeit der Leitung des Arbeitgebers unterstellt.[54]

Auch bezüglich weiterer Kriterien, die von der polnischen Rechtsprechung und Literatur zur Charakterisierung des Arbeitsverhältnisses herausgearbeitet worden sind, lassen sich Übereinstimmungen erkennen.

---

49 Bürgerliches Gesetzbuch vom 18.08.1896; RGBl. S. 195.

50 Brox/Rüthers, Arbeitsrecht, Rn. 51; Löwisch, Arbeitsrecht, Rn. 1.; MünchKomm/Müller-Glöge, § 611 BGB Rn. 121.

51 Handelsgesetzbuch vom 10.05.1897; RGBl. S. 219.

52 BAG vom 28.02.1962, AP Nr. 1 zu § 611 BGB Abhängigkeit; vom 16.10.1987, AP Nr. 69 zu § 613 a BGB; vom 30.11.1994 NZA 1995, 622; vom 19.01.2000, NZA 2000, S. 1102 (1103); BGH vom 27.01.2000, NZA 2000, S. 390; Brox/Rüthers, Arbeitsrecht, Rn. 17 ff.; Hromadka, NZA 1997, S. 569 (579); Hueck in Hueck/Nipperdey, Arbeitsrecht I, S. 41; Löwisch, Arbeitsrecht, Rn. 3 ff.; MünchArbR/Richardi, § 24 Rn. 16 f., 26 ff.; Palandt/Putzo, Einf. v. § 611 BGB Rn. 5, 7; Zöllner/Loritz, Arbeitsrecht, S. 45 ff.

53 MüchKomm/Müller-Glöge, § 611 BGB Rn. 121; Söllner, Grundriß Arbeitsrecht, S. 17 f.; so auch § 3 Abs. 1 S. 2 des Entwurfs „Allgemeines Arbeitsvertragsrecht" der Arbeitsgesetzbuchkommission von 1977, S. 21.

54 Einige gehen zwar dahin, dem Merkmal der Weisungsgebundenheit seine unmittelbare Bedeutung abzusprechen und andere Merkmale herauszuarbeiten, die mit der persönlichen Abhängigkeit in Sinnzusammenhang stehen, Wank, DB 1992, S. 90 (m.w.N.). Aufgrund dessen aber, dass die neuere Rspr. als auch die h.L. noch am hergebrachten Arbeitnehmerbegriff festhalten, soll diesem auch hier gefolgt werden.

Auch in Deutschland kann das Arbeitsverhältnis bzw. der Arbeitsvertrag aufgrund der Abschlussfreiheit (Art. 12 Abs. 1, Art. 2 Abs. 1 GG[55]), nur freiwillig begründet werden[56] und muss in der Regel höchstpersönlich geleistet werden (§ 613 BGB).[57] Darüber hinaus ist es auch regelmäßig auf Dauer angelegt, also ein Dauerschuldverhältnis,[58] und da der Arbeitgeber den Betrieb selbstständig leitet und der erzielte Gewinn ihm zusteht, trägt er grundsätzlich auch das Betriebsrisiko sowie das Wirtschaftsrisiko.[59] Dass bei Arbeitskämpfen in Ausnahmefällen auch der Arbeitnehmer das Risiko zu tragen hat, spielt für die Charakterisierung des Rechtsverhältnisses als Arbeitsverhältnis keine Rolle, da es nur Bedeutung für den Lohnanspruch hat.
Ferner kommt es sowohl in Polen als auch in Deutschland auf den Geschäftsinhalt an und nicht auf die Bezeichnung der Rechtsgrundlage für das Arbeitsverhältnis.[60] Eine Regelung wie die des Art. 22 § 1^{1} KP oder des Art. 22 § 1^{2} KP ist im deutschen Arbeitsrecht aber nicht zu finden. Zwar gibt es die Vermutungsregel des § 7 Abs. 4 SGB IV. Diese gilt aber nur im Sozialrecht und hat auf den Arbeitnehmerbegriff keine Auswirkung.[61]
Zusammenfassend kann somit gesagt werden, dass das Arbeitsverhältnis, unabhängig davon, ob es aufgrund mehrerer unterschiedlicher Rechtsgrundlagen begründet werden kann wie in Polen oder grundsätzlich nur aufgrund einer wie in Deutschland, bezüglich seiner wesentlichen Merkmale in gleicher Weise bestimmt wird.

B. Die Begründung eines vertraglichen Arbeitsverhältnisses

I. Polen

Über 90% der Arbeitnehmer in Polen sind auf Grund eines Arbeitsvertrages eingestellt.[62] Dieser ist im KP in den Art. 25 bis 67 geregelt.
In Anlehnung an die Definition des Arbeitsverhältnisses in Art. 22 § 1 KP handelt es sich bei einem Arbeitsvertrag um ein Rechtsgeschäft, welches übereinstimmende Willenserklärungen dahingehend beinhaltet, dass sich die eine Seite, genannt Arbeitnehmer, verpflichtet, eine der Art nach bestimmte Arbeit wiederholt, auf Dauer und

55 Grundgesetz vom 23.05.1949; BGBl. S. 1.
56 Löwisch, Arbeitsrecht, Rn. 1173; Söllner, Grundriß Arbeitsrecht, S. 21.
57 Steinmeyer, Arbeitsrecht, S. 40.
58 Palandt/Putzo, Einf. v. § 611 Rn. 5; Söllner, Grundriß Arbeitsrecht, S. 254.
59 Brox/Rüthers, Arbeitsrecht, Rn. 170; Löwisch, Arbeitsrecht, Rn. 979.
60 Art. 22 § 1^{1} KP; SN vom 02.12.1975, Służba Pracownicza 2/1976, S. 28; OSNCP 1965, Pos. 157; BAG vom 22.04.1998, NZA 1998, 1336 (1338); vom 15.12.1999, NZA 2000, 1162 (1163); vom 19.01.2000, NZA 2000, 1102 (1103); Löwisch, Arbeitsrecht, Rn. 4.
61 Hromadka/Maschmann, Arbeitsrecht Band 1, § 1, Rn. 39 f.; MünchArbR/Richardi, § 24 Rn. 11.
62 Bessaraba, Stosunek pracy, S. 27.

zu Gunsten der anderen Seite, genannt Arbeitgeber, zu leisten, und dieser wiederum sich verpflichtet den Arbeitnehmer gegen Vergütung zu beschäftigen.[63] Dabei unterliegt der Abschluss des Arbeitsvertrages den Regeln über Willenserklärungen des Kodeks Cywilny (i.V.m. Art. 300 KP).[64]
Damit gilt der Grundsatz der Vertragsfreiheit, welcher sich auch aus Art. 11 KP ergibt.

1. Allgemeines

a) Die Vertragsparteien

Die Vertragsparteien, d.h. der Arbeitnehmer und der Arbeitgeber sind im KP legaldefiniert.
Gem. Art. 2 KP ist der Arbeitnehmer eine Person, die auf Grund eines Arbeitsvertrages, Berufung, Wahl, Ernennung oder eines genossenschaftlichen Arbeitsvertrages beschäftigt ist.
Diese Definition zählt jedoch eher die Rechtsgründe für die Begründung eines Arbeitsverhältnisses auf, als die Voraussetzungen der Arbeitnehmereigenschaft.[65] Somit wird für die Bestimmung des Arbeitnehmerbegriffs auf Art. 22 § 2 KP zurückgegriffen.[66] Danach kann Arbeitnehmer grundsätzlich nur eine Person sein, die das 18. Lebensjahr vollendet hat. Daraus geht hervor, dass ein Arbeitnehmer nur eine natürliche Person sein kann.[67]
Von dem in Art. 22 § 2 KP bestimmten Grundsatz sieht das Arbeitsrecht aber einige Ausnahmen vor.
Art. 22 § 2 KP besagt nämlich auch, dass bei Vorliegen der in Teil neun des KP beschriebenen Voraussetzungen, Arbeitnehmer auch eine Person sein kann, die das 18. Lebensjahr noch nicht vollendet hat.
Teil neun des KP regelt die Beschäftigung von Heranwachsenden. Gem. Art. 190 § 1 KP ist ein Heranwachsender im Sinne dieses Gesetzes eine Person, die das 16. aber noch nicht das 18. Lebensjahr überschritten hat.
Laut Art. 191 § 1 KP kann eine solche Person nur dann beschäftigt werden, wenn sie zumindest das Gymnasium beendet hat und ein ärztliches Attest vorlegt, welches besagt, dass die Arbeit ihre Gesundheit nicht gefährdet. Darüber hinaus kann ein

---

63 Barzycka-Banaszczyk, Prawo pracy, S. 39; Florek/Zieliński, Prawo pracy, Rn. 75; Jackowiak/Uziak/Wypych-Żywicka, Prawo pracy, S. 80.

64 Barzycka-Banaszczyk, Prawo Pracy, komentarz, Art. 25, Rn. 1; Jackowiak/Uziak/Wypych-Żywicka, Prawo pracy, S. 81 f.

65 Jackowiak/Uziak/Wypych-Żywicka, Prawo pracy, S. 67.

66 Barzycka-Banaszczyk, Prawo pracy, komentarz, Art. 2, Rn. 2, Art. 22; Kolasiński, Prawo pracy I, S. 151; Jackowiak/Uziak/Wypych-Żywicka, Prawo pracy, S. 67.

67 Barzycka-Banaszczyk, Prawo pracy, komentarz, Art. 2, Rn. 1; Jackowiak/Uziak/Wypych-Żywicka, Prawo pracy, S. 67; Zdiennicka-Kaczocha, Poradnik, S. 8.

Heranwachsender, der die erforderlichen Befähigungsnachweise nicht besitzt, nur zum Zwecke der Berufsausbildung beschäftigt werden (Art. 191 § 2 KP). Näheres dazu wird in der Verordnung des Ministerrats vom 28. Mai 1996 über die Berufsausbildung Heranwachsender und deren Vergütung geregelt[68] (i.V.m. Art. 191 § 3 KP). Ausnahmen davon sind in der Verordnung des Ministers für Arbeit und Sozialpolitik vom 05. Dezember 2002 über die Ausnahmefälle der zulässigen Beschäftigung Heranwachsender, die das Gymnasium nicht beendet haben, von Personen unter 16 Jahren, die das Gymnasium beendet haben sowie von Personen unter 16 Jahren, die das Gymnasium nicht beendet haben[69] geregelt (Art. 191 § 5 KP als Ermächtigungsgrundlage).

Die Möglichkeit Arbeitnehmer zu sein, hängt damit nicht von der Geschäftsfähigkeit ab.

Art. 22 § 3 KP besagt auch ausdrücklich, dass eine beschränkt geschäftsfähige Person, ohne Zustimmung des gesetzlichen Vertreters, ein Arbeitsverhältnis begründen, sowie die dieses Verhältnis betreffenden Rechtsgeschäfte tätigen kann. Sollte jedoch dieses Arbeitsverhältnis dem Wohl dieser Person entgegenstehen, so kann der gesetzliche Vertreter das Arbeitsverhältnis, mit Genehmigung des Vormundschaftsgerichts, auflösen.

Somit könnte laut dieser Vorschrift, entgegen den Regeln des KC, auch jede Person, die das 13. aber noch nicht das 18. Lebensjahr vollendet hat, ein Arbeitsverhältnis ohne Zustimmung des gesetzlichen Vertreters begründen (Art. 300 KP i.V.m. Art. 15, 11, 10 § 1 KC). Dies stünde aber wiederum im Widerspruch zu Art. 190 § 2 KP, aus dem hervorgeht, dass die Beschäftigung von Personen, die das 16. Lebensjahr noch nicht vollendet haben, verboten ist.

Aufgrund dessen wird zum Schutze der Minderjährigen davon ausgegangen, dass es sich bei den arbeitsrechtlichen Vorschriften um solche handelt, die leges speciales zu denen des KC sind. Somit kann ein Minderjähriger nur dann einen wirksamen Arbeitsvertrag abschließen, wenn er in Ausnahmefällen das vorgesehene Lebensjahr vollendet hat.[70] In den Fällen jedoch, in denen ein Minderjähriger, der das jeweilige Mindestalter noch nicht erreicht hat, Arbeit auf Grund eines „Arbeitsvertrages" geleistet hat, zeichnet sich in der Rechtsprechung aber auch in der Literatur die Ansicht ab, dass diese Person ein Arbeitsverhältnis begründen kann, soweit sie beschränkt geschäftsfähig, d.h. 13 Jahre alt ist, wobei das Verbot der Beschäftigung von Personen, die das 16. Lebensjahr noch nicht vollendet haben, nur an den Arbeit-

---

68 Dz. U. 1996, Nr. 60, Pos. 278.

69 Dz. U. 2002, Nr. 214, Pos. 1808.

70 OSPiKA 1980/12/221, mit Anmerkung von Mirosław Włodarczyk in OSPiKA 1980, S. 527 529.

geber adressiert ist.[71] Bei einem Verstoß trägt somit allein der Arbeitgeber die Konsequenzen.[72]
Gerade in den Fällen, welche Leistungen aus Arbeitsunfällen betreffen, ist die Rechtsprechung zu dieser Ansicht gelangt.
Kritisiert wird diese Ansicht jedoch dahingehend, dass bei Berücksichtigung des Inhalts von Art. 22 § 3 KP i.V.m. Art. 190 § 1 KP daraus hervorgeht, dass eine Person, die das gesetzliche Mindestalter noch nicht erreicht hat, gerade nicht Arbeitnehmer sein kann.[73]
Demnach ist ersichtlich, dass in diesem Punkt die Rechtslage noch nicht geklärt ist. Bei einem Verstoß sollte aber im Ergebnis, aufgrund der Wichtigkeit des Minderjährigenschutzes, allein der Arbeitgeber die Konsequenzen zu tragen haben. Liegt ein wirksames Arbeitsverhältnis in diesem Sinne nicht vor, so müssen dem beschränkt Geschäftsfähigen, trotz Nichterlangung des Arbeitnehmerstatus, alle Arbeitnehmerrechte so zustehen, als wenn ein wirksames Arbeitsverhältnis bestanden hätte, und zwar für die Zeit, in der der Minderjährige tatsächlich beschäftigt worden ist.

Nachdem der Begriff des Arbeitnehmers in seinen wesentlichen Punkten erläutert worden ist, soll im Folgenden der des Arbeitgebers erörtert werden.
Auch dieser Begriff ist, wie oben schon gesagt, legaldefiniert, und zwar in Art. 3 KP. Danach ist der Arbeitgeber eine organisatorische Einheit, auch wenn sie keine Rechtspersönlichkeit besitzt, sowie auch eine natürliche Person, wenn sie Arbeitnehmer beschäftigt. Diese Definition wurde im Rahmen der Reform des KP im Jahre 1996 eingeführt[74] und ersetzt seitdem den Begriff der „Arbeitsstätte" in seiner subjektiven Bedeutung.[75] Vor dieser Reform unterschied man bei den beschäftigenden Subjekten zwischen der organisatorischen Einheit, genannt „Arbeitsstätte", und den natürlichen Personen, die Arbeitnehmer beschäftigen, genannt Arbeitgeber.[76] Diese Ausweitung des Begriffs des beschäftigenden Subjekts erfolgte in Konsequenz der Veränderungen der Eigentumsstruktur in der Wirtschaft und in Verbindung damit, aufgrund der Entwicklung des privaten Sektors. Dies kennzeichnet die Gleichstellung der Rechtspositionen der Parteien eines Arbeitsverhältnisses, ohne Rücksicht darauf, ob es sich bei dem beschäftigenden Subjekt um eine organisatorische Einheit oder eine natürliche Person handelt.[77]

---

71 OSNCP 1982/7/94; Goździewicz, PiP 6/1972, S. 76 (78).
72 Jackowiak/Uziak/Wypych-Żywicka, Prawo pracy, S. 69 Kolasiński, Prawo pracy znowelizowane, S. 119.
73 OSPiKA 1980/12/221, mit Anmerkung von Mirosław Włodarczyk in OSPiKA 1980, S. 527-529; Szubert, Zarys prawa pracy, S. 82; Kolasiński, Prawo pracy I, S. 153.
74 Art. 1 Nr. 3 des Gesetzes vom 02.02.1996 über die Änderung des Kodeks Pracy und weiterer Gesetze.
75 Iwulski/Sanetra, KP, Art. 3, Nr. 1; Bessaraba, Stosunek pracy, S. 14; Libera/Zduńska, Pracownik w zakładzie pracy, S. 15; Hajn, PiZS, 5/1997, S. 19.
76 Art. 3 u. 299 KP.
77 Iwulski/Sanetra, KP, Art. 3, Nr. 1; Liszcz, Prawo pracy, S. 149; Libera/Zduńska, Pracownik w zakładzie pracy, S. 16; Hajn, PiZS, 5/1997, S. 19 (23).

Also können natürliche und juristische Personen sowie organisatorische Einheiten ohne Rechtspersönlichkeit Arbeitgeber sein.[78]
Eine Ausnahme zu den juristischen Personen stellt der Fiskus dar, der als Rechtsfiktion keine organisatorische Einheit ist und damit auch nicht Arbeitgeber sein kann.[79]
Der 1996 neu eingeführte Art. 3^{1} KP[80] regelt zudem in § 1 die Vertretung des Arbeitgebers, der eine organisatorische Einheit darstellt. Die arbeitsrechtlichen Maßnahmen werden von der Person oder dem Organ durchgeführt, die bzw. das diese Einheit leitet oder von einer anderen dazu bestimmten Person. Des Weiteren ergibt sich aus § 2 die entsprechende Anwendung von § 1 auf juristische Personen als Arbeitgeber, wenn sie die in § 1 genannten Maßnahmen nicht selber durchführen.
Eine Reihe arbeitsrechtlicher Gesetze enthält eigene Definitionen des Arbeitgeberbegriffs. Einige sind identisch mit der Definition des KP (Art. 2 Abs. 1 Nr. 17 des Gesetzes vom 14. Dezember 1994 über die Beschäftigung und die Vorbeugung gegen Arbeitslosigkeit[81]). Die Definitionen anderer Gesetze beinhalten verschiedene Modifikationen, die hauptsächlich solche organisatorischen Einheiten ausschließen wollen, die keiner wirtschaftlichen Betätigung nachgehen. Z.B. steht in Art. 1 Abs. 2 des Gesetzes vom 23. Mai 1991 über Arbeitgeberorganisationen,[82] dass Arbeitgeber i.S.d. Gesetzes eine natürliche Person oder eine organisatorische Einheit ist, die Arbeitnehmer beschäftigt, welche einer wirtschaftlichen Betätigung nachgehen. Der Begriff der wirtschaftlichen Betätigung wird wiederum im Gesetz vom 19. November 1999 über die wirtschaftliche Betätigung präzisiert.[83] Art. 2 Abs. 1 besagt, dass unter einer wirtschaftlichen Betätigung i.S.d. Gesetzes ein Herstellungs-, Bau-, Handels- und Dienstleistungsgewerbe sowie die Suche, Erkennung und Gewinnung natürlicher Rohstoffe zu verstehen ist, und zwar in organisierter Form und auf Dauer und Gewinnerzielung ausgerichtet.
Weitere Arbeitgeberdefinitionen ergeben sich z.B. auch noch aus Art. 5 des Gesetzes vom 23. Mai 1991 über die Lösung von Kollektivstreitigkeiten[84] und aus Art. 2 Abs. 1 des Gesetzes vom 29. Dezember 1993 über den Schutz von Arbeitnehmerforderungen bei Zahlungsunfähigkeit des Arbeitgebers[85].
Demnach ist es für die Erlangung des Arbeitgeberstatus gem. Art. 3 KP irrelevant, welcher Tätigkeit die beschäftigten Arbeitnehmer nachgehen, insbesondere muss es sich dabei nicht um eine wirtschaftliche Betätigung handeln.[86]

---

78 Gęsicki, KP, Art. 3, Nr. 2.
79 Barzycka-Banaszczyk, Prawo pracy, komentarz, Art. 3, Rn. 2.
80 Hinzugefügt gem. Art. 1 Nr. 4 des Gesetzes vom 02.02.1996 über die Änderung des Kodeks Pracy sowie weiterer Gesetze.
81 In der Fassung der Bekanntmachung vom 07.03.2003; Dz. U. 2003, Nr. 58, Pos. 514.
82 Dz. U. 1991, Nr. 55, Pos. 235.
83 Dz. U. 1999, Nr. 101, Pos. 1178; mit späteren Änderungen.
84 Dz. U. 1991, Nr. 55, Pos. 236; mit späteren Änderungen.
85 In der Fassung der Bekanntmachung vom 09.01.2002; Dz. U. 2002, Nr. 9, Pos. 85; mit späteren Änderungen.
86 Liszcz, Prawo pracy, S. 150.

Letztlich soll hier noch der in der Literatur umstrittene Punkt der Geschäftsfähigkeit einer natürlichen Person als Arbeitgeber skizziert werden.
Eine Meinung besagt, dass dieser Punkt vom Arbeitsrecht nicht geregelt sei, so dass gem. Art. 300 KP die Vorschriften des Kodeks Cywilny entsprechend anzuwenden seien. Dies bedeutet, dass Arbeitgeber jede natürliche Person sein kann, mithin auch eine geschäftsunfähige. Im letzteren Fall werden die das Arbeitsverhältnis betreffenden Rechtsgeschäfte im Namen der geschäftsunfähigen Person von ihrem gesetzlichen Vertreter getätigt. Was die beschränkt geschäftsfähige Person betrifft, so bedürfen die o.g. Rechtsgeschäfte zu ihrer Wirksamkeit der Zustimmung des gesetzlichen Vertreters.[87]
Die Gegenansicht beruft sich auf Art. 22 § 3 KP, wonach ihrer Meinung Arbeitgeber nur eine beschränkt geschäftsfähige natürliche Person im zivilrechtlichen Sinne sein könne. Demnach kann eine solche Person selbstständig und ohne Beteiligung des gesetzlichen Vertreters Rechtsgeschäfte, die das Arbeitsverhältnis betreffen, tätigen. Der gesetzliche Vertreter kann nur mit Zustimmung des Vormundschaftsgerichts das von einem solchen Arbeitgeber begründete Arbeitsverhältnis auflösen, wenn es dem Wohl des Arbeitgebers entgegensteht. Begründet wird diese Ansicht damit, dass Art. 22 § 3 KP sowohl die Geschäftsfähigkeit des Arbeitnehmers als auch die des Arbeitgebers regelt.[88] Diese Ansicht ist insoweit überzeugend, als dass Art. 22 § 3 KP - aufgrund dessen, dass das Arbeitsrecht ein eigenständiger Rechtszweig ist - als spezielle arbeitsrechtliche Regelung anzusehen ist, die den zivilrechtlichen Vorschriften vorgeht. Die Tatsache jedoch, dass diese Vorschrift nichts in Bezug auf nichtgeschäftsfähige Personen aussagt, schließt nicht zwangsweise die Möglichkeit aus, dass auch sie Arbeitgeber sein können. In diesem Fall kommen dann wohl die zivilrechtlichen Vorschriften gem. Art. 300 KP zum Zuge.
Letztlich wird noch die Ansicht vertreten, dass Arbeitgeber nur eine natürliche Person sein kann, die voll geschäftsfähig ist.[89] Für diese Ansicht findet sich jedoch keine gesetzliche Anknüpfung. Des Weiteren besteht auch keine Notwendigkeit, nur den voll geschäftsfähigen Personen die Möglichkeit Arbeitgeber zu sein zu eröffnen. Der Schutz des beschränkt Geschäftsfähigen bzw. des Geschäftsunfähigen wird in der Regel vom gesetzlichen Vertreter sowie vom Vormundschaftsgericht gewährleistet.

b) Die Form des Arbeitsvertrages

Art. 29 § 2 S. 1 KP bestimmt, dass der Arbeitsvertrag der Schriftform bedarf. Dies betrifft alle Arbeitsverträge, unabhängig von deren Art und Dauer.[90] Jedoch wird im KP nicht geregelt, welche Rechtsfolgen bei Nichteinhaltung der Schriftform eintreten sollen. Die Nichteinhaltung der Schriftform kann aber nur dann zur Unwirksamkeit

---

87 Liszcz, Prawo pracy, S. 155 f.; Hajn, PiZS, 5/1997, S. 19 (22).
88 Zieliński, Zarys wykładu prawa pracy, I, S. 247.
89 Kolasiński, PiZS 7/1978, S. 17.
90 Gersdorf, PiZS 7-8/1997, S. 40.

des Arbeitsvertrages führen, wenn eine solche Sanktion ausdrücklich in einer entsprechenden Vorschrift vorgesehen ist (Art. 73 § 1 KC i.V.m. Art. 300 KP), so wie es z.B. in Art. 101^3 KP (Unwirksamkeit von Verträgen, die ein Konkurrenzverbot enthalten, bei Nichteinhaltung der Schriftform) der Fall ist.[91] Somit sind auch mündlich abgeschlossene Arbeitsverträge wirksam, sowie konkludent abgeschlossene wie z.B. durch Zulassung zur Arbeit.[92]

Gem. Art. 29 § 4 KP bedarf zudem die Änderung der Arbeitsbedingungen der Schriftform, wobei auch hier nicht geregelt wird, welche Rechtsfolgen bei deren Nichteinhaltung eintreten sollen. Die Parteien können aber im Arbeitsvertrag festhalten, dass die Nichteinhaltung der Schriftform zur Unwirksamkeit der Vertragsänderung (sowie einer Vertragsergänzung) führt (Art. 76 KC i.V.m. Art. 300 KP).[93]

Ist der Arbeitsvertrag aber nicht schriftlich abgeschlossen worden, so muss der Arbeitgeber gem. Art. 29 § 2 S. 2 KP spätestens an dem Tag der Arbeitsaufnahme durch den Arbeitnehmer die Art des Vertrages sowie dessen Bedingungen schriftlich bestätigen. Bei Nichteinhaltung dieser Arbeitgeberpflicht droht gem. Art. 281 Nr. 2 KP eine Geldbuße. Darüber hinaus kann der Arbeitnehmer vor dem Arbeitsgericht auf Feststellung der Art des Arbeitsvertrages sowie dessen Bedingungen klagen.[94] Dies gilt für alle Arbeitsverträge, unbefristete sowie befristete.[95]

Art. 29 § 2 S. 2 KP ersetzt im Wesentlichen den Art. 29 § 3 KP a.F., welcher eine Neuheit im polnischen Arbeitsrecht war und zum Ziel hatte die Arbeitnehmerrechte zu stärken, sowie die Schwarzarbeit zu mindern bzw. sogar zu beseitigen.[96]

Dies ergibt sich auch aus Art. 2 Abs. 1 Nr. 9 lit. a des Gesetzes vom 14. Dezember 1994 über die Beschäftigung und die Vorbeugung gegen Arbeitslosigkeit, wonach die Beschäftigung einer Person durch einen Arbeitgeber, ohne dass mit ihr ein schriftlicher Arbeitsvertrag innerhalb der erforderlichen Frist abgeschlossen worden ist, eine illegale Beschäftigung darstellt. Dabei wird zu Recht kritisiert, dass die Formulierung der o.g. Vorschrift mit der von Art. 29 § 3 KP a.F. kollidiert, da gem. Art. 29 § 3 KP a.F. auch ein ohne Einhaltung der Schriftform abgeschlossener Arbeitsvertrag wirksam und somit „legal" war; es wurde lediglich die schriftliche Bestätigung der Vertragsart und der Vertragsbedingungen gefordert. Gem. Art. 2 Abs. 1 Nr. 9 lit. a des Gesetzes über die Beschäftigung und Vorbeugung gegen Arbeitslosigkeit hingegen, müsste dies als „illegale Beschäftigung" qualifiziert werden.[97] Art. 29 § 3 KP

---

91 Bessaraba, Stosunek pracy, S. 31; Florek/Zieliński, Prawo pracy, Rn. 84; Gersdorf, PiZS 7-8/1997, S. 40 (41); Muszalski, PiZS 1/2001, S. 35 (36).

92 OSP 1976/12/225; Gęsicki, KP, Art. 29, Nr. 2; Bessaraba, Stosunek pracy, S. 31; Liszcz, Prawo pracy, S. 172; Jackowiak/Uziak/Żywicka, Prawo pracy, S. 87; Kolasiński, Prawo pracy znowelizowane, S. 113 f.; Gersdorf, PiZS 7-8/1997, S. 40 (41).

93 Łajeczko, PP 11/1999, S. 3 (4).

94 OSPiKA 1989/3/48.

95 Doliński, RP 1/2000, S. 45 (47).

96 Gersdorf, PiZS 7-8/1997, S. 40 (41); Muszalski, PiZS 1/2001, S. 35 (36).

97 Barzycka-Banaszczyk, Prawo pracy, komentarz, Art. 29 Rn. 1; Iwulski/Sanetra, KP, Art. 29, Nr. 1.

a.F. enthielt auch keine Frist, innerhalb deren der Arbeitsvertrag schriftlich abgeschlossen werden muss, sondern nur eine Frist, innerhalb welcher der Arbeitgeber dem Arbeitnehmer schriftlich die Vertragsart und die Vertragsbedingungen bestätigen muss.[98] Es handelt sich somit nur um die Bestätigung eines vorher schon bestehenden Arbeitsvertrages, welche daher nicht mit einem schriftlichen Arbeitsvertrag gleichgesetzt werden kann.[99]

c) Der Inhalt des Arbeitsvertrages

Damit es zum Abschluss eines Arbeitsvertrages kommt, bedarf es einiger Mindestbestandteile, die von den Parteien bestimmt werden müssen. Diese werden mittelbar von Art. 22 § 1 KP beschrieben.[100] Demnach muss der Vertragsinhalt, neben der Bezeichnung der Vertragsparteien, zumindest die Beschreibung der zu leistenden Arbeit enthalten, den Arbeitsort, die Arbeitszeit sowie die Verpflichtung den Lohn zu zahlen. Da es sich allein mit diesen Bestimmungen nur um einen mageren Vertragsinhalt handeln würde, sollte ein richtig formulierter Arbeitsvertrag die in Art. 29 § 1 KP genannten Vertragsbedingungen enthalten.[101] Danach soll der Arbeitsvertrag die Vertragsparteien, die Art des Vertrages, das Abschlussdatum sowie dessen Bedingungen beschreiben, insbesondere die Art der Arbeit (Art. 29 § 1 Nr. 1 KP), den Ort, an dem die Arbeit ausgeübt wird (Art. 29 § 1 Nr. 2 KP), die der Arbeitsart angemessene Vergütung unter Angabe der Lohnbestandteile (Art. 29 § 1 Nr. 3 KP), die Grundarbeitszeit (Art. 29 § 1 Nr. 4 KP) sowie den Termin, an dem die Arbeit aufgenommen wird (Art. 29 § 1 Nr. 5 KP).

Die Bedingung Vertragsart soll dabei die beabsichtigte Dauer des Arbeitsverhältnisses beschreiben, wobei ein Arbeitsvertrag auf unbestimmte Zeit, auf bestimmte Zeit, auf Zeit zur Ausübung einer bestimmten Arbeit oder auf Probezeit abgeschlossen werden kann.[102]

Was die Vertragsbedingung „Art der Arbeit" betrifft, so kann diese dahingehend konkretisiert werden, dass im Vertrag auf den Charakter der Arbeit, des Arbeitsplatzes oder der Funktion hingewiesen wird bzw. auf die Gesamtheit der Handlungen,

---

98 Iwulski/Sanetra, KP, Art. 29, Nr. 1.
99 Iwulski/Sanetra, KP, Art. 29, Nr. 1.
100 Liszcz, Prawo pracy, S. 168.
101 Liszcz, Prawo pracy, S. 169.
102 Gęsicki, KP, Art. 29, Nr. 1; Salwa, PiZS 7/1965, S. 23.

welche der Arbeitnehmer auszuführen verpflichtet ist.[103] Einfach ausgedrückt geht es darum, dass der Arbeitnehmer weiß, was der Arbeitgeber von ihm erwarten kann.[104]
Die Bedingung „Arbeitsort“ ist ein neues Element und wurde im Rahmen der Reform im Jahre 1996 eingeführt.[105] Die Einführung erfolgte mit dem Ziel der Angleichung des nationalen Rechts an die Richtlinien des europäischen Rechts, wonach es sich bei dieser Bedingung um eine wesentliche und unerlässliche handelt. Diese Bestimmung hat im Wesentlichen allein für den Arbeitnehmer eine Bedeutung und soll ihn vor Änderungen des Ortes, an dem die Arbeit zu leisten ist, von Seiten des Arbeitgebers schützen.[106]
Sowohl die Rechtsprechung als auch die Literatur gewähren den Parteien des Arbeitsverhältnisses eine große Freiheit in der Bestimmung des Ortes, an dem die Arbeit auszuüben ist.[107] Das Höchste Gericht hat festgestellt, dass die Parteien den Ort, an dem die Arbeit auszuüben ist, als dauerhaft oder als wechselnd bezeichnen können. Letzteres kann dabei aus dem Charakter der Arbeit resultieren. Im Allgemeinen versteht man unter dieser Bedingung entweder einen dauerhaften geografischen Punkt, oder ein genau bezeichnetes Gebiet, dessen Grenzen durch die Verwaltungsbehörde der Landaufteilung bestimmt werden oder auf andere ausdrückliche Weise.[108] Zwar ist der Begriff im KP nicht legaldefiniert, aber es gibt eine gesetzliche Anknüpfung, welche den Ort, an dem die Arbeit auszuüben ist, beschreibt. Gem. Art. 128 § 1 KP ist die Arbeitsstätte ein solcher Ort bzw. gem. Art. 454 § 2 KC i.V.m. Art. 300 KP der Sitz der Arbeitsstätte, was in einigen Fällen der Konkretisierung wohl nicht gerade weiter helfen wird. Grundsätzlich kann dieser Ort aber durch Angabe der vollen Adresse des Arbeitgebers beschrieben werden.[109]
Was die Beschreibung des Termins, an dem die Arbeit aufgenommen werden soll, betrifft, so wird darauf später noch näher eingegangen werden.
Letztlich soll noch die Angabe der der Art der Arbeit angemessenen Entlohnung kurz erläutert werden. Damit sollen all die Elemente angezeigt werden, die über die Lohnrechte des Arbeitnehmers entscheiden, und zwar insbesondere die Zahlungsmethode (Akkord, Zeit o.ä.), der Lohnsatz und die Lohnbestandteile.[110] Dies kann sowohl

---

103 Barzycka-Banaszczyk, Prawo pracy, komentarz, Art. 29, Rn. 2; Bessaraba, Stosunek pracy, S. 29; Florek/Zieliński, Prawo pracy, Rn. 78; Liszcz, Prawo pracy, S. 168; Gersdorf, PiZS 7-8/1997, S. 40 (42); so auch im Anhang Nr. 2 der Verordnung des Ministers für Arbeit und Sozialpolitik vom 28.05.1996 über die Führung von Unterlagen, die das Arbeitsverhältnis betreffen, sowie der Personalakten der Arbeitnehmers durch den Arbeitgeber (Dz. U. 1996, Nr. 62, Pos. 286).
104 Jackowiak/Uziak/Wypych-Żywicka, Prawo pracy, S. 83.
105 Art. 1 Nr. 30 lit. a des Gesetzes vom 02.02.1996.
106 Piątkowski, Nowy stosunek pracy, S. 192.
107 OSPiKA 1986/3/46; Florek/Zieliński, Prawo pracy, Rn. 78; Gersdorf, PiZS 7-8/ 1997, S. 40 (42).
108 OSPiKA 1986/3/46.
109 Florek/Zieliński, Prawo pracy, Rn. 78; Liszcz, Prawo pracy, S. 170.
110 Gęsicki, KP,Art. 29, Nr. 1; Liszcz, Prawo pracy, S. 170.

unmittelbar durch Angabe der Verdiensthöhe geschehen, als auch mittelbar durch Berufung auf Lohnvorschriften (z.B. Tarifvertrag).[111]
Gem. Art. 29 § 3 KP informiert der Arbeitgeber den Arbeitnehmer spätestens innerhalb von sieben Tagen nach Abschluss des Arbeitsvertrages schriftlich über die geltende tägliche und wöchentliche Arbeitszeit, die Häufigkeit der Lohnzahlung, den Erholungsurlaub sowie die Kündigungsfrist, und wenn der Arbeitgeber nicht verpflichtet ist eine Arbeitsordnung aufzustellen, zusätzlich noch über die Nachtzeit, den Ort, den Termin und die Zeit der Lohnzahlung sowie über die Art und Weise der Bestätigung der Ankunft und Anwesenheit bei der Arbeit durch die Arbeitnehmer und der Entschuldigung der Abwesenheit von der Arbeit.
Während die Art der Arbeit ein zwingendes Element des Arbeitsvertrages darstellt,[112] zählen die anderen nur zum zusätzlichen Vertragsinhalt.[113]
Die im KP vorgesehenen Vertragsbedingungen erschöpfen aber bei weitem nicht den Inhalt eines Arbeitsvertrages. Aufgrund der Vertragsfreiheit können die Parteien alle anderen Bereiche vertraglich regeln, vorausgesetzt, dass diese Regelungen die Arbeitnehmersituation im Vergleich mit den rechtlichen Vorschriften nicht verschlechtern (Art. 18 § 1 KP).[114] Laut Art. 18 § 2 KP sind solche ungünstigeren Bedingungen unwirksam und werden von entsprechenden arbeitsrechtlichen Vorschriften ersetzt.
Die Anwendung der Vertragsfreiheit resultiert aus der Abwendung von der Planwirtschaft und führt zu einer immer weiteren Ausdehnung des Vertragsinhalts. Dies betrifft gerade den privaten Sektor, auf welchem die Arbeitgeber immer mehr versuchen, vertraglich ihre Interessen zu schützen.[115]

d) Der Zeitpunkt der Begründung des vertraglichen Arbeitsverhältnisses

Wie oben schon angemerkt, sollte im Arbeitsvertrag auch der Termin angegeben werden, an dem die Arbeit aufgenommen werden soll (Art. 29 § 1 Nr. 5 KP). Näheres dazu ergibt sich wiederum aus Art. 26 KP. Gem. dieser Vorschrift wird das Arbeitsverhältnis in dem Zeitpunkt begründet, welcher im Vertrag als der Arbeitsaufnahmetag bezeichnet wird, und sollte ein solcher Zeitpunkt nicht genannt sein, an dem Tag, an dem der Vertrag abgeschlossen worden ist. Dies spiegelt die heute ganz herrschend vertretene Vertragstheorie wider, dass ein zwischen Arbeitgeber und Arbeitnehmer abgeschlossener Vertrag oder ein diesen Vertrag ersetzender Verwaltungsakt

---

111 Gęsicki, KP, Art. 29, Nr. 1; Liszcz, Prawo pracy, S. 170.
112 Florek/Zieliński, Prawo pracy, Rn. 79; Jackowiak/Uziak/Wypych-Żywicka, Prawo pracy, S. 85; Liszcz, Prawo pracy, S. 168.
113 Jackowiak/Uziak/Wypych-Żywicka, Prawo pracy, S. 85.
114 Bessaraba, Prawo pracy, S. 31; Florek/Zieliński, Prawo pracy, Rn. 80; Jackwiak/Uziak/Wypych-Żywicka, Prawo pracy, S. 82 f., 85.
115 Florek/Zieliński, Prawo pracy, Rn. 81.

für die Begründung eines Arbeitsverhältnisses zwingend aber auch ausreichend ist.[116] Damit wird die im Gegensatz dazu stehende Eingliederungstheorie abgelehnt, nach welcher ein Arbeitsverhältnis mit der Eingliederung des Arbeitnehmers in die Belegschaft der Arbeitsstätte begründet wird.[117]
Das Fehlen des Termins, an dem die Arbeit aufzunehmen ist, führt damit nicht zur Unwirksamkeit des Arbeitsvertrages.[118] In dem Fall wird das vertragliche Arbeitsverhältnis mit Abschluss des Arbeitsvertrages begründet.
Die Verpflichtung, im Arbeitsvertrag den Zeitpunkt zu präzisieren, an dem die Arbeit aufgenommen werden soll, betrifft demnach nur die Fälle, in denen die Arbeit später aufgenommen werden soll, als der Arbeitsvertrag abgeschlossen worden ist.[119] Das Arbeitsverhältnis wird dann mit Eintritt des im Arbeitsvertrag bestimmten Termins begründet, unabhängig davon, ob die Arbeit zu diesem Zeitpunkt aufgenommen worden ist oder nicht.[120] In dem Zeitraum zwischen dem Abschluss des Arbeitsvertrages und dem Zeitpunkt, an dem die Arbeit aufgenommen werden soll, sind die Parteien nur auf Grund des Arbeitsvertrages gebunden und noch nicht auf Grund des Arbeitsverhältnisses.[121] Dieser Arbeitsvertrag verpflichtet den Arbeitnehmer seine Arbeit an dem genau bestimmten Zeitpunkt aufzunehmen und den Arbeitgeber, diesen zur Arbeit zuzulassen.[122] Art. 26 KP führt somit eine Unterscheidung zwischen einem Arbeitsvertrag und einem vertraglichen Arbeitsverhältnis ein.[123]

e) Rechte und Pflichten der Vertragsparteien

aa) Die Arbeitgeberpflichten

Ausgehend vom Inhalt des Arbeitsverhältnisses, ergeben sich aus Art. 22 § 1 KP zwei wesentliche Pflichten, die dem Arbeitgeber obliegen, und zwar die Pflicht, den Arbeitnehmer zu beschäftigen, d.h. ihn zur vertraglich bestimmten Arbeit zuzulassen und die Pflicht, diesem ein Entgelt zu zahlen.[124]

---

116 Florek/Zieliński, Prawo pracy, Rn. 77; Liszcz, Prawo pracy, S. 169.

117 Florek/Zieliński, Prawo pracy, Rn. 77.

118 Liszcz, Prawo pracy, S. 169.

119 Barzycka-Banaszczyk, Prawo pracy, komentarz, Art. 26, Rn. 1; Kolasiński, Prawo pracy I, S. 147.

120 Barzycka-Banaszczyk, Prawo pracy, komentarz, Art. 26, Rn. 1; Iwulski/Sanetra, KP, Art. 26; Jackowiak/Uziak/Wypych-Żywicka, Prawo pracy, S. 84.

121 Jackowiak/Uziak/Wypych-Żywicka, Prawo pracy, S. 84; Kolasiński, Prawo pracy I, S. 147.

122 Jackowiak/Uziak/Wypych-Żywicka, Prawo pracy, S. 84; Kolasiński, Prawo pracy I, S. 147.

123 Barzycka-Babaszczyk, Prawo pracy, komentarz, Art. 26, Rn. 1; Jackowiak/Uziak/Wypych-Żywicka, Prawo pracy, S. 84; Kolasiński, Prawo pracy I, S. 147.

124 Florek/Zieliński, Prawo pracy, Rn. 199; Jackowiak/Uziak/Wypych-Żywicka, Prawo pracy, S. 151.

Des Weiteren werden im zweiten Kapitel des ersten Teils des Arbeitsgesetzbuches Pflichten aufgezählt, die die Grundsätze des Arbeitsrechts darstellen.
Art. 11^1 KP verpflichtet den Arbeitgeber, die Würde des Arbeitnehmers zu achten, sowie dessen andere höchstpersönliche Rechtsgüter. In Art 11^2 KP ist der Gleichbehandlungsgrundsatz der Arbeitnehmer verankert, welcher in den Art. 18^{3a} ff. KP noch weiter konkretisiert wird. Bestimmungen, die dagegen verstoßen, sind unwirksam, Art. 18 § 3 KP. Ergänzt wird diese Gleichbehandlungspflicht in Art. 94 Nr. 9 KP wiederum durch die Pflicht, objektive und gerechte Kriterien bei der Beurteilung der Arbeitnehmer anzuwenden. Darüber hinaus enthält Art. 11^3 KP ein Diskriminierungsverbot (unmittelbar und mittelbar) in der Beschäftigung, insbesondere hinsichtlich Geschlecht, Alter, Behinderung, Rasse, Religion, Nationalität, politische Anschauungen, Gewerkschaftsangehörigkeit, ethnische Abstammung, Bekenntnis, sexuelle Orientierung sowie hinsichtlich der Beschäftigung auf bestimmte oder unbestimmte Zeit oder auf Vollzeit oder Teilzeit. Diskriminierungen dieser Art hat der Arbeitgeber auch entgegen zu wirken, Art. 94 Nr. 2 b KP. In diesem Zusammenhang ist auch die Pflicht des Arbeitgebers, gem. Art. 94^3 KP dem Mobbing entgegen zu wirken, zu nennen.
Weiterhin hat der Arbeitgeber gem. Art. 15 KP die Pflicht, dem Arbeitnehmer sichere und hygienische Arbeitsbedingungen zu gewährleisten.
Eine weitere Pflicht besteht darin, die Lebensbedürfnisse der Arbeitnehmer, sowie deren soziale und kulturelle Bedürfnisse zu befriedigen, soweit dies möglich ist und die Bedingungen es zulassen (Art. 16 KP). Gem. Art. 94 Nr. 8 KP sollen die sozialen Bedürfnisse in dem Maße befriedigt werden, wie es die Mittel des Arbeitgebers zulassen (dabei ist wohl anzunehmen, dass sich das auch auf die anderen Bedürfnisse erstreckt).
Letztlich besteht auch noch die Pflicht, es den Arbeitnehmern zu erleichtern berufliche Qualifikationen zu erwerben, Art. 17 KP.
Neben diesen grundsätzlichen Pflichten bestehen aber auch noch besondere Pflichten des Arbeitgebers. In Art. 94 KP sind, wenn auch nicht abschließend, solche aufgezählt, die die Organisation der Arbeit betreffen.[125] Gemäß dieser Vorschrift muss der Arbeitgeber z.B. bei Aufnahme der Arbeit den Arbeitnehmer mit allen Umständen vertraut machen, welche seine Arbeit betreffen (Art. 94 Nr. 1 KP).
Des Weiteren muss der Arbeitgeber bei Beendigung des Arbeitsverhältnisses ein Arbeitszeugnis ausstellen, Art. 97 KP. Im Falle der Beendigung eines Arbeitsvertrages und der unmittelbaren Begründung eines weiteren Arbeitsvertrages mit dem gegenwärtigen Arbeitgeber ist der Arbeitgeber nur auf Verlangen des Arbeitnehmers zur Ausstellung eines Arbeitszeugnisses verpflichtet, 97 § 1^1 KP.
Aus dem KP ergeben sich noch weitere Arbeitgeberpflichten, welche teilweise die in Art. 94 KP genannten weiter konkretisieren. In den Art. 281 bis 283 KP sind des

[125] Florek/Zieliński, Prawo pracy, Rn. 201; Liszcz, Prawo pracy, S. 245.

Weiteren umfangreiche Arbeitnehmerrechte aufgeführt, deren Verletzung zu einer Bußgeldverhängung führen kann.
Schließlich sind Arbeitgeberpflichten auch noch in weiteren arbeitsrechtlichen Vorschriften geregelt.[126]

bb) Die Arbeitnehmerpflichten

Für den Arbeitnehmer ergibt sich aus Art. 22 § 1 KP natürlich als wesentliche Pflicht, die bestimmte Arbeit auch auszuführen. Der Inhalt dieser Pflicht wird in anderen Vorschriften näher bezeichnet. Allgemein erfolgt dies in Art. 100 § 1 KP, wonach der Arbeitnehmer verpflichtet ist seine Arbeit gewissenhaft und sorgfältig zu erledigen. Gewissenhaft bedeutet, dass der Arbeitnehmer die ihm auferlegte Arbeit so gut wie es ihm möglich ist erbringt, und die Sorgfalt wird dadurch charakterisiert, dass diese auch präzise ausgeführt wird.[127]
Darüber hinaus ergibt sich aus dieser Vorschrift, dass der Arbeitnehmer den Weisungen des Vorgesetzten Folge leisten muss, es sei denn diese sind mit Rechtsvorschriften oder dem Arbeitsvertrag nicht vereinbar. Geltungskraft haben somit in der Regel nur solche Weisungen, die mit dem Recht vereinbar und auszuführen möglich sind.[128] Rechtswidrige Weisungen werden damit als unwirksam angesehen und begründen keine Ausführungspflicht des Arbeitnehmers, so dass die Nichtausführung einer illegalen oder unmöglichen Weisung nicht dessen Verantwortlichkeit begründet.[129] Letzteres gilt jedoch nicht, wenn der Arbeitnehmer eine Weisung irrtümlich für unwirksam gehalten und daraufhin nicht ausgeführt hat.[130]
Weiterhin ergeben sich aus Art. 100 § 2 KP Pflichten, die der Arbeitnehmer insbesondere zu beachten hat. Danach muss er die in der Arbeitsstätte festgelegte Arbeitszeit beachten (Art. 100 § 2 Nr. 1 KP), d.h. er soll pünktlich zur Arbeit kommen und sich der betrieblichen Arbeitszeit-verteilung anpassen.[131]
Er soll sich an die in der Arbeitsstätte festgelegte Ordnung halten (Art. 100 § 2 Nr. 2 KP), die Vorschriften über die Grundsätze der Sicherheit und Hygiene sowie die Brandschutzvorschriften beachten (Art. 100 § 2 Nr. 3 KP) und die Rechtsgüter des Arbeitgebers schützen (Art. 100 § 2 Nr. 4 KP). Weiterhin obliegt dem Arbeitnehmer eine Geheimhaltungspflicht, welche auch in speziellen Vorschriften bestimmt wird (Art. 100 § 2 Nr. 4, 5 KP). Letztlich sollen auch die Grundsätze des gesellschaftlichen Zusammenlebens beachtet werden (Art. 100 § 2 Nr. 6 KP), die sich aus außergesetzlichen Normen ergeben, wie z.B. Solidarität dem Arbeitgeber gegenüber sowie den anderen Arbeitnehmern oder gegenseitige Rücksichtnahme.[132]

---

126 Jackowiak/Uziak/Wypych-Żywicka, Prawo pracy, S. 150.
127 Libera/Zduńska, Pracownik w zakładzie pracy, S. 184 f.
128 Florek/Zieliński, Prawo pracy, Rn. 207.
129 Florek/Zieliński, Prawo pracy, Rn. 207.
130 Jackowiak/Uziak/Wypych-Żywicka, Prawo pracy, S. 165.
131 Jackowiak/Uziak/Wypych-Żywicka, Prawo pracy, S. 165.
132 Florek/Zieliński, Prawo pracy, Rn. 204.

Die sich aus Art. 100 KP ergebenden Pflichten betreffen alle Arbeitnehmer, unabhängig davon, welcher Rechtsgrund das Arbeitsverhältnis begründet.[133] Ergänzt bzw. ausgefüllt werden diese durch weitere arbeitsgesetzliche Vorschriften, wie z.B. Art. 211 KP bezüglich der Sicherheit und Hygiene am Arbeitsplatz. Darüber hinaus werden weitere Arbeitnehmerpflichten bestimmter Arbeitnehmergruppen in speziellen Vorschriften, den sog. Dienstordnungen, geregelt.[134]

2. Die verschiedenen Arten des Arbeitsvertrages

Es gibt vier Arten von Arbeitsverträgen, welche in Art. 25 KP aufgezählt werden. Gem. § 1 dieser Vorschrift gibt es den Arbeitsvertrag auf unbestimmte Zeit, den Arbeitsvertrag auf bestimmte Zeit und den Arbeitsvertrag auf Zeit zur Ausübung einer bestimmten Arbeit. Die vierte Form des Arbeitsvertrages ist in § 2 der o.g. Vorschrift geregelt. Dies ist der Arbeitsvertrag auf Probe. Er kann vor jedem anderen in § 1 genannten Arbeitsvertrag abgeschlossen werden und darf drei Monate nicht überschreiten.
Bei dem Arbeitsvertrag auf unbestimmte Zeit handelt es sich um den unbefristeten Arbeitsvertrag, während die anderen drei Vertragsformen zum befristeten Arbeitsvertrag zählen.[135] Der Arbeitsvertrag auf bestimmte Zeit und der Arbeitsvertrag auf Probe sind zeitlich befristete Arbeitsverträge, und der Arbeitsvertrag auf Zeit zur Ausübung einer bestimmten Arbeit ist zweckbefristet.[136]
Darüber, welche Vertragsform vorliegt, entscheidet aber nicht nur dessen Bezeichnung, sondern im Wesentlichen der Vertragsinhalt.[137] Sollte sich aus dem Vertrag nicht ergeben, dass ein befristeter Arbeitsvertrag abgeschlossen worden ist, so ist davon auszugehen, dass es sich um einen unbefristeten Arbeitsvertrag handelt.[138]
Darüber hinaus gibt es noch die Möglichkeit einen Vorvertrag abzuschließen. Zwar sieht das Kodeks Pracy dies, im Gegensatz zum Zivilrecht (Art. 389, 390 KC), nicht vor. Aber sowohl die Rechtsprechung[139] als auch die Literatur[140] halten den Abschluss eines Vorvertrages in vollem Umfang für zulässig, wobei die zivilrechtlichen

---

133 Libera/Zduńska, Pracownik w zakładzie pracy, S. 184.
134 Libera/Zduńska, Pracownik w zakładzie pracy, S. 184.
135 Barzycka-Banaszczyk, Prawo pracy, komentarz, Art. 25, Rn. 2; Florek/Zieliński, Prawo pracy, Rn. 85; Jackowiak/Uziak/Wypych-Żywicka, Prawo pracy, S. 88; Romer, Prawo pracy, S. 28.
136 Sieg/Prujszczyk, Arbeitsrecht in Polen, Rn. 13.
137 Florek/Zieliński, Prawo pracy, Rn. 85.
138 OSNCP 1979/5/92; Gersdorf/Rączka/ Skoczyński, KP, Art. 25, Nr. 2; Florek/Zieliński, Prawo pracy, Rn. 85; Jackowiak/Uziak/Wypych-Żywicka, Prawo pracy, S. 88; Kolasiński, Prawo pracy I, S. 150.
139 OSPiKA 1976/9/167; OSPiKA 1978/5/98; SN vom 13.05.1977, PiZS 2/1980, S. 77; OSPiKA 1980/12/220.
140 Jackowiak, KP, Art. 25, Nr. 3; Romer, Prawo pracy, komentarz, Art. 25, Nr. 2; Florek/Zieliński, Prawo pracy, Rn. 85; Łajeczko, PP 11/1999, S. 3 (6); Sadlik, PP 12/1999, S. 16.

Vorschriften entsprechend angewendet werden (Art. 300 KP i.V.m. Art. 389, 390 KC).

a) Der Arbeitsvertrag auf unbestimmte Zeit

Bei dem Arbeitsvertrag auf unbestimmte Zeit bzw. bei dem unbefristeten Arbeitsvertrag bestimmen die Vertragsparteien keinen Zeitpunkt, bis zu welchem das Arbeitsverhältnis dauern soll, womit sie zum Ausdruck bringen wollen, dass sie sich dauerhaft binden wollen.[141] Wie oben schon angemerkt, liegt ein solcher Vertrag nicht nur dann vor, wenn die Parteien es so vorsehen, sondern auch dann, wenn sich aus dem Vertragsinhalt nichts hinsichtlich seiner Dauer entnehmen lässt und sich aus den Vorschriften nicht ergibt, dass eine andere Vertragsform gewählt werden muss.[142]
Sollten Zweifel an der Vertragsform bestehen, da sich diesem nichts über die Dauer seiner Verpflichtung entnehmen lässt, so sind gem. Art. 65 KC i.V.m. Art. 300 KP die Umstände zu berücksichtigen, die herrschten, als der Vertrag abgeschlossen worden ist, sowie die Grundsätze des gesellschaftlichen Zusammenlebens, ständige Bräuche und das Vertragsziel.[143]
Diese in der Praxis überwiegend angewendete Vertragsform[144] ist für den Arbeitnehmer die günstigste Beschäftigungsgrundlage, da sie den weitestgehenden Schutz hinsichtlich der Beständigkeit des Arbeitsverhältnisses bietet.[145]

b) Der befristete Arbeitsvertrag

aa) Arten und historische Entwicklung

Grundsätzlich können die Vertragsschließenden frei die Vertragsart wählen.[146] Befristete Arbeitsverträge können aber in der Regel nur dann abgeschlossen werden, wenn die betroffene Arbeit keinen dauerhaften Charakter hat bzw. wenn für deren Erfüllung nur ein vorübergehendes Bedürfnis besteht.[147] Art. 25 § 1 S. 2 KP regelt jedoch einen konkreten Fall der Zulässigkeit des Abschlusses eines befristeten Arbeitsvertrages. Ist es erforderlich, einen Arbeitnehmer zur Vertretung eines anderen Arbeitnehmers während seiner entschuldigten Abwesenheit von der Arbeit zu beschäftigen, kann der Arbeitgeber zu diesem Zweck einen anderen Arbeitnehmer

141 Liszcz, Prawo pracy, S. 173; Zdiennicka-Kaczocha, Poradnik, S. 14.
142 OSNCP 1984/9/164.
143 OSNCP 1984/9/164; OSNAPiUS 1999/14/449; Rączka, PUSiG 2/1997, S. 11 (12).
144 Łajeczko, PP 11/1999, S. 3.
145 Gersdorf/Rączka/Skoczyński, KP, Art. 25, Nr. 3; Bessaraba, Stosunek pracy, S. 38; Jackowiak/ Uziak/Wypych-Żywicka, Prawo pracy, S. 90; Florek/Zieliński, Prawo pracy, Rn. 89; Orłowski/ Patulski/Patulski, Prawo pracy, S. 107; Doliński, RP 1/2000, S. 45.
146 Romer, PP 4/1998, S. 3.
147 Kolasiński, PiZS 7/1978, S. 17 (19); Łajeczko, PP 11/1999, S. 3.

aufgrund eines Arbeitsvertrages auf bestimmte Zeit für die Zeit der Abwesenheit beschäftigen.
Insgesamt zählen heute zu den befristeten Arbeitsverträgen der Arbeitsvertrag auf bestimmte Zeit, der Arbeitsvertrag auf Zeit zur Ausübung einer bestimmten Arbeit und der Arbeitsvertrag auf Probe.[148]
Was die Entwicklung dieser Arbeitsverträge betrifft, so fragt es sich zunächst, welcher Zeitraum dargestellt werden sollte.
Einerseits könnte man die Darstellung mit dem Jahr 1974 beginnen, in dem das polnische Arbeitsgesetzbuch eingeführt worden ist.[149]
Andererseits könnte man viel weiter ausholen und damit beginnen, als Polen seine Unabhängigkeit im Jahre 1918[150] erlangt hat. Auch wenn diese zweite Möglichkeit als sehr weitgehend erscheint, den aktuellen Zeitpunkt im Grunde nicht mehr betreffend, so ist doch zu bedenken, dass sich gerade während der Kriegszeit das polnische Arbeitsrecht entwickelt hat. Es entstanden Grundsätze, die teilweise bis heute noch gelten.
Somit ist es meiner Meinung nach vielleicht nicht geboten, aber doch interessant, zumindest die wesentlichen Entwicklungspunkte der befristeten Arbeitsverträge in umfassenderer Weise darzustellen.
Während der Kriegszeit, also in der Entwicklungsphase, wurde das Arbeitsrecht noch als Teil des Zivilrechts betrachtet, wobei für das Arbeitsverhältnis die Vorschriften der Zivilgesetzbücher der Eroberungsstaaten[151] grundlegende Bedeutung hatten.[152]
Das Arbeitsverhältnis konnte auf unbestimmte Zeit sowie auf bestimmte Zeit begründet werden,[153] wobei als besondere Formen der befristeten Beschäftigung der Probevertrag,[154] der Vertrag auf Zeit bei vorübergehendem Bedarf[155] und der Vertrag auf Lebenszeit der Person[156] bekannt waren.[157]
Eine Unterteilung der Arbeitsverträge, wie sie auch in der heutigen Zeit vorgenommen wird, erfolgte durch die Verordnung des Präsidenten der Republik vom 16. März 1928 über die Arbeitsverträge von Angestellten[158] und über die Arbeitsverträge von

148 Barzycka-Banaszczyk, Prawo pracy, komentarz, Art. 25, Rn. 2; Florek/Zieliński, Prawo pracy, Rn. 85; Jackowiak/Uziak/Wypych-Żywicka, Prawo pracy, S. 88.
149 Gesetz vom 26. Juni 1974 (Dz. U. 1974, Nr. 24, Pos. 141), in Kraft getreten am 01.01.1975.
150 Bardach/Leśnodorski/Pietrzak, Historia, S. 464 f.
151 Z.B. das österreichische Allgemeine Bürgerliche Gesetzbuch (ABGB), eingeführt durch Patent vom 01.06.1811; das deutsche Bürgerliche Gesetzbuch vom 18.08.1896; das Napoleonische Gesetzbuch (code civil), bekannt gemacht am 21.03.1804.
152 Wagner, Terminowe umowy, S. 59.
153 §§ 1151, 1159 ABGB; § 611 BGB.
154 § 1158 ABGB.
155 § 1156 ABGB.
156 § 1158 ABGB.
157 Wagner, Terminowe umowy, S. 60.
158 Dz. U. 1928, Nr. 35, Pos. 323.

Arbeitern.[159] Danach unterschied man zwischen den Arbeitsverträgen auf bestimmte Zeit, auf unbestimmte Zeit, auf Dauer zur Ausübung einer bestimmten Arbeit und dem Probevertrag.[160] In dem heutigen Art. 25 KP findet eine im Wortlaut fast identische Aufzählung statt.

Anzumerken ist, dass Rechtsprechung[161] und Lehre[162] den Probevertrag zu den befristeten Arbeitsverträgen zählten.

Was die Dauer der Arbeitsverträge auf bestimmte Zeit betraf, so beinhalteten die Verordnungen keine Grenzen. Eine Ausnahme stellte jedoch die Vorschrift des Art. 28 Abs. 2 der Verordnung über die Arbeitsverträge der Angestellten bzw. Art. 12 Abs. 2 der Verordnung über die Arbeitsverträge der Arbeiter dar, gemäß welcher es unzulässig war, unmittelbar nach Ablauf der Kündigungsfrist eines Arbeitsvertrages auf unbestimmte Zeit drei aufeinander folgende Arbeitsverträge auf bestimmte Zeit abzuschließen, welche kürzer als die gesetzlichen Kündigungsfristen waren. In einem solchen Fall handelte es sich dann um den Abschluss eines Arbeitsvertrages auf unbestimmte Zeit. Ziel dieser Vorschrift war es, der Umgehung der verpflichtenden Kündigungsvorschriften entgegenzuwirken und damit den Arbeitnehmer vor einem sofortigen Verlust seiner Einkommensquelle zu schützen, sowie der Unsicherheit des Arbeitnehmers bezüglich der Dauer des Arbeitsverhältnisses entgegenzuwirken.[163]

Diese Arbeitnehmerschutzvorschrift enthielt schon Ansätze des erst 1996 eingeführten Art. 25^1 KP.

Später nahm dann das Kodeks Zobowiązań (k. z.)[164] als zusätzlichen Arbeitsvertrag einen solchen auf Lebenszeit des Arbeitnehmers oder des Arbeitgebers auf, welcher zu den befristeten Arbeitsverträgen gezählt wurde.[165]

In dem Zeitraum nach Ende des zweiten Weltkriegs im Jahre 1945 und dem In-Kraft-Treten des polnischen Arbeitsgesetzbuches am 1. Januar 1975 betrafen die Regelungen zu den befristeten Arbeitsverträgen besonders die Saisonarbeit.[166]

Anzuführen ist noch die Einführung einer Mutterschutzvorschrift,[167] gemäß derer der mit einer Frau abgeschlossene Arbeitsvertrag auf bestimmte Zeit oder auf Zeit zur Ausübung einer bestimmten Arbeit bis zum Tage der Geburt verlängert wurde, wenn dessen Erlöschenstermin in den Zeitraum von vier Monaten vor der Geburt fiel; ähnlich, mit einem noch weitergehenderen Schutz, der heutige Art. 177 § 3 KP.

---

159 Dz. U. 1928, Nr. 35, Pos. 324.

160 Art. 5 der Verordnung (Angestellte); Art. 4 der Verordnung (Arbeiter).

161 Vom 07. 07.1932, GSW 1938, Nr. 50.

162 Szymorowski, Umowa o pracę, S. 44; Federgrün, Kodeks, S. 37; Szczepański, KP, S. 95.

163 Szymorowski, Umowa o pracę, S. 21.

164 Verordnung des Präsidenten der Republik vom 27.10.1933, Dz. U. 1933, Nr. 82, Pos. 598.

165 Wagner, Terminowe umowy, S. 67; Korzonek/Rosenblüth, Kodeks zobowiązań I, S. 972 f.

166 Wagner, Terminowe umowy, S. 73.

167 Änderungsgesetz vom 28.04.1948 zum Gesetz vom 02.07.1924 über die Arbeit der Heranwachsenden und der Frauen, Dz. U. 1948, Nr. 27, Pos. 182.

Letztlich ist noch anzumerken, dass das Arbeitsrecht mittlerweile als vom Zivilrecht unabhängig betrachtet wurde.[168] Formell wurde dies mit In-Kraft-Treten des Zivilgesetzbuches (KC) im Jahre 1964 bekundet, dessen Art. 12 § 1 besagt, dass das Zivilgesetzbuch die arbeitsrechtlichen Vorschriften nicht berührt.[169]

Was nun die Entwicklung seit In-Kraft-Treten des polnischen Arbeitsgesetzbuches betrifft, so soll hier insgesamt eine konzentrierte Darstellung erfolgen, die den befristeten Arbeitsvertrag hauptsächlich betreffenden Vorschriften kurz erläuternd. Auf die Motive und Auswirkungen einiger dieser Vorschriften wird im Laufe dieser Arbeit an gegebener Stelle näher eingegangen, um nicht zu viel vorweg zu nehmen und damit Wiederholungen zu ersparen.

Wie schon erwähnt, trat am 1. Januar 1975 das KP in Kraft und ist seitdem die wichtigste Quelle des Arbeitsrechts. In Art. 1 heißt es, dass das KP die Rechte und Pflichten von Arbeitnehmer und Arbeitgeber bestimmt. Das KP regelt also grundlegend die Sphäre der Arbeitsverhältnisse.

Das Arbeitsgesetzbuch unterlag seitdem vielen Änderungen. Die grundlegendste erfolgte im Jahre 1996 durch das Gesetz vom 2. Februar 1996.

Im Hinblick auf die den befristeten Arbeitsvertrag betreffenden Vorschriften existierte von Anfang an Art. 25 KP, welcher die Formen der Arbeitsverträge aufzählte bzw. heute noch aufzählt. Damals nannte aber § 2 dieser Vorschrift noch einen zusätzlichen Arbeitsvertrag, nämlich den Einführungsvertrag. Dieser Vertragstypus wurde auch zu den befristeten Arbeitsverträgen gezählt.[170]

Gem. Art. 28 § 1 KP konnte mit einem Arbeitnehmer, der zum ersten Mal einer Beschäftigung nachging, sowie einem solchen, der in keiner Arbeitsstätte länger als ein Jahr gearbeitet hat, nur dann ein unbefristeter Arbeitsvertrag geschlossen werden, wenn diesem eine Beschäftigung auf Grund eines Probevertrages und danach auf Grund eines Einführungsvertrages vorausgegangen sind. Ziel dieses Arbeitsvertrages war es, den Arbeitnehmer in die Teamarbeit einzuführen und sich daran zu gewöhnen,[171] sowie der Arbeitnehmerfluktuation entgegen zu wirken.[172]

Der Einführungsvertrag wurde mit Ablauf der Dauer, für die er eingegangen worden ist, aufgelöst (Art. 30 § 2 KP). Darüber hinaus war aber auch gem. Art. 32 § 1 Nr. 2 KP eine ordentliche Kündigung möglich. Die Kündigungsfrist betrug laut Art. 35 KP zwei Wochen.

---

[168] Wagner, Terminowe umowy, S. 74.

[169] Liszcz, Prawo pracy, S. 12; Jackowiak/Uziak/Wypych-Żywicka, Prawo pracy, S. 11.

[170] Wagner, Terminowe umowy, S. 33; Janiszewski, PiZS 1/1976, S. 7; Radomski, PiZS 7/1975, S. 10; Krąkowski, KP, S. 23; Wagner, PiZS 3/1975, S. 22 (30); Szubert, Zarys prawa pracy, S. 116.

[171] Wagner, Terminowe umowy, S. 36; Janiszewski, PiZS 1/1976, S. 7 (9).

[172] Piątkowski, Stosunek pracy, S. 206.

Mit Gesetz vom 7. April 1989[173] wurden aber alle den Einführungsvertrag betreffenden Vorschriften aufgehoben, da diese Vertragsform die in sie gesetzten Hoffnungen nicht erfüllt hat.[174]

Was den Arbeitsvertrag auf Probe betraf, so unterlag dieser hauptsächlich Änderungen bezüglich seiner Dauer. Ursprünglich durfte dieser gem. Art. 27 KP zwei Wochen nicht überschreiten bzw. bei einem Arbeitnehmer in selbstständiger Stellung oder in einer solchen, bei der das Vermögen anvertraut worden ist, drei Monate.

Mit Ablauf der Dauer, für die er eingegangen worden ist, wird auch dieser Vertrag aufgelöst (Art. 30 § 2 KP), wobei dieser auch ordentlich kündbar war und ist (Art. 32 § 1 Nr.1 KP). Gem. Art. 34 § 1 KP betrug die Kündigungsfrist bei einem Probevertrag, der zwei Wochen nicht überschreiten durfte, drei Arbeitstage und gem. § 2 dieser Vorschrift zwei Wochen bei denen, die der dreimonatigen Grenze unterlagen.

Im Rahmen der grundlegenden Reform im Jahre 1996 wurde Art. 25 § 2 KP dahingehend geändert, dass der Arbeitsvertrag auf Probe bei allen Arbeitnehmern drei Monate nicht überschreiten darf,[175] so dass Art. 27 KP gestrichen worden ist.[176] Darüber hinaus wurde Art. 34 KP dahingehend ergänzt, dass die Kündigungsfrist für einen Arbeitsvertrag auf Probe, der zwei Wochen überschreitet, eine Woche beträgt.[177]

Weitaus interessanter ist, dass schon seit Einführung des Arbeitsgesetzbuches Art. 33 KP ohne Änderungen besteht. Laut dieser Vorschrift können die Parteien bei Abschluss eines Arbeitsvertrages auf bestimmte Zeit, welcher länger als sechs Monate dauern soll, die Möglichkeit einer früheren Auflösung des Vertrages mit zweiwöchiger Kündigungsfrist vorsehen.

Diese Vorschrift führt auch heute noch zu vielen Kontroversen, auf welche aber später näher eingegangen werden soll.

Weiterhin ist anzumerken, dass auch Mutterschutzvorschriften von Anfang an existierten. Gem. Art. 177 § 1 KP ist die Auflösung eines Arbeitsvertrages während der Schwangerschaft und während des Mutterschaftsurlaubs in der Regel nicht möglich. Gem. § 2 dieser Vorschrift betraf dies ursprünglich jedoch nicht Arbeitsverträge auf Probe. Arbeitsverträge auf bestimmte Zeit sowie auf Zeit zur Ausübung einer bestimmten Arbeit wurden und werden kraft Gesetzes bis zum Tage der Geburt verlängert, wenn deren Auflösung nach dem dritten Schwangerschaftsmonat erfolgen soll (Art. 177 § 3 KP).

Diese Schutzvorschrift wurde im Jahre 1996 auch auf Arbeitsverträge auf Probe ausgeweitet, die einen Monat überschreiten.[178]

---

173 Änderungsgesetz zum Kodeks Pracy sowie weiterer Gesetze; Dz. U. 1989, Nr. 20, Pos. 107.

174 Piątkowski, Stosunek pracy, S. 206.

175 Art. 1 Nr. 27 des Gesetzes vom 02.02.1996.

176 Art. 1 Nr. 29 des o.g. Gesetzes.

177 Art. 1 Nr. 33 des o.g. Gesetzes.

178 Art. 1 Nr. 164 des o.g. Gesetzes.

Letztlich ist jedoch die bis dato wohl wichtigste Regelung im Bereich der befristeten Arbeitsverträge, genauer gesagt, der Arbeitsverträge auf bestimmte Zeit, anzuführen. Dies ist der gem. Art. 1 Nr. 28 des Gesetzes vom 2. Februar 1996 eingeführte Art. 25^1 KP.
Gem. dieser Vorschrift steht der Abschluss eines Arbeitsvertrages auf bestimmte Zeit in den Rechtsfolgen dem Abschluss eines Arbeitsvertrages auf unbestimmte Zeit gleich, wenn die Parteien vorher zwei aufeinander folgende Arbeitsverträge auf bestimmte Zeit abgeschlossen haben und die Unterbrechung zwischen der Auflösung des vorhergehenden und der Begründung des nachfolgenden Arbeitsvertrages einen Monat nicht überschreitet.
Dies ist eine wichtige, aber auch nicht unproblematische Arbeitnehmerschutzvorschrift, auf welche aber aus den o.g. Gründen erst später ausführlicher eingegangen werden soll. Anzumerken ist hier aber schon, dass diese Vorschrift gem. Art. 6 des Änderungsgesetzes zum Kodeks Pracy und weiterer Gesetze vom 26.07.2002 seit dem 29.11.2002 bis zum Beitritt Polens in die EU nicht mehr anzuwenden ist. Ab dem Beitritt Polens gilt der Art. 25^1 KP auch in einer neuen Fassung.
Insgesamt ist somit festzuhalten, dass seit der Einführung des KP keine wesentlichen Änderungen vorgenommen worden sind, was die den befristeten Arbeitsvertrag betreffenden Vorschriften angeht. Eine Ausnahme bildet bis jetzt nur der Art. 25^1 KP.

bb) Der Arbeitsvertrag auf bestimmte Zeit

Der Arbeitsvertrag auf bestimmte Zeit oder auch der zeitlich befristete Arbeitsvertrag[179] ist dadurch charakterisiert, dass die Vertragsparteien den Endtermin des Arbeitsverhältnisses selbst bestimmen.[180] Meistens wird dieser Endtermin unmittelbar bestimmt, im Wege der Angabe eines bestimmten Kalenderdatums.[181] Die Bezeichnung dieses Termins kann aber auch mittelbar erfolgen, jedoch unter der Bedingung, dass das den Endtermin kennzeichnende Ereignis künftig, sicher, klar, verständlich, objektiv und einfach zu bestimmen ist.[182] Die größte Bedeutung wird dabei dem Moment der „Sicherheit" beigemessen. Jedoch muss dieses Ereignis nicht mit absoluter Sicherheit eintreten, jegliches Risiko ausschließend.[183] Nach Ansicht des Höchsten Gerichts kann dies ein Ereignis sein, „welches die sich einigenden Parteien in der konkreten Situation vorsehen und dabei die Umstände kennen, die die Einbringung

---

179 Sieg/Prujszczyk, Arbeitsrecht in Polen, Rn. 13.
180 Orłowski/Patulski/Patulski, Prawo pracy, S. 103; Zdiennicka-Kaczocha, Poradnik, S. 17; Doliński, RP 1/2000, S. 45; Romer, Prawo pracy, S. 35.
181 Barzycka-Banaszczyk, Prawo pracy, S. 41; Orłowski/Patulski/Patulski, Prawo pracy, S. 103; Piątkowski, Stosunek pracy, S. 207; Łajeczko, PP 11/1999, S. 3.
182 Gersdorf/Rączka/Skoczyński, KP, Art. 25, Nr. 3; Barzycka-Banaszczyk, Prawo pracy, S. 41; Florek/Zieliński, Prawo pracy, Rn. 87; Libera/Zduńska, Pracownik w zakładzie pracy, S. 34; Liszcz, Prawo pracy, S. 173; Orłowski/Patulski/Patulski, Prawo pracy, S. 103; Zdiennicka-Kaczocha, Poradnik, S. 17.
183 Liszcz, Prawo pracy, S. 173; Piątkowski, Stosunek pracy, S. 207.

des Ereignisses in den Vertrag, als Ursache für das Erlöschen des Arbeitsverhältnisses begründen."[184]

Sollte aber ein solcher Endtermin im Vertrag nicht angegeben sein, dann handelt es sich nicht um einen Arbeitsvertrag auf bestimmte Zeit, auch wenn er als solcher bezeichnet ist.[185] In diesem Fall ist ein Arbeitsvertrag auf unbestimmte Zeit geschlossen worden.[186]

Somit wird bei schriftlich abgeschlossenen Arbeitsverträgen auf bestimmte Zeit gefordert, dass im Arbeitsvertrag nicht nur der Termin, an dem die Arbeit aufgenommen werden soll (Art. 29 § 1 Nr. 5 KP) enthalten ist, sondern auch der Beendigungstermin.[187]

Teilweise geschieht es, dass die Vertragsparteien die Beendigung des Arbeitsverhältnisses von einer Bedingung abhängig machen, was bei einem Arbeitsvertrag jedoch nicht möglich ist.[188]

Was die Dauer des zeitlich befristeten Arbeitsvertrages betrifft, so ist diese im KP nicht ausdrücklich geregelt. Ein solcher Vertrag kann also für einige Tage abgeschlossen werden, aber auch für einige Monate oder Jahre.[189] Dies bedeutet jedoch nicht, dass die Vertragsparteien frei über den Endtermin bestimmen können. Ein für eine sehr lange Zeit abgeschlossener Arbeitsvertrag (z.B. 10 Jahre), kann als unvereinbar mit der Generalklausel des KP in Art. 8 qualifiziert werden.[190] Danach kann man nicht von seinem Recht Gebrauch machen, wenn es im Widerspruch zu der sozialökonomischen Bestimmung dieses Rechts oder den Grundsätzen des gesellschaftlichen Zusammenlebens steht. Ein solches Handeln oder Unterlassen des Berechtigten ist nicht als Ausübung eines Rechts anzusehen, so dass dieses keinen Schutz genießt.

Ein solcher langfristig abgeschlossener Vertrag entspricht demnach nicht der sozialökonomischen Bestimmung des Arbeitsvertrages auf bestimmte Zeit, es sei denn diese Langfristigkeit ist in dem Bedürfnis der Ausübung zeitlich bestimmter Aufgaben durch den konkreten Arbeitnehmer begründet oder aufgrund anderer objektiver Erwägungen.[191] Vertragliche Bestimmungen, die einen Arbeitsvertrag als einen solchen auf bestimmte Zeit bezeichnen, sind dann gem. Art. 18 § 2 i.V.m. Art. 8 KP unwirksam.[192]

---

184 SN vom 15.12.1956, PiZS, Nr. 5/1957, S. 55 f.

185 Florek/Zieliński, Prawo pracy, Rn. 87; Wichrowska-Janikowska, PiZS 10/2000, S. 33.

186 OSNCP 1979/5/92; Gersdorf/Rączka/Skoczyński, KP, Art. 25, Nr. 2; Florek/Zieliński, Prawo pracy, Rn. 85; Jackowiak/Uziak/Wypych-Żywicka, Prawo pracy, S. 88; Kolasiński, Prawo pracy I, S. 150; Orłowski/Patulski/Patulski, Prawo pracy, S. 103; Wichrowska-Janikowska, PiZS 10/2000, S. 33.

187 Doliński, RP 1/2000, S. 45 (47); Wichrowska-Janikowska, PiZS 10/2000, S. 33.

188 Barzycka-Banaszczyk, Prawo pracy, S. 41.

189 Romer, Prawo pracy, S. 28; Smoliński, Pracownik, S. 15; Doliński, RP 1/2000, S. 45 (46).

190 Barzycka-Banaszczyk, Prawo pracy, S. 42; Bessaraba, Stosunek pracy, S. 34.

191 Florek/Zieliński, Prawo pracy, Rn. 87; Orłowski/Patulski/Patulski, Prawo pracy, S. 103.

192 Florek/Zieliński, Prawo pracy, Rn. 87.

Eine teilweise Unwirksamkeit hinsichtlich der Begrenzung der Dauer des Arbeitsverhältnisses liegt auch dann vor, wenn sich aus den bei Vertragsschluss vorliegenden Umständen ergibt, dass der Abschluss eines solchen zeitlich befristeten Arbeitsvertrages der Umgehung der Kündigungsvorschriften für unbefristete Arbeitsverträge dienen soll. Dies kann darin gesehen werden, dass ein Grund (wirtschaftlich oder organisatorisch), der den Abschluss eines befristeten Arbeitsvertrages anzeigt, nicht vorliegt.[193]

Anzumerken ist aber noch, dass die Verlängerung (bzw. Verkürzung) der Dauer eines solchen Arbeitsvertrages nicht durch Vorschriften verboten ist. Zu beachten ist dann jedoch wiederum die Generalklausel des Art. 8 KP.[194] Grundsätzlich kann eine solche Verlängerung nur dann erfolgen, wenn sie nicht zur Umgehung des Rechts führt, insbesondere nicht zur Umgehung des Art. 25^1 KP.[195]

Der Arbeitsvertrag auf bestimmte Zeit endet kraft Gesetzes mit Ablauf der Zeit, für die er eingegangen worden ist (Art. 30 § 1 Nr. 4 KP).

Aufgrund der wirtschaftlichen Umwandlung und der leider immer weiter ansteigenden Arbeitslosigkeit fand der Arbeitsvertrag auf bestimmte Zeit in der Praxis eine große Anwendung und wurde zum populärsten befristeten Vertrag.[196] Es geschah immer öfter, insbesondere in privaten Unternehmen, dass mit demselben Arbeitnehmer mehrere aufeinander folgende zeitlich befristete Verträge in einer verhältnismäßig kurzen Zeit (z.B. zwei Jahre) abgeschlossen worden sind.[197] Dies geschah in der Regel mit dem Ziel, um den Belastungen zu entgehen, die einen Arbeitgeber mit Abschluss eines unbefristeten Arbeitsvertrages treffen, insbesondere um die Auflösung des Arbeitsverhältnisses zu vereinfachen.[198] Mit dem Abschluss eines unbefristeten Arbeitsvertrages ergeben sich nämlich aus den arbeitsrechtlichen Vorschriften viel mehr Arbeitnehmerrechte[199] (z.B. Art. 38 (Anhörung der Betriebsgewerkschaft bei Kündigung), 55 § 1^1 (höherer Schadensersatzanspruch des Arbeitnehmers bei Verstoß des Arbeitgebers gegen seine grundlegenden Pflichten), 177 § 1 KP (Kündigungsschutz der Schwangeren und der Frau im Mutterschaftsurlaub). Dies brachte den Arbeitnehmer in eine sehr ungünstige Position, da er besonders den Schutz eines dauerhaften Arbeitsverhältnisses nicht genoss.[200]

Jedoch wurde schon vor der großen Reform des Arbeitsgesetzbuches im Jahre 1996 der Abschluss mehrerer aufeinander folgender Arbeitsverträge auf bestimmte Zeit mit demselben Arbeitnehmer, ohne dass dies aufgrund objektiver Erwägungen begründet

---

193 Florek/Zieliński, Prawo pracy, Rn. 87.

194 Barzycka-Banaszczyk, Prawo pracy, S. 42.

195 OSNAPiUS 1998/17/506; OSNAPiUS 2002/11/270.

196 Bessaraba, Stosunek pracy, S. 33 f.; Piątkowski, Stosunek pracy, S. 207.

197 Bessaraba, Stosunek pracy, S. 34; Libera/Zduńska, Pracownik w zakładzie pracy, S. 37; Liszcz, Prawo pracy, S. 173.

198 Jackowiak/Uziak/Wypych-Żywicka, Prawo pracy, S. 89; Boruta/Góral/Hajn/Włodarczyk/Wyka, KP, S. 39 f.; Salwa, PiZS 12/1996, S. 35.

199 Barzycka-Banaszczyk, Prawo pracy, S. 42; Salwa, PiZS 12/1996, S. 35.

200 Romer, Prawo pracy, komentarz, S. 130; Liszcz, Prawo pracy, S. 173 f.

war, als ein Verhalten angesehen, welches darauf abzielt das Recht zu umgehen (Kündigungsvorschriften). Dies wurde als unwirksam angesehen, und der Arbeitnehmer so behandelt, als ob er von Anfang an auf Grund eines unbefristeten Arbeitsvertrages beschäftigt sei.[201]
Mit dem Ziel der o.g. Praxis entgegenzuwirken und den Arbeitnehmern einen größeren Schutz zu gewähren, wurde im Rahmen der großen Reform von 1996 der Art. 25^1 KP eingeführt.[202] Gerade im Hinblick auf die hohe Arbeitslosigkeit sollte diese Vorschrift die Stabilisierung der Beschäftigung fördern.[203] Auch wenn diese Vorschrift nun seit dem 29.11.2002 bis zum Beitritt Polens in die EU, also voraussichtlich bis zum 01.05.2004, nicht mehr anzuwenden ist, soll diese im Folgenden trotzdem näher erörtert werden. Dies deshalb, weil sie zum einen nur vorübergehend außer Kraft gesetzt worden ist und Art. 1 Nr. 10 des Änderungsgesetzes zum Kodeks Pracy sowie weiterer Gesetze vom 14. November 2003 die Beibehaltung dieses Wortlauts vorsieht,[204] und zum anderen, weil es sich bei Art. 25^1 KP um die einzige Vorschrift handelt bzw. handelte, die die Begründung befristeter Arbeitsverträge, genauer, nur der Arbeitsverträge auf bestimmte Zeit, regelt bzw. geregelt hat.
Aufgrund dessen, dass diese Vorschrift nur auf beschränkte Zeit nicht mehr anzuwenden ist, findet deren Erörterung auch nicht im Rahmen der historischen Entwicklung der befristeten Arbeitsverträge in Polen statt.
Gemäß Art. 25^1 KP steht der Abschluss eines Arbeitsvertrages auf bestimmte Zeit in den Rechtsfolgen dem Abschluss eines Arbeitsvertrages auf unbestimmte Zeit gleich, wenn die Parteien vorher zwei aufeinander folgende Arbeitsverträge auf bestimmte Zeit abgeschlossen haben und die Unterbrechung zwischen der Auflösung des vorhergehenden und der Begründung des nachfolgenden Arbeitsvertrages einen Monat nicht überschreitet.
Zur Berechnung der Unterbrechung finden die Vorschriften der Art. 112 KC i.V.m. Art. 300 KP Anwendung.[205] Danach endet eine nach Monaten bestimmte Frist mit dem Ablauf desjenigen Tages, welcher durch seine Benennung oder sein Datum dem Anfangstag der Frist entspricht, und wenn ein solcher Tag im letzten Monat fehlt, so endet die Frist mit dem Ablauf des letzten Tages dieses Monats.
Wird zwischen dem zweiten und dem dritten Arbeitsvertrag auf bestimmte Zeit diese Monatsfrist unterschritten, so gilt kraft Gesetzes, dass es sich bei diesem dritten Arbeitsvertrag um einen unbefristeten handelt.[206] Mithin handelt es sich bei Art. 25^1

---

201 SN vom 15.12.1956, Zieliński (pod red.), Prawo pracy I, S. 795.
202 Art. 1 Nr. 28 des Gesetzes vom 02.02.1996; Jackowiak/Uziak/Wypych-Żywicka, Prawo pracy, S. 89; Boruta/Góral/Hajn/Włodarczyk/Wyka, KP, Art. 25^1, Nr. 1; Kolasiński, Prawo pracy znowelizowane, S. 116; Libera/Zduńska, Pracownik w zakładzie pracy , S. 37; Liszcz, Prawo pracy, S. 174; Salwa, PiZS 12/1999, S. 35; Romer, PP 5/1998, S. 3 (8).
203 Gęsicki, KP, Art. 25^1; Jackowiak, KP, Art. 25^1, Nr. 1.
204 Druk Sejmowy (Drucksache des Sejm) Nr. 1162, S. 6 f.
205 Bessaraba, Stosunek pracy, S. 36; Jackowiak/Uziak/Wypych-Żywicka, Prawo pracy, S. 89 f.
206 Jackowiak/Uziak/Wypych-Żywicka, Prawo pracy, S. 90.

KP um eine Rechtsfiktion, so dass auch ausdrückliche Willenserklärungen der Parteien einen dritten Arbeitsvertrag auf bestimmte Zeit abschließen zu wollen, die Anwendung dieser Vorschrift nicht ausschließen.[207]
Bei der Berechnung des Vorliegens der drei o.g. Verträge kommen aber nur Arbeitsverträge auf bestimmte Zeit in Betracht.[208] Sollten die Vertragsparteien während dessen aufgrund eines anderen Arbeitsvertrages oder eines außervertraglichen Arbeitsverhältnisses gebunden gewesen sein, dann beginnt die Berechnung von neuem.[209] Anders hingegen Barzycka-Banaszczyk,[210] die entgegen dem eindeutigen Wortlaut der Ansicht ist, dass es ohne Bedeutung sei, wenn zwischen dem Abschluss der befristeten Arbeitsverträge ein anderer, z.B. ein zivilrechtlicher Vertrag geschlossen worden ist.
Anzumerken ist dabei, dass die zwei vorherigen aufeinander folgenden Arbeitsverträge aufgelöst worden sein müssen und nicht erloschen sind.[211] Was die verschiedenen Formen der Auflösung eines Arbeitsvertrages betrifft, so ist auf Art. 30 KP zurückzugreifen, der diese aufzählt, wie z.B. die ordentliche Kündigung (Art. 30 § 1 Nr. 2 KP), die außerordentliche Kündigung (Art. 30 § 1 Nr. 3 KP) oder mit Ablauf der Zeit, für die der Vertrag eingegangen worden ist (Art. 30 § 1 Nr. 4 KP).[212] Somit wurde den Arbeitgebern die Freiheit genommen, beliebig viele direkt aufeinander folgende Arbeitsverträge auf bestimmte Zeit mit demselben Arbeitnehmer abzuschließen.[213]
Da jedoch das Gesetz vom 2. Februar 1996, mit welchem Art. 25^1 KP eingeführt worden ist, keine speziellen Übergangsvorschriften hinsichtlich des In-Kraft-Tretens dieser Vorschrift beinhaltet, ist dies zu einem heftig umstrittenen Thema geworden. Selbst die Rechtsprechung zeigt sich nicht einheitlich. In einer Entscheidung stellte das Höchste Gericht fest, dass Art. 25^1 KP auch dann Anwendung findet, wenn die aufeinander folgenden Arbeitsverträge auf bestimmte Zeit vor dessen In-Kraft-Treten, d.h. vor dem 2. Juni 1996, abgeschlossen worden sind, der letzte (dritte) hin-

---

207 Zieliński/Zieliński, KP, Art. 25^1, Nr. 2; Gersdorf, PiZS 4/1998, S. 30 (inkonsequenterweise spricht sie aber auf Seite 31 von einer Rechtsvermutung); Jackowiak, KP, Art. 25^1, Nr. 5; Bessaraba, Stosunek pracy, S. 35; Liszcz, Prawo pracy, S. 174; Iwulski/Sanetra, KP, Art. 25^1; Gersdorf, PiZS 4/1998, S. 30; a. A. Świątkowski, KP, S. 22 f., der von Rechtsvermutung spricht.

208 Gersdorf/Rączka/Skoczyński, KP, Art. 25^1, Nr. 1; Romer, Prawo pracy, komentarz, Art. 25^1, Nr. 2; Jackowiak, KP, Art. 25^1, Nr. 2; Doliński, RP 1/2000, S. 45 (53); Gersdorf, PiZS 4/1998, S. 30.

209 Gersdorf/Rączka/Skoczyński, KP, Art. 25^1, Nr. 1; Iwulski/Sanetra, KP, Art. 25^1; Piątkowski, Stosunek pracy, S. 212.

210 Barzycka-Banaszczyk, Prawo pracy, komentarz, Art. 25^1, Rn. 1.

211 Romer, Prawo pracy, komentarz, Art. 25^1, Nr. 2; Gersdorf/Rączka/Skoczyński,KP, Art. 25^1, Nr. 1; Iwulski/Sanetra, KP, Art. 25^1; Gersdorf, PiZS 4/1998, S. 30 (31).

212 Gersdorf, PiZS 4/1998, S. 30 (31).

213 Barzycka-Banaszczyk, Prawo pracy, S. 41; Zdziennicka-Kaczocha, Poradnik, S. 17; Doliński, RP 1/2000, S. 45 (52).

gegen nach diesem Zeitpunkt.[214] Anders jedoch in der Entscheidung vom 19. November 1997,[215] wonach Art. 25^1 KP nur auf solche Arbeitsverträge auf bestimmte Zeit Anwendung findet, die nach In-Kraft-Treten des Gesetzes vom 2. Februar 1996 über die Änderung des Kodeks Pracy sowie weiterer Gesetze abgeschlossen worden sind. So auch in der Entscheidung vom 16. April 1998,[216] in der das Höchste Gericht erklärte, dass der Abschluss eines dritten, aufeinander folgenden Arbeitsvertrages auf bestimmte Zeit in den Rechtsfolgen dem Abschluss eines unbefristeten Arbeitsvertrages gleichsteht (Art. 25^1 KP), wenn die zwei vorausgehenden befristeten Arbeitsverträge beginnend mit dem Tag des In-Kraft-Tretens dieser Vorschrift abgeschlossen worden sind.
Auch in der Literatur werden zwei unterschiedliche Standpunkte vertreten. Zum einen wird als „erster" Arbeitsvertrag derjenige gewertet, welcher die Parteien zum Zeitpunkt des In-Kraft-Tretens des Art. 25^1 KP gebunden hat.[217] Begründet wird dies unter anderem damit, dass wenn der Gesetzgeber gewollt hätte, dass Art. 25^1 KP erst bei den Arbeitsverträgen auf bestimmte Zeit zur Anwendung kommt, die nach In-Kraft-Treten der neuen Vorschriften abgeschlossen werden, er dies ausdrücklich anhand von Übergangsvorschriften geregelt hätte, wie er dies bei den Arbeitsverträgen auf Probe getan hat (Art. 4 des Gesetzes vom 2. Februar 1996).[218] Weiterhin wird angeführt, dass dieser Arbeitsvertrag auch nach In-Kraft-Treten der besagten Vorschrift Wirkungen zwischen den Parteien entfalte, so dass in diesem Fall das Rückwirkungsverbot nicht betroffen sei.[219]
Demgegenüber wird, wie zum Teil auch in der Rechtsprechung, im Hinblick auf das Rückwirkungsverbot vertreten, dass der „erste" Arbeitsvertrag auf bestimmte Zeit nur derjenige sein könne, der nach In-Kraft-Treten der Vorschrift, d.h. nach dem 2. Juni 1996 abgeschlossen worden ist.[220]
Zunächst scheint wohl die Ansicht, die Art. 25^1 KP erst dann zur Anwendung kommen lassen will, wenn auch die ersten beiden Arbeitsverträge nach In-Kraft-Treten dieser Vorschrift abgeschlossen worden sind, plausibel, da grundsätzlich ein Rückwirkungsverbot von Gesetzen gilt. Es ist jedoch zu berücksichtigen, dass in diesem Fall Übergangsvorschriften fehlen. Darüber hinaus mutet es dem Arbeitnehmer gegenüber, aufgrund einer mangelnden gesetzlich bestimmten Höchstdauer für befristete Arbeitsverträge, ungerecht an, wenn kurz vor In-Kraft-Treten des Art. 25^1 KP ein Arbeitsvertrag auf bestimmte Zeit für mehrere Jahre geschlossen worden ist, diesen

[214] OSNAPiUS 1998/13/395.
[215] OSNAPiUS 1998/17/510.
[216] SN vom 16.04.1998 (in der Zusammensetzung von 7 Richtern), OSP 1998/12/205.
[217] Jackowiak, KP, Art. 25^1, Nr. 6; Salwa, Niektóre problemy umowy na czas określony, in Prawo pracy, (Rączka pod red.), S. 163 f.; Salwa, PiZS 12/1996, S. 35 (36); Rączka, Nowy KP, S. 18.
[218] Salwa, PiZS 12/1996, S. 35 (36).
[219] Salwa, PiZS 12/1996, S. 35 (36).
[220] Boruta/Góral/Hajn/Włodarczyk/Wyka, KP, Art. 25^1, Nr. 3; Doliński, RP 1/2000, S. 45 (54).

dann nicht als „ersten“ Arbeitsvertrag i.S.d. Vorschrift anzusehen. Dies würde gerade dem Ziel dieser Vorschrift nicht entsprechen.

Als Reaktion auf die Einführung dieser Vorschrift haben einige Arbeitgeber begonnen sich sog. arbeitsvertraglicher Annexe zu bedienen.[221] Mit dem Ziel, die in Art. 25^1 KP enthaltene Rechtsfolge der Umgestaltung des dritten befristeten Arbeitsvertrages in einen unbefristeten zu umgehen, werden bei den früher abgeschlossenen Verträgen Annexe verwendet, in denen, mit Einverständnis des Arbeitnehmers, die Vertragsdauer verlängert wird.[222] Formell gesehen handelt es sich bei diesem Annex nicht um einen neuen abgeschlossenen Arbeitsvertrag auf bestimmte Zeit, sondern um eine übereinstimmende Änderung des Inhalts des befristeten Arbeitsvertrages (z.B. des zweiten hintereinander abgeschlossenen zeitlich befristeten Arbeitsvertrages).[223] Dies führt oftmals dazu, dass Arbeitnehmer und Arbeitgeber über viele Jahre aufgrund des gleichen Arbeitsvertrages (des ersten oder des zweiten) gebunden sind.[224]

Das Höchste Gericht hat diese Praxis im Grunde akzeptiert, indem es feststellte, „dass die Parteien eines Arbeitsvertrages auf bestimmte Zeit dessen Dauer im gegenseitigen Einverständnis verlängern können, solange dies nicht zur Umgehung des Rechts, insbesondere nicht zur Umgehung von Art. 25^1 KP führt.“[225]

Kritisiert wird diese Ansicht der Rechtsprechung zu Recht dahingehend, dass die Schwierigkeit gerade darin besteht festzustellen, wann die Parteien Art. 25^1 KP umgehen, indem sie die Vertragsdauer verlängern.[226] Dabei schlägt Zieliński[227] vor, die Lösung auf der Ebene von Art. 18 § 2 KP zu suchen. Gemäß dieser Vorschrift sind Bestimmungen von Arbeitsverträgen sowie anderer Akte, auf Grund welcher ein Arbeitsverhältnis entsteht unwirksam, wenn sie für den Arbeitnehmer ungünstiger als die arbeitsrechtlichen Vorschriften sind. Anstelle dieser Bestimmungen sind die entsprechenden arbeitsrechtlichen Vorschriften anzuwenden.

Demnach sei von einer Umgehung des Art. 25^1 KP auszugehen – die dann im Ergebnis zu dessen Anwendung führt -, wenn die einverständliche Vertragsverlängerung ungünstiger für den Arbeitnehmer ist.[228] Auf dieser Basis könne man sogar annehmen, dass es für einen Arbeitnehmer günstiger sei, wenn der dritte aufeinander folgende Arbeitsvertrag sich nicht in einen unbefristeten wandelt, da es nicht auszu-

---

221 Zieliński/Zieliński, KP, Art. 25^1, Nr. 3; Orłowski/Patulski/Patulski, Prawo pracy, S. 103; Florek/Zieliński, Prawo pracy, Rn. 87.

222 Zieliński/Zieliński, KP, Art. 25^1, Nr. 3; Orłowski/Patulski/Patulski, Prawo pracy, S. 103; Florek/Zieliński, Prawo pracy, Rn. 87.

223 Zieliński/Zieliński, KP, Art. 25^1, Nr. 3.

224 Piątkowski, Stosunek pracy, S. 212.

225 OSNAPiUS 1998/17/506; Orlowski/Patulski/Patulski, Prawo pracy, S. 103 f.

226 Zieliński/Zieliński, KP, Art. 25^1, Nr. 3.

227 Zieliński/Zieliński, KP, Art. 25^1, Nr. 3.

228 Zieliński/Zieliński, KP, Art. 25^1, Nr. 3.

schließen sei, dass Arbeitnehmer die Beschäftigung auf Grund eines Arbeitsvertrages auf bestimmte Zeit bevorzugen.[229]
Eine weitere Ansicht geht davon aus, dass eine solche Verlängerung des Arbeitsvertrages nur dann nicht als Umgehung des Art. 25^1 KP qualifiziert werden könne, wenn sie einmalig und von kurzer Dauer ist und durch Umstände begründet, die bei Abschluss des Vertrages nicht vorhergesehen worden sind.[230]
Darüber hinaus wird von Gersdorf[231] ein Konzept vorgestellt, gemäß welchem jeder Abschluss eines solchen Annexes, in welchem die Parteien nur den Auflösungstermin des Arbeitsverhältnisses ändern, als Abschluss eines aufeinander folgenden Vertrages i.S.d. Art. 25^1 KP anzusehen sei. Begründet wird dies damit, dass für den wirksamen Abschluss eines Arbeitsvertrages auf bestimmte Zeit die Angabe des Beendigungstermins, als wesentliche Bedingung,[232] notwendig sei.[233] Fehle es an einem solchen, dann komme es zum Abschluss eines unbefristeten Arbeitsvertrages.[234] Daher könnte die Änderung dieser Bedingung nur den Abschluss eines nächsten Vertrages darstellen, da es ohne Festlegung eines endgültigen Endtermins nicht zum Abschluss des Arbeitsvertrages auf bestimmte Zeit käme.[235]
In der Praxis kommt es darüber hinaus vor, dass zwischen dem zweiten und dem dritten Arbeitsvertrag auf bestimmte Zeit eine Pause eingelegt wird, die einen Monat überschreitet, oder dass die Parteien vorübergehend einen anderen Vertrag (z.B. einen zweckbefristeten Arbeitsvertrag, zivilrechtlichen Vertrag) abschließen, was dazu führt, dass Art. 25^1 KP nicht angewendet werden kann.[236]
Die Einlegung einer solchen einen Monat überschreitenden Pause wird von der Arbeitsschutzinspektion als „künstlich“ betrachtet.[237]
Auch wenn dies oftmals wohl der Fall gewesen sein wird, wird dem zu Recht entgegengehalten, dass Art. 25^1 KP es nicht verbietet eine solche Pause einzulegen.[238] Auch wenn diese Pause tatsächlich nur eingelegt wird, um die Folgen der genannten Vorschrift nicht eintreten zu lassen, so wird sich das wohl schwer beweisen lassen. Darüber hinaus gibt es schließlich auch keine gesetzliche Anknüpfung, die ein solches Verhalten sanktioniert. Im Gegenteil, Art. 25^1 KP fordert ja gerade, dass eine

229 Zieliński/Zieliński, KP, Art. 25^1, Nr. 3.
230 Salwa, PiZS 12/1996, S. 35 (38).
231 Gersdorf, PiZS, 4/1998, S. 30 (31).
232 Gersdorf/Rączka/Skoczyński, KP, Art. 25, Nr. 3; Wagner, Terminowe umowy, S. 84; Wichrowska-Janikowska, PiZS, 10/2000, S. 33.
233 Gersdorf, PiZS, 4/1998, S. 30 (31).
234 Gersdorf, PiZS 4/1998, S. 30 (31).
235 Gersdorf, PiZS 4/1998, S. 30 (31).
236 Zieliński/Zieliński, KP, Art. 25^1, Nr. 4; Piątkowski, Stosunek pracy, S. 212.
237 Sprawozdanie Głównego Inspektora Pracy z działalności PiP w 1998, S. 184 (Bericht des Obersten Inspekteurs für den Arbeitsschutz über die Tätigkeit der Staatlichen Aufsichtsbehörde für den Arbeitsschutz im Jahre 1998).
238 Zieliński/Zieliński, KP, Art. 25^1, Nr. 4.

mindestens einmonatige Pause einzulegen ist, um die Rechtsfolge nicht eintreten zu lassen.
Demgegenüber wird jedoch die Ausfüllung der einmonatigen Lücke mit einem anderen Vertrag als eine mögliche Umgehung des Art. 25^{1} KP angesehen.[239]
Gem. Art. 6 des Änderungsgesetzes zum Kodeks Pracy sowie weiterer Gesetze vom 26.07.2002 hat der polnische Gesetzgeber jedoch bestimmt, dass Art. 25^{1} KP ab dem 29.11.2002 bis zum Beitritt Polens in die EU nicht mehr anzuwenden ist. Somit kann der Arbeitgeber in dieser Zeit eine beliebige Anzahl von Arbeitsverträgen auf bestimmte Zeit mit demselben Arbeitnehmer nacheinander abschließen. Damit werden Kettenarbeitsverträge zunächst einmal wieder zulässig.
Auch wenn Art. 25^{1} KP somit vorläufig nicht mehr anzuwenden ist, können die zu diesem oben gemachten Erörterungen jedoch (noch) nicht zur, in der Vergangenheit liegenden, historischen Entwicklung der befristeten Arbeitsverträge gerechnet werden. Der Regierungsentwurf vom 25.22.2002[240] sah nämlich, im Hinblick auf die Angleichung des polnischen Rechts an die EG-Richtlinien, vor, dass der Wortlaut von Art. 25^{1} KP im zukünftigen Art. 25^{1} KP in § 1 übernommen wird.[241] Mittlerweile wird dies auch durch Art. 1 Nr. 10 des Änderungsgesetzes zum Kodeks Pracy sowie weiterer Gesetze vom 14.11.2003[242] bestätigt. Darüber hinaus sind dem Art. 25^{1} KP noch zwei weitere Paragrafen hinzugefügt worden. § 2 regelt, dass Vereinbarungen zwischen den Parteien während der Dauer eines Arbeitsvertrages auf bestimmte Zeit über eine längere Arbeitszeit aufgrund dieses Arbeitsvertrages so behandelt werden, als wäre mit dem Tage, welcher dem Tage, an dem dieser Arbeitsvertrag aufgelöst wird, nachfolgt, ein aufeinanderfolgender Arbeitsvertrag auf bestimmte Zeit im Sinne des § 1 abgeschlossen worden wäre. Mit dieser Regelung dürfte sich immerhin in Zukunft die Anwendung der sog. arbeitsvertraglicher Annexe erledigt haben.
§ 3 besagt wiederum, dass unter § 1 solche Arbeitsverträge auf bestimmte Zeit nicht fallen, die 1. zum Zwecke der Vertretung eines anderen Arbeitnehmers während seiner entschuldigten Abwesenheit von der Arbeit oder 2. zum Zwecke der Ausübung von Gelegenheits- oder Saisonarbeit oder zyklisch durchgeführter Aufgaben abgeschlossen werden.
Der zeitlich befristete Arbeitsvertrag kann im Grunde mit jedem Arbeitnehmer eingegangen werden. Eine Ausnahme stellen die heranwachsenden Arbeitnehmer dar, die noch keine berufliche Qualifikation besitzen und damit in der Regel nur auf Grund eines Berufsausbildungsvertrages beschäftigt werden können.[243]

239 Zieliński/Zieliński, KP, Art. 25^{1}, Nr. 4.
240 Druk Sejmowy Nr. 1162.
241 Druk Sejmowy Nr. 1162, S. 6 f.
242 Dz. U. 2003 Nr. 213, Pos. 2081.
243 Florek/Zieliński, Prawo pracy, Rn. 87.

cc) Der Arbeitsvertrag auf Zeit zur Ausübung einer bestimmten Arbeit

Dieser zweckbefristete Arbeitsvertrag unterscheidet sich von dem zeitlich befristeten dahingehend, dass nicht die Dauer des Vertrages von vornherein bestimmt wird, sondern eine genau bezeichnete, zeitlich beschränkte Aufgabe, die es zu erfüllen gilt (z.B. Entladung eines Waggons mit Kohle).[244] Dieser Arbeitsvertrag endet somit, wenn die bezeichnete Arbeit erbracht worden ist.[245] Er findet Anwendung, wenn die Bestimmung der Vertragsdauer nicht möglich ist, wie z.B. bei der Saison- und Gelegenheitsarbeit.[246]

Dieser Arbeitsvertrag kommt dem (zivilrechtlichen) Werkvertrag am nächsten. Der Unterschied besteht jedoch darin, dass er, im Gegensatz zum Werkvertrag, unter der Leitung des Arbeitgebers ausgeführt wird, und dass der Arbeitnehmer nicht für das Resultat der zu erfüllenden Aufgabe haftet.[247]

Das Arbeitsgesetzbuch sieht keine Beschränkungen hinsichtlich der Abschlussfreiheit vor, wie Art. 25^1 KP beim Arbeitsvertrag auf bestimmte Zeit. Somit kann der Arbeitgeber eine unbeschränkte Vielzahl von diesen Arbeitsverträgen mit demselben Arbeitnehmer abschließen.

Der Arbeitsvertrag auf Zeit zur Ausübung einer bestimmten Arbeit kann in der Regel nicht ordentlich gekündigt werden.[248]

Vor der Reform des Arbeitsgesetzbuches im Jahre 1996 wurde diese Vertragsart nur sporadisch angewendet. Seitdem erfreut sich diese aber einer immer größer werdenden Popularität, was auf die Einführung des Art. 25^1 KP zurückgeführt wird.[249] Denn die Beschäftigung auf Grund des zweckbefristeten Arbeitsvertrages dient den Arbeitgebern dazu, die in dieser Vorschrift vorausgesetzte einmonatige Pause einzuhalten, damit der dritte mit demselben Arbeitnehmer abgeschlossene Arbeitsvertrag auf bestimmte Zeit in den Rechtswirkungen nicht dem unbefristeten Arbeitsvertrag gleichsteht.[250]

In der Praxis kann dieser Arbeitsvertrag zu schwer interpretierbaren rechtlichen und faktischen Situationen führen, insbesondere bei Krankheit des Arbeitnehmers und bei fehlender Möglichkeit die vertraglich bestimmte Aufgabe zu erfüllen, gerade wenn dies langfristig unmöglich ist, der Arbeitgeber aber eine Verzögerung nicht hinnehmen kann.[251] Für solche Fälle wird vorgeschlagen, dass in Anlehnung an Art. 30 § 1

---

244 Florek/Zieliński, Prawo pracy, Rn. 88; Orłowski/Patulski/Patulski, Prawo pracy, S. 104 f.; Wagner, Terminowe umowy, S. 35.

245 Florek/Zieliński, Prawo pracy, Rn. 88; Jackowiak/Uziak/Wypych-Żywicka, Prawo pracy, S. 90; Liszcz, Prawo pracy, S. 174.

246 Gersdorf/Rączka/Skoczyński, KP, Art. 25, Nr. 3; Florek/Zieliński, Prawo pracy, Rn. 88; Jackowiak/Uziak/Wypych-Żywicka, Prawo pracy, S. 90; Zdziennicka-Kaczocha, Poradnik, S. 19; Romer, PP 6/1998, S. 3.

247 Gersdorf/Rączka/Skoczyński, KP, Art. 25, Nr. 3; Zdziennicka-Kaczocha, Poradnik, S. 19.

248 Zdziennicka-Kaczocha, Poradnik, S. 19.

249 Piątkowski, Stosunek pracy, S. 216.

250 Piątkowski, Stosunek pracy, S. 216.

251 Piątkowski, Stosunek pracy, S. 216.

Nr. 5 KP („Der Arbeitsvertrag wird an dem Tag aufgelöst, an dem die Arbeit beendet wird, aufgrund derer dieser abgeschlossen worden ist."), der Arbeitsvertrag mit dem Arbeitnehmer, dem es unmöglich ist das Beschäftigungsziel zu erreichen, an dem Tag aufgelöst wird, an dem die vertraglich bestimmte Aufgabe von einem anderen Arbeitnehmer ausgeführt wird.[252] Es wird jedoch eingeräumt, dass dies ein verzwicktes Problem sei, schwierig eindeutig zu interpretieren.[253]

dd) Der Arbeitsvertrag auf Probe

Der Arbeitsvertrag auf Probe wiederum unterscheidet sich von den anderen befristeten Arbeitsverträgen hinsichtlich seiner Bestimmung, welche darin besteht, den Arbeitnehmer in Bezug auf seine berufliche Eignung zu überprüfen, d.h. seine Qualifikationen und sogar seinen Charakter, um das vom Arbeitgeber getragene persönliche Risiko so gering wie möglich zu halten.[254] Darüber hinaus hat aber auch der Arbeitnehmer die Möglichkeit die Arbeitsbedingungen zu beurteilen.[255] Insgesamt liegt dieser Vertragstypus aber größtenteils im Interesse der Arbeitgeber,[256] so dass sie in der Regel auch die Initiative ergreifen, was dessen Abschluss betrifft.[257] Die aufgrund dessen vorübergehende Beschäftigung soll ein eventuelles stabiles Arbeitsverhältnis vorbereiten.[258] Daher wird in der Literatur auch betont, dass der Arbeitsvertrag auf Probe einen Dienstleistungscharakter hat.[259]
Der Arbeitsvertrag auf Probe darf drei Monate nicht überschreiten und kann allen anderen Arbeitsverträgen vorangehen (Art. 25 KP). Daraus geht hervor, dass der Abschluss eines solchen Vertrages fakultativ ist. In der Praxis werden diese jedoch oft abgeschlossen.[260] Bei der Bestimmung der Dauer des Arbeitsvertrages auf Probe sollten dabei alle Umstände berücksichtigt werden, die die Chance auf eine dauerhafte Beschäftigung erhöhen.[261] Die gesetzliche Grenze soll der Unsicherheit des Arbeitnehmers entgegenwirken, was die Aussichten einer weiteren Beschäftigung bei dem Arbeitgeber betrifft.[262]

---

252 Piątkowski, Stosunek pracy, S. 216.
253 Piątkowski, Stosunek pracy, S. 216.
254 Jackowiak/Uziak/Wypych-Żywicka, Prawo pracy, S. 88; Libera/Zduńska, Pracownik w zakładzie pracy, S. 33; Orłowski/Patulski/Patulski, Prawo pracy, S. 102; Wagner, Terminowe umowy, S. 36; Romer, PP 4/1998, S. 4.
255 Florek/Zieliński, Prawo pracy, Rn. 86; Libera/Zduńska, Pracownik w zakładzie pracy, S. 33; Orłowski/Patulski/Patulski, Prawo pracy, S. 102; Wagner, Terminowe umowy, S. 36; Romer, PP 4/1998, S. 3 (4).
256 Gersdorf/Rączka/Skoczyński, KP, Art. 25, Nr. 3; Liszcz, Prawo pracy, S. 174; Wagner, Terminowe umowy, S. 36.
257 Liszcz, Prawo pracy, S. 174.
258 Romer, Prawo pracy, komentarz, Art. 25, Nr. 22; Wagner, Terminowe umowy, S. 36.
259 Piątkowski, Stosunek pracy, S. 215; Wratny, Nowy KP, S. 37.
260 Florek/Zieliński, Prawo pracy, Rn. 86.
261 Iwulski/Sanetra, KP, Art. 25, Nr. 1.
262 Łajeczko, PP 11/1999, S. 3 (4).

Vertragliche Bestimmungen, die eine längere Dauer als drei Monate vorsehen, sind gem. Art. 18 § 2 KP unwirksam. In diesem Fall findet Art. 25 § 2 KP (maximal drei Monate) Anwendung, dessen Regelung die unwirksame Bestimmung ersetzt.[263] Darüber hinaus besteht auch die Möglichkeit, dass der gesamte Arbeitsvertrag auf Probe als ein Arbeitsvertrag anderer Art (Arbeitsvertrag auf bestimmte Zeit) angesehen wird, einschließlich aller Konsequenzen.[264] Es wird aber auch vertreten, dass sich nach Ablauf der gesetzlich vorgeschriebenen Höchstdauer der Arbeitsvertrag auf Probe in einen unbefristeten Arbeitsvertrag umwandelt.[265] Die rechtliche Würdigung der Überschreitung der Höchstgrenze der drei Monate erfolgt somit noch nicht einheitlich.

In der Literatur wird auch vertreten, dass Art. 25 § 2 KP aber nicht die Möglichkeit der Verlängerung des Arbeitsvertrages auf Probe vor dessen Ablauf ausschließt, vorausgesetzt, dass die vorgeschriebene dreimonatige Grenze nicht überschritten wird.[266] Haben die Vertragsparteien also z.B. einen solchen Vertrag auf zwei Monate geschlossen und kommen dann vor dessen Ablauf zu der Erkenntnis, dass diese nicht ausreichen, dann können sie den Arbeitsvertrag auf Probe bis auf drei Monate verlängern.[267] Darüber hinaus ist nach Ansicht der Autorin auch die Verkürzung der Vertragsdauer durch die Vorschrift nicht ausgeschlossen.[268]

Der Vertrag endet mit Ablauf der Dauer, für die er eingegangen worden ist, es sei denn er wurde vorzeitig ordentlich bzw. außerordentlich gekündigt, durch einen Aufhebungsvertrag aufgelöst, oder er ist erloschen.[269] Anzumerken ist noch, dass die Dauer dieses Arbeitsvertrages Bedeutung für dessen Kündigungsfrist hat (Art. 34 KP). Dazu aber später mehr.

Wollen die Vertragsparteien die Beschäftigung fortführen, so sollten sie einen Arbeitsvertrag in einer der drei obengenannten Formen abschließen.[270] Der Abschluss eines Arbeitsvertrages auf Probe verpflichtet aber nicht zur Begründung eines zukünftigen Arbeitsverhältnisses.[271]

Ein Arbeitgeber darf mit demselben Arbeitnehmer in Hinsicht auf die gleiche Arbeit (Arbeitsplatz, Beruf) nur einen Arbeitsvertrag auf Probe

---

263 Gersdorf/Rączka/Skoczyński, KP, Art. 25, Nr. 3; Florek/Zieliński, Prawo pracy, Rn. 86.

264 Gersdorf/Rączka/Skoczyński, KP, Art. 25, Nr. 3; ähnlich Romer, Prawo pracy, komentarz, Art. 25, Nr. 26, die der Ansicht ist, dass wenn die Dauer des Arbeitsvertrages auf Probe angegeben ist, es sich bei diesem, trotz der formalen Bezeichnung, um einen Arbeitsvertrag auf bestimmte Zeit handelt.

265 Boruta/Góral/Hajn/Włodarczyk/Wyka, KP, Art. 25, Nr.2; Romer, Prawo pracy, komentarz, Art. 25, Nr. 26, wenn die Dauer des Arbeitsvertrages nicht bestimmt ist.

266 Barzycka-Banaszczyk, Prawo pracy, S. 41.

267 Barzycka-Banaszczyk, Prawo pracy, S. 41.

268 Barzycka-Banaszczyk, Prawo pracy, S. 41.

269 Florek/Zieliński, Prawo pracy, Rn. 86.

270 Florek/Zieliński, Prawo pracy, Rn. 86.

271 Jackowiak, KP, Art. 25, Nr. 8; Romer, Prawo pracy, komentarz, Art. 25, Nr. 22.

abschließen.[272] Wird nach Ablauf des Arbeitsvertrages auf Probe die Beschäftigung mit Einverständnis des Arbeitgebers fortgesetzt, ohne dass ein neuer Arbeitsvertrag geschlossen worden ist, so gilt, dass die Parteien konkludent einen unbefristeten bzw., wenn es sich aus den Umständen ergibt, einen zeitlich befristeten Arbeitsvertrag geschlossen haben.[273]

Der Abschluss eines Arbeitsvertrages auf Probe ist aber unbegründet, wenn der Arbeitnehmer eine lange Berufstätigkeit hinter sich hat und eine positive Beurteilung von den vorherigen Arbeitgebern erhalten hat, die dem jetzigen Arbeitgeber bekannt ist. In diesem Fall sollte einer der verbleibenden Arbeitsverträge geschlossen werden.[274] Dies sollte auch auf die Arbeitnehmer zutreffen, die mit Einverständnis des Arbeitgebers zu einem neuen Arbeitgeber wechseln.[275]

Der Arbeitsvertrag auf Probe kann grundsätzlich mit jedem Arbeitnehmer geschlossen werden, unabhängig davon, welche Arbeit er ausüben soll.[276] Unzulässig ist jedoch ein solcher Abschluss mit heranwachsenden Arbeitnehmern, die mit dem Ziel der Berufsausbildung beschäftigt sind, da mit diesen regelmäßig nur unbefristete Arbeitsverträge geschlossen werden (Art. 194 KP).[277]

c) Besondere Arbeitsverträge

aa) Der genossenschaftliche Arbeitsvertrag

Der genossenschaftliche Arbeitsvertrag wird im KP nur in einer Vorschrift, nämlich Art. 77 geregelt. Gem. § 1 wird ein Arbeitsverhältnis zwischen einer Arbeitsgenossenschaft und ihrem Mitglied auf Grund eines genossenschaftlichen Arbeitsvertrages begründet. Aus § 2 geht hervor, dass ein Arbeitverhältnis auf Grund eines genossenschaftlichen Arbeitsvertrages im Genossenschaftsgesetz[278] geregelt wird, wobei die

---

272 Jackowiak, KP, Art. 25, Nr. 8; Barzycka-Banaszczyk, Prawo pracy, S. 41; Libera/Zduńska, Pracownik w zakładzie pracy, S. 33; Liszcz, Prawo pracy, S. 175; Zdziennicka-Kaczocha, Poradnik, S. 22; anders hingegen Gersdorf/Rączka/Skoczyński, KP, Art. 25, Nr. 3, wo es heißt, dass der Arbeitgeber, unabhängig von der Art der angebotenen Arbeit, nur einen Arbeitsvertrag auf Probe mit demselben Arbeitnehmer abschließen kann; einschränkend Boruta/Góral/Hajn/Włodarczyk/Wyka, KP, Art. 25, Nr. 2. Dort heißt es, dass bei einfachen Arbeiten, die keine berufliche Qualifikation erfordern, die Probe alle Fertigkeiten umfassen sollte, und zwar im Rahmen eines Arbeitsvertrages oder auch mehrerer, wobei insgesamt aber drei Monate nicht überschritten werden dürfen.

273 Romer, Prawo pracy, komentarz, Art. 25, Nr. 33; Liszcz, Prawo pracy, S. 175.

274 Liszcz, Prawo pracy, S. 175.

275 Liszcz, Prawo pracy, S. 175.

276 Romer, Prawo pracy, komentarz, Art. 25, Nr. 24.

277 Romer, Prawo pracy, komentarz, Art. 25, Nr. 24; Salwa, KP, Art. 25, Nr. 2.

278 Vom 16.09.1982 in der Fassung der Bekanntmachung vom 10.05.1995; Dz. U. 1995, Nr. 54, Pos. 288; mit späteren Änderungen (Art. 181-203).

Vorschriften des KP entsprechende Anwendung finden sollen, soweit dieses Gesetz einen Bereich nicht regelt.

Das genossenschaftliche Arbeitsverhältnis bildet die grundlegende Form der Beschäftigung von Mitgliedern der Arbeitsgenossenschaft als Miteigentümer der Produktionsmittel. Die Arbeitnehmer bzw. Mitglieder arbeiten mit ihren eigenen Mitteln.[279]

Gem. Art. 182 § 1 des Genossenschaftsgesetzes haben die Arbeitsgenossenschaft und ihr Mitglied die Pflicht miteinander in einem Arbeitsverhältnis zu stehen (abgesehen von gesetzlich geregelten Ausnahmen). Dieses wird gem. Art. 182 § 3 des o.g. Gesetzes in Form eines genossenschaftlichen Arbeitsvertrages begründet. Dieser genossenschaftliche Arbeitsvertrag des neuen Mitglieds sollte demnach mit dem Datum unterzeichnet werden, mit welchem die Mitgliedschaft erlangt worden ist.[280]

Der Abschluss solcher Arbeitsverträge ist nur in Arbeitsgenossenschaften möglich, somit nur zwischen dieser und ihrem Mitglied.[281] Die Parteien können auch keinen anderen Arbeitsvertrag abschließen.[282] Mitglieder, die in anderen Genossenschaften beschäftigt sind, verbleiben nicht in einem genossenschaftlichen Arbeitsverhältnis.[283]

Beschäftigt die Arbeitsgenossenschaft eine Person, die nicht ihr Mitglied ist, so wird ein (einfacher) Arbeitsvertrag abgeschlossen. Sollte diese Person dann Mitglied werden, so wandelt sich der Arbeitsvertrag gem. Art. 77 § 1 KP in einen genossenschaftlichen Arbeitsvertrag um.[284]

Das genossenschaftliche Arbeitsverhältnis hängt vom Mitgliedschaftsverhältnis ab.[285] Partei dieses Arbeitsverhältnisses kann nur ein Mitglied der Genossenschaft sein, das entsprechend seiner beruflichen und persönlichen Qualifikationen, sowie aktueller wirtschaftlicher Möglichkeiten der Genossenschaft das Recht auf Beschäftigung hat (Art. 182 § 2 des o.g. Gesetzes).

Eine Besonderheit stellt dabei die Bezahlung der Arbeitnehmer dar, welche sich aus einer laufenden Entlohnung sowie einem Anteil am reinen Bilanzüberschuss der Genossenschaft (sofern ein solcher erzielt worden ist) zusammensetzt, Art. 183 des o.g. Gesetzes. Der Arbeitnehmer muss aber auch die wirtschaftlichen Verluste der Genossenschaft bis zur Höhe seiner Einlage tragen.[286]

Das Mitglied der Arbeitsgenossenschaft, welches im Rahmen eines genossenschaftlichen Arbeitsverhältnisses beschäftigt ist, trägt somit zu einem gewissen Grad das Risiko hinsichtlich der Führung des genossenschaftlichen Unternehmens, was in

---

279 Barzycka-Banaszczyk, Prawo pracy, S. 36; Liszcz, Prawo pracy, S. 146 f.

280 Bessaraba, Stosunek pracy, S. 138.

281 Iwulski/Sanetra, KP, Art. 77, Nr. 1; Kolasiński, Prawo pracy I, S. 214 f.

282 Kolasiński, Prawo pracy I, S. 215.

283 Kolasiński, Prawo pracy I, S. 215.

284 Salwa, KP, Art. 77; Kolasiński, Prawo pracy I, S. 215.

285 Jackowiak, KP, Art. 77, Nr. 2; Gęsicki, KP, Art. 77; Liszcz, Prawo pracy, S. 14.

286 Kolasiński, Prawo pracy I, S. 215.

seiner Position als Miteigentümer der Produktionsmittel sowie als Mitverwalter des Betriebes im Rahmen der genossenschaftlichen Selbstverwaltung begründet ist.[287]
Das Genossenschaftsgesetz beinhaltet keine Formvorschriften bezüglich des genossenschaftlichen Arbeitsvertrages. Demnach sind die Vorschriften des KP entsprechend anzuwenden. Abgesehen davon, dass sich die entsprechende Anwendung der arbeitsgesetzlichen Vorschriften aus Art. 77 § 2 KP ergibt, ist diese auch in Art. 199 des Genossenschaftsgesetzes begründet, welcher besagt, dass die arbeitsrechtlichen Vorschriften in den Fällen anzuwenden sind, die von den Art. 182-198 nicht geregelt sind, mit Ausnahme der arbeitsgesetzlichen Vorschriften über den Abschluss von Arbeitsverträgen auf Probe. Grundsätzlich handelt es sich dabei um unbefristete Arbeitsverträge, und zwar auch mit Vorstandsmitgliedern der Genossenschaft.[288] Eine Ausnahme stellt Art. 200 § 3 Genossenschaftsgesetz dar. Gemäß dieser Vorschrift werden bei Kandidaten zur Erlangung der Mitgliedschaft die Vorschriften des KP bezüglich der Personen, die aufgrund eines Arbeitsvertrages auf bestimmte Zeit beschäftigt sind, angewandt. Bei einer vorherigen Kündigung finden aber wiederum die Vorschriften über die Kündigung von unbefristeten Arbeitsverträgen Anwendung. Abgesehen von im Genossenschaftsgesetz vorgesehenen Ausnahmen stellt die Ablehnung der Begründung eines Arbeitsverhältnisses bzw. des Bestehens in einem solchen eine Verletzung der wesentlichen Rechte und Pflichten dar, welche sich aus dem Mitgliedschaftsverhältnis ergeben (Art. 182 § 1 des o.g. Gesetzes).
Sollte es nicht zur Begründung eines Arbeitsverhältnisses kommen und die Genossenschaft hat dies zu vertreten, dann kann das Mitglied während der gesamten Dauer der Mitgliedschaft auf Abschluss eines genossenschaftlichen Arbeitsvertrages klagen, Art. 182 § 4 S. 1 des o.g. Gesetzes. Unabhängig davon kann es auch innerhalb eines Jahres, ab dem Tag der Begründung der Mitgliedschaft, gemäß den zivilrechtlichen Vorschriften Schadensersatz verlangen, Art. 182 § 4 S. 2 des o.g. Gesetzes.
Dabei ist der Arbeitnehmer auch nicht mehr verpflichtet, bevor er die Sache vor Gericht bringt, den innergenossenschaftlichen Verfahrensweg auszuschöpfen.[289]
Letztlich ist noch anzumerken, dass die Hauptversammlung im Falle einer wirtschaftlichen Notwendigkeit die Arbeitszeit sowie dementsprechend die Entlohnung der Mitglieder kürzen kann, ohne dass der genossenschaftliche Arbeitsvertrag gekündigt oder dessen Bedingungen geändert werden müssen, und zwar mit dem Ziel, allen Mitgliedern deren Arbeit zu sichern. Dieser Beschluss soll zumindest einen Arbeitsteil oder alle Mitglieder, die die gleiche Arbeit ausüben, betreffen, Art. 185 des o.g. Gesetzes.

---

287 Liszcz, Prawo pracy, S. 147.
288 Bessaraba, Stosunek pracy, S. 138.
289 Iwulski/Sanetra, KP, Art. 77, Nr. 1; Bessaraba, Stosunek pracy, S. 143.

bb) Der Berufsausbildungsvertrag

Innerhalb von Teil neun des KP (die Beschäftigung Heranwachsender) regelt Kapitel II den Berufsausbildungsvertrag, Art. 194 bis 196.

Der Inhalt dieses Vertrages wird davon abhängen, ob das Ziel die Berufsausbildung ist oder die Anlernung einer bestimmten auszuübenden Arbeit.[290] Ersteres hat die Ausbildung des Heranwachsenden als qualifizierter Arbeiter oder Geselle zum Ziel, während es sich beim letzteren um die Ausbildung eines angelernten Arbeiters handelt, welcher dann eine Arbeit ausüben kann, die keine Berufsausbildung erfordert.[291]

Die Berufsausbildung umfasst sowohl die praktische als auch die theoretische Ausbildung.[292] Darüber hinaus hat der Heranwachsende gem. Art. 197 KP die Pflicht, sich bis zur Vollendung seines 18. Lebensjahres weiterzubilden. Sollte er die Berufsausbildung bis dahin nicht beendet haben, dann kann diese Verpflichtung bis zu ihrer Beendigung verlängert werden, Art. 199 KP. Der Arbeitgeber ist dann wiederum verpflichtet den Heranwachsenden für den Besuch solcher Lehrveranstaltungen von der Arbeit freizustellen, Art. 198 KP.

Diejenigen Personen, die vor Abschluss der Berufsausbildung das 18. Lebensjahr vollendet haben, beenden diese gemäß den Voraussetzungen, die für Heranwachsende gelten, § 13 der Verordnung über die Berufsausbildung.

Unterbricht eine Person, die das 18. Lebensjahr noch nicht überschritten hat, ihre Berufsausbildung und beginnt diese oder eine ähnliche sodann bei einem anderen Arbeitgeber, wird die vorherige Ausbildungszeit dem Heranwachsenden, nach Überprüfung auf welcher Stufe der Beruf beherrscht wird, angerechnet, § 14 der Verordnung über die Berufsausbildung.

Gem. Art. 194 KP sind auf den Berufsausbildungsvertrag die Vorschriften des Arbeitsgesetzbuches über unbefristete Arbeitsverträge anzuwenden, und zwar mit den in Art. 195 und 196 KP vorgesehenen Änderungen. Er soll schriftlich abgeschlossen werden (§ 3 der Verordnung über die Berufsausbildung) und insbesondere die Art der Berufsausbildung bezeichnen, ihre Dauer und den Ort, an dem sie vorgenommen wird, die Art der theoretischen Fortbildung sowie die Höhe der Entlohnung (Art. 195 § 1 KP).

Regelmäßig wird ein solcher Vertrag unbefristet abgeschlossen (Art. 194 KP). Im Vertrag wird die Dauer der Berufsausbildung festgelegt, nach deren Abschluss das Rechtsverhältnis zwischen den Parteien andauert, und zwar dann als ein „einfaches“ Arbeitsverhältnis.[293] Beschäftigt der Arbeitgeber aber eine größere Zahl von Heranwachsenden mit dem Ziel der Berufsausbildung als er braucht, dann kann er diese Verträge auch befristet abschließen, wobei jedoch die für diesen Beruf vorgesehene Ausbildungszeit nicht unterschritten werden darf, § 9 der Verordnung über die

---

290 Jackowiak/Uziak/Wypych-Żywicka, Prawo pracy, S. 91; Kolasiński, Prawo pracy I, S. 272.

291 So § 1 Abs. 2 und 3 der Verordnung des Ministerrates vom 28.05.1996 über die Berufsausbildung Heranwachsender und deren Vergütung, genannt Verordnung über die Berufsausbildung.

292 § 1 Abs. 2 der Verordnung über die Berufsausbildung.

293 Gęsicki, KP, Art. 194; Liszcz, Prawo pracy, S. 399.

Berufsausbildung (die Ermächtigung für diese Regelung ergibt sich aus Art. 195 § 2 KP).

Der Berufsausbildungsvertrag kann aber die Verpflichtung des Arbeitgebers beinhalten, den Heranwachsenden nach Abschluss seiner Berufsausbildung im Betrieb, entsprechend seiner erworbenen beruflichen Qualifikationen, zu beschäftigen. Wie bei einem Vorvertrag, verpflichtet sich dann eine Partei (in diesem Fall der Arbeitgeber) den sog. versprochenen Vertrag abzuschließen (vgl. Art. 389 - 390 KC i.V.m. Art. 300 KP).[294]

Demgegenüber geht die Rechtsprechung davon aus, dass die vertragliche Verpflichtung eines Heranwachsenden, der zum Zwecke der Berufsausbildung beschäftigt wird, die festgelegte Zeit nach Abschluss der Berufsausbildung durchzuarbeiten, unwirksam ist.[295]

Während der Berufsausbildung unterliegt der Heranwachsende einer stärkeren Unterordnung in Bezug auf den Arbeitgeber als ein Arbeitnehmer im Rahmen eines „einfachen" Arbeitsverhältnisses; die Grenzen werden jedoch vertraglich festgelegt.[296]

Diese höhere Abhängigkeit ergibt sich aus der Stellung des Arbeitgebers im Betrieb und in der Schule.[297] Dies ist typisch für diese besondere Form des Arbeitsvertrages, dessen Ziel es nicht ist dem Arbeitnehmer wirtschaftliche Vorteile zu mehren, sondern insbesondere die Lehre.[298]

Letztlich ist noch anzumerken, dass Kapitel VI innerhalb eines einzigen Artikels (Art. 206 KP) die Handwerksberufsausbildung regelt. Dies könnte zu der Annahme führen, dass es sich um eine eigenständige Berufsausbildungsart handelt. Art. 206 § 1 KP bestimmt jedoch, dass für die Ausbildung Heranwachsender in einem Handwerksberuf die Vorschriften der Art. 190 bis 205 KP entsprechend anzuwenden sind, vorbehaltlich der auf Grund von § 2 geregelten Besonderheiten.[299] Somit ist davon auszugehen, dass sich die Berufsausbildung innerhalb eines jeden Berufszweiges grundsätzlich nicht unterscheidet, so dass trotz der Regelung im Rahmen eines eigenen Kapitels die Handwerksberufsausbildung keine eigenständige Art darstellt.

d) Der Arbeitsvertrag mit einem Ausländer

Ein polnischer Arbeitgeber kann natürlich nicht nur mit einem Polen einen Arbeitsvertrag abschließen, sondern auch mit einem Ausländer.[300] Aufgrund der Arbeitslosigkeit, die eine Marktwirtschaft charakteristischerweise mit sich bringt, ist zum

---

294 Florek/Zieliński, Prawo pracy, Rn. 391.
295 OSPiKA 1966/3/67; SN vom 07.12.1988 (in der Zusammensetzung von 7 Richtern), OSPiKA 1989/5/102.
296 Jackowiak/Uziak/Wypych-Żywicka, Prawo pracy, S. 91.
297 Jackowiak/Uziak/Wypych-Żywicka, Prawo pracy, S. 91.
298 Jackowiak/Uziak/Wypych-Żywicka, Prawo pracy, S. 91.
299 Diese Besonderheiten sind gegenwärtig in der Verordnung über die Berufsausbildung geregelt.
300 Zdziennicka-Kaczocha, Poradnik, S. 23.

Schutze des polnischen Arbeitsmarktes die Beschäftigung von Ausländern jedoch stark beschränkt.[301] Diese Beschränkungen finden ihre Begründung in Art. 12 des Internationalen Paktes über bürgerliche und politische Rechte vom 19. Dezember 1966,[302] wonach Einschränkungen der Rechte von Ausländern im Gesetzeswege vorgenommen werden dürfen, wenn sie zum Schutze der Rechte und Freiheiten anderer, d.h. auch zum Schutze der eigenen Arbeitnehmer notwendig sind.[303]

Die Grundsätze der legalen Beschäftigung von Ausländern sind in Art. 50 des Gesetzes vom 14. Dezember1994 über die Beschäftigung und Vorbeugung gegen Arbeitslosigkeit[304] geregelt. Als Ausländer wird dabei jede Person angesehen, die keine polnische Staatsangehörigkeit besitzt, Art. 2 Abs. 1 Nr. 3 des o.g. Gesetzes. Diese Definition deckt sich mit der in Art. 2 des Gesetzes vom 13. Juni 2003 über Ausländer.[305]

Laut Art. 50 Abs. 1 des o.g. Gesetzes vom 14. Dezember 1994 kann ein Ausländer, der in Polen keine Niederlassungsgenehmigung, keine Duldungsbewilligung oder keinen Flüchtlingsstatus besitzt, auf dem Gebiet Polens eine Arbeit ausüben, wenn er vom für den Sitz seines Arbeitgebers zuständigen Woiwoden eine Arbeitserlaubnis erhält. Bedingung für die Erteilung einer solchen Arbeitserlaubnis ist gem. Art. 50 Abs. 2 des o.g. Gesetzes, dass der Arbeitgeber eine vorherige Arbeitszusicherung erlangt und der Arbeitnehmer ein entsprechendes Visum oder die Erlaubnis für eine bestimmte Zeit auf dem Hoheitsgebiet der Republik Polen seinen Wohnsitz zu nehmen.

Sowohl die in Art. 50 des o.g. Gesetzes genannte Arbeitszusicherung als auch die Arbeitserlaubnis werden auf bestimmte Zeit und für einen konkreten Ausländer und Arbeitgeber erteilt, für einen bestimmten Arbeitsplatz oder eine bestimmte auszuübende Arbeit, Art. 50 Abs. 8 S. 2 des o.g. Gesetzes. Des Weiteren werden diese auch nur unter Berücksichtigung der Situation auf dem Arbeitsmarkt ausgestellt, Art. 50 Abs. 8 S. 1 des o.g. Gesetzes.

Das Erlaubnis- bzw. Zusicherungsausstellungsverfahren ist in der Verordnung des Ministers für Arbeits- und Sozialpolitik vom 19. Dezember 2001[306] geregelt. Dabei obliegt es dem Arbeitgeber den Antrag auf Erteilung der Arbeitserlaubnis bei der Verwaltung schriftlich zu stellen, § 1 Abs. 1, § 2 Abs. 1 der Verordnung vom 19. Dezember 2001. Abgesehen von Angaben zur Person des Ausländers, der Bestä-

---

301 Barzycka-Banaszczyk, Prawo pracy, S. 37; Liszcz, Prawo pracy, S. 130; Kisielewicz, PP 2/2000, S. 3.

302 BGBl. 1973 II S. 1533 (Międzynarodowy Pakt Praw Obywatelskich i Politycznych ONZ, von Polen im Jahre 1977 ratifiziert; Dz. U. 1977, Nr. 38, Pos. 167).

303 Kisielewicz, PP 2/2000, S. 3.

304 Vom 14.12.1994, in der Fassung der Bekanntmachung vom 07.03.2003; Dz. U. 2003, Nr. 58, Pos. 514.

305 Dz. U. 2003, Nr. 128, Pos. 1175.

306 Verordnung über die genauen Regeln und die Vorgehensweise bei der Ausstellung von Zusicherungen und Genehmigungen für die Arbeit von Ausländern; Dz. U. 2001, Nr. 153, Pos. 1766.

tigung seines Aufenthaltsrechts auf dem Hoheitsgebiet der Republik Polen und der aufzunehmenden Arbeit (Anlage Nr. 1 der o.g. Verordnung), sollten die Anträge eine Begründung enthalten, warum die Einstellung eines Ausländers unerlässlich ist, und dabei insbesondere, warum in diesem Fall die Beschäftigung einer Person, die die polnische Staatsangehörigkeit besitzt, nicht angebracht oder möglich ist.[307]
Die häufigste Begründung für die Ablehnung der Ausstellung der o.g. Erlaubnis ist die Situation auf dem polnischen Arbeitsmarkt.[308] Eine solche Ablehnungsbegründung muss aber anhand von Fakten und Beweisen belegt werden, Art. 107 § 3 KPA.[309]
Aus dem oben Dargelegten ergibt sich letztendlich aus einem Umkehrschluss, dass Ausländer, die sich in Polen aufhalten und eine Niederlassungsgenehmigung oder Duldungsbewilligung besitzen oder den Flüchtlingsstatus haben, einen Arbeitsvertrag abschließen können, ohne den in Art. 50 des Gesetzes über die Beschäftigung und Vorbeugung gegen Arbeitslosigkeit genannten Beschränkungen zu unterliegen.
Die Beschäftigung von Ausländern ohne eine solche Erlaubnis ist illegal und unterliegt gem. Art. 64 Abs. 1 des Gesetzes vom 14. Dezember 1994 einer Geldbuße. Des Weiteren kann der illegal beschäftigte Ausländer aus Polen abgeschoben werden, Art. 88 des Gesetzes über Ausländer.

3. Rechte und Pflichten der Vertragsparteien bei den Einstellungsverhandlungen

Bevor es zum Abschluss eines Arbeitsvertrages kommt, führt der Arbeitgeber in der Regel mit den Bewerbern Einführungsgespräche, welche ihm die Möglichkeit verschaffen sollen, sich eine Vorstellung über die Qualifikationen der Bewerber zu machen.[310] Dabei sollte der Arbeitgeber ausdrücklich darauf hinweisen, dass es sich nur um einen Informationsaustausch handelt und nicht schon um die Vereinbarung der Vertragsbedingungen, da es in der Praxis oft zu Missverständnissen diesbezüglich kommt.[311]
Insgesamt kann der Arbeitgeber nur solche Informationen sammeln, zu denen er durch Vorschriften berechtigt ist.[312]
Gem. Art. 22^1 § 1 KP hat der Arbeitgeber das Recht vom Stellenbewerber die Angabe folgender persönlicher Daten zu verlangen: 1. den (die) Vornamen und den Nachnamen, 2. die Namen der Eltern, 3. das Geburtsdatum, 4. den Wohnort (Korrespon-

---

307 Kisielewicz, PP 2/2000, S. 3 (9).
308 Kisielewicz, PP 2/2000, S. 3 (11).
309 Kodeks postępowania administracyjnego (Verwaltungsverfahrensgesetzbuch) vom 14.06.1960; Dz. U. 1960, Nr. 30, Pos. 168, in der Fassung der Bekanntmachung vom 09.09.2000; Dz. U. 2000, Nr. 98, Pos. 1071.
310 Bessaraba, Stosunek pracy, S. 27 f.
311 Bessaraba, Stosunek pracy, S. 28.
312 Art. 23 Abs. 1 des Gesetzes vom 29.08.1997 über den Datenschutz in der Fassung der Bekanntmachung vom 17.06.2002; Dz. U. 2002, Nr. 101, Pos. 926; mit späteren Änderungen.

denzadresse), 5. die Ausbildung und 6. den bisherigen Beschäftigungsverlauf. Hinsichtlich dieser persönlicher Daten kann er gem. § 3 S. 2 Unterlagen verlangen. Zudem kann der Arbeitgeber gem. § 4 die Angabe anderer persönlicher Daten als in § 1 bestimmt verlangen, wenn sich die Angabepflicht aus speziellen Vorschriften ergibt.

Weiterhin kann er vom Stellenbewerber auch gem. § 1 Abs. 1 Nr. 1 bis 6 der Verordnung des Ministers für Arbeit und Sozialpolitik vom 28. Mai 1996[313] die Vorlage bestimmter Unterlagen verlangen, welche in dieser Vorschrift abschließend aufgezählt sind. Dazu gehören ein auszufüllender Personalfragebogen, Arbeitszeugnisse vom vorherigen Arbeitgeber, Unterlagen, welche die Berufsqualifikationen bestätigen, Zeugnisse über die Beendigung einer Grundschule, wenn es sich um eine minderjährige Person handelt, die sich um eine Stelle zum Zwecke der Berufsausbildung bewirbt, ein medizinisches Attest, welches bestätigt, dass der Aufnahme der bestimmten Arbeit nichts entgegen steht und andere Unterlagen, wenn sich deren Vorlagepflicht aus besonderen Vorschriften ergibt. Gem. Art. 4 der o.g. Verordnung ist als Anlage Nr. 1 ein Muster eines Personalfragebogens der Verordnung beigefügt. Neben den regelmäßigen Angaben zur Person (Name, Geburtsdatum, Staatsangehörigkeit usw.), sind auch solche zur Berufsausbildung vorgesehen, sowie zu zusätzlichen Fähigkeiten wie z.B. Fremdsprachenkenntnisse, EDV-Kenntnisse, Führerschein. Weiterhin ist die bisherige Beschäftigung aufzuführen. Darüber hinaus sind auch Angaben zum Familienstand, zu den Kindern und zur Ableistung des Pflichtwehrdienstes zu machen.

Was das medizinische Attest betrifft, so unterliegt gem. Art. 229 § 1 KP jeder einzustellende Arbeitnehmer einer ärztlichen Einstellungsuntersuchung. Ohne eine solche darf der Arbeitgeber den Arbeitnehmer nicht zur Arbeit zulassen, Art. 229 § 4 KP. Die Kosten für eine solche Untersuchung trägt der Arbeitgeber, Art. 229 § 6 KP.

Die Beschäftigung eines Arbeitnehmers trotz entgegenstehender ärztlicher Meinung bewirkt jedoch nicht die Unwirksamkeit des Arbeitsvertrages. Das Arbeitsverhältnis mit einer solchen Person ist bis zu dessen Auflösung durch den Arbeitgeber gem. Art. 201 § 2 KP analog[314] rechtswirksam.[315]

Insgesamt dient diese abschließende Auflistung von Unterlagen dem Schutze des Arbeitsplatzbewerbers, damit der Arbeitgeber nicht zu tief in dessen Privatsphäre eindringt.[316] Diese Beschränkung gilt aber auch für alle weiteren Fragen, welche der

---

313 Verordnung über die Führung von Unterlagen in Angelegenheiten die das Arbeitsverhältnis betreffen sowie über die Führung von Personalakten der Arbeitnehmer, durch den Arbeitgeber; Dz. U. 1996, Nr. 62, Pos. 286; die Ermächtigung ergibt sich aus Art. 298¹ KP.

314 Art. 201 § 2 S. 1 KP lautet: „Wenn der Arzt feststellt, dass die gegebene Arbeit die Gesundheit des Heranwachsenden gefährdet, ist der Arbeitgeber verpflichtet die Art der Arbeit zu ändern, und wenn eine solche Möglichkeit nicht besteht, unverzüglich den Arbeitsvertrag aufzulösen und eine Entschädigung in Höhe der Entlohnung für die Dauer der Kündigungsfrist zu zahlen."

315 Piątkowski, Nowy stosunek pracy, S. 188 f.

316 Jackowiak/Uziak/Wypych-Żywicka, Prawo pracy, S. 79; Piątkowski, Nowy stosunek pracy, S. 185.

Arbeitgeber im Rahmen der Bewerbungsgespräche stellt, was sich im Grunde aus Art. 47 der polnischen Verfassung ergibt, wonach jeder das Recht auf Schutz des privaten Lebens hat.[317] Somit sind in der Regel auch nur solche Fragen zulässig, die einen konkreten Bezug zur Arbeitsstelle haben. Die Grenze des Fragerechts stellt das Persönlichkeitsrecht des Bewerbers dar, so dass z.B. Fragen nach der Religions- und Gewerkschaftszugehörigkeit in der Regel nicht zulässig sind.[318] Dies gilt auch für Fragen nach der Kriegs- und Militärinvalidität, sofern sie die Fähigkeiten des Arbeitnehmers in Hinsicht auf die angestrebte Tätigkeit nicht beschränken.[319]

Laut Piątkowski[320] soll auch die Frage nach der Einberufung zum Wehrdienst unzulässig sein. Jedoch sind laut des Musters für Personalfragebögen, welches der schon o.g. Verordnung vom 28. Mai 1996 als Anlage beigefügt ist, ausführliche Fragen diesbezüglich vorgesehen. Es gibt auch keinen Hinweis auf Rechtsprechung, dass solche Fragen als unzulässig beurteilt worden sind.

Auch die Frage nach der Schwangerschaft wird als unzulässig angesehen.[321] Barzycka-Banaszczyk[322] differenziert jedoch dahingehend, ob es sich um einen Arbeitsplatz handelt, welcher im Verzeichnis der für Frauen verbotenen (jetzt: besonders schweren oder gesundheitsschädlichen) Arbeiten aufgeführt ist. Sollte dies der Fall sein, dann sei eine solche Frage unerlässlich. Fragt der Arbeitgeber aber alle Arbeitsplatzbewerberinnen nach einer möglichen Schwangerschaft (wobei anzunehmen ist, dass die Autorin jetzt von Arbeitsplätzen ausgeht, die für schwangere Frauen nicht verboten bzw. schwer oder gesundheitsschädlich sind), dann verstößt er damit gegen das Diskriminierungsverbot.[323]

Des Weiteren kann der Arbeitgeber gem. Art. 6 Nr. 10 des Gesetzes über das Landesstrafregister[324] auf Antrag einen Auszug aus dem Strafregister erhalten, wenn dies für die Einstellung des Arbeitnehmers unerlässlich ist. Wann eine solche Einholung des Strafregisterauszugs unerlässlich ist, wird nicht weiter ausgeführt. Laut Art. 6 Nr. 10 muss sich jedoch dass Erfordernis von beispielsweise der Straffreiheit aus gesetzlichen Vorschriften ergeben. Eine Benachrichtigung des Bewerbers über die Einholung seines Strafregisterauszugs durch den Arbeitgeber ist gesetzlich nicht vorgeschrieben. Abgesehen von diesen Informationsquellen, kann der Arbeitgeber die berufliche Eignung des Bewerbers beispielsweise im Wege von Tests und Qualifikationsgesprä-

---

317 Jackowiak/Uziak/Wypych-Żywicka, Prawo pracy, S. 79.

318 Sieg/Prujszczyk, Arbeitsrecht in Polen, Rn. 42.

319 Piątkowski, Nowy stosunek pracy, S. 185

320 Piątkowski, Nowy stosunek pracy, S. 185.

321 Barzycka-Banaszczyk, Prawo pracy, komentarz, Art. 11^{3} Rn. 3; Piątkowski, Stosunek pracy, S. 249; Sieg/Prujszczyk, Arbeitsrecht in Polen, Rn. 42.

322 Prawo pracy, komentarz, Art. 11^{3} Rn. 3.

323 Barzycka-Banaszczyk, Prawo pracy, komentarz, Art. 11^{3} Rn. 3; im Ergebnis auch Boruta, Zakaz yskriminacji w stosunkach pracy, in Polskie prawo pracy (Lewandowski pod red.), S. 207, die eine Aufnahme des Kriteriums „Schwangerschaft“ in Art. 11^{3} KP fordert.

324 Vom 24.05.2000; Dz. U. 2000, Nr. 50, Pos. 580; mit späteren Änderungen.

chen überprüfen.[325] Die sich daraus ergebenden Informationen können aber nicht die Grundlage für eine Diskriminierung des Bewerbers bei der Einstellung bilden, insbesondere in Hinsicht auf die in Art. 11^3 KP genannten Kriterien.[326]
Schließlich ist noch anzumerken, dass der Arbeitgeber gem. § 3 der o.g. Verordnung vom 28. Mai 1996 vor der Zulassung des Arbeitnehmers zur Arbeit verpflichtet ist, sich von diesem schriftlich bestätigen zu lassen, dass er sich mit dem Inhalt der Arbeitsordnung, mit den Vorschriften und Grundsätzen der Sicherheit und Hygiene am Arbeitsplatz sowie den der Geheimhaltung unterliegenden Informationen vertraut gemacht hat.

II. Vergleich mit Deutschland

1. Die Vertragsparteien

In Hinsicht auf die Vertragsparteien wurde schon erwähnt, dass im deutschen Arbeitsrecht derjenige Arbeitnehmer ist, der dem Arbeitgeber in persönlicher Abhängigkeit, d.h. nach dessen Weisungen, Dienste bzw. Arbeit leistet. Mangels einer Legaldefinition, wurde diese Begriffsbestimmung von Rechtsprechung und Literatur herausgearbeitet. In ihren wesentlichen Punkten stimmt sie dabei mit den Kriterien überein, die von der polnischen Rechtsprechung und Literatur für die Charakterisierung eines Arbeitsverhältnisses bestimmt worden sind. Allein der Ansatzpunkt der Definition ist unterschiedlich. Während im deutschen Recht der Arbeitnehmer zur Definition herangezogen wird, erfolgt im polnischen Recht zunächst die Bestimmung des Arbeitsverhältnisses. Im Endeffekt ist dies natürlich einerlei, da man vom Arbeitnehmer auch auf ein Arbeitsverhältnis und umgekehrt schließen kann. Auch die polnische Legaldefinition des Arbeitnehmers in Art. 2 KP, wonach Arbeitnehmer eine Person ist, die aufgrund eines Arbeitsvertrages, Berufung, Wahl, Ernennung oder eines genossenschaftlichen Arbeitsverhältnisses beschäftigt ist, zählt eher die Rechtsgründe eines Arbeitsverhältnisses auf, als dass sie den Begriff des Arbeitnehmers näher bestimmen würde, so dass im Grunde wiederum auf die Merkmale zur Charakterisierung des Arbeitsverhältnisses zurückgegriffen werden muss.
Möchte man im polnischen Arbeitsrecht jedoch etwas über den Arbeitnehmer erfahren, so wird man nicht mit den für das Arbeitsverhältnis entwickelten Kriterien konfrontiert, d.h. in welcher Art und Weise Dienste geleistet werden müssen, um Arbeitnehmer sein zu können, sondern wer als Person überhaupt Arbeitnehmer sein kann. Gem. Art. 22 § 2 KP muss diese Person in der Regel mindestens 18 Jahre alt sein, wobei in den Art. 190 ff. KP sowie einigen Verordnungen Ausnahmen für

---

325 Florek/Zieliński, Prawo pracy, Rn. 74; Jackowiak/Uziak/Wypych-Żywicka, Prawo pracy, S. 79.

326 Florek/Zieliński, Prawo pracy, Rn. 74.

Minderjährige (Heranwachsende) geregelt sind. Arbeitnehmer kann somit nur eine natürliche Person sein.
Darüber hinaus regelt Art. 22 § 3 KP, das eine beschränkt geschäftsfähige Person, ohne Zustimmung des gesetzlichen Vertreters, ein Arbeitsverhältnis begründen sowie die dieses Verhältnis betreffenden Rechtsgeschäfte tätigen kann. Sollte jedoch dieses Arbeitsverhältnis dem Wohl dieser Person entgegenstehen, so kann der gesetzliche Vertreter das Arbeitsverhältnis, mit Genehmigung des Vormundschaftsgerichts auflösen.
Im Vergleich mit dem deutschen Arbeitsrecht findet man auch hier Übereinstimmungen. Auch hier kann Arbeitnehmer nur eine natürliche Person sein.[327] Eine dem Art. 22 § 3 KP ähnliche Vorschrift ist in § 113 BGB zu finden. Gem. § 113 Abs. 1 S. 1 BGB kann der gesetzliche Vertreter den Minderjährigen ermächtigen in Arbeit zu treten, wobei dieser hinsichtlich der Eingehung oder Aufhebung eines Arbeitsverhältnisses der gestatteten Art oder der Erfüllung der sich aus einem solchen Verhältnis ergebenden Verpflichtungen unbeschränkt geschäftsfähig ist. Davon ausgenommen sind aber solche Verträge, zu denen der Vertreter der Genehmigung des Vormundschaftsgerichts bedarf (§ 113 Abs. 1 S. 2 BGB).
Die Ermächtigung kann der Vertreter aber auch wieder zurücknehmen oder einschränken (§ 113 Abs. 2 BGB).
Die beiden Vorschriften ähneln sich zwar, § 113 BGB ist aber insgesamt strenger, was in Hinblick auf den Minderjährigenschutz auch gerechtfertigt ist.
Während im deutschen Recht schon vorab eine Ermächtigung erforderlich ist, d.h. eine an den Minderjährigen zu richtende einseitige Willenserklärung, die keiner Form bedarf,[328] kann in Polen ein Minderjähriger ohne eine vorherige Ermächtigung geschweige denn Zustimmung seines gesetzlichen Vertreters ein Arbeitsverhältnis begründen sowie die dieses Verhältnis betreffenden Rechtsgeschäfte tätigen. Eine Einschränkung i.S.d. § 113 Abs. 1 S. 2 BGB gibt es dabei nicht. Zwar kann der gesetzliche Vertreter das Arbeitsverhältnis mit Genehmigung des Vormundschaftsgerichts auflösen, aber nur, wenn dieses dem Wohl des Minderjährigen entgegensteht. Will der gesetzliche Vertreter das Arbeitsverhältnis, welches der Minderjährige begründet hat, also wieder auflösen, so hat er einen erschwerten Weg zu gehen. Zum einen muss er die Genehmigung des Vormundschaftsgerichts einholen und zum anderen muss durch das Arbeitsverhältnis auch das Wohl des Minderjährigen beeinträchtigt sein. Diese Prozedur ist viel umständlicher und zeitaufwendiger als die Möglichkeit im deutschen Recht, wonach der gesetzliche Vertreter seine Ermächtigung jederzeit wieder zurücknehmen kann.
Es gibt auch keine Einschränkung dahingehend, dass das Wohl des Minderjährigen gefährdet sein muss. Eine Einschränkung hinsichtlich der Erteilung bzw. Nichterteilung einer Ermächtigung ergibt sich nur dann, wenn der gesetzliche Vertreter Vor-

---

[327] Söllner, Grundriß Arbeitsrecht, S. 21.
[328] Palandt/Heinrichs, § 113 BGB Rn. 1, § 112 BGB Rn. 2.

mund ist. Verweigert der Vormund die Ermächtigung, so kann gem. § 113 Abs. 3 S. 1 BGB diese auf Antrag des Minderjährigen vom Vormundschaftsgericht ersetzt werden.

Ob im polnischen Recht eine strengere als die aktuelle Vorschrift, angebracht ist, müssen die Erfahrungen aus der Praxis zeigen. Grundsätzlich ist aber eine solche i.S.d. § 113 BGB eher zu befürworten, da der meistens unerfahrene Minderjährige vor Fehlentscheidungen geschützt werden sollte. Die Vorschrift gibt dem Minderjährigen nach einer erteilten Ermächtigung mit der partiellen Geschäftsfähigkeit einen großen Freiraum hinsichtlich seiner weiteren Geschäftstätigkeit und fördert so die Selbständigkeit. Der gesetzliche Vertreter hat aber immer noch eine Kontrolle darüber. Darüber hinaus dürfen den gesetzlichen Vertretern, insbesondere den Eltern, die in der Regel wohl im Interesse des Minderjährigen handeln wollen, keine Hindernisse in den Weg gestellt werden, eventuellen Fehlentscheidungen vorzubeugen oder diese schnell rückgängig zu machen.

Im Gegensatz zu Art. 22 § 3 KP, der für alle Formen des Arbeitsvertrages gilt, umfasst § 113 BGB nicht den Abschluss eines Berufsausbildungsvertrages, da im Vordergrund nicht der Gelderwerb, sondern der Erwerb beruflicher Kenntnisse steht.[329] Schlägt der Minderjährige einen offensichtlich falschen Berufsweg ein, so können die Eltern in Polen diesem zunächst rechtlich nichts entgegenstellen. Gerade hier zeigt sich somit die Gefährlichkeit von Art. 22 § 3 KP.

Ein Unterschied zwischen dem deutschen und dem polnischen Arbeitsrecht bezüglich der Arbeitnehmer ist die in den polnischen Arbeitsgesetzen fehlende Unterteilung von Angestellten (bzw. leitenden Angestellten) und Arbeitern. Auch in der Literatur wird generell nur von Arbeitnehmern gesprochen, und die Rechtsprechung definiert diese auch nicht. Zwar wird im allgemeinen Sprachgebrauch diese Unterteilung auch vorgenommen und zwar in dem gleichen Sinne wie in Deutschland. In Arbeitsverträgen wird jedoch grundsätzlich nur die zu besetzende Stelle bestimmt, ohne den Arbeitnehmer als Angestellter oder Arbeiter zu kennzeichnen.

Was den Arbeitgeberbegriff betrifft, so gibt es in Polen eine Reihe arbeitsrechtlicher Gesetze, die eine eigene Definition beinhalten. Der grundlegende Begriff des Arbeitgebers ergibt sich aber aus Art. 3 KP, wonach Arbeitgeber eine organisatorische Einheit ist, auch wenn sie keine Rechtspersönlichkeit betrifft, sowie eine natürliche Person, wenn sie einen Arbeitnehmer beschäftigt. Demnach können natürliche und juristische Personen sowie organisatorische Einheiten ohne Rechtspersönlichkeit Arbeitgeber sein.

Diese Definition deckt sich im Grunde mit der Begriffsbestimmung im deutschen Arbeitsrecht. Zwar gibt es in diesem keine allgemeingültige Legaldefinition des Arbeitgebers. Aufgrund der Wechselbeziehung mit dem Arbeitnehmerbegriff wird aber gesagt, dass es sich bei dem Arbeitgeber um den anderen Partner des Arbeitsverhält-

---

329 MünchKomm/Gitter, § 113 BGB Rn. 7; Palandt/Heinrichs, § 113 BGB Rn. 2; Staudinger/ Dilcher, § 113 BGB Rn. 5.

nisses handelt, der die Dienstleistungen vom Arbeitnehmer aufgrund des Arbeitsvertrages fordern kann.[330] Dabei kommt es nicht auf die konkrete Rechtsform an, so dass Arbeitgeber sowohl eine natürliche als auch eine juristische Person (die Funktionen des Arbeitgebers werden von natürlichen Personen ausgeübt) sein kann, sowie eine Personengesellschaft[331] (bei der GbR sind Arbeitgeber die einzelnen Gesellschafter[332]).

Darüber hinaus wird zum Teil als Arbeitgeber aber auch jeder bezeichnet, der zumindest einen Arbeitnehmer beschäftigt,[333] wobei diese Definition unter anderem wegen ihrer mangelnden Aussagekraft kritisiert wird.[334]

Anzumerken ist aber, dass das Arbeitsschutzgesetz eine Definition des Arbeitgebers beinhaltet, welche zum Großteil die o.g. Begriffsbestimmungen enthält. Gem. § 2 Abs. 3 ArbSchG sind Arbeitgeber im Sinne dieses Gesetzes natürliche und juristische Personen und rechtsfähige Personengesellschaften, die Personen nach Absatz 2, d.h. laut Abs. 2 Nr. 1 Arbeitnehmerinnen und Arbeitnehmer, beschäftigen.

Inhaltlich stimmen somit die Bestimmungen des Arbeitgeberbegriffs mit der Definition des Art. 3 KP überein.

Zuletzt ist noch kurz auf die Möglichkeit, Arbeitgeber als Minderjähriger zu sein, einzugehen. Im deutschen Recht gelten hierbei grundsätzlich die §§ 107 ff. BGB. Hat aber der gesetzliche Vertreter den minderjährigen Arbeitgeber zum selbstständigen Betrieb eines Erwerbsgeschäfts mit Zustimmung des Vormundschaftsgerichts ermächtigt, dann ist der minderjährige Arbeitgeber gem. § 112 Abs. 1 BGB für alle Rechtsgeschäfte unbeschränkt geschäftsfähig, welche der Geschäftsbetrieb mit sich bringt.

Was dazu die Rechtslage in Polen betrifft, so ist diese, wie schon oben dargelegt, umstritten. Aufgrund dessen aber, dass die arbeitsrechtlichen Vorschriften leges speciales zu denen des KC sind und der Wortlaut des Art. 22 § 3 KP nicht zwischen Arbeitnehmer und Arbeitgeber unterscheidet, aus der Systematik - insbesondere aus der zu den anderen Paragrafen des Art. 22 KP - aber zu ersehen ist, dass es diese Unterscheidung sehr wohl kennt, ist auch hier von der Anwendung des Art. 22 § 3 KP auszugehen. Ob diese Vorschrift dem Minderjährigenschutz gerecht wird, ist aber, wie schon erwähnt, eher fraglich. Im Hinblick auf diesen Gesichtspunkt wäre somit die Anwendung der Vorschriften des KC zu befürworten, da gemäß diesen, wie im deutschen Recht gem. §§ 107, 108 Abs. 1 BGB, die vorherige Zustimmung (Art. 17 KC) erforderlich ist, und wenn eine solche nicht vorliegt, die Genehmigung des

---

330 BAG vom 09.09.1982, AP Nr. 1 zu § 611 BGB Hausmeister; MünchArbR/Richardi, § 30 Rn. 1; Söllner, Grundriß Arbeitsrecht, S. 24; Zöllner/Loritz, Arbeitsrecht, S. 52.

331 BAG vom 13.06.1997, NZA 1997, 1128; Brox/Rüthers, Arbeitsrecht, Rn. 24; Hromadka/Maschmann, Arbeitsrecht Band 1, § 3 Rn. 48; Löwisch, Arbeitsrecht, § 1 Rn. 9; Palandt/Putzo, Einf. v. § 611 BGB, Rn. 6; Steinmeyer, Arbeitsrecht, S. 6.

332 BAG vom 06.07.1989, NZA 1989, 961; Schaub, Arbeitsrechts-Handbuch, § 17 Rn. 2.

333 BAG vom 13.06.1997, NZA 1997, 1128; Schaub, Arbeitsrechts-Handbuch, § 17 Rn. 1.

334 Hromadka/Maschmann, Arbeitsrecht Band 1, § 3 Rn. 47; Mehrhoff, Arbeitgeberbegriff, S. 18.

Vertrages (Art. 18 KC). Aufgrund der speziellen Stellung des Arbeitsrechts und somit des Art. 22 § 3 KP verbietet sich aber die Anwendung der zivilrechtlichen Vorschriften.
Insgesamt würde dem Schutz der Minderjährigen eher gerecht werden, wenn Art. 22 § 3 KP gestrichen würde, so dass die Vorschriften des KC (i.V.m. Art. 300 KP) anzuwenden seien, oder wenn der Gesetzgeber die Vorschrift neu formulieren würde, und zwar entsprechend dem § 113 BGB oder zumindest in ähnlicher Weise.

2. Form und Inhalt des Arbeitsvertrages sowie die zeitliche Begründung des Arbeitsverhältnisses

Während in Polen Art. 29 § 2 S. 1 KP für den Abschluss eines Arbeitsvertrages die Schriftform anordnet, gilt im deutschen Arbeitsrecht grundsätzlich Formfreiheit.[335] Da das KP aber keine Sanktion bei Verstoß gegen das Schriftformerfordernis vorsieht, sind, wie in Deutschland auch, mündlich oder konkludent abgeschlossene Arbeitsverträge wirksam.
Ausnahmen von der Formfreiheit im deutschen Arbeitsrecht können sich jedoch aus Gesetz, Tarifvertrag oder aus dem Arbeitsvertrag selbst ergeben,[336] wobei jeweils zu prüfen ist, ob es sich um ein konstitutives oder deklaratorisches Formerfordernis handelt.[337] Konstitutive Schriftformerfordernisse sind aber, aufgrund des Schutzgedankens des Arbeitsrechts, die Ausnahme.[338]
Wird der Arbeitsvertrag nicht schriftlich abgeschlossen, muss der Arbeitgeber gem. Art. 29 § 2 S. 2 KP dem Arbeitnehmer spätestens an dem Tag der Arbeitsaufnahme durch den Arbeitnehmer die Art des Vertrages sowie dessen Bedingungen schriftlich bestätigen. Der Verstoß gegen diese Pflicht unterliegt einer Geldbuße (Art. 281 Nr. 2 KP). Auch das deutsche Arbeitsrecht sieht in einem solchen Fall eine Nachweispflicht vor. Auf der Grundlage der EG-Richtlinie 91/533/EWG[339] ist das Nachweisgesetz[340] verabschiedet worden, dessen § 2 Abs. 1 S. 1 bestimmt, dass der Arbeitgeber spätestens einen Monat nach dem vereinbarten Beginn des Arbeitsverhältnisses die wesentlichen Vertragsbedingungen schriftlich niederzulegen, die Niederschrift zu unterzeichnen und dem Arbeitnehmer auszuhändigen hat. Die mindestens aufzuneh-

---

335 Kittner/Zwanziger/Becker, Arbeitsrecht, § 30 Rn. 7; Löwisch, Arbeitsrecht, Rn. 1184; Wollenschläger, Arbeitsrecht, Rn. 80.

336 Ob sich ein solches aus einer Betriebsvereinbarung ergeben kann, ist umstritten. Dagegen: Hromadka/Maschmann, Arbeitsrecht Band 1, § 5 Rn. 75; MünchArbR/Richardi, § 43 Rn. 43; a.A. Kittner/Zwanziger/Becker, Arbeitsrecht, § 30 Rn. 32; Schaub, Arbeitsrechts-Handbuch, § 32 Rn. 55.

337 Kittner/Zwanziger/Becker, Arbeitsrecht, § 30 Rn. 8; MünchArbR/Richardi, § 43 Rn. 24 ff.; Schaub, Arbeitsrechts-Handbuch, § 32 Rn. 49 ff.; Wollenschläger, Arbeitsrecht, Rn. 80.

338 BAG vom 10.06.1988, AP Nr. 5 zu § 1 BeschFG 1985; Hromadka/Maschmann, Arbeitsrecht Band 1, § 5 Rn. 76; Kittner/Zwanziger/Becker, Arbeitsrecht, § 30 Rn. 33.

339 ABl. der EG Nr. L 288, S. 32, vom 14.10.1991.

340 Gesetz über den Nachweis der für ein Arbeitsverhältnis geltenden wesentlichen Bedingungen (Nachweisgesetz– NachwG) vom 20.07.1995; BGBl. I S. 946.

menden Vertragsbedingungen sind in Satz 2 Nr. 1 bis 10 dieser Vorschrift bestimmt. Die Verpflichtung entfällt, wenn dem Arbeitnehmer ein schriftlicher Arbeitsvertrag ausgehändigt worden ist (§ 2 Abs. 4 NachwG).

Im Vergleich zu Art. 29 § 2 KP sind jedoch einige Unterschiede zu verzeichnen. Während § 2 Abs. 1 S. 2 NachwG den in der Richtlinie geforderten Mindestkatalog der Vertragsbedingungen (Art. 2 Abs. 2 der Richtlinie) enthält, spricht Art. 29 § 2 KP nicht von den wesentlichen, sondern ganz allgemein von Vertragsbedingungen, ohne diese einzeln aufzuzählen. Demnach ist diese Vorschrift dem Wortlaut nach eigentlich strenger gefasst, da ihrgemäß alle Bedingungen, also nicht nur die wesentlichen, schriftlich zu bestätigen sind. Aber selbst Art. 29 § 1 KP zählt nur einige insbesondere in den Arbeitsvertrag aufzunehmende Vertragsbedingungen auf, welche noch nicht dem Mindestkatalog entsprechen. Erst die in Art. 29 § 3 KP aufgezählten Bedingungen vervollständigen fast diesen Katalog. Vollständiger und klarer wäre es demnach, wenn der polnische Gesetzgeber die in § 3 aufgezählten Bedingungen im § 1 mitregeln würde, anstatt diese von den Bedingungen des § 1 abzutrennen. Erst mit diesen Bedingungen wird der Mindestkatalog fast erreicht. Aus Klarstellungsgründen, welche nicht nur dem Arbeitnehmer sondern auch dem Arbeitgeber dienen, sollte der polnische Gesetzgeber demnach die in den §§ 1 und 3 des Art. 29 KP bestimmten Bedingungen in § 1 zusammenfassen und sich im Hinblick auf den Beitritt in die EU noch exakter an den Mindestanforderungen der Richtlinie orientieren, da diese immer noch nicht erfüllt sind.

Weiterhin gilt Art. 29 § 1 KP für alle Arbeitnehmer, das NachwG jedoch nicht für solche, die nur zur vorübergehenden Aushilfe von höchstens einem Monat eingestellt worden sind (§ 1). Eine solche Einschränkung liegt aber im Ermessen der Mitgliedstaaten (Art. 1 Abs. 2 der Richtlinie).

Des Weiteren ergeben sich auch Unterschiede bezüglich der dem Arbeitgeber eingeräumten Frist des schriftlichen Nachweises. Gem. § 2 Abs. 1 S. 1 NachwG muss der Arbeitgeber dies spätestens einen Monat nach Beginn des Arbeitsverhältnisses vorgenommen haben, wobei die Richtlinie sogar eine Zweimonatsfrist zulässt (Art. 3). Laut Art. 29 § 2 S. 2 KP muss der Arbeitgeber aber spätestens an dem Tag der Arbeitsaufnahme durch den Arbeitnehmer die Art des Vertrages sowie dessen Bedingungen schriftlich bestätigen. Zwar ist in der Regel davon auszugehen, dass es machbar ist, bis dahin die Vertragsbedingungen dem Arbeitnehmer schriftlich niederzulegen. Letztlich bemisst es sich aber allein danach, wieviel Zeit zwischen dem Abschluss eines Arbeitsvertrages und dem Arbeitsbeginn liegt. Die Zeitspanne kann eventuell sehr kurz sein, so dass die Monatsfrist, welche das deutsche Recht vorsieht, da schon eher angemessen ist. Dies gilt gerade dann, wenn der Verstoß gegen diese Pflicht der Geldbuße unterliegt, was aber von der Richtlinie nicht gefordert wird und auch im NachwG nicht bestimmt wird.

Eine solche Geldbuße ist aber im deutschen Arbeitsrecht gem. § 99 Abs. 1 Nr. 1 Abs. 2 BBiG[341] bei Verstoß gegen die dem Arbeitgeber gem. § 4 Abs. 1 BBiG obliegende Pflicht der unverzüglichen schriftlichen Niederlegung der wesentlichen Vertragsbedingungen nach Abschluss des Berufsausbildungsvertrages vorgesehen, sowie gem. § 16 Abs. 1 Nr. 8 AÜG[342] bei Verstoß gegen diese Pflicht aus § 11 Abs. 1 AÜG nach Abschluss eines Leiharbeitsvertrages.

Unabhängig davon jedoch, ob die Nichtbeachtung der Nachweispflicht mit einer Sanktion bewehrt ist oder nicht, hat diese keine Auswirkungen auf die Wirksamkeit des vorher mündlich geschlossenen Arbeitsvertrages.[343]

Art. 29 § 1 KP bestimmt, dass der schriftlich abzuschließende Arbeitsvertrag auch die Vertragsbedingungen enthalten muss, dabei insbesondere die Art der Arbeit, den Arbeitsort, die Lohnbestandteile, die Grundarbeitszeit und den Zeitpunkt, in dem die Arbeit beginnen soll. Im deutschen Arbeitsrecht gibt es kein allgemeines Schriftformerfordernis im Hinblick auf den Abschluss des Arbeitsvertrages und auch keine Vorschrift, die dessen Inhalt regelt. Es herrscht somit Gestaltungs- oder Inhaltsfreiheit.[344] Diese Inhaltsfreiheit ist jedoch durch zwingende gesetzliche Vorschriften, durch Tarifverträge und Betriebsvereinbarungen vielfältig eingeschränkt.[345]

Zudem kann trotz dieser inhaltlichen Gestaltungsfreiheit gesagt werden, dass ein Arbeitsvertrag zumindest die in § 2 Abs. 1 S. 2 NachwG aufgezählten Bedingungen enthalten muss. Fehlt es an einem schriftlichen Arbeitsvertrag, so muss der innerhalb eines Monats zu erstellende schriftliche Nachweis diese beinhalten. Liegt ein schriftlicher Arbeitsvertrag vor, der jedoch die in § 2 Abs. 1 S. 2 NachwG geforderten Angaben nicht enthält, so müssen diese fehlenden Vertragsbedingungen i.S.d. § 2 Abs. 1 S. 1 NachwG nachgeholt werden (§ 2 Abs. 4 NachwG).

Was die zeitliche Begründung des Arbeitsverhältnisses betrifft, erfolgt diese im deutschen Arbeitsrecht nach der heute allgemein vertretenen Vertragstheorie, mit Abschluss des Arbeitsvertrages.[346] Die damals vor allem von Nikisch[347] entwickelte Eingliederungstheorie, wonach der Begründungstatbestand des Arbeitsverhältnisses nicht der Arbeitsvertrag, sondern der tatsächliche Akt der Einstellung, also die Eingliederung des Arbeitnehmers in den Betrieb war, wird heute nicht mehr vertreten.

---

341 Berufsbildungsgesetz vom 14.08.1969; BGBl. I S. 1112.

342 Gesetz zur Regelung der gewerbsmäßigen Arbeitnehmerüberlassung (Arbeitnehmerüberlassungsgesetz – AÜG) und zur Änderung anderer Gesetze vom 07.08.1972; BGBl. I S. 1393, in der Fassung der Neubekanntmachung vom 03.02.1995; BGBl. I S. 158.

343 BAG vom 21.08.1997, DB 1997, 2619 (2620); Birk, NZA 1996, 281 (288).

344 Boemke, NZA 1993, 532 ff.; Papier, RdA 1989, 137 ff.; Söllner, RdA 1989, 144 ff.; der Grundsatz ist in § 105 GewO enthalten.

345 Boemke, NZA 1993, 532 (533 ff.); Hromadka/Maschmann, Arbeitsrecht Band 1, § 5 Rn. 103; Papier, RdA 1989, 137 (138 ff.); Söllner, Grundriß Arbeitsrecht, S. 251.

346 Hueck in Hueck/Nipperdey I, § 21; Hromadka/Maschmann, Arbeitsrecht Band 1, § 5 Rn. 62; MünchArbR/Richardi, § 42 Rn. 1 ff.; Schaub, Arbeitsrechts-Handbuch, § 29 Rn. 9 f.; Wollenschläger, Arbeitsrecht, Rn. 51; Zöllner/Loritz, Arbeitsrecht, S. 145.

347 Arbeitsrecht, § 16 III 1 (1951).

Eine solche Entwicklung hat auch in Polen stattgefunden. Während früher die Eingliederungstheorie vertreten wurde, wird heute auch allgemein von der Vertragstheorie ausgegangen. Die Begründung des Arbeitsverhältnisses mit Abschluss des Arbeitsvertrages gilt aber nur sekundär. Art. 26 KP bestimmt nämlich, dass das Arbeitsverhältnis in dem Zeitpunkt begründet wird, welcher im Vertrag als der Arbeitsaufnahmetag bezeichnet wird, und wenn ein solcher Zeitpunkt nicht genannt ist, an dem Tag, an dem der Vertrag abgeschlossen worden ist. Diese Unterscheidung zwischen dem Arbeitsvertrag auf der einen Seite und dem Arbeitsverhältnis auf der anderen Seite hat insbesondere Bedeutung für die Arbeitnehmerrechte. Diese stehen dem Arbeitnehmer nämlich erst mit der Begründung des Arbeitsverhältnisses zu. Der Abschluss des Arbeitsvertrages, in welchem ein späterer Arbeitsaufnahmetag festgelegt wird, verpflichtet den Arbeitnehmer nur, die Arbeit an dem besagten Tag aufzunehmen und den Arbeitgeber, diesen zur Arbeit zuzulassen. In dem Zeitraum vor der Begründung des Arbeitsverhältnisses ist der Arbeitnehmer somit, abgesehen von seinem Anspruch auf Arbeit, vollständig ungeschützt.

Auch im deutschen Arbeitsrecht besteht ein allgemeiner Beschäftigungsanspruch des Arbeitnehmers, dem die Beschäftigungspflicht des Arbeitgebers entspricht.[348] Darüber hinaus findet im Unterschied zum polnischen Arbeitsrecht hier aber auch schon vor Arbeitsaufnahme, bei Vorliegen eines Arbeitsverhältnisses, das materielle Arbeitsrecht weitgehend Anwendung, wie z.B. das MuSchG[349] und das EFZG.[350] Vor Arbeitsaufnahme ist der deutsche Arbeitnehmer somit viel umfassender geschützt als der polnische. Und gerade der Aspekt des Arbeitnehmerschutzes sollte dem polnischen Gesetzgeber Grund genug sein, Art. 26 KP neu zu formulieren und die Begründung des Arbeitsverhältnisses allein auf den Zeitpunkt des Abschlusses des Arbeitsvertrages zu beschränken. Dafür spricht auch, dass in Polen allgemein die Vertragstheorie vertreten wird und sekundär sowieso zur Anwendung kommt. Darüber hinaus sind auch Praktikabilitätserwägungen nicht außer Acht zu lassen. Es muss dann nur noch das Datum des Arbeitsvertrages herangezogen und nicht überprüft werden, ob die Parteien einen Arbeitsaufnahmetag vertraglich vereinbart haben bzw. vielleicht einen anderen Zeitpunkt für die Begründung des Arbeitsverhältnisses, welcher zwar nach Abschluss des Arbeitsvertrages aber vor dem Arbeitsaufnahmetag liegt.

Zuletzt ist hier noch kurz auf einen Unterschied zwischen dem deutschen und dem polnischen Arbeitsrecht bei der Einstellung von Arbeitnehmern einzugehen. Sind in einem Unternehmen regelmäßig mehr als zwanzig wahlberechtigte Arbeitnehmer beschäftigt, braucht der Arbeitgeber in Deutschland u.a. für jede Einstellung gem.

---

348 BAGE 2, 221; BAG GS vom 27.02.1985 NZA 1985, 702 (703); MünchArbR/Blomeyer, § 95 Rn. 1 ff.; Ruhl/Kassebohm, NZA 1995, 497 ff.; Schaub, Arbeitsrechts-Handbuch, § 110 Rn. 4.

349 Gesetz zum Schutze der erwerbstätigen Mutter (Mutterschutzgesetz – MuSchG); in der Fassung vom 17.01.1997; BGBl. I S. 22; ber. S. 293.

350 Gesetz über die Zahlung des Arbeitsentgelts an Feiertagen und im Krankheitsfall (Entgeltfortzahlungsgesetz); vom 26.05.1994; BGBl. I S. 1014, 1065.

§ 99 Abs. 1 S. 1 BetrVG die Zustimmung des Betriebsrates. In Polen nehmen in der Regel die sog. Betriebsgewerkschaften ähnliche Funktionen wie der Betriebsrat wahr. Diese Funktionen sind aber bei weitem eingeschränkter, und eine dem § 99 Abs. 1 S. 1 BetrVG ähnliche oder entsprechende Regelung gibt es nicht.

3. Rechte und Pflichten der Vertragsparteien

Keine Unterschiede bestehen bei den Hauptleistungspflichten der Arbeitsvertragsparteien. In Polen ergeben sich die (persönliche) Arbeitspflicht des Arbeitnehmers sowie die Beschäftigungs- und Lohnzahlungspflicht des Arbeitgebers ausdrücklich aus Art. 22 § 1 KP. Im deutschen Recht ergeben sich die Arbeitspflicht des Arbeitnehmers und die Lohnzahlungspflicht des Arbeitgebers aus § 611 BGB i.V.m. dem Arbeitsvertrag. Die Höchstpersönlichkeit der Arbeitspflicht ist dabei in § 613 S. 1 BGB geregelt. Was die Beschäftigungspflicht des Arbeitgebers betrifft, so spricht die h.M. dem Arbeitnehmer einen Beschäftigungsanspruch auch mittlerweile, aufgrund des personenrechtlichen Charakters des Arbeitsverhältnisses, zu.[351]

Der Inhalt der Arbeitspflicht des Arbeitnehmers wird durch das Weisungsrecht des Arbeitgebers konkretisiert.[352] Der polnische Arbeitnehmer hat gem. Art. 100 § 1 KP die Pflicht, sich nach diesen Weisungen zu richten, sofern sie nicht gegen Rechtsvorschriften oder den Arbeitsvertrag verstoßen. Im deutschen Arbeitsrecht ist das Weisungsrecht in § 106 GewO[353] geregelt. Nach dessen Satz 1 kann der Arbeitgeber Inhalt, Ort und Zeit der Arbeitsleistung nach billigem Ermessen näher bestimmen, soweit diese Arbeitsbedingungen nicht durch den Arbeitsvertrag, Bestimmungen einer Betriebsvereinbarung, eines anwendbaren Tarifvertrages oder gesetzliche Vorschriften festgelegt sind. Dies gilt auch hinsichtlich der Ordnung und des Verhaltens der Arbeitnehmer im Betrieb (Satz 2).

Des Weiteren haben in beiden Ländern die Arbeitnehmer in jedem Jahr einen gesetzlichen Anspruch auf bezahlten Erholungsurlaub (Art. 152 § 1 KP; § 1 BUrlG[354]). Der Erwerb des Urlaubsanspruchs ist aber in beiden Ländern unterschiedlich ausgestaltet. In Deutschland wird gem. § 4 BUrlG der volle Urlaubsanspruch erstmalig nach sechsmonatigem Bestehen eines (jeden) Arbeitsverhältnisses erworben. Art. 153 § 1 KP regelt hingegen, dass ein Arbeitnehmer, der zum ersten Mal einer Arbeit nachgeht, in dem Kalenderjahr, in welchem er die Arbeit aufgenommen hat, mit Ablauf jeden Monats einen Urlaubsanspruch in Höhe von 1/12 des Urlaubs erwirbt, welcher ihm nach einem Jahr Arbeit zustehen würde. Das Recht auf weiteren Urlaub erwirbt der Arbeitnehmer mit jedem folgenden Kalenderjahr, Art. 153 § 2 KP. Selbst bei der

351 BAGE 2,221; BAG GS vom 27.02.1985, NZA 1985, 702 (703 ff.); MünchArbR/Blomeyer, § 95 Rn. 1 ff.; Ruhl/Kassebohm, NZA 1995, 497 ff.; Schaub, Arbeitsrechts-Handbuch, § 110 Rn. 4.

352 Söllner, Grundriß Arbeitsrecht, S. 261; Steinmeyer, Arbeitsrecht, S. 42.

353 Gewerbeordnung, in der Fassung der Bekanntmachung vom 22.02.1999; BGBl. I S. 202.

354 Mindesturlaubsgesetz für Arbeitnehmer (Bundesurlaubsgesetz) vom 08.01.1963; BGBl. I S. 2.

allerersten Arbeit muss der Arbeitnehmer somit nur einen Monat abwarten, bis er einen Anspruch auf 1/12 des Jahresurlaubs erwirbt.
Hat der Arbeitnehmer dann nach einem Jahr den vollen Urlaubsanspruch erstmalig erworben, so kann er in jedem neuen Arbeitsverhältnis, ohne eine Wartefrist wie in Deutschland, den vollen Urlaub geltend machen. Die Urlaubsdauer berechnet sich dann proportional zur verbleibenden Zeit des gegebenen Kalenderjahres (im Falle eines unbefristeten Arbeitsvertrages, Art. 155^1 § 1 Nr. 2a KP).
Der gesetzliche Mindesturlaub ist in Polen kürzer als in Deutschland (24 Werktage, § 3 Abs. 1 BUrlG) und hängt von der Dauer der Berufstätigkeit ab. Dem Arbeitnehmer stehen 20 Tage Urlaub zu, wenn er kürzer als zehn Jahre beschäftigt ist und 26 Tage, wenn er mindestens zehn Jahre beschäftigt ist (Art. 154 § 1 KP). Dabei zählt nicht wie in Deutschland (§ 3 Abs. 2 BUrlG) auch der Samstag als Werktag. In Polen wird der Urlaub an den Tagen erteilt, die für den jeweiligen Arbeitnehmer als Arbeitstag gelten, Art. 154^2 § 1 KP.
Hinsichtlich weiterer Pflichten, die in Deutschland als Nebenpflichten der Vertragsparteien bezeichnet werden, gibt es wiederum wesentliche inhaltliche Übereinstimmungen. Der Arbeitnehmer in Deutschland hat eine Vielzahl von Nebenpflichten zu beachten, die unter dem Oberbegriff „Treuepflichten" zusammengefasst werden und sich aus § 242 sowie aus § 241 Abs. 2 BGB ergeben.[355] Einige der Nebenpflichten wurden vom Gesetzgeber sogar ausdrücklich normiert. Insgesamt zählen zu den Treuepflichten insbesondere die Anzeige- und Nachweispflicht im Krankheitsfall,[356] die Auskunfts- und Rechenschaftspflicht,[357] Sorgfalts- und Schadensabwendungspflichten[358] (z.B. gem. §§ 15, 16 ArbSchG[359]), das Verbot einer Konkurrenztätigkeit (sog. Wettbewerbsverbot;[360] bei Handlungsgehilfen gem. § 60 Abs. 1 HGB), die Verschwiegenheitspflicht (keine Offenbarung von Betriebsgeheimnissen an Dritte;[361] gesetzlich z.B. § 79 BetrVG[362]) und das Schmiergeldverbot[363] sowie die

---

355 Söllner, Grundriß Arbeitsrecht, S. 264; Staudinger/Richardi, § 611 BGB Rn. 374 ff.; Zöllner/Loritz, Arbeitsrecht, S. 177 f.

356 BAG vom 31.08.1989, NZA 1990, 433; LAG Düsseldorf vom 03.05.1961, DB 61, 1103; Lepke, DB 1974, 478; Marburger, RdA 1974, 29 ff.; Schaub, Arbeitsrechts-Handbuch, § 98 Rn. 119.

357 Löwisch, Arbeitsrecht, Rn. 864; Zöllner/Loritz, Arbeitsrecht, S. 175 f.

358 Löwisch, Arbeitsrecht, Rn. 865; Steinmeyer, Arbeitsrecht, S. 50.

359 Gesetz über die Durchführung von Maßnahmen des Arbeitsschutzes zur Verbesserung der Sicherheit und des Gesundheitsschutzes der Beschäftigten bei der Arbeit (Arbeitsschutzgesetz - ArbSchG) vom 07.08.1996; BGBl. I S. 1246.

360 BAG vom 16.08.1990, DB 1991, 1682 (1683); Buchner, Wettbewerbsverbote; Westhoff, RdA 1976, 353 ff.

361 BAG vom 16.03.1982, AP Nr. 1 zu § 611 BGB Betriebsgeheimnis; Fezer, JZ 1993, 956; Taeger, AuA 1992, 201 ff.

362 Betriebsverfassungsgesetz in der Fassung der Bekanntmachung vom 25.09.2001; BGBl. I S. 2518.

363 Hromadka/Maschmann, Arbeitsrecht Band 1, § 6 Rn. 117; Söllner, Grundriß Arbeitsrecht, S. 264; Zöllner/Loritz, Arbeitsrecht, S. 173.

Pflicht zur Einhaltung der bestehenden Regeln hinsichtlich des Verhaltens und der Ordnung im Betrieb.[364]

Im polnischen Arbeitsrecht lassen sich Entsprechungen zu den o.g. Pflichten finden. Die Pflicht zur Wahrung der Betriebsordnung ergibt sich aus Art. 100 § 2 Nr. 2 KP aber auch aus Art. 100 § 2 Nr. 6 KP (Beachtung der Grundsätze des gesellschaftlichen Zusammenlebens). Die Sicherheitsvorschriften müssen beachtet (Art. 100 § 2 Nr. 3 KP) und die Rechtsgüter des Arbeitsgebers geschützt werden (Art. 100 § 2 Nr. 4 KP). Es gilt die Geheimhaltungspflicht (Art. 100 § 2 Nr. 4, 5 KP). Was das Wettbewerbsverbot betrifft, so sieht das KP selbst kein gesetzliches Verbot vor. Die Vertragsparteien können ein solches aber vertraglich festlegen, Art. 101^1 ff. KP.

Wie in Deutschland, kann es aber auch im polnischen Arbeitsrecht keinen abschließenden Katalog für die (Neben-)Pflichten geben.

Auch der Arbeitgeber hat neben den Hauptleistungspflichten noch weitere Pflichten zu beachten. Im deutschen Arbeitsrecht werden diese als Fürsorgepflichten (§ 241 Abs. 2 BGB) bezeichnet.[365] Die wichtigsten dieser Pflichten wurden vom Gesetzgeber geregelt. Sie können sich aber zudem auch aus Tarifvertrag, Betriebsvereinbarung und Arbeitsvertrag ergeben.[366]

Zu den Fürsorgepflichten zählt zunächst als wichtigste Pflicht der Schutz von Leben und Gesundheit des Arbeitnehmers (§ 618 Abs. 1 BGB), welche heute weitgehend in zahlreichen Vorschriften zum sog. technischen Arbeitsschutz geregelt ist (z.B. ArbSchG, ArbStättV[367]).[368]

Des Weiteren obliegt dem Arbeitgeber die Pflicht zum Schutz von Persönlichkeitsbelangen des Arbeitnehmers, d.h. er muss darauf achten, dass der Arbeitnehmer vor Angriffen Dritter geschützt ist, in seiner Würde nicht herabgesetzt wird, und dass keine Informationen aus seiner Individual-, Privat- und Intimsphäre verbereitet werden.[369]

Eine weitere Pflicht ist diejenige zum Schutz von Vermögen und eingebrachten Sachen des Arbeitnehmers, die es dem Arbeitgeber u.a. gebietet den Arbeitnehmer richtig und vollständig zur Sozialversicherung und Steuer anzumelden und die geschuldeten Beträge einzubehalten und abzuführen.[370] Weiter hat er dafür zu sorgen,

---

364 Löwisch, Arbeitsrecht, Rn. 871; MünchArbR/Blomeyer, § 53 Rn. 1 ff.

365 Schaub, Arbeitsrechts-Handbuch, § 108 Rn. 1; Söllner, Grundriß Arbeitsrecht, S. 271.

366 Hromadka/Maschmann, Arbeitsrecht Band 1, § 7 Rn. 80.

367 Verordnung über Arbeitsstätten (Arbeitsstättenverordnung – ArbStättV) vom 20.03.1975; BGBl. I S. 729.

368 Brox/Rüthers, Arbeitsrecht, Rn. 130; Kort, NZA 1996, 854 ff; Spiegelhalter, HL Arbeitsrecht „Fürsorgepflicht“; MünchArbR/Blomeyer, § 96 Rn. 2 f.; Schaub, Arbeitsrechts-Handbuch, § 108 Rn. 12 ff.; Zöllner/Loritz, Arbeitsrecht, S. 203.

369 BAG vom 15.07.1987, NZA 1988, 53 ff.; Brox/Rüthers, Arbeitsrecht, Rn. 131; Wiese, ZfA 1996, 439 (459 ff.); Zöllner/Loritz, Arbeitsrecht, S. 204.

370 BAG vom 20.02.1997, NZA 1997, 880 (881); MünchArbR/Blomeyer, § 96 Rn. 90 ff.; Söllner, Grundriß Arbeitsrecht, S. 271.

dass notwendigerweise mitgebrachte Sachen sicher aufbewahrt werden können (Obhuts- und Verwahrungspflicht).[371]
Neben diesen Nebenpflichten besteht zudem die Gleichbehandlungspflicht, die dem Arbeitgeber verbietet einzelne oder mehrere Arbeitnehmer ohne sachlichen Grund ungleich zu behandeln bzw. zu benachteiligen.[372] Gesetzliche Regelungen im Hinblick auf die Gleichbehandlung im Einzelarbeitsverhältnis sind in den §§ 611 a, 611 b, 612 Abs. 3 BGB enthalten, welche die Gleichbehandlung von Männern und Frauen bei allen Vereinbarungen und Maßnahmen regeln.[373]
Im Vergleich mit den Arbeitgeberpflichten im polnischen Arbeitsrecht finden sich auch hier wiederum inhaltliche Übereinstimmungen.
Er muss den Arbeitnehmern sichere und hygienische Arbeitsbedingungen gewährleisten (Art. 15 KP). Genauere Regelungen dazu enthält das KP in seinem zehnten Teil „Sicherheit und Hygiene am Arbeitsplatz" (Art. 207 bis 237^{15} KP).
Er ist verpflichtet die Würde des Arbeitnehmers zu achten, sowie dessen andere höchstpersönliche Rechtsgüter (Art. 11^{1} KP), und Art. 11^{2} KP enthält den Gleichbehandlungsgrundsatz, aus dessen 2. Halbsatz sich insbesondere die Gleichbehandlung von Mann und Frau ergibt.
Anzumerken ist, dass es auch hier natürlich ein offener Katalog ist.
Was letztlich die Pflichten bei Beendigung des Arbeitsverhältnisses betrifft, so haben sowohl in Deutschland als auch in Polen die Arbeitgeber die Pflicht dem Arbeitnehmer Freizeit zur Stellensuche zu erteilen (§ 629 BGB; Art. 37 KP); in Polen aber erst dann, wenn die Kündigungsfrist zumindest zwei Wochen beträgt, Art. 37 § 1 KP. Des Weiteren ist ein Zeugnis zu erteilen (§ 109 GewO; Art. 97 § 1 KP).
Festzuhalten bleibt somit, dass hinsichtlich der Pflichten der Arbeitsvertragsparteien inhaltlich wesentliche Übereinstimmungen zu erkennen sind.

4. Die Arten des Arbeitsvertrages

Im deutschen Arbeitsrecht sind die verschiedenen Arten des Arbeitsvertrages nicht in der Weise gesetzlich geregelt, dass eine Vorschrift diese zusammenfassend aufzählt, wie es in Polen der Art. 25 KP macht. Laut diesem kann ein Arbeitsvertrag auf unbestimmte Zeit, auf bestimmte Zeit und auf Zeit zur Ausübung einer bestimmten Arbeit abgeschlossen werden (§ 1), wobei jedem dieser Verträge ein Probearbeitsvertrag von höchstens drei Monaten vorausgehen kann (§ 2).
Stellt man auf die Dauer des Arbeitsvertrages ab, so kann man auch im deutschen Arbeitsrecht vier Formen des Arbeitsvertrages finden. Es gibt den unbefristeten Arbeitsvertrag (Arbeitsverhältnis auf unbestimmte Dauer) als Normalfall, den befris-

---

371 BAG vom 14.12.1995, NZA 1996, 417 f.; LAG Düsseldorf vom 19.10.1989, DB 1990, 1468; Hromadka/Maschmann, Arbeitsrecht Band 1, § 7 Rn. 97 f.; Löwisch, Arbeitsrecht, Rn. 1148.

372 BAG vom 26.10.1994, NZA 1995, 307 (308); Bauschke, RdA 1985, 72 ff.; Brox/Rüthers, Arbeitsrecht, Rn. 134.

373 BAG vom 23.09.1992, AP Nr. 1 zu § 612 BGB Diskriminierung; Zöllner/Loritz, Arbeitsrecht, S. 226.

teten Arbeitsvertrag, den bedingten Arbeitsvertrag (§ 21 TzBfG) sowie das Probearbeitsverhältnis.[374] Bei dem befristeten Arbeitsvertrag handelt es sich um einen solchen, der für eine bestimmte Zeit eingegangen worden ist, § 3 Abs. 1 S. 1 TzBfG.[375] Er liegt vor, wenn er entweder kalendermäßig befristet oder zweckbefristet worden ist, § 3 Abs. 1 S. 2 TzBfG. Während der kalendermäßig befristete Arbeitsvertrag schon immer anerkannt worden ist, war das vor der Einführung von § 3 Abs. 1 S. 2 TzBfG hinsichtlich des zweckbefristeten Arbeitsvertrages noch umstritten.
Die h.M. ging aber auch von der Zulässigkeit der Zweckbefristung aus.[376] Der zweckbefristete Arbeitsvertrag entspricht im polnischen Arbeitsrecht dem Arbeitsvertrag auf Zeit zur Ausübung einer bestimmten Arbeit. Die Beendigung des Arbeitsverhältnisses von einer Bedingung abhängig zu machen, ist im polnischen Arbeitsrecht jedoch nicht möglich.
Somit ist zu sehen, dass sich die Arbeitsvertragsformen, abgesehen vom bedingten Arbeitsvertrag, in beiden Ländern gleichen. Dies betrifft aber nur deren Bezeichnung. Im Hinblick auf die inhaltliche Ausgestaltung ergeben sich wesentliche Unterschiede, insbesondere beim befristeten Arbeitsvertrag und dem Probearbeitsverhältnis (welcher in Polen ausschließlich zu den befristeten Verträgen zählt).
Kurz anzumerken ist noch letztlich, dass in beiden Ländern die Parteien auch einen Vorvertrag auf Abschluss eines Arbeitsvertrages schließen können.[377]

a) Der unbefristete Arbeitsvertrag

Im Hinblick auf den Arbeitsvertrag auf unbestimmte Zeit bzw. den unbefristeten Arbeitsvertrag ergeben sich im Allgemeinen keine Unterschiede. Auch in Deutschland wird bei Abschluss eines solchen Arbeitsvertrages kein Zeitpunkt bestimmt, in welchem er enden soll. Die Beendigung des unbefristeten Arbeitsvertrages kann in der Regel nur durch eine (ordentliche) Kündigung erfolgen.[378] Soweit die Arbeitsvertragsparteien demnach nichts anderes vereinbart haben, ist, wie in Polen, davon auszugehen, dass ein Arbeitsvertrag auf unbestimmte Zeit geschlossen worden ist.[379]

---

374 Hromadka/Maschmann, Arbeitsrecht Band 1, § 4 Rn. 1 ff.; Schaub, Arbeitsrechts-Handbuch, § 37.

375 Gesetz über Teilzeitarbeit und befristete Arbeitsverträge (Teilzeit- und Befristungsgesetz – TzBfG) vom 21.12.2000; BGBl. I S. 1966.

376 BAG vom 20.10.1967, AP Nr. 30 zu § 620 BGB Befristeter Arbeitsvertrag; vom 17.02.1983, AP Nr. 14 zu § 15 KSchG 1969; vom 26.03.1986, NZA 1987, 238; Bauschke, BB 1993, 2523 (2525); Brox/Rüthers, Arbeitsrecht, Rn. 218 (13. Aufl.); Hueck in Hueck/Nipperdey I, § 55 III 1; MünchArbR/Richardi, § 44 Rn. 30; MünchKomm/Schwerdtner, § 620 BGB, Rn. 32; Nikisch I, §47 II 1; Staudinger/Neumann, § 620 BGB, Rn. 18.

377 Schaub, Arbeitsrechts-Handbuch, § 32 Rn. 28.

378 Hromadka/Maschmann, Arbeitsrecht Band 1 , § 4 Rn. 1.

379 MünchArbR/Richardi, § 44 Rn. 18.

Darüber hinaus ist dieser Arbeitsvertrag auch in Deutschland der Regelfall und seit der Einführung des Kündigungsschutzes für den Arbeitnehmer auch das sicherere Arbeitsverhältnis.[380]

b) Der befristete Arbeitsvertrag

In Deutschland waren befristete Dienstverhältnisses bzw. befristete Arbeitsverhältnisse für den BGB-Gesetzgeber der Regelfall (§ 620 BGB) und boten dem Dienst- bzw. Arbeitnehmer bis zur Einführung des Kündigungsschutzes einen größeren Schutz als unbefristete, da sie während der Laufzeit nicht ordentlich gekündigt werden konnten (§ 620 Abs. 2 BGB). Mit der Einführung des Kündigungsschutzes waren nunmehr die unbefristeten Arbeitsverhältnisse für den Arbeitnehmer die günstigeren. Um aber diesen Kündigungsschutz zu umgehen, wurden ganz nach Bedarf und teilweise sogar über Jahre hinweg befristete Arbeitsverhältnisse aneinandergereiht. Es wurden somit die sog. Kettenarbeitsverträge abgeschlossen.[381] Aufgrund dessen sah schon das RAG befristete Arbeitsverhältnisse grundsätzlich nur dann als wirksam an, wenn der Arbeitgeber den Zeitarbeitsvertrag nicht in der Absicht geschlossen hat, den Kündigungsschutz zu umgehen.[382] In Fortführung dieses Gedankens bereitete dann das BAG dieser Praxis ein Ende, indem es in den Fällen, in denen eine Umgehung des Kündigungsschutzes in Betracht kam, für die Befristung sowie für die Bedingung einen sachlichen Grund verlangte.[383] Aus arbeitsmarktpolitischen Gründen hat der Gesetzgeber aber die Befristung von Arbeitsverträgen ohne sachlichen Grund bis zu einer Dauer von zwei Jahre zugelassen.[384]
Mittlerweile haben die Europäischen Sozialpartner (EGB, UNICE, CEEP) eine Rahmenvereinbarung über befristete Arbeitsverhältnisse geschlossen, welche der europäische Gesetzgeber in der Richtlinie 99/70/EG über befristete Arbeitsverträge[385] umgesetzt hat. Der deutsche Gesetzgeber hat diese Richtlinie dann wiederum im Teilzeit- und Befristungsgesetz in das nationale Recht umgesetzt.
Der Vergleich des polnischen Rechts über befristete Arbeitsverhältnisse erfolgt demnach insbesondere mit den Regelungen des TzBfG. Im Hinblick auf den Beitritt Polens in die EU soll zudem gerade an dieser Stelle auch erörtert werden, welche

---

380 Hromadka/Maschmann, Arbeitsrecht Band 1, § 4 Rn. 1, 4; Schaub, Arbeitsrechts-Handbuch, § 38 Rn. 1.

381 BAG vom 21.10.1954, AP Nr. 7 zu § 1 KSchG; KR-Lipke, § 620 BGB, Rn. 73 ff., 93 ff., 99 ff.; Zöllner/Loritz, Arbeitsrecht, S. 270 f.

382 RAG vom 09.04.1930, ARS. 9, 350; vom 06.05.1931, ARS. 12, 95; vom 05.01.1938, ARS. 32, 174.

383 BAG GS vom 12.10.1960, NJW 1961, 798.

384 Vgl. § 1 Abs. 1 des Gesetzes über arbeitsrechtliche Vorschriften zur Beschäftigungsförderung (BeschFG) vom 26.04.1985; BGBl. I S. 710, geändert durch Gesetz vom 25.09.1996; BGBl. I S. 1476.

385 ABl. der EG vom 28.06.1999 Nr. L 175, S. 43.

Änderungen und Ergänzungen der polnische Gesetzgeber noch vornehmen muss, um der o.g. Richtlinie gerecht zu werden.
In Deutschland liegt ein befristeter Arbeitsvertrag vor, wenn mit dem Arbeitnehmer ein Arbeitsvertrag auf bestimmte Zeit geschlossen worden ist (§ 3 Abs. 1 S. 1 TzBfG). Auch in Polen fällt der Arbeitsvertrag auf bestimmte Zeit unter den befristeten Arbeitsvertrag. Doch während dort der Arbeitsvertrag auf Zeit zur Ausübung einer bestimmten Arbeit bzw. der zweckbefristete Arbeitsvertrag als eigenständige Art des befristeten Arbeitsvertrages angesehen wird, wird der zweckbefristete Arbeitsvertrag in Deutschland zum Arbeitsvertrag auf bestimmte Zeit gezählt (§ 3 Abs. 1 S. 2 TzBfG). Im Ergebnis hat dies aber keine Auswirkungen, da es in beiden Ländern beim befristeten Arbeitsvertrag darauf ankommt, ob von den Vertragsparteien ein Endtermin bestimmt worden ist.[386] Die Dauer kann dabei entweder unmittelbar kalendermäßig bestimmt werden (§ 3 Abs. 1 S. 2 TzBfG) bzw. sie muss bestimmbar sein,[387] wobei auch in Polen die nur mittelbare Bestimmung ausreicht, wenn das Ereignis künftig, sicher, klar, verständlich und objektiv ist. Darüber hinaus kann sich die Dauer auch aus Art, Zweck oder Beschaffenheit der Arbeitsleistung ergeben (Zweckbefristung), § 3 Abs. 1 S. 2 TzBfG, was in Polen dahingehend verstanden wird, dass eine genau bezeichnete Aufgabe zu bestimmen ist, die zeitlich beschränkt ist.
Was den auflösend bedingten Arbeitsvertrag betrifft, so gleichen in Deutschland im Wesentlichen die Regelungen für diesen denen des befristeten Arbeitsvertrages, weil § 21 TzBfG die meisten Vorschriften über die Befristung für entsprechend anwendbar erklärt. Da in Polen der Abschluss eines Arbeitsvertrages unter einer Bedingung nicht möglich ist, ist somit auf einen Vergleich zu verzichten.
Wendet man sich nun der Zulässigkeit des Abschlusses eines befristeten Arbeitsvertrages zu, so sind zwischen dem polnischen und dem deutschen Arbeitsrecht wesentliche Unterschiede festzustellen.
In Deutschland ist die Befristung eines Arbeitsvertrages gem. § 14 Abs. 1 S. 1 TzBfG grundsätzlich nur dann möglich, wenn sie durch einen sachlichen Grund gerechtfertigt ist. Damit wurde der von der Rechtsprechung des BAG entwickelte Grundsatz gesetzlich bekräftigt. Eine Definition des „sachlichen Grundes“ enthält das TzBfG zwar nicht. In § 14 Abs. 1 S. 2 TzBfG werden jedoch acht Beispielsfälle aufgezählt, die aufgrund der verwendeten Formulierung „insbesondere“ als nicht abschließend anzusehen sind. Diese Regelbeispiele waren im Wesentlichen bislang auch schon vom BAG anerkannt. Demnach liegt ein sachlicher Grund insbesondere dann vor, wenn 1. der betriebliche Bedarf an der Arbeitsleistung nur vorübergehend besteht. Dies kann bei einem vorübergehend erhöhten Arbeitskräftebedarf oder bei einem

386 Hromadka/Maschmann, Arbeitsrecht Band 1, § 4 Rn. 6.
387 Hromadka/Maschmann, Arbeitsrecht Band 1, § 4 Rn. 7.

künftig wegfallenden Arbeitskräftebedarf vorliegen.[388] Darüber hinaus wird vorausgesetzt, dass der Arbeitgeber zum Zeitpunkt des Vertragsschlusses aufgrund greifbarer Tatsachen mit hinreichender Sicherheit annehmen kann, dass der Arbeitskräftebedarf in Zukunft wegfallen wird.[389] Nicht ausreichend ist aber die Unsicherheit über die künftige Entwicklung des Arbeitskräftebedarfs, welche jede unternehmerische Tätigkeit mit sich bringt.[390]

2., wenn die Befristung im Anschluss an eine Ausbildung oder ein Studium erfolgt, um den Übergang des Arbeitnehmers in eine Anschlussbeschäftigung zu erleichtern. Dabei soll insbesondere eine weitere befristete Beschäftigung eines Arbeitnehmers ermöglicht werden, der ehemals als Werkstudent bei dem Arbeitgeber beschäftigt war.[391] Insgesamt wirft dieses Regelbeispiel jedoch viele Fragen auf; wie lange z.B. nach einer Ausbildung oder einem Studium noch von einem Anschluss gesprochen werden kann, wie lange befristet werden kann oder was überhaupt mit der „Erleichterung des Übergangs" gemeint ist.[392]

3., wenn der Arbeitnehmer zur Vertretung eines anderen Arbeitnehmers beschäftigt wird. Ein solcher Vertretungsfall ist dann gegeben, wenn durch den zeitweiligen Ausfall eines Arbeitnehmers ein vorübergehender Bedarf an der Beschäftigung eines anderen Arbeitnehmers entsteht.[393] Dabei ist wohl mit der bisherigen Rechtsprechung davon auszugehen, dass weder eine Identität des Aufgabengebietes noch eine zeitliche Kongruenz[394] erforderlich ist.[395] Dabei bleibt der Bedarf bestehen, wenn der Arbeitnehmer wider Erwarten nicht zurückkehrt. Ist der zur Vertretung zunächst befristet eingestellte Arbeitnehmer dann auch noch geeignet, so erhält er unter Beachtung der jeweiligen Umstände einen unbefristeten Arbeitsvertrag.[396]

---

388 Amtl. Begr., BT-Drs. 14/4374 S. 18 f.; Hansen/Kelber/Zeißig, Neues Arbeitsrecht, Rn. 468; Kliemt, NZA 2001, 296 (297); MünchArbR/Wank, Ergb. § 116 Rn. 81; Plander/Witt, DB 2002, 1002; Hromadka, BB 2001, 621 (622) hält hingegen nur einen Zusatzbedarf für bedeutend.

389 BAG vom 12.09.1996, DB 1997, 232; dies geht auch aus der amtl. Begr., BT-Drs. 14/4347 S. 18 hervor; Hamann, JA 2002, 596 (597); Hansen/Kelber/Zeißig, Neues Arbeitsrecht, Rn. 473.

390 BAG vom 12.09.1996, NZA 1997, 313 (315); amtl. Begr., BT-Drs. 14/4374 S. 19; Nielebock/Perreng, Neues Arbeits- und Sozialrecht, § 14 TzBfG Rn. 5; Hromadka, BB 2001, 621(622); Kliemt, NZA 2001, 296 (297).

391 Amtl. Begr., BT-Drs. 14/4374 S. 19; Hromadka/Maschmann, Arbeitsrecht Band 1, § 4 Rn. 10.

392 Vgl. näher dazu Hromadka, BB 2001, 621 (622 f.); Kliemt, NZA 2001, 296 (297 f.); Preis/Gotthardt, DB 2000, 2065 (2071).

393 BAG vom 22.11.1995, NZA 1996, 878 (879); vom 26.06.1996, NZA 1997, 200 (201); amtl. Begr., BT-Drs. 14/4374 S. 19.

394 BAG vom 08.05.1985, NZA 1986, 569 f.

395 Hamann, JA 2002, 596 (598); Hansen/Kelber/Zeißig, Neues Arbeitsrecht, Rn. 494; Hromadka, BB 2001, 621 (623); Kliemt, NZA 2001, 296 (298); dies anzweifelnd: Preis/Gotthardt, DB 2000, 2065 (2071).

396 BAG vom 26.06.1996, DB 1996, 2289; vom 24.09.1997, DB 1998, 679; Hromadka/Maschmann, Arbeitsrecht Band 1, § 4 Rn. 10.

4., wenn die Eigenart der Arbeitsleitung die Befristung rechtfertigt. Dieser Sachgrund soll insbesondere die Arbeitsverhältnisse im Rundfunk- und Kunstbereich erfassen.[397]
5., wenn die Befristung zur Erprobung erfolgt. Schon vor der Regelung im TzBfG war die Erprobung der fachlichen und persönlichen Eignung des Arbeitnehmers vor einer längeren vertraglichen Bindung vom BAG in ständiger Rechtsprechung anerkannt.[398] Auf dieses Probearbeitsverhältnis wird später noch näher einzugehen sein.
6., wenn in der Person des Arbeitnehmers liegende Gründe die Befristung rechtfertigen. Zu diesen personenbedingten Befristungsgründen zählen sowohl Altersgrenze, Aus- und Fortbildung, Arbeits- und Aufenthaltserlaubnisse, Wunsch des Arbeitnehmers,[399] als auch die vorübergende Beschäftigung des Arbeitnehmers, um z.B. die Zeit bis zum Beginn einer bereits bestehenden anderen Beschäftigung, des Wehrdienstes oder eines Studiums zu überbrücken.[400]
7., wenn der Arbeitnehmer aus Haushaltsmitteln vergütet wird, die haushaltsrechtlich für eine befristete Beschäftigung bestimmt sind, und er entsprechend beschäftigt wird. Dieses Sonderbefristungsrecht des öffentlichen Dienstes ist bislang auch schon anerkannt worden.[401]
Und letztlich 8., wenn die Befristung auf einem gerichtlichen Vergleich beruht. Auch hier erfolgt die Bestätigung der bisherigen Rechtsprechung.[402] Ein außergerichtlicher Vergleich ist nicht ausreichend.[403]
Da dieser Sachgrundkatalog keinen abschließenden Charakter hat, kommen auch andere Sachgründe in Betracht, die entweder von der Rechtsprechung schon anerkannt sind (z.B. Arbeitsbeschaffungs- und Strukturanpassungsmaßnahmen[404]) oder sich

---

397 BAG vom 11.12.1991, NJW 1993, 2006; amtl. Begr., BT-Drs. 14/4374 S. 19; Hamann, JA 2002, 596 (598 f.); Hansen/Kelber/Zeißig, Neues Arbeitsrecht, Rn. 502; Hromadka/Maschmann, Arbeitsrecht Band 1, § 4 Rn. 10; Kliemt, NZA 2001, 296 (298); MünchArbR/Wank, Ergb. § 116 Rn. 118; Preis/Gotthardt, DB 2000, 2065 (2071).

398 BAG vom 31.08.1994, AP Nr. 163 zu § 620 BGB Befristeter Arbeitsvertrag; amtl. Begr., BT-Drs. 14/4374 S. 19.

399 BAG vom 06.11.1996, DB 1997, 1927; vom 12.01.2000, DB 2000, 145; Hromadka, BB 2001, 621(624); ErfK/Müller-Glöge, § 14 TzBfG Rn. 72 ff.; Nielebock/Perreng, Neues Arbeits- und Sozialrecht, § 14 TzBfG Rn. 10; Hamann, JA 2002, 596 (599); Hansen/Kelber/Zeißig, Neues Arbeitsrecht, Rn. 544; Kliemt, NZA 2001, 296 (298); MünchArbR/Wank, Ergb. § 116 Rn. 118; Preis/Gotthardt, DB 2000, 2065 (2071); Schiefer, DB 2000, 2118 (2122).

400 BAG vom 07.07.1999, DB 2000, 50; amtl. Begr. BT-Drs. 14/4374 S. 19; Hromadka, BB 2001, 621 (624); Kliemt, NZA 2001, 296 (298); Preis/Gotthardt, DB 2000, 2065 (2071); Schiefer, DB 2000, 2118 (2122).

401 BAG vom 27.01.1988, AP Nr. 116 zu § 620 BGB Befristeter Arbeitsvertrag; Nielebock/Perreng, Neues Arbeits- und Sozialrecht, § 14 TzBfG Rn. 11; KR-Lipke, § 14 TzBfG Rn. 215; Staudinger/Preis, 13. Bearb. 1995, § 620 BGB, Rn. 159.

402 BAG vom 09.02.1984, NZA 1984, 266; vom 02.12.1998, NZA 1999, 480.

403 Däubler, ZIP 2001, 217 (223); Hamann, JA 2002, 596 (600); Hromadka/Maschmann, Arbeitsrecht Band 1, § 4 Rn. 10; Kliemt, NZA 2001, 296 (298); Lakies, DZWIR 2001, 1 (12); Preis/Gotthardt, DB 2000, 2065 (2072).

404 BAG vom 12.06.1987, NZA 1988, 468; vom 15.02.1995, NZA 1995, 987.

aufgrund neuer Entwicklungen ergeben werden.[405] Auch sondergesetzliche Regelungen über Befristungen, wie z.B. wegen Elternzeit (§ 21 BErzGG), bleiben gem. § 23 TzBfG unberührt.
Problematisch ist aber, ob das TzBfG auch Kleinbetriebe umfasst, die in der Regel fünf oder weniger Arbeitnehmer (Vollzeit) bzw. 10 oder weniger Arbeitnehmer, deren Arbeitsverhältnis nach dem 31.12.2003 begonnen hat, beschäftigen und damit gem. § 23 Abs. 1 S. 2, 3 KSchG vom Ersten Abschnitt des KSchG (mit Ausnahme der §§ 4 bis 7 und 13 Abs. 1 S. 1, 2) nicht erfasst werden, sowie Befristungen von nicht mehr als sechs Monaten, für die gem. § 1 Abs. 1 KSchG das gleiche gilt. Zwar geht aus der Begründung hervor, dass der Gesetzgeber diese nicht unter das TzBfG fallen lassen und es somit bei der Rechtsprechungslage belassen will.[406] Der Gesetzgeber hat es aber versäumt seinen Willen klar kund zu tun, da sich eine solche ausdrückliche Einschränkung in § 14 Abs. 1 S. 1 TzBfG nicht finden läßt. Auch die EG-Richtlinie sieht für solche Fälle keine Ausnahme vor. Demnach geht die h.M. auch zu Recht davon aus, dass unter das TzBfG auch Kleinbetriebe und Befristungen bis zu sechs Monaten fallen.[407] Möchte der Gesetzgeber trotzdem an seinem Willen festhalten, so muss er im TzBfG ausdrücklich regeln, dass Kleinbetriebe und Befristungen bis zu sechs Monaten nicht von diesem erfasst werden.
Der Sachgrund muss im Zeitpunkt des Vertragsschlusses vorgelegen haben.[408] Eine (schriftliche) Aufnahme in den Vertrag ist aber nicht erforderlich.[409] Eine Ausnahme gilt nur für die Befristung eines Arbeitsvertrages zum Zwecke der Erprobung. Der Zweck der Erprobung muss Vertragsinhalt geworden sein, wobei die Schriftlichkeit aber nicht notwendig ist.[410]
Schlägt man nun den Bogen zum polnischen Befristungsrecht, so kann ganz einfach gesagt werden, dass es eine solche grundsätzliche Zulassungsvoraussetzung für den Abschluss befristeter Arbeitsverträge nicht gibt. Zwar wird gesagt, dass ein befristeter Arbeitsvertrag in der Regel nur dann abgeschlossen werden kann, wenn die betroffene Arbeit keinen dauerhaften Charakter hat bzw. wenn deren Erfüllung nur ein vorübergehendes Bedürfnis darstellt.[411] Von der Rechtsprechung wurde aber nur

---

405 Amtl. Begr., BT-Drs. 14/4374 S. 18; Hansen/Kelber/Zeißig, Neues Arbeitsrecht, Rn. 563.

406 Amtl. Begr., BT-Drs. 14/4374 S. 18.

407 Dörner, ZTR 2001, 485 (486); Hamann, JA 2002, 596 (597); Hansen/Kelber/Zeißig, Neues Arbeitsrecht, Rn. 437, 440; Hromadka, NJW 2002, 400 (404); Kliemt, NZA 2001, 296 (301); Preis/Gotthardt, DB 2000, 2065 (2070); Richardi/Annuß, BB 2000, 2201 (2204); Sowka, DB 2000, 2427; a. A. Schiefer, DB 2000, 2118 (2121).

408 BAG vom 08.09.1983, AP Nr. 77 zu § 620 BGB Befristeter Arbeitsvertrag; vom 22.03.2000, NZA 2001, 605 (606 f.); APS/Backhaus, KündR, § 620 BGB Rn. 108; Nielebock/Perreng, Neues Arbeits- und Sozialrecht, § 14 TzBfG Rn. 3.

409 Nielebock/Perreng, Neues Arbeits- und Sozialrecht, § 14 TzBfG Rn. 3; Kliemt, NZA 2001, 296 (299).

410 BAG vom 30.09.1981, AP Nr. 61 zu § 620 BGB Befristeter Arbeitsvertrag; Nielebock/Perreng, Neues Arbeits- und Sozialrecht, § 14 TzBfG Rn. 3.

411 Kolasiński, PiZS 7/1978, S. 17 (19); Łajeczko, PP 11/1999, S. 3.

bezüglich des Abschlusses mehrerer aufeinander folgender Arbeitsverträge auf bestimmte Zeit mit demselben Arbeitnehmer schon einmal anerkannt, dass eine Umgehung der Kündigungsvorschriften anzunehmen ist, wenn keine objektiven Erwägungen diese Kettenbefristungen begründen, so dass von Anfang an ein unbefristeter Arbeitsvertrag gegeben ist.[412]

Auch wenn somit erkannt worden ist, dass der Abschluss befristeter Arbeitsverträge aufgrund solcher Erwägungen, wie dem Schutz vor der Umgehung von Kündigungsvorschriften und dem Erfordernis des nur vorübergehenden Bedarfs, eingeschränkt werden muss, so gibt es diesbezüglich weder eine gesetzliche Regelung, noch kann von einer gefestigten Rechtsprechung, entsprechend der Sachgrundrechtsprechung des BAG in Deutschland, gesprochen werden.

Eine Abweichung ergibt sich aber aus der Regelung in Art. 25 § 1 S. 2 KP. Ist es erforderlich, einen Arbeitnehmer zur Vertretung eines anderen Arbeitnehmers während seiner entschuldigten Abwesenheit von der Arbeit zu beschäftigen, kann der Arbeitgeber zu diesem Zweck einen anderen Arbeitnehmer aufgrund eines Arbeitsvertrages auf bestimmte Zeit für die Zeit der Abwesenheit beschäftigen. Dies entspricht hauptsächlich dem in § 14 Abs. 1 S. 2 Nr. 3 TzBfG geregelten Sachgrund des Vertretungsfalls. Die wesentliche Differenz liegt darin, dass Art. 25 § 1 S. 2 KP nur die Vertretung eines entschuldigt fehlenden Arbeitnehmers erfasst, während § 14 Abs. 1 S. 2 Nr. 3 TzBfG diesbezüglich keine Unterscheidung macht. Art. 25 § 1 S. 2 KP enthält somit einen sachlichen Grund für die Befristung eines Arbeitsverhältnisses.

Die Einfügung dieser Regelung in Art. 25 KP, welcher abschließend die verschiedenen Arten des Arbeitsvertrages regelt, überzeugt jedoch nicht. Als Begründung wird zwar angeführt, dass damit eine neue Art des Arbeitsvertrages geschaffen werden sollte, nämlich der Vertretungsvertrag.[413] Aus dem Wortlaut des Art. 25 § 1 S. 2 KP geht jedoch eindeutig hervor, dass es sich bei diesem Vertretungsvertrag um einen Arbeitsvertrag auf bestimmte Zeit handelt. Die Möglichkeit des Abschlusses eines Arbeitsvertrages auf bestimmte Zeit im Vertretungsfall führt jedoch nicht zu einer weiteren eigenständigen Art des Arbeitsvertrages. Es ist und bleibt ein Arbeitsvertrag auf bestimmte Zeit, welcher schon in Art. 25 § 1 KP aufgezählt wird. Somit ist die Gesetzessystematik verfehlt.

Bei dieser Regelung handelt es sich um einen Sachgrund für die Befristung eines Arbeitsvertrages. Sie stellt eine selbstständige Bestimmung dar und sollte im Zusammenhang mit anderen befristungsrechtlichen Bestimmungen stehen. Dies ist aber mit der vorläufigen Außerkraftsetzung von Art. 25^1 KP bezüglich der Begründung von befristeten Arbeitsverhältnissen zunächst nicht zu erreichen.

Ein Fortschritt wäre es zudem gewesen, weitere Befristungsfälle gesetzlich festzuhalten. Da der Gesetzgeber jedoch nicht erkannt hat, dass es sich bei der Regelung in

---

412 SN vom 15.12.1956, Zieliński, Prawo pracy I, S. 795.

413 Druk Sejmowy Nr. 334, S. 14.

Art. 25 § 1 S. 2 KP nicht um eine neue Art des Arbeitsvertrages handelt, sondern um einen Befristungsgrund, konnte damit aber auch nicht gerechnet werden.
Demnach können in Polen, neben der Regelung in Art. 25 § 1 S. 2 KP, grundsätzlich befristete Arbeitsverträge ohne Vorliegen eines Sachgrundes abgeschlossen werden.
Ausnahmsweise können aber auch in Deutschland befristete Arbeitsverträge ohne Vorliegen eines Sachgrundes abgeschlossen werden. Diese erleichterte Befristung betrifft aber nur kalendermäßig befristete Arbeitsverträge. Zweckbefristete Arbeitsverträge i.S.v. § 14 Abs. 2 S. 1 TzBfG bedürfen somit immer eines sachlichen Grundes.
Die Befristung ist dann bis zu einer Dauer von zwei Jahren zulässig, und bis zu dieser Gesamtdauer von zwei Jahren ist auch nur die höchstens dreimalige Verlängerung des kalendermäßig befristeten Arbeitsvertrages möglich, § 14 Abs. 2 S. 1 TzBfG. Eine solche Verlängerung setzt dabei voraus, dass sich der neue Vertrag „nahtlos" an den alten anschließt.[414] Dabei dürfen aber keine Änderungen am Vertragsinhalt vorgenommen werden.[415] Die Anzahl der Verlängerungen oder die Höchstdauer der Befristung können gem. § 14 Abs. 2 S. 3 TzBfG durch Tarifvertrag aber auch abweichend von § 14 Abs. 2 S. 1 TzBfG geregelt werden.
Eine solche Befristung ist jedoch nicht zulässig, wenn mit demselben Arbeitgeber bereits zuvor ein befristetes oder unbefristetes Arbeitsverhältnis bestanden hat, § 14 Abs. 2 S. 2 TzBfG. Die Befristung nach § 14 Abs. 2 S. 1 TzBfG ist somit nur bei einer Neueinstellung möglich.[416] Damit sollen Kettenverträge durch mehrfache Wechsel von Befristungen mit und ohne Sachgrund verhindert werden.[417] Kein, ein Anschlussverbot begründendes Arbeitsverhältnis ist aber bei einem Berufsausbildungsverhältnis gegeben.[418]
Eine Ausnahme dazu ist aber wiederum in § 14 Abs. 2 a TzBfG geregelt. Danach ist in den ersten vier Jahren nach der Gründung eines Unternehmens die kalendermäßige Befristung eines Arbeitsvertrages ohne Vorliegen eines sachlichen Grundes bis zur Dauer von vier Jahren zulässig; bis zu dieser Gesamtdauer von vier Jahren ist auch die mehrfache Verlängerung eines kalendermäßig befristeten Arbeitsvertrages zulässig. Dies gilt nicht für Neugründungen im Zusammenhang mit der rechtlichen Umstrukturierung von Unternehmen und Konzernen. Maßgebend für den Zeitpunkt

---

414 Nielebock/Perreng, Neues Arbeits- und Sozialrecht, § 14 TzBfG Rn. 15; Hansen/Kelber/Zeißig, Neues Arbeitsrecht, Rn. 593; Hunold, NZA 1997, 741 (742); ErfK/Müller-Glöge, § 14 TzBfG Rn. 114; KR-Lipke, Anhang II zu § 620 BGB, § 14 TzBfG Rn. 286; Richardi/Annuß, BB 2000, 2201 (2204); a.A. Schiefer, DB 2000, 2118 (2122); Wisskirchen, DB 1998, 722 (723).

415 ErfK/Müller-Glöge, § 14 TzBfG Rn. 114; Hansen/Kelber/Zeißig, Neues Arbeitsrecht, Rn. 591.

416 Nielebock/Perreng, Neues Arbeits- und Sozialrecht, § 14 TzBfG Rn. 16; Hamann, JA 2002, 596 (600); Schiefer, DB 2000, 2118 (2122).

417 Amtl. Begr., BT-Drs. 14/4374 S. 19; Nielebock/Perreng, Neues Arbeits- und Sozialrecht, § 14 TzBfG Rn. 16; Hamann, JA 2002, 596 (601); Kliemt, NZA 2001, 296 (299).

418 Amtl. Begr., BT-Drs. 14/4374 S. 20; Bauer, BB 2001, 2473 (2476); Hamann, JA 2002, 596 (601); Preis/Gotthardt, DB 2000, 2065 (2072); Schiefer, DB 2000, 2118 (2122).

der Gründung des Unternehmens ist die Aufnahme einer Erwerbstätigkeit, die nach § 138 der Abgabenordnung der Gemeinde oder dem Finanzamt mitzuteilen ist. Auf die Befristung eines Arbeitsvertrages nach Satz 1 findet Absatz 2 Satz 2 bis 4 entsprechende Anwendung.

Darüber hinaus bedarf gem. § 14 Abs. 3 S. 1 i.V.m. S. 4 TzBfG die Befristung eines Arbeitsvertrages auch keines sachlichen Grundes, wenn der Arbeitnehmer bei Beginn des befristeten Arbeitsverhältnisses das 52. Lebensjahr vollendet hat. Eine Befristungshöchstdauer sowie eine maximale Zahl an Verlängerungen gibt es in diesem Fall nicht. Dies gilt jedoch wiederum nicht, wenn zu einem vorhergehenden unbefristeten Arbeitsvertrag mit demselben Arbeitgeber ein enger sachlicher Zusammenhang besteht, welcher dann vermutet wird, wenn zwischen den Arbeitsveträgen ein Zeitraum von weniger als sechs Monaten liegt, § 14 Abs. 1 S. 2, 3 TzBfG.

Wie schon gesagt, bedarf in Polen der Abschluss eines befristeten Arbeitsvertrages regelmäßig keines sachlichen Grundes. Dies gilt für alle Arten des befristeten Arbeitsvertrages, während in Deutschland die erleichterte Befristung als Ausnahme nur die kalendermäßig befristeten Arbeitsverträge umfasst. Ein zweckbefristeter Arbeitsvertrag ohne sachlichen Grund kann in Deutschland nur gem. § 14 Abs. 3 TzBfG geschlossen werden.

Eine gesetzliche Regelung bezüglich der Höchstdauer der Befristung gibt es - abgesehen vom Probearbeitsvertrag, der maximal drei Monate dauern darf (Art. 25 § 2 KP) - im polnischen Arbeitsrecht hingegen nicht. Die Befristung kann somit auch eine sehr lange Zeit, wie z.B. 10 Jahre betragen. Sie darf jedoch nicht gegen die Generalklausel des Art. 8 KP verstoßen. Ein langfristig abgeschlossener befristeter Arbeitsvertrag muss somit seiner sozialökonomischen Bestimmung entsprechen sowie den Grundsätzen des gesellschaftlichen Zusammenlebens. Zudem darf er nicht den Zweck haben, die Kündigungsvorschriften zu umgehen. Aber auch hier existiert keine umfassende Rechtsprechung dazu, wann ein solcher langfristig befristeter Arbeitsvertrag gegen Art. 8 KP verstößt. Es gibt also keine, zumindest ansatzweise, umrissenen Grenzen, so dass hinsichtlich der Befristungsdauer noch eine sehr große Freiheit herrscht.

Auch hinsichtlich der maximalen Anzahl von Verlängerungen eines solchen Arbeitsvertrages steht bislang im Gesetz nichts. Sie dürfen wiederum nur nicht gegen Art. 8 KP verstoßen, und insbesondere nicht der Umgehung von Art. 25^1 KP dienen.[419] Diese Möglichkeit dürfte nunmehr aufgrund der im neuen Art. 25^1 § 2 KP – der jedoch erst mit dem Beitritt Polens in die EU Anwendung findet – bestimmten Folgen stark beschränkt sein.

Ähnlichkeiten im Hinblick auf die noch aktuelle Rechtslage sind im deutschen Befristungsrecht wiederum nur bei den befristeten Arbeitsverträgen mit Sachgrund zu finden. Im Hinblick auf diese gibt es auch keine gesetzliche Regelung über die

---

[419] OSNAPiUS 1998/17/506.

Höchstdauer oder die maximale Anzahl der Verlängerungen. In Betracht kommen demnach auch Befristungen von mehreren Jahren und wiederholte Befristungen.[420] Dabei muss zwar die Dauer des Arbeitsvertrages nicht mit der Dauer des sachlichen Grundes übereinstimmen.[421] Die Befristungsdauer muss aber so bemessen sein, dass eine dem Sachgrund angemessene und sinnvolle Tätigkeit des befristet beschäftigten Arbeitnehmers während des befristeten Arbeitsverhältnisses möglich ist.[422] Mit zunehmender Zahl und Dauer der Verträge erhöhen sich zudem die Anforderungen an den Sachgrund.[423] Daueraushilfen mit befristeten Arbeitsverträgen sind z.B. unzulässig.[424] Teilweise werden aber für manche der in § 14 Abs. 1 S. 2 TzBfG genannten Sachgründe Höchstbefristungen gefordert. Für die Befristung gem. Nr. 2 wird – je nach Einzelfall – nur eine Befristungsdauer von bis zu einem Jahr als zulässig erachtet[425] oder, in Ausrichtung an § 14 Abs. 2 S. 1 TzBfG, eine grundsätzliche Höchstdauer von zwei Jahren.[426] Bezüglich der Befristung auf Erprobung gem. Nr. 5 verlangen Nielebock/Perreng[427] eine „angemessene Dauer", ohne eine konkrete Maximalzeit zu nennen, andere wiederum eine Höchstdauer von sechs Monaten, die im Einzelfall aber länger sein kann.[428]
Kommt man noch einmal auf die Verlängerung von befristeten Arbeitsverträgen zu sprechen, ist zu sagen, dass vor der Reform des Kodeks Pracy im Jahre 1996 der Arbeitsvertrag auf bestimmte Zeit, welcher dem deutschen kalenderbefristeten Arbeitsvertrag entspricht, zum populärsten befristeten Vertrag wurde. Gerade der Abschluss mehrerer aufeinander folgender zeitlich befristeter Verträge in einer verhältnismäßig kurzen Zeit (z.B. zwei Jahre) mit demselben Arbeitnehmer, erfolgte in verstärktem Maße, um insbesondere die Kündigungsvorschriften zu umgehen. Auch in Polen zeigte sich somit das Phänomen der Kettenbefristungen. Um diese Praxis zu unterbinden, wurde im Rahmen der Reform von 1996 der Art. 25^1 KP eingeführt. Aber auch schon vor der Reform wurde von der Rechtsprechung der

---

420 Hromadka/Maschmann, Arbeitsrecht Band 1, § 4 Rn. 12c; Schiefer, DB 2000, 2118 (2122); Thannheiser, AiB 2001, 167 (168).

421 BAG vom 26.08.1988, NZA 1989, 965; Hansen/Kelber/Zeißig, Neues Arbeitsrecht, Rn. 430 f.; a.A. Thannheiser, AiB 2001, 167 (171). Da sich sein Beispiel aber nur auf den Fall bezieht, dass die Befristungsdauer länger ist als der Befristungsgrund, was natürlich gegen das Vorliegen eines Sachgrundes sprechen würde, kann nicht generell gesagt werden dass er eine gegenteilige Ansicht vertritt.

422 BAG vom 26.08.1988, NZA 1989, 965.

423 BAG vom 21.04.1993, NZA 1994, 258 (259 f.); vom 22.11.1995, DB 1996, 1679; Ring, TzBfG, § 14 Rn. 61.

424 BAG vom 20.02.1991, NZA 1992, 31; Hansen/Kelber/Zeißig, Neues Arbeitsrecht, Rn. 498; Ring, TzBfG, § 14 Rn. 68.

425 Däubler, ZIP 2001, 217 (223); Kliemt, NZA 2001, 296 (298); Nielebock/Perreng, Neues Arbeits- und Sozialrecht, § 14 TzBfG Rn. 6.

426 Hromadka, BB 2001, 621 (623).

427 Neues Arbeits- und Sozialrecht, § 14 TzBfG Rn. 9.

428 Hansen/Kelber/Zeißig, Neues Arbeitsrecht, Rn. 531 f.; Hromadka, BB 2001, 621 (624); Pelzner/Scheddler/Widlak, Flexibilität im Arbeitsverhältnis, S. 86; Ring, TzBfG, § 14 Rn. 78.

Abschluss mehrerer aufeinander folgender Arbeitsverträge auf bestimmte Zeit mit demselben Arbeitnehmer als ein Verhalten angesehen, welches darauf abzielt den Kündigungsschutz zu umgehen, wenn es nicht durch objektive Erwägungen begründet war.[429] Diese Rechtsprechung entspricht im Grunde der Sachgrundrechtsprechung des BAG, welche auch auf die objektive Funktionswidrigkeit des Rechtsgeschäfts abstellt, diese aber auch schon auf die erstmalige Befristung eines Arbeitsvertrages anwendet und nicht erst bei einer mehrmaligen aufeinander folgenden.[430] Eine Ausweitung der Rechtsprechung auf auch schon erstmalige Befristungen erfolgte in Polen jedoch (noch) nicht.

Betrachtet man den bis zum Beitritt Polens in die EU außer Kraft gesetzten Art. 25^{1} KP nun genauer, so ist eine leichte Ähnlichkeit mit § 1 Abs. 3 BeschFG sowie § 14 Abs. 3 S. 2, 3 TzBfG zu erkennen, gemäß welchen die Befristung eines Arbeitsvertrages nicht zulässig war bzw. ist, wenn zu einem vorhergehenden unbefristeten oder befristeten Arbeitsvertrag (§ 1 Abs. 3 S. 1 BeschFG) bzw. ausschließlich zu einem vorhergehenden unbefristeten Arbeitsvertrag (§ 14 Abs. 3 S. 2 TzBfG) ein enger sachlicher Zusammenhang besteht. Ein solcher enger sachlicher Zusammenhang wird jetzt vermutet, wenn zwischen den Arbeitsverträgen ein Zeitraum von weniger als sechs Monaten liegt, § 14 Abs. 3 S. 3 TzBfG (gem. § 1 Abs. 3 S. 2 BeschFG waren es vier Monate). Auch Art. 25^{1} KP stellt, wenn auch nicht ausdrücklich, auf einen engen sachlichen Zusammenhang ab. Um die Rechtsfolgen eines unbefristeten Arbeitsvertrages nicht eintreten zu lassen, fordert er einen bestimmten Zeitraum, nämlich die Monatsfrist, zwischen einem vorhergehenden Arbeitsvertrag auf bestimmte Zeit und einem solchen nachfolgenden. Im Gegensatz zu den o.g. deutschen Vorschriften, welche alle Arten der Arbeitsverträge umfassten bzw. umfassen, fallen unter Art. 25^{1} KP nur die Arbeitsverträge auf bestimmte Zeit. Darüber hinaus muss es sich bei dem vorhergehenden Arbeitsvertrag erst um den zweiten handeln. Es ist somit noch einmal zu betonen, dass nur eine leichte Ähnlichkeit zu den deutschen Vorschriften gegeben ist.

Bedenkt man, dass der deutsche Gesetzgeber mit § 14 Abs. 2 S. 1, 2 TzBfG den Kettenbefristungen entgegen wirken will und der polnische Gesetzgeber dies mit Art. 25^{1} KP erreichen will, so stellt sich die Effektivität von Art. 25^{1} KP als sehr fragwürdig dar.

Zum einen erfasst Art. 25^{1} KP nur den zeitbefristeten Arbeitsvertrag. Der polnische Gesetzgeber wollte dem hohen Aufkommen der Kettenbefristungen von Arbeitsverträgen auf bestimmte Zeit entgegen wirken und hat dabei wohl nicht vorausgesehen, dass solche Kettenbefristungen, mit dem Ziel der Umgehung des Kündigungsschutzes, auch mit dem zweckbefristeten Arbeitsvertrag sehr gut möglich sind. Dies kann man auch daran sehen, dass seit der Einführung dieser Vorschrift der Arbeitsvertrag auf Zeit zur Ausübung einer bestimmten Arbeit sehr beliebt geworden ist. Gerade zur

[429] SN vom 15.12.1956, Zieliński, Prawo pracy I, S. 795.
[430] BAG GS vom 12.10.1960, NJW 1961, 798 (799).

Überbrückung der Monatsfrist wird diese Vertragsart seitdem gerne, neben den zivilrechtlichen Verträgen, verwendet. Denn wenn diese Frist einmal verstrichen ist, beginnt die Berechnung i. S. v. Art. 25¹ KP von vorne.
In der Praxis kommt es auch vor, dass während der Monatsfrist überhaupt kein Vertrag geschlossen, sondern nur eine Pause eingelegt wird, um danach wieder mit dem „Spielchen" von vorne zu beginnen. Zu Recht ist mit der Arbeitsschutzinspektion davon auszugehen, dass es sich wohl in den meisten Fällen nur um eine „künstliche" Pause handelt,[431] mit dem Ziel die Rechtsfolgen des Art. 25¹ KP zu umgehen. In der Regel ist es auch noch machbar einen Monat ohne Einkommensquelle auszukommen. Ist dies absehbar, so kann man ggfs. Vorbereitungen diesbezüglich treffen. Das Gesetz enthält auch keine Sanktionen im Hinblick auf ein solches Verhalten - Art. 25¹ KP provoziert ein solches geradezu. Dass diese Pause meistens der Umgehung von Art. 25¹ KP dienen soll, wird wohl allen Parteien klar sein. Dies vor Gericht zu beweisen ist aber nicht so einfach, da die besagte Vorschrift gerade ausdrücklich fordert, dass zwischen dem zweiten und dem dritten Arbeitsvertrag auf bestimmte Zeit ein Zeitraum von einem Monat liegen muss, damit die Rechtsfolge nicht eintritt.
Eine weitere Reaktion der Arbeitgeber auf die Einführung von Art. 25¹ KP war diejenige, dass sie begonnen haben, sich der sog. arbeitsvertraglichen Annexe zu bedienen. Diese Verhaltensweise läßt natürlich auch sehr stark an der Wirksamkeit der Vorschrift zweifeln, insbesondere auch dadurch, weil das Höchste Gericht diese akzeptiert hat, solange sie nicht der Umgehung von Art. 25¹ KP dient.[432]
Verlängerungen von befristeten Arbeitsverträgen sind in Polen gesetzlich nicht sanktioniert. Es gibt auch keine maximal einzuhaltende Zahl. Dies könnte zunächst für die Zulässigkeit solcher Annexe sprechen. Die polnische Rechtsprechung betont aber immer wieder, dass der Art. 25¹ KP nicht umgangen werden darf, so dass meines Erachtens die Verwendung arbeitsvertraglicher Annexe seit der Einführung von Art. 25¹ KP grundsätzlich nicht zulässig ist, wenn man das dahinter stehende Ziel auch erreichen will. Es ist naiv, von der Rechtsprechung diese Annexe zu akzeptieren, solange sie die besagte Vorschrift nicht umgehen. Die Verwendung dieser spricht gerade dafür, dass sie umgangen werden sollen. Gerade durch die Tatsache, dass die Verwendung dieser Annexe nach der Einführung von Art. 25¹ KP sehr beliebt geworden ist, drängt sich diese Vermutung geradezu auf. Würden die Parteien (d.h. im Grunde der Arbeitgeber) das Ziel der Umgehung nicht verfolgen, würden sie einen solchen Annex in der Regel gar nicht benötigen. Sie könnten den zeitbefristeten Arbeitsvertrag für die voraussichtlich zu benötigende Dauer abschließen, welche ja schließlich auch mehrere Jahre betragen kann, da eine gesetzliche Höchstbefristung nicht existiert. Und sollte sich am Ende herausstellen, dass der Arbeitnehmer doch noch weiterhin im Rahmen einer befristeten Beschäftigung benötigt wird, so kann dann, aufgrund der aktuellen Rechtslage, immer noch ein zweiter ggfs. langjähriger

---

431 Sprawozdanie Głównego Inspektora Pracy z działalności PiP w 1998, S. 184.
432 OSNAPiUS 1998/17/506.

Arbeitsvertrag auf bestimmte Zeit geschlossen werden. Die Rechtsfolge des Art. 25^1 KP greift ja erst beim Abschluss des dritten Arbeitsvertrages auf bestimmte Zeit. Alle weiteren Maßnahmen zur Erhaltung desselben Arbeitnehmers auf befristet beschäftigter Basis sprechen für die Umgehung von Kündigungsschutzvorschriften und demzufolge auch von Art. 25^1 KP.

Wie schon erwähnt dürfte sich dieses Problem jedoch mit der Anwendung des neuen Art. 25^1 § 2 KP erledigt haben.

Nicht nachvollziehbar ist jedoch, warum Art. 25^1 KP auf einmal, bis zum Beitritt Polens in die EU, nicht mehr anwendbar sein soll. Begründet wird dessen vorläufige Streichung damit, dass dadurch die Begründung von Arbeitsverträgen elastischer gestaltet werden soll.[433] Die Regelung von Art. 25^1 KP bewirke, dass Arbeitgeber, die keine „dauerhaften" Arbeitnehmer benötigen, diese Vorschrift umgehen müssen, indem sie sich der arbeitsvertraglichen Annexe bedienen, die Leute „schwarz" beschäftigen oder sogar gänzlich auf eine Beschäftigung von Arbeitnehmern verzichten.[434] Die Streichung von Art. 25^1 KP wäre somit für potenzielle Arbeitnehmer und Unternehmer günstiger, besonders dort, wo eine hohe Arbeitslosigkeit besteht. Es wäre besser, die Leute legal und ganz sicher zu beschäftigen, als illegal oder gar nicht.[435]

Auch wenn die gesetzgeberische Zielsetzung überzeugt, so ist dies bei dem angewandten Mittel nicht der Fall. Durch die – wenn auch nur vorläufige – Streichung von Art. 25^1 KP wird die Arbeitnehmersituation empfindlich verschlechtert, die Gewährleistung eines stabilen Arbeitsverhältnisses stark geschwächt. Aufgrund der momentan sehr schlechten Arbeitsmarktlage verzichten zwar viele Polen gerne auf diesen Arbeitnehmerschutz, zu Gunsten einer zumindest vorübergehenden Beschäftigung. Es macht jedoch keinen Sinn, wieder zu den alten Strukturen zurückzukehren, wenn in baldiger Zukunft solche bzw. ähnliche Regelungen wieder eingeführt werden müssen, um das nationale Recht dem EG-Recht anzupassen. Gerade im Hinblick auf den Beitritt Polens in die EU bedeutet diese Maßnahme einen Rückschritt im polnischen Arbeitsrecht. Die EG-Richtlinie über befristete Arbeitsverträge fordert doch gerade eine Stärkung der Rechte befristet beschäftigter Arbeitnehmer. Mit der Anordnung der Nichtanwendbarkeit von Art. 25^1 KP entfernt sich der polnische Gesetzgeber somit zunächst noch mehr von den EU-Vorgaben, anstatt sich diesen anzunähern. Dabei ging diese Vorschrift ja schon in die richtige Richtung.

Gem. § 5 Abs. 1 der EG-Richtlinie über befristete Arbeitsverträge haben die Mitgliedstaaten eine oder mehrere der in Abs. 1 genannten Maßnahmen zu ergreifen, um den Missbrauch durch aufeinanderfolgende befristete Arbeitsverträge oder -verhältnisse zu vermeiden, wenn keine gleichwertigen gesetzlichen Maßnahmen zur Missbrauchsverhinderung bestehen. Bei diesen Maßnahmen handelt es sich a) um sachliche Gründe, die die Verlängerung solcher Verträge oder Verhältnisse rechtfer-

---

433 Druk Sejmowy Nr. 334, S. 14.
434 Druk Sejmowy Nr. 334, S. 14.
435 Druk Sejmowy Nr. 334, S. 14.

tigen, b) die insgesamt maximal zulässige Dauer aufeinanderfolgender Arbeitsverträge oder –verhältnisse und c) die zulässige Zahl der Verlängerungen solcher Verträge oder Verhältnisse.
Art. 25^1 KP wurde im Jahre 1996 eingeführt, um genau diesem Missbrauch durch aufeinanderfolgende Arbeitsverträge auf bestimmte Zeit entgegenzuwirken. Indem diese Vorschrift nun vorläufig außer Kraft gesetzt worden ist, bestehen zu dieser Missbrauchsverhinderung keine gesetzlichen Maßnahmen mehr, so dass solche mit dem Beitritt Polens in die EU wieder ergriffen werden müssen. Mit dem Beitritt Polens soll aber auch wieder der Art. 25^1 KP anwendbar sein. Dabei ist fraglich, ob es sich bei dieser Regelung, in ihrer bis zum 29.11.2002 geltenden Fassung, um eine gleichwertige gesetzliche Maßnahme zur Missbrauchsverhinderung handelt, so dass weitere Maßnahmen i.S.v. § 5 Abs. 1 der EG-Richtlinie nicht erforderlich würden.
Diese Vorschrift bestimmt jedoch keine sachlichen Gründe für die Verlängerung befristeter Arbeitsverträge, geschweige denn für deren Begründung, wie es in Deutschland bei § 14 Abs. 1 TzBfG der Fall ist. Letzteres ist laut der Richtlinie aber auch nicht erforderlich.
Art. 25^1 KP enthält auch keine maximal zulässige Dauer aufeinanderfolgender Arbeitsverträge. Die polnischen arbeitsrechtlichen Vorschriften enthalten überhaupt keine Bestimmungen zu Höchsbefristungen, ob es sich nun um den Abschluss eines einzigen befristeten Arbeitsvertrages handelt oder um mehrere aufeinanderfolgende. Die Regelung der besagten Vorschrift kommt jedoch der Maßnahme gem. § 5 Abs. 1 lit. c) der Richtlinie zumindest nahe. Sie beinhaltet zwar keine zulässige Zahl der Verlängerungen solcher Arbeitsverträge, aber die zulässige Zahl des Abschlusses aufeinanderfolgender Arbeitsverträge auf bestimmte Zeit. Der Abschluss von maximal zwei aufeinanderfolgenden Arbeitsverträgen auf bestimmte Zeit gilt aber nur dann, wenn der Zeitraum zwischen der Auflösung des zweiten und der Begründung des dritten Arbeitsvertrages auf bestimmte Zeit einen Monat nicht überschreitet. Nur wenn dieser Zeitraum unterschritten wird, gilt der dritte Arbeitsvertrag auf bestimmte Zeit kraft Gesetzes als ein Arbeitsvertrag auf unbestimmte Zeit. Wird diese Pause von mindestens einem Monat und einem Tag eingehalten, können im Ergebnis andauernd befristete Arbeitsverträge abgeschlossen werden. Dies führt jedoch zu der Frage, ob es sich dann noch – bei der Einhaltung dieses Zeitraums – um aufeinanderfolgende Arbeitsverträge handelt. Unter welchen Bedingungen befristete Arbeitsverträge als aufeinanderfolgend zu betrachten sind, kann gem. § 5 Abs. 2 lit. a) der EG-Richtlinie von den Mitgliedstaaten gegebenenfalls festgelegt werden. Eine solche Bestimmung enthält das polnische Recht bislang nicht. Wenn jedoch Maßnahmen ergriffen werden sollen, um den Missbrauch durch aufeinanderfolgende befristete Arbeitsverträge zu vermeiden, und diese gesetzlichen Maßnahmen die Bezeichnung aufeinanderfolgend dann auch noch verwenden, ist es mehr als praktisch klar zu stellen, was darunter zu verstehen ist.
Art. 25^1 KP spricht von aufeinanderfolgenden Arbeitsverträgen. Dabei ist diesem wohl zu entnehmen, dass solche dann vorliegen, wenn der nachfolgende Arbeitsver-

trag auf bestimmte Zeit innerhalb eines Monats nach Auflösung des vorhergehenden abgeschlossen wird. Würden die Parteien nämlich immer eine Mindestpause von einem Monat und einem Tag zwischen diesen Arbeitsverträgen einlegen, käme es nie zur Anwendung von Art. 25^1 KP. Die Berechnung nach dieser Vorschrift würde niemals zum Zuge kommen, da es sich immer wieder um den ersten Arbeitsvertrag auf bestimmte Zeit handeln würde.

Den Mitgliedstaaten ist es zwar überlassen, allgemeine Grundsätze, Mindestvorschriften und Bestimmungen zu definieren.[436] Die Definitionen sollten jedoch dem Sinn und Zweck der Richtlinie entsprechen.

Es fällt jedoch schwer, einen Arbeitsvertrag, der z.B. fünf Wochen nach Auflösung des vorherigen abgeschlossen wird, nicht als aufeinanderfolgend anzusehen. Einen solchen Zeitraum abzuwarten, kann in den meisten Fällen von beiden Parteien wohl noch verkraftet werden. Es muss sich demnach um einen Zeitraum handeln, der den Arbeitgeber dazu verleiten würde, einen Arbeitnehmer eventuell doch auf Dauer einzustellen, weil er auf diesen nicht verzichten möchte. Aufgrund der schlechten Arbeitsmarktlage in Polen könnte dieser am Anfang auch knapp bemessen sein. Es sollten jedoch zumindest drei Monate (dabei ist von einem wirklichen Minimum auszugehen) zwischen den jeweiligen befristeten Arbeitsverträgen liegen, damit nicht mehr von aufeinanderfolgenden befristeten Arbeitsverträgen gesprochen werden kann. Sollte sich irgendwann in Zukunft die Situation bessern, kann diese Grenze auch weiter hochgesetzt werden.

Es bleibt somit festzuhalten, dass Art. 25^1 KP, in seiner bis zum 29.11.2002 geltenden Fassung, keine gleichwertige gesetzliche Maßnahme zur Missbrauchsverhinderung darstellt. Mit dem Beitritt in die EU wird der polnische Gesetzgeber somit Maßnahmen ergreifen müssen, um den Missbrauch durch aufeinanderfolgende befristete Arbeitsverträge zu vermeiden.

Um welche Maßnahme bzw. Maßnahmen es sich handeln soll, steht dem Gesetzgeber letztlich – natürlich im Hinblick auf die Vorgaben der EG-Richtlinie über befristete Arbeitsverträge – frei. Der leichteste Weg wäre, einfach eine der in § 5 Abs. 1 der Richtlinie genannten Maßnahmen inhaltlich zu übernehmen. Es muss ja schließlich zumindest, aber auch höchstens, nur eine dieser Bestimmungen umgesetzt werden. Insbesondere ist es nicht erforderlich noch über die Vorgaben der Richtlinie hinaus strengere Maßnahmen zu ergreifen, wie es im deutschen Befristungsrecht in § 14 Abs. 2 S. 2 TzBfG geschehen ist. Es ist aufs Höchste unverständlich, dass ein Arbeitgeber mit demselben Arbeitnehmer nur einen einzigen kalendermäßig befristeten Arbeitsvertrag ohne sachlichen Grund überhaupt abschließen kann. Selbst nach vielen Jahren bleibt es den Parteien verwehrt, einen weiteren Arbeitsvertrag dieser Art zu schließen. Bei dieser Regelung handelt es sich nicht mehr um eine Maßnahme zur Missbrauchsverhinderung, sondern um eine übermäßige, nicht erforderliche, Einschränkung der Abschlussfreiheit der Arbeitsvertragsparteien.

---

436 ABl. der EG L 175/46 Nr. 10.

Soll es sich wirklich um den Mißbrauch durch Kettenarbeitsverträge handeln, wenn Arbeitgeber und Arbeitnehmer nach z.B. zehn Jahren wieder einen sachgrundlosen für höchstens zwei Jahre befristeten Arbeitsvertrag schließen wollen? Wohl kaum.
Besser und weniger einschneidend wäre eine Regelung dahingehend, dass es eine einzuhaltende Mindestzeit gibt, bevor ein weiterer sachgrundloser befristeter Arbeitsvertrag mit demselben Arbeitnehmer geschlossen werden kann. Diese Mindestzeit kann ja auch hoch bemessen sein, z.B. mit sogar zwei Jahren, so dass man gar nicht mehr von einem aufeinanderfolgenden Arbeitsvertrag sprechen kann. Es sind keine Gründe ersichtlich, warum die im Moment durch § 14 Abs. 2 S. 2 TzBfG verwehrte Möglichkeit den Parteien nicht eröffnet werden sollte.
Der neu formulierte Art. 25^1 KP sieht, neben der Wiederanwendbarkeit von Art. 25^1 KP im zukünftigen § 1 des Art. 25^1 KP, vor, dass die Vereinbarung der Parteien, während der Dauer eines Arbeitsvertrages auf bestimmte Zeit, einer längeren Arbeitsdauer aufgrund dieses Vertrages, als Abschluss eines aufeinanderfolgenden Vertrages i.S.d. § 1 gelten soll (Art. 25^1 § 2 KP). Demnach soll die Verlängerung eines Arbeitsvertrages auf bestimmte Zeit als der Abschluss eines solchen gelten, so dass auch in diesem Fall der (zukünftige) Art. 25^1 § 1 KP beachtet werden muss. Da § 1 die zulässige Zahl aufeinanderfolgender Arbeitsverträge regelt, enthält § 2 demnach indirekt die zulässige Zahl der Verlängerungen solcher Verträge, nämlich höchstens eine. Wird ein Arbeitsvertrag auf bestimmte Zeit geschlossen und dann verlängert, so handelt es sich bei der Verlängerung um den Abschluss des zweiten aufeinanderfolgenden Arbeitsvertrages auf bestimmte Zeit. Eine zweite Verlängerung dieses Vertrages ist dann nicht mehr möglich, weil es sich aufgrund der Bestimmung in § 1, dann um den dritten Arbeitsvertrag auf bestimmte Zeit handelt, der nach einer kürzeren Zeit als einem Monat und einem Tag abgeschlossen wird und somit als ein Arbeitsvertrag auf unbestimmte Zeit zu gelten hat.
Auch wenn die Möglichkeit der höchstens einmaligen Verlängerung eines Arbeitsvertrages auf bestimmte Zeit sehr streng anmutet, erscheint es doch zunächst, dass diese Regelung dem § 5 Abs. 1 der EG-Richtlinie über befristete Arbeitsverträge entspricht, weil dadurch die in lit. c) enthaltene Maßnahme der zulässigen Zahl der Verlängerungen solcher Verträge umgesetzt wird.
Berücksichtigt man jedoch, dass die in Art. 25^1 § 3 Nr. 1 und 2 KP bestimmten Fälle wiederum nicht zur Anwendbarkeit von Art. 25^1 § 1 KP führen, erscheint es fraglich, ob dies umfassend mit den Ansichten und Zielsetzungen vereinbar ist, dass unbefristete Arbeitsverträge die übliche Form des Beschäftigungsverhältnisses darstellen, welche zur Lebensqualität der betreffenden Arbeitnehmer und zur Verbesserung ihrer Leistungsfähigkeit beitragen, so dass die Inanspruchnahme befristeter Arbeitsverträge aus objektiven Gründen erfolgen soll, um Missbrauch zu vermeiden.[437]
Es stellt sich somit erneut die Frage, welche gesetzlichen Maßnahmen ausreichend wären, um den Bestimmungen der Richtlinie gerecht zu werden, im Hinblick auf die

[437] ABl. der EG L 175/46 Nr. 6, 7.

schlechte polnische Arbeitsmarktlage jedoch noch milde genug wären, um sowohl den Arbeitgeber als auch den Arbeitnehmer in der Abschlussfreiheit (noch) nicht zu sehr zu beschränken. Betrachtet man die in Deutschland ergriffenen Maßnahmen zur Umsetzung der Befristungs-Richtlinie, so ist festzustellen, dass deren Übertragung auf das polnische Arbeitsrecht zum jetzigen Zeitpunkt nicht angemessen wäre, da sie über den in der Richtlinie geforderten Arbeitnehmerschutz hinausgehen und hinsichtlich der aktuellen Situation in Polen zu einschneidend wären.
In Deutschland kann ein befristeter Arbeitsvertrag regelmäßig nur bei Vorliegen eines sachlichen Grundes abgeschlossen werden. Dieser in § 14 Abs. 1 TzBfG geregelte Grundsatz ist aber im Hinblick auf die schon seit langem gefestigte Sachgrundrechtsprechung des BAG nur konsequent. Da in Polen eine entsprechende Rechtsprechung nicht existiert, wäre es ein zu extremer Schritt diesen Grundsatz dort einzuführen. Darüber hinaus ist auch der Maßnahme in § 5 Abs. 1 lit. a) der Befristungs-Richtlinie nicht zu entnehmen, dass sachliche Gründe den Abschluss befristeter Arbeitsverträge rechtfertigen müssen, sondern die Verlängerung schon abgeschlossener befristeter Arbeitsverträge.
Meines Erachtens wäre es wichtig eine Höchstbefristung für Arbeitsverträge einzuführen, z.B. auf vier Jahre. Es könnte somit grundsätzlich ein befristeter Arbeitsvertrag ohne sachlichen Grund, dafür aber auf höchstens vier Jahre, geschlossen werden. Bis zu dieser Gesamtdauer von vier Jahren sollte auch eine Höchstzahl der zulässigen Verlängerungen eines befristeten Arbeitsvertrages bestimmt werden, wie es auch in § 14 Abs. 2 S. 1, 2. HS TzBfG gemacht wird. Bei der deutschen Regelung wurde dabei in Halbjahresschritten gedacht, so dass die Verlängerung höchstens dreimal erfolgen kann. Bezogen auf die oben vorgeschlagenen vier Jahre, könnte der Arbeitsvertrag dann bis zu siebenmal verlängert werden, was jedoch nicht zweckmäßig erscheint. In Betracht kommt aber die höchstens viermalige Verlängerungsmöglichkeit. Diese Zahl ist noch überschaubar.
Darüber hinaus sollte bis zu dieser Gesamtdauer von vier Jahren auch der Abschluss aufeinander folgender befristeter Arbeitsverträge zulässig sein. Auch in diesem Fall sollte die Zahl dieser aufeinanderfolgenden Arbeitsverträge beschränkt werden, weil es in den vier Jahren insgesamt zu sehr vielen kommen könnte, was wiederum der Missbrauchsverhinderung entgegenstehen würde. Entsprechend der Höchstzahl der Verlängerungen könnte auch der Abschluss dieser Verträge auf vier begrenzt werden.
In Anlehnung an die deutsche Regelung sollten Arbeitsverträge als aufeinander folgend zu betrachten sein, die in einem engen sachlichen (in Betracht käme auch zeitlichen) Zusammenhang stehen. Ein solcher könnte insbesondere dann zu vermuten sein, wenn zwischen den Arbeitsverträgen weniger als z.B. fünf oder sechs Monate liegen. Diese, gegenüber den schon oben dazu gemachten Anmerkungen und Anregungen, viel höhere Spanne, ist aufgrund der folgenden Vorschläge gerechtfertigt. Die Verlängerung eines befristeten Arbeitsvertrages über die Gesamtdauer von vier Jahren bzw. der Abschluss eines aufeinander folgenden Arbeitsvertrages nach Ablauf dieser Gesamtdauer sollte nämlich eines sachlichen Grundes bedürfen. Die

sachlichen Gründe könnten i.S.d. § 14 Abs. 1 TzBfG als Regelbeispiele aufgezählt werden.
Der neuerliche Abschluss eines befristeten Arbeitsvertrages ohne sachlichen Grund für höchstens vier Jahre wäre somit nur möglich, wenn es sich nicht um einen aufeinander folgenden Arbeitsvertrag handelt. Um den Mißbrauch aufeinander folgender befristeter Arbeitsverträge wirklich zu vermeiden, muss aber dann die Spanne zumindest in der o.g. Höhe angesetzt sein.
Wird diese Gesamtdauer von vier Jahren überschritten, ohne dass ein sachlicher Grund vorliegt oder ggfs. die zulässige Höchstzahl der aufeinander folgenden Arbeitsverträge, dann muss konsequenterweise der befristete Arbeitsvertrag als auf unbestimmte Zeit geschlossen gelten.
Diese Vorschläge unterscheiden sich größtenteils gänzlich von dem neu formulierten Art. 25^1 KP. Indem sie darüber hinaus im Wesentlichen alle in § 5 Abs. 1 der Befristungs-Richtlinie genannten Maßnahmen übernehmen, sich somit weit über den Mindesterfordernissen bewegen, könnten sie als übermäßig streng erscheinen. Stellt man sich deren praktische Umsetzung jedoch vor, so zeigt sich, dass den Arbeitsvertragsparteien noch genügend Spielraum beim Abschluss befristeter Arbeitsverträge bleibt. Sie können für einen nicht gerade kurzen Zeitraum von vier Jahren einen oder mehrere befristete Arbeitsverträge abschließen, ohne dass es eines Grundes bedürfte, und nach diesen vier Jahren müssen sie nur einige Monate warten, um wieder einen solchen zu schließen. Diese abzuwartende Zeitspanne könnte aber ausreichen, den Arbeitgeber zu überzeugen, den Arbeitnehmer doch unbefristet einzustellen.
Schließlich ist hier noch auf ein kleines begriffliches Problem, im Hinblick auf die Umsetzung der Richtlinie 99/70/EG, einzugehen. In Deutschland wurde diese als Richtlinie über befristete Arbeitsverträge übersetzt. Demgegenüber wurde die Richtlinie in Polen als Richtlinie über Arbeitsverträge auf bestimmte Zeit (Dyrektywa w sprawie umów na czas określony)[438] übersetzt und nicht als eine solche über befristete Arbeitsverträge („Dyrektywa w sprawie umów terminowych").
Dies erscheint aus dem Blickwinkel des deutschen Befristungsrechts einerlei, da gem. § 3 Abs. 1 TzBfG der befristete Arbeitsvertrag ein Arbeitsvertrag auf bestimmte Zeit ist, welchem sowohl der kalendermäßig befristete als auch der zweckbefristete Arbeitsvertrag unterfallen. Ferner orientiert sich die polnische Übersetzung auch an der französischen (La directive sur le travail à durée déterminée) und der englischen (Council directive on fixed-term work). Es ist jedoch zu berücksichtigen, dass in Polen der Arbeitsvertrag auf bestimmte Zeit ausschließlich als der kalendermäßig befristete Arbeitsvertrag angesehen wird und der zweckbefristete als der Arbeitsvertrag auf Zeit zur Ausübung einer bestimmten Arbeit. Der zweckbefristete Arbeitsvertrag unterfällt hier also nicht dem Arbeitsvertrag auf bestimmte Zeit. Diese beiden Verträge (sowie der Arbeitsvertrag auf Probe) werden zu den befristeten Arbeitsverträgen (umowy terminowe) gezählt, die als Oberbegriff fungieren. Dies könnte somit

---

[438] Druk Sejmowy Nr. 1162.

den Eindruck erwecken, dass der zweckbefristete Arbeitsvertrag (sowie der Arbeitsvertrag auf Probe) hinsichtlich der Angleichung des polnischen Rechts an die besagte Vorschrift unberücksichtigt bleibt. Dies ist im Ergebnis jedoch nicht der Fall, da gem. § 3 Nr. 1 der Richtlinie 99/70/EG das Ende eines befristeten Arbeitsvertrages/ Arbeitsvertrages auf bestimmte Zeit durch objektive Bedingungen wie das Erreichen eines bestimmten Datums, die Erfüllung einer bestimmten Aufgabe oder das Eintreten eines bestimmten Ereignisses bestimmt wird, was vom polnischen Gesetzgeber berücksichtigt werden muss. Es ist zwar unproblematisch, neben der Bezeichnung „befristeter Arbeitsvertrag" auch den „Arbeitsvertrag auf bestimmte Zeit" als Oberbegriff für den kalendermäßig befristeten sowie den zweckbefristeten Arbeitsvertrag zu verwenden. Dies muss jedoch in den arbeitsrechtlichen Vorschriften klargestellt werden.
Dies betrifft in erster Linie Art. 25 KP, welcher die vier bzw. laut dem Gesetzgeber jetzt fünf Arten des Arbeitsvertrages bestimmt. Dies sind der Arbeitsvertrag auf unbestimmte Zeit, der Arbeitsvertrag auf bestimmte Zeit, der Arbeitsvertrag auf Zeit zur Ausübung einer bestimmten Arbeit und der Arbeitsvertrag auf Probe. Darüber hinaus soll es sich laut dem Gesetzgeber bei dem Vertretungsvertrag auch um eine selbstständige Art des Arbeitsvertrages handeln. Aufgrund der schon oben gemachten Erwägungen ist dieser aber als ein Arbeitsvertrag auf bestimmte Zeit zu betrachten.
Das Gesetz unterscheidet somit selbst ausdrücklich zwischen dem kalendermäßig befristeten Arbeitsvertrag (Arbeitsvertrag auf bestimmte Zeit, Arbeitsvertrag auf Probe) und dem zweckbefristeten Arbeitsvertrag (Arbeitsvertrag auf Zeit zur Ausübung einer bestimmten Arbeit). Infolge der Übersetzung der Richtlinie in der o.g. Weise unterfallen alle diese Arbeitsverträge aber den Arbeitsverträgen auf bestimmte Zeit. Dies muss sich zukünftig somit auch in Art. 25 KP widerspiegeln, da es widersprüchlich wäre, wenn der Arbeitsvertrag auf bestimmte Zeit einmal ausschließlich als kalendermäßig befristeter Arbeitsvertrag gilt und ein anderes Mal zusätzlich auch noch als zweckbefristeter Arbeitsvertrag. Am geschicktesten wäre es gewesen, die Richtlinie als eine solche über befristete Arbeitsverträge zu übersetzen, wie es in Deutschland gemacht worden ist. Dann würden sich diese Probleme gar nicht stellen.
Zuletzt ist hier noch auf eine weitere Vertragsform einzugehen, nämlich den Probearbeitsvertrag. Während dieser in Polen ausschließlich zu den befristeten Arbeitsverträgen zählt, gibt es in Deutschland die Probezeit als befristetes Arbeitsverhältnis (s.o. § 14 Abs. 1 S. 2 Nr. 5 TzBfG) und als Teil eines unbefristeten Arbeitsverhältnisses.[439]
Der dahinter stehende Zweck einer Probezeit ist in beiden Ländern aber derselbe. Während der Probezeit soll der Arbeitnehmer in erster Linie auf seine berufliche

[439] Hromadka/Maschmann, Arbeitsrecht Band 1, § 4 Rn. 24; Söllner, Grundriß Arbeitsrecht, S. 326.

Eignung hin überprüft werden, und darüber hinaus kann er sich selbst vergewissern, ob ihm die Arbeit zusagt.[440]

Was die zulässige Dauer eines Probearbeitsverhältnisses betrifft, so ergeben sich aber Unterschiede. In Polen kann ein solches maximal drei Monate betragen (Art. 25 § 2 KP), unabhängig vom ausgeübten Beruf. In Deutschland wird für eine einfache Tätigkeit (ungelernt) eine Zeit von sechs Wochen bis drei Monaten als angemessen gesehen, für eine normale Tätigkeit drei bis sechs Monate und für eine besonders qualifizierte Tätigkeit, wie im künstlerischen oder wissenschaftlichen Bereich, auch eine längere Zeit.[441] Eine Probezeit von über einem Jahr ist aber eine seltene Ausnahme.[442]

Der Abschluss eines Probearbeitsvertrages verpflichtet den polnischen Arbeitgeber nicht zur Begründung eines zukünftigen Arbeitsverhältnisses mit dem Arbeitnehmer. Dies gilt in Deutschland auch nicht, wenn ein befristetes Probearbeitsverhältnis vereinbart worden ist, welches mit Ablauf der Probezeit von selbst endet.[443] Eine Ausnahme ist nur dann gegeben, wenn die Berufung auf die Befristung aus sachfremden Erwägungen erfolgt.[444] Nur im Rahmen eines unbefristeten Arbeitsverhältnisses wird der Arbeitnehmer mit bestandener Probezeit „festangestellt" oder „übernommen".[445] Eine vorherige Kündigung des Probearbeitsverhältnisses ist aber möglich (§ 622 Abs. 3, 4 BGB bei einer Probezeit bis zu sechs Monaten; danach gilt das KSchG, wenn es anwendbar ist).

In Deutschland bedarf die Befristung eines Arbeitsvertrages gem. § 14 Abs. 4 TzBfG zu ihrer Wirksamkeit der Schriftform. Dabei handelt es sich um ein konstitutives Schriftformerfordernis i.S.v. § 126 BGB.[446] Danach unterliegt aber nur die Befristungsabrede selbst der Schriftform und nicht der gesamte Arbeitsvertrag.[447] Für diesen bleibt es bei den Regeln des Nachweisgesetzes.[448] Auch der Befristungsgrund unterliegt nicht der Schriftform, da § 14 Abs. 4 TzBfG dies nicht fordert.[449] Eine Ausnahme gilt jedoch für die Zweckbefristung, bei welcher auch der Befristungs-

---

440 BAG vom 29.07.1958, AP Nr. 3 zu § 620 BGB Probearbeitsverhältnis; Schaub, Arbeitsrechts-Handbuch, § 40 Rn. 1.

441 Hromadka/Maschmann, Arbeitsrecht Band 1, § 4 Rn. 23; MünchArbR/Richardi, § 44 Rn. 63.

442 BAG vom 07.05.1980, AP Nr. 36 zu § 611 BGB Abhängigkeit.

443 Hromadka/Maschmann, Arbeitsrecht Band 1, § 4 Rn. 30.

444 BAG vom 16.03.1989, AP Nr. 8 zu § 1 BeschFG.

445 Hromadka/Maschmann, Arbeitsrecht Band 1, § 4 Rn. 29.

446 Hamann, JA 2002, 596 (601); Hansen/Kelber/Zeißig, Neues Arbeitsrecht, Rn. 644; Kliemt, NZA 2001, 296 (301); Ring, TzBfG, § 14 Rn. 152.

447 Hamann, JA 2002, 596 (601); Hansen/Kelber/Zeißig, Neues Arbeitsrecht, Rn. 630; Kliemt, NZA 2001, 296 (301); Pelzner/Scheddler/Widlak, Flexibilität im Arbeitsverhältnis, S. 105; Preis/Gotthardt, DB 2001, 145 (150); Ring, TzBfG, § 14 Rn. 152.

448 Nielebock/Perreng, Neues Arbeits- und Sozialrecht, § 14 Rn. 24; Preis/Gotthardt, DB 2001, 145 (150).

449 Hamann, JA 2002, 596 (602); Hromadka, BB 2001, 674; Pelzner/Scheddler/Widlak, Flexibilität im Arbeitsverhältnis, S. 106; Ring, TzBfG, § 14 Rn. 154.

grund der Schriftform unterliegt, weil die Befristungsabrede, mangels eines feststehenden Endtermins, ohne Angabe des Zwecks inhaltsleer wäre.[450]
Ist die Befristung rechtsunwirksam, so gilt der befristete Arbeitsvertrag als auf unbestimmte Zeit geschlossen, § 16 S. 1, 1. HS TzBfG. Er kann vom Arbeitgeber frühestens zum vereinbarten Ende ordentlich gekündigt werden, sofern nicht einzelvertraglich oder im anwendbaren Tarifvertrag eine frühere Kündigungsmöglichkeit vereinbart ist, § 16 S. 1, 2. HS TzBfG. Ist die Befristung nur wegen des Mangels der Schriftform unwirksam, kann der Arbeitsvertrag auch vor dem vereinbarten Ende ordentlich gekündigt werden, § 16 S. 2 TzBfG.
Im polnischen Arbeitsrecht gibt es keine besondere gesetzliche Regelung bezüglich der Form eines befristeten Arbeitsvertrages. Auch für diesen gilt generell gem. Art. 29 KP die Schriftform. Im Gegensatz zum deutschen Befristungsrecht unterliegt in Polen der befristete Arbeitsvertrag also der Schriftform. Mangels gesetzlicher Sanktionen führt ein Verstoß dagegen jedoch nicht zur Unwirsamkeit des Arbeitsvertrages.
Die Arbeitgeberpflichten gegenüber befristet beschäftigten Arbeitnehmern sind im deutschen Recht in §§ 18 bis 20 TzBfG geregelt. Gem. § 18 TzBfG hat der Arbeitgeber die befristet beschäftigten Arbeitnehmer über entsprechende unbefristete Arbeitsplätze zu informieren, die besetzt werden sollen, was durch allgemeine Bekanntgabe erfolgen kann. Darüber hinaus hat er gem. § 19 TzBfG Sorge zu tragen, dass auch befristet beschäftigte Arbeitnehmer an angemessenen beruflichen Aus- und Weiterbildungsmaßnahmen teilnehmen können, es sei denn, dass dringende betriebliche Gründe oder Aus- und Weiterbildungswünsche anderer Arbeitnehmer entgegenstehen. Letztlich muss er gem § 20 TzBfG die Arbeitnehmervertretung über die Anzahl der befristet beschäftigten Arbeitnehmer und ihren Anteil an der Gesamtbelegschaft des Betriebs und des Unternehmens informieren.
Im Vergleich dazu, ist im KP nur eine dem § 19 TzBfG weitgehend entsprechende Vorschrift zu finden, welche sich auf alle Arbeitsverhältnisse und somit auch auf die befristeten bezieht. Art. 17 KP und Art. 94 Nr. 6 KP sind im Wortlaut gleich und besagen, dass der Arbeitegber verpflichtet ist dem Arbeitnehmer die Erlangung beruflicher Qualifikationen zu erleichtern.
Des Weiteren muss der deutsche Arbeitgeber, der Arbeitnehmer befristet beschäftigt, das Diskriminierungsverbot gem. § 4 Abs. 2 TzBfG sowie das Benachteiligungsverbot gem. § 5 TzBfG beachten. Ein befristet beschäftigter Arbeitnehmer darf somit gem. § 4 Abs. 2 S. 1 TzBfG wegen der Befristung des Arbeitsvertrages nicht schlechter behandelt werden als ein vergleichbarer unbefristet beschäftigter Arbeitnehmer, es sei denn dass sachliche Gründe eine unterschiedliche Behandlung rechtfertigen, und

[450] ErfK/Müller-Glöge, § 14 TzBfG Rn. 146; Hamann, JA 2002, 596 (602); Hansen/Kelber/Zeißig, Neues Arbeitsrecht, Rn. 640; Hromadka, BB 2001, 674; Kliemt, NZA 2001, 296 (301); Nielebock/Perreng, Neues Arbeits- und Sozialrecht, § 14 Rn. 24; Pelzner/Scheddler/Widlak, Flexibilität im Arbeitsverhältnis, S. 106; Richardi/Annuß, NJW 2000, 1231 (1234).

gem. § 5 TzBfG darf er nicht wegen der Inanspruchnahme von Rechten nach dem TzBfG benachteiligt werden.
Ein Diskriminierungsverbot bezüglich der Befristung ist im polnischen Arbeitsrecht nunmehr in Art. 11^3 KP zu finden.

c) Besondere Arbeitsverträge

Eine besondere Form des Arbeitsvertrages stellt der Berufsausbildungsvertrag dar. Sowohl in Polen als auch in Deutschland handelt es sich bei dem Berufsausbildungsverhältnis um ein echtes Arbeitsverhältnis, bei welchem aber der Erwerb beruflicher Kenntnisse im Vordergrund steht und nicht die Mehrung wirtschaftlicher Vorteile.[451]
Gem. Art. 194 KP sind auf den Berufsausbildungsvertrag die Vorschriften des Arbeitsgesetzbuches über unbefristete Arbeitsverträge anzuwenden, und zwar mit den in Art. 195 und 196 KP vorgesehenen Änderungen. Im Wesentlichen entspricht diese Vorschrift § 3 Abs. 2 BBiG. Laut diesem sind auf den Berufsausbildungsvertrag, soweit sich aus seinem Wesen und Zweck und aus dem BBiG nichts anderes ergibt, die für den Arbeitsvertrag geltenden Rechtsvorschriften und Rechtsgrundsätze anzuwenden.
Wer einen anderen zur Berufsausbildung einstellt, hat mit dem Auszubildenden einen Berufsausbildungsvertrag zu schließen. Während dieser Vertrag in Deutschland aber keiner Form bedarf[452] (vgl. § 3 Abs. 1 BBiG), schreibt in Polen § 3 der Verordnung über die Berufsausbildung die Schriftform vor. Dabei ist insbesondere der in Art. 195 § 1 KP fest gelegte Inhalt aufzunehmen. Demgegenüber verlangt dafür § 4 Abs. 1 S. 1 BBiG, dass der Ausbildende unverzüglich nach Abschluss des Berufsausbildungsvertrages, spätestens vor Beginn der Berufsausbildung, den wesentlichen Inhalt des Vertrages schriftlich niederzulegen hat, wobei er mindestens den in § 4 Abs. 1 S. 2 Nr. 1 bis 9 BBiG bestimmten Inhalt aufzunehmen hat. Der aufzunehmende Inhalt geht dabei über den in Art. 195 § 1 KP um einige Punkte hinaus. Diese Niederschrift ist vom Ausbildenden, dem Auszubildenden und dessen gesetzlichen Vertreter zu unterzeichnen (§ 4 Abs. 2 BBiG) und den letzteren ist eine Ausfertigung davon unverzüglich auszuhändigen (§ 4 Abs. 3 BBiG).
Verstößt der Ausbilder gegen seine Pflicht aus § 4 Abs. 1 BBiG, so handelt er ordnungswidrig (§ 99 Abs. 1 Nr. 1, 2 BBiG), was mit einer Geldbuße geahndet werden kann (§ 99 Abs. 2 BBiG).
Festzuhalten ist jedoch, dass weder der Verstoß gegen das polnische Schriftformerfordernis aus § 3 der Verordnung über die Berufsausbildung, noch derjenige gegen die Pflicht zur Vertragsniederschrift aus § 4 Abs. 1 BBiG einen Einfluss auf die

---

[451] Dütz, Arbeitsverhältnis, Rn. 130; Hromadka/Maschmann, Arbeitsrecht Band 1, § 5 Rn. 72; Zöllner/Loritz, Arbeitsrecht, S. 339.
[452] Schaub, Arbeitsrechts-Handbuch, § 174 Rn. 7; Söllner, Grundriß Arbeitsrecht, S. 319.

Wirksamkeit des Berufsausbildungsvertrages hat.[453] Somit kann auch in Polen dieser Vertrag mündlich geschlossen werden.[454]
Ein wesentlicher Unterschied besteht aber dahingehend, dass in Polen der Berufsausbildungsvertrag in der Regel unbefristet abgeschlossen wird, so dass nach Abschluss der Ausbildung das Rechtsverhältnis zwischen den Parteien andauert, und zwar dann als ein „einfaches" Arbeitsverhältnis, während in Deutschland das Berufsausbildungsverhältnis ein gesetzlich befristetes Arbeitsverhältnis ist (§ 14 Abs. 1 BBiG).[455] Wird der Auszubildende im Anschluss an das Berufsausbildungsverhältnis aber weiter beschäftigt, ohne dass hierüber ausdrücklich etwas vereinbart worden ist, so gilt gem. § 17 BBiG ein Arbeitsverhältnis auf unbestimmte Zeit als begründet.
Der Abschluss eines befristeten Berufsausbildungsvertrages ist in Polen aber auch möglich, und zwar unter den in § 9 der Verordnung über die Berufsausbildung geregelten Voraussetzungen.

Schließlich ist noch auf einen weiteren Unterschied einzugehen. In Deutschland beginnt das Berufsausbildungsverhältnis mit der Probezeit, die mindestens einen Monat betragen muss und höchstens drei Monate betragen darf, § 13 BBiG. Eine solche Probezeit ist im polnischen Recht nicht vorgesehen. Es ist sogar unzulässig ein Probearbeitsverhältnis mit einem Arbeitnehmer abzuschließen, der mit dem Ziel der Berufsausbildung beschäftigt wird, weil mit diesem ja regelmäßig nur ein unbefristeter Arbeitsvertrag geschlossen wird.
Was die Berufsausbildung im Handwerk betrifft, so gelten in Polen gem. Art. 206 § 1 KP die Vorschriften der Art. 190 bis 205 KP entsprechend, somit auch diejenigen, welche die Berufsausbildung allgemein regeln. In Deutschland sind in diesem Fall die §§ 21 ff. HandwO maßgeblich, welche jedoch dem BBiG angepasst worden sind.[456]
Eine besondere Form des Arbeitsvertrages ist in Deutschland die Teilzeitarbeit, die im TzBfG geregelt ist. Teilzeitbeschäftigt ist ein Arbeitnehmer, dessen regelmäßige Wochenarbeitszeit kürzer ist als die eines vergleichbaren vollzeitbeschäftigten Arbeitnehmers, § 2 Abs. 1 S. 1 TzBfG. In Betrieben mit in der Regel mehr als 15 Arbeitnehmern können Arbeitnehmer, deren Arbeitsverhältnis länger als sechs Monate bestanden hat, sogar verlangen, dass ihre vertraglich vereinbarte Arbeitszeit verringert wird, § 8 Abs. 1, 7 TzBfG.
Einen gesetzlichen Anspruch auf Teilzeitarbeit gibt es in Polen noch nicht. Art. 29^2 § 2 KP bestimmt jedoch, dass der Arbeitgeber den Antrag des Arbeitnehmers auf Änderung der im Arbeitsvertrag festgelegten Arbeitszeit, im Rahmen seiner Möglichkeiten, berücksichtigen soll. Es ist davon auszugehen, dass diese Regelung insbesondere den Antrag auf Kürzung der Arbeitszeit betrifft, da Art. 29^2 § 1 KP besagt, dass der Abschluss eines Arbeitsvertrages auf Teilzeit nicht zur Benachteiligung des

---

453 Florek/Zieliński, Prawo pracy, Rn. 391; BAG vom 21.08.1997, DB 1997, 2619 (2620).
454 Florek/Zieliński, Prawo pracy, Rn. 391.
455 Dütz, Arbeitsrecht, Rn. 268.
456 Söllner, Grundriß Arbeitsrecht, S. 319.

Arbeitnehmers bezüglich der Arbeits- und Lohnbedingungen im Vergleich mit einem Arbeitnehmer, der die gleiche oder eine ähnliche Arbeit auf Vollzeit ausübt, führen darf. Ferner enthält Art. 11^3 KP ein Diskriminierungsverbot hinsichtlich von Teilzeitbeschäftigten.
Im Hinblick auf den Beitritt Polens in die EU und der Angleichung des nationalen Rechts an die Richtlinie 97/81/EG des Rates vom 15.12.1997 zu der von UNICE, CEEP und EGB geschlossenen Rahmenvereinbarung über Teilzeitarbeit[457] sind aber noch weitere Regelungen erwarten.
Schließlich soll hier auch noch kurz auf die Beschäftigung ausländischer Arbeitnehmer eingegangen werden.
Möchte ein Ausländer eines Nicht-EU-Staates einer Arbeit in Deutschland nachgehen, so bedarf er gem. § 284 Abs. 1 SGB III grundsätzlich einer Genehmigung der Agentur für Arbeit, die als Arbeitserlaubnis erteilt wird, wenn nicht Anspruch auf die Erteilung als Arbeitsberechtigung besteht (§ 284 Abs. 4 SGB III). Die Arbeitserlaubnis kann erteilt werden, wenn sich durch die Beschäftigung von Ausländern keine nachteiligen Auswirkungen auf den Arbeitsmarkt ergeben, für die Beschäftigung deutsche Arbeitnehmer nicht zur Verfügung stehen und der Ausländer nicht zu ungünstigeren Bedingungen als vergleichbare deutsche Arbeitnehmer beschäftigt wird (§ 285 Abs. 1 S. 1 SGB III). Die Arbeitserlaubnis kann befristet und auf bestimmte Betriebe, Berufsgruppen, Wirtschaftszweige oder Bezirke beschränkt werden (§ 285 Abs. 5 SGB III).
Außer der Arbeitserlaubnis benötigt der Ausländer eine Aufenthaltsgenehmigung nach dem Ausländergesetz (§ 284 Abs. 5 SGB III).
Besitzt der Ausländer eine Aufenthaltserlaubnis oder Aufenthaltsbefugnis und hat er fünf Jahre rechtmäßig eine versicherungspflichtige Beschäftigung im Bundesgebiet ausgeübt oder sich seit sechs Jahren ununterbrochen im Bundegebiet aufgehalten, dann erhält er regelmäßig eine Arbeitsberechtigung (§ 286 Abs. 1 SGB III).
In Polen bedarf ein Ausländer auch einer Arbeitserlaubnis, welche aber im Gegensatz zu Deutschland in jedem Fall befristet und für einen bestimmten Arbeitsplatz oder eine bestimmte Arbeit erteilt wird. Wie in Deutschland wird diese aber auch nur erteilt, wenn dadurch der Arbeitsmarkt nicht nachteilig betroffen wird.
Darüber hinaus benötigt der Ausländer auch eine Aufenthaltserlaubnis. Als Alternative kommt aber auch ein Visum in Betracht, was in Deutschland nicht vorgesehen ist.
Der wesentliche Unterschied besteht aber darin, dass in Polen auch der Arbeitgeber eine Zusicherung zur Beschäftigung des Ausländers erhalten muss. Gem. § 284 Abs. 1 S. 1 SGB III dürfen Ausländer von Arbeitgebern nur beschäftigt werden, wenn sie eine Genehmigung i.S.d. Vorschrift besitzen. Sie selbst müssen aber eine besondere Zusicherung oder Genehmigung nicht einholen.

---

[457] ABl. EG L 14, S. 9.

Was den Ausländer eines EU-Staates betrifft, so bedarf dieser aufgrund der im EWG-Vertrag vereinbarten Freizügigkeit unter den Staatsangehörigen der EU keiner Arbeitserlaubnis (§ 1 Aufenthaltsgesetz/EWG[458]).
Ein Vergleich mit den in Polen noch verwendeten genossenschaftlichen Arbeitsverträgen erübrigt sich hier, weil es in Deutschland eine solche besondere Form des Arbeitsvertrages nicht gibt.

5. Die Einstellungsverhandlungen

In Polen und in Deutschland ist es grundsätzlich üblich vor dem Abschluss eines Arbeitsvertrages mit den Bewerbern Einführungs- bzw. Vorstellungsgespräche zu führen. Dabei werden so viele Informationen wie möglich gesammelt, um sich ein umfassendes Bild von den Qualifikationen dieser Bewerber zu verschaffen. Dabei können in beiden Ländern auch Fragebögen verwendet werden.[459] Diese dürfen in Deutschland dann aber auch nur solche Fragen enthalten, welche der Arbeitsplatzsuchende auch im Rahmen eines Vorstellungsgespräches beantworten müsste.[460] Die arbeitsrechtlichen Vorschriften enthalten aber keinen Musterfragebogen, wie es in Polen der Fall ist.
Darüber hinaus bestimmt in Polen Art. 23 Abs. 1 des Gesetzes über den Datenschutz, dass der Arbeitgeber nur solche Informationen sammeln kann, zu denen er durch Vorschriften berechtigt ist. Das Fragerecht des Arbeitgebers in Deutschland ist durch die Datenschutzgesetze des Bundes und der Länder auch nicht eingeschränkt.[461] Mit der Umsetzung der Datenschutzrichtlinie vom 24.10.1995[462] im neuen Bundesdatenschutzgesetz vom 18.05.2001,[463] in Kraft getreten am 23.05.2001, hat sich das aber im Hinblick auf die Erhebung von Daten geändert.[464] § 4 Abs. 1 BDSG ordnet jetzt nämlich an, dass die Erhebung, Verarbeitung und Nutzung personenbezogener Daten nur zulässig sind, soweit dieses Gesetz oder eine andere Rechtsvorschrift dies erlaubt oder anordnet oder der Betroffene eingewilligt hat. Es besteht somit jetzt eine ähnliche Rechtslage wie in Polen.
Von besonderer Bedeutung sind in Polen dabei der Art. 22^1 § 1 i.V.m. § 3 KP sowie § 1 Abs. 1 der Verordnung des Ministers für Arbeit und Sozialpolitik vom

---

458 Gesetz über Einreise und Aufenthalt von Staatsangehörigen der Mitgliedstaaten der Europäischen Wirtschaftsgemeinschaft (Aufenthaltsgesetz/EWG – AufenthG/EWG) in der Bekanntmachung vom 31.01.1980, BGBl. I S. 116.

459 Götz, Arbeitsrecht I, S. 17; Hromadka/Maschmann, Arbeitsrecht Band 1, § 5 Rn. 59; Müller/Rieland, Arbeitsrecht, Rn. 183.

460 Hromadka/Maschmann, Arbeitsrecht Band 1, § 5 Rn. 59.

461 Schaub, Arbeitsrechts-Handbuch, § 26 Rn. 10.

462 RL 95/46/EG des Europäischen Parlaments und des Rates zum Schutz natürlicher Personen bei der Verarbeitung personenbezogener Daten und zum freien Datenverkehr, ABl. EG Nr. L 281, S. 31.

463 BGBl. I S. 904.

464 Schaub, Arbeitsrechts-Handbuch, § 26 Rn. 10.

28.05.1996,[465] in welchen aufgezählt wird, welche Unterlagen der Arbeitgeber vom Stellenbewerber verlangen kann. Eine solche konkrete Vorschrift findet sich im deutschen Recht zwar nicht. Gem. § 28 Abs. 1 S. 1 BDSG ist aber jedenfalls die Erhebung personenbezogener Daten zulässig, wenn es der Zweckbestimmung eines Vertragsverhältnisses oder vertragsähnlichen Vertrauensverhältnisses mit dem Betroffenen dient (Nr. 1), soweit es zur Wahrung berechtigter Interessen der verantwortlichen Stelle erforderlich ist und kein Grund zu der Annahme besteht, dass das schutzwürdige Interesse der Betroffenen an dem Ausschluss der Verarbeitung oder Nutzung überwiegt (Nr. 2) oder wenn die Daten allgemein zugänglich sind oder die verantwortliche Stelle sie veröffentlichen dürfte, es sei denn, dass das schutzwürdige Interesse des Betroffenen an dem Ausschluss der Verarbeitung oder Nutzung gegenüber dem berechtigten Interesse der verantwortlichen Stelle offensichtlich überwiegt (Nr. 3).

Unabhängig davon aber, wie konkret die Lage durch Vorschriften bestimmt ist, sind in beiden Ländern – neben den allgemeinen Angaben zur Person, wie Name, Geburtsdatum usw. – auch Angaben zur Schul- und Berufsausbildung, zur Berufserfahrung, zur letzten Arbeitsstelle, zu beruflichen Qualifikationen, zu Fremdsprachenkenntnissen u.ä. sowie nach Wehrdienstzeiten zu machen.[466] Während in Polen in diesem Rahmen auch die Frage nach dem Familienstand und Kindern erlaubt ist, ist eine solche in Deutschland jedoch unzulässig.[467]

In beiden Ländern darf nach der Schwerbehinderteneigenschaft gefragt werden;[468] nach einer Körperbehinderung aber nur dann, wenn sie die angestrebte Tätigkeit beeinträchtigen würde,[469] wobei in Polen diese Frage auf die Kriegs- und Militärinvalidität beschränkt ist.

Nach dem Gesundheitszustand kann in Deutschland auch nur gefragt werden, wenn sie die Arbeitsfähigkeit des Bewerbers schwerwiegend beeinträchtigen oder aufgrund Ansteckungsgefahr die zukünftigen Kollegen oder Kunden gefährden würde.[470] Dieses Fragerecht darf auch nicht durch eine ärztliche Einstellungsuntersuchung

---

465 Verordnung über die Führung von Unterlagen in Angelegenheiten die das Arbeitsverhältnis betreffen sowie über die Führung von Personalakten der Arbeitnehmer, durch den Arbeitgeber.

466 Götz, Arbeitsrecht I, S. 17; Löwisch, Arbeitsrecht, Rn. 1198; Müller/ Rieland, Arbeitsrecht, Rn. 187; Schaub, Arbeitsrechts-Handbuch, § 26 Rn. 16; Anlage Nr. 1 der Verordnung vom 28.05.1996; a. A. jedoch Piątkowski, Nowy stosunek pracy, S. 185.

467 Götz, Arbeitsrecht I, S. 19.

468 BAG vom 05.10.1995, NZA 1996, 371; vom 03.12.1998, NZA 1999, 584; Dütz, Arbeitsrecht, Rn. 86; Götz, Arbeitsrecht I, S. 17; Löwisch, Arbeitsrecht, Rn. 1198; Zöllner/Loritz, Arbeitsrecht, S. 149; a. A. aufgrund der neuen Gesetzeslage: Thüsing/Lambrich, BB 2002, 1146 (1149); Sieg/Prujszczyk, Arbeitsrecht in Polen, Rn. 42.

469 BAG vom 07.06.1984, NZA 1985, 57; Dütz, Arbeitsrecht, Rn. 86; Löwisch, Arbeitsrecht, Rn. 1198; Müller/Riedel, Arbeitsrecht, Rn. 187; Zöllner/Loritz, Arbeitsrecht, S. 149.

470 BAG vom 07.02.1964, BB 1964, 472; vom 07.06.1984, NZA 1985, 57; Götz, Arbeitsrecht I, S. 17; Hromadka/Maschmann, Arbeitsrecht Band 1, § 5 Rn. 55; Löwisch, Arbeitsrecht, Rn. 1198.

erweitert werden. Der Arzt darf nur über die Eignung für die beabsichtigte Tätigkeit Auskunft erteilen.[471]
Eine Einstellungsuntersuchung kann vorgenommen werden.[472] Sie ist jedoch nur bei Jugendlichen gesetzlich vorgeschrieben, § 32 Abs. 1 JArbSchG. Im Gegensatz dazu ist in Polen die ärztliche Einstellungsuntersuchung für jeden einzustellenden Arbeitnehmer Pflicht (Art. 229 § 1 KP). Aber auch hier stellt der Arzt nur die Eignung für die angestrebte Tätigkeit fest.[473]
Die Frage nach Vorstrafen ist in Deutschland und in Polen zulässig, soweit diese Kenntnis für den Arbeitgeber konkret erforderlich ist.[474] In Polen kann der Arbeitgeber selbst sogar auf Antrag einen Strafregisterauszug erhalten.
Grundsätzlich unzulässig sind in beiden Ländern Fragen nach der Religions- und Gewerkschaftszugehörigkeit.[475] Ferner darf in Deutschland grundsätzlich auch nicht nach der Parteizugehörigkeit gefragt werden.[476] In Polen ist diese Frage zwar erlaubt. Die Antwort darf jedoch nicht als Begründung für eine Nichteinstellung dienen.[477]
Des Weiteren ist in beiden Ländern die Frage nach der Schwangerschaft in der Regel nicht zulässig.[478] Ausnahmsweise ist sie nur dann sachlich gerechtfertigt, wenn der Bewerberin und dem Kind gesundheitliche Gefahren drohen.[479]
Anzumerken ist aber, dass der EuGH in der Entscheidung Mahlburg vom 03.02.2000[480] festgestellt hat, dass die Anwendung der Vorschriften zum Schutz der werdenden Mutter keine Nachteile beim Zugang der Beschäftigung mit sich bringen dürfte. Während diese Rechtsprechung noch einzig die unbefristete Einstellung betraf, wurde sie in der Entscheidung vom 04.10.2001 (Tele Danmark)[481] auch auf befristete Einstellungen ausgeweitet. Aufgrund dessen wird in Deutschland jetzt auch vertreten, dass die Frage nach der Schwangerschaft damit endgültig und ohne Ausnahme verboten sei.[482] Da dies aber in Einzelfällen zu unbilligen Härten führen kann,

---

471 Götz, Arbeitsrecht I, S. 17; Schaub, Arbeitsrechts-Handbuch, § 26 Rn. 20.
472 Hromadka/Maschmann, Arbeitsrecht Band 1, § 5 Rn. 61.
473 Iwulski/Sanetra, KP, Art. 229; Gęsicki, KP, Art. 229 Nr. 1.
474 BAG vom 05.12.1957, DB 1958, 282; Dütz, Arbeitsrecht, Rn. 86; Löwisch, Arbeitsrecht, Rn. 1200; Müller/Riedel, Arbeitsrecht, Rn. 187; Zöllner/Loritz, Arbeitsrecht, S. 149.
475 Dütz, Arbeitsrecht, Rn. 86; Götz, Arbeitsrecht I, S. 19; Löwisch, Arbeitsrecht, Rn. 1201; Zöllner/Loritz, Arbeitsrecht, S. 149.
476 Dütz, Arbeitsrecht, Rn. 86; Götz, Arbeitsrecht I, S. 18; Löwisch, Arbeitsrecht, Rn. 1201; Müller/Riedel, Arbeitsrecht, Rn. 187.
477 Sieg/Prujszczyk, Arbeitsrecht in Polen, Rn. 42.
478 H.M. BAG vom 15.10.1992, NZA 1993, 257; vom 01.07.1993, NZA 1993, 933; Dütz, Arbeitsrecht, Rn. 86; Götz, Arbeitsrecht I, S. 18; Hromadka/Maschmann, Arbeitsrecht Band 1, § 5 Rn. 53; Müller/Riedel, Arbeitsrecht, Rn. 187; Söllner, Grundriß Arbeitsrecht, S. 253; a.A. Zöllner/Loritz, Arbeitsrecht, S. 149.
479 BAG vom 01.07.1993, NZA 1993, 933.
480 Slg. 2000 I, 549 (Mahlburg).
481 EuGH, DB 2001, 2451.
482 Thüsing/Lambrich, BB 2002, 1146 (1147).

solle zumindest mit der Anwendung des Verbots des venire contra factum proprium eine Schranke gesetzt werden, um unbefriedigende Ergebnisse zu korrigieren.[483]
Stellt der Arbeitgeber eine unzulässige Frage, dann braucht der Bewerber in Deutschland nicht oder nicht wahrheitsgemäß zu antworten; er hat dann ein „Recht zur Lüge“.[484] Dabei ist der Bewerber in der Regel wohl besser bedient, wenn er die Unwahrheit sagt, als die Beantwortung der Frage zu verweigern, weil er im letzteren Fall Gefahr läuft, gar nicht erst eingestellt zu werden.
Da das Fragerecht in Polen in vielen Punkten mit dem in Deutschland übereinstimmt, müsste konsequenterweise zu erwarten sein, dass der Stellenbewerber in Polen bei unzulässigen Fragen auch ein „Recht zur Lüge“ hat. Ein solches „Recht“ wird jedoch weder in der Literatur noch in der Rechtsprechung erwähnt. Es ist überhaupt eine Seltenheit, wenn sich jemand mit dem Fragerecht des Arbeitgebers auseinandersetzt. Dies passiert dann auch im Rahmen einiger weniger Sätze und beschränkt sich auf die am häufigsten gestellten Fragen, wie Schwangerschaft oder Behinderung. Mit Art. 11^3 KP wird einfach angenommen, dass jegliche Diskriminierung im Arbeitsverhältnis, insbesondere aufgrund des Geschlechts, des Alters, einer Behinderung, der Rasse, der Religion, der Nationalität, politischer Überzeugungen, der Gewerkschaftszugehörigkeit, ethnischer Abstammung, seines Bekenntnisses, der sexuellen Orientierung sowie der Beschäftigung auf bestimmte oder unbestimmte Zeit oder auf Teizeit oder Vollzeit unzulässig ist, und auch für den Zeitraum der Begründung des Arbeitsverhältnisses gilt. Dass die Theorie und die Praxis gänzlich verschieden sind, wird nicht erwähnt. Natürlich ist dies immer und überall der Fall. Aber in Polen führt gerade die sehr schlechte Arbeitsmarktlage[485] dazu, dass sich die Bewerber grundsätzlich nicht mit dem Arbeitgeber „anlegen“ wollen und ihre Rechte geltend machen, sofern sie sie überhaupt kennen. Der Arbeitgeber fragt wonach ihm gefällt, und wenn sich der Bewerber weigert eine Frage zu beantworten, dann wird vermutet, dass er etwas zu verbergen hat, was die Chancen des Kandidaten im Hinblick auf eine Einstellung nicht gerade erhöht. Dass der Bewerber in diesem Moment das Recht hätte, die Frage nicht wahrheitsgemäß zu beantworten wird, wie schon erwähnt, nicht diskutiert. Wenn aber ein eingeschränktes Fragerecht des Arbeitgebers angenommen wird, was in Polen ja der Fall ist, dann wäre es aber auch nur folgerichtig darauf einzugehen. Es ist zu vermuten – und zu hoffen –, dass sich in Zukunft die Literatur und auch die Rechtsprechung intensiver mit diesem Thema befassen und dann auch dem Stellenbewerber das „Recht zur Lüge“ zusprechen werden.

---

483 Thüsing/Lambrich, BB 2002, 1146 (1147).

484 BAG vom 22.09.1961, BB 1961, 1237 (1238); Dütz, Arbeitsrecht, Rn. 87; Hromadka/Maschmann, Arbeitsrecht Band 1, § 5 Rn. 43; Schaub, Arbeitsrechts-Handbuch, § 26 Rn. 12; Thüsing/Lambrich, BB 2002, 1146; Zöllner/Loritz, Arbeitsrecht, S. 149.

485 Im Jahre 2001 bestand eine durchschnittliche Arbeitslosenquote von 17,4 %. In einigen Woiwodschaften liegt sie sogar zwischen 20 % und 25 %, und in einigen wenigen Unterregionen kommt sie sogar auf bis zu 35 %, Mały rocznik statystyczny Polski 2002, S. 153 ff. (Kurzes statistisches Jahrbuch von Polen).

C. Die Begründung außervertraglicher Arbeitsverhältnisse

I. Polen

Neben dem Arbeitsvertrag gibt es noch die Möglichkeit ein Arbeitsverhältnis auf Grund von Berufung, Wahl oder Ernennung zu begründen. Diese Arten des Arbeitsverhältnisses sind neben dem schon oben besprochenen genossenschaftlichen Arbeitsvertrag auch in Teil II Kapitel III des KP geregelt. Darüber hinaus gibt es noch viele weitere Vorschriften, welche diese außervertraglichen Arbeitsverhältnisse speziell regeln. Auf die wichtigsten soll dann bei der Erörterung des jeweiligen Arbeitsverhältnisses eingegangen werden.

1. Die Berufung

Das Arbeitsverhältnis auf Grund der Berufung ist in den Art. 68 bis 72 KP bestimmt. Im Verhältnis zur Wahl und zur Ernennung ist es am weitesten im KP geregelt.

Zur Begründung eines solchen Arbeitsverhältnisses kommt es, wenn das zuständige Organ, genannt Berufungsorgan, den Arbeitnehmer auf eine bestimmte Stelle beruft, und dieser die Berufung annimmt.[486]

Die Berufung ist dadurch charakterisiert, dass die Stabilität und Dauer dieses Arbeitsverhältnisses kaum geschützt ist, welches sich darin äußert, dass das Berufungsorgan den auf eine Stelle berufenen Arbeitnehmer jederzeit und ohne Angabe von Gründen wieder abberufen kann.[487] Diese mangelnde Stabilität ergibt sich aus dem Zweck des Arbeitsverhältnisses auf Grund von Berufung, welches darin liegt, dem Berufungsorgan die größtmögliche Freiheit bei der Auswahl derjenigen Personen zu lassen, denen eine leitende Stellung übertragen wird.[488]

Der Akt der Berufung hat sich im Handelsrecht herausgebildet und zwar mit dem Ziel, die Art und Weise der Besetzung des Vorstandes einer Gesellschaft des Handelsrechts zu bestimmen.[489] Die Berufung erfolgte gem. Art. 366 § 2, 3 KH[490] über die Wahl der Vorstandsmitglieder durch die Hauptversammlung der Gesellschafter.[491]

Gem. Art. 68 § 1 KP wird dieses Arbeitsverhältnis in solchen Fällen begründet, die durch spezielle Vorschriften bestimmt sind.

---

486 Romer, PP 12/1999, S. 3.

487 OSNAPiUS 1998/3/77; Romer PP 12/1999, S. 3.

488 Romer PP, 12/1999, S. 3; Stelina, PiZS 6/1996, S. 41 (43).

489 Kolasiński, Prawo pracy I, S. 197.

490 Kodeks handlowy (Handelsgesetzbuch) vom 27. 06.1934; Dz. U. 1934, Nr. 57, Pos. 502; mit späteren Änderungen (nicht mehr gültig).

491 Kolasiński, Prawo pracy I, S. 197.

Die wichtigsten Fälle der Berufung sind z.B. gem. Art. 12 Abs. 1, 4 des Gesetzes vom 24. August 1991 über die staatliche Feuerwehr[492] die Stelle des Woiwodschaftskommandanten der staatlichen Feuerwehr und seines Stellvertreters, gem. Art. 25 Abs. 1 bis 3 des Gesetzes vom 6. März 1981 über die staatliche Arbeitsinspektion die Stelle des Obersten Inspekteurs für den Arbeitsschutz und seiner Vertreter sowie diejenige des Bezirksinspekteurs für den Arbeitsschutz und seiner Vertreter, gem. Art. 21 Abs. 2 des Gesetzes vom 25. Juli 1985 über die Institute für Forschung und Entwicklung[493] die Stelle der Institutsdirektoren, gem. Art. 2 Nr. 3 des Gesetzes vom 22. März 1990 über Angestellte der Kommunalverwaltung die Stellen des Gemeindesekretärs und –kämmerers, des Kreissekretärs und -kämmerers sowie des Woiwodschaftskämmerers und gem. Art. 14 Abs. 1 des Gesetzes vom 23. Dezember 1994 über die Oberste Kontrollkammer[494] die Stelle des Präsidenten der Obersten Kontrollkammer.
In Fällen, die nicht von speziellen Vorschriften oder Durchführungsbestimmungen erfasst sind, ist die Begründung eines Arbeitsverhältnisses aufgrund der Berufung nicht möglich.[495] Sollte trotzdem ein Arbeitsverhältnis aufgrund Berufung begründet werden, so handelt es sich in diesem Fall um einen Arbeitsvertrag.[496]
Das für die Berufung zuständige Organ ist in den Vorschriften bestimmt, die die Organisation und die Funktion der jeweiligen organisatorischen Einheiten, als Arbeitgeber, regeln.[497]
Welchen Rechtscharakter der Akt der Berufung hat, ist in den Vorschriften nicht geregelt. Sowohl in der Literatur als auch in der Rechtsprechung überwiegt aber die Ansicht, dass es sich um einen Verwaltungsakt handelt, welcher zwei Rechtsfolgen hervorruft.[498] Zum einen werden der berufenen Person bestimmte öffentliche Kompetenzen übertragen, welche ihren Ausdruck in der Führung und Repräsentation der jeweiligen Organisation finden, und welche zwischen dieser Person und dem für die Berufung zuständigen Organ ein öffentlich-rechtliches Unterordnungsverhältnis begründen (oftmals erhält die berufene Person dann den Status des Organs der Einheit, die sie zu leiten hat, z.B. Direktor des staatlichen Unternehmens), und zum anderen enthält er eine Willenserklärung im Namen des Arbeitgebers als Objekt, welches mit der berufenen Person ein Arbeitsverhältnis im Hinblick auf eine leitende Stellung begründet (Partei eines auf diese Weise entstandenen Arbeitsverhältnisses ist

[492] In der Fassung der Bekanntmachung vom 22.07.2002; Dz. U. 2002, Nr. 147, Pos. 1230; mit späteren Änderungen.
[493] In der Fassung der Bekanntmachung vom 20.03.2001; Dz. U. 2001, Nr. 33, Pos. 388; mit späteren Änderungen.
[494] In der Fasswung der Bekanntmachung vom 24.07.2001; Dz. U. 2001, Nr. 85, Pos. 937; mit späteren Änderungen.
[495] Kolasiński, Prawo pracy I, S. 198.
[496] Barzycka-Banaszczyk, Prawo pracy, komentarz, Art. 68 Rn. 1.
[497] Liszcz, Prawo pracy, S. 222.
[498] SN (in der Zusammensetzung von 7 Richtern) vom 14. –23. Dezember 1959, OSN 1960/4/91; Salwa, KP, Art. 68, Nr. 1; Sypniewski, Służba pracownicza, S. 94.

die zu leitende Einheit, und nicht die übergeordnete).[499] Wegen des Grundsatzes der Vertragsfreiheit (Art. 11 KP) bedarf es auch einer Willenserklärung des zu berufenden Arbeitnehmers.[500] Diese sollte schon vor dem Akt der Berufung erklärt werden.[501] Meistens geschieht dies jedoch passiv, mit Annahme des Berufungsaktes.[502]

Art. 68 KP hat die Möglichkeit der Berufung aber nicht allein in Bezug auf staatliche organisatorische Einheiten beschränkt, so dass diese auch von nichtstaatlichen Einheiten, dabei insbesondere von kommunalen Einheiten, in Anspruch genommen werden kann.[503] In diesem Fall handelt es sich aber nicht um einen Verwaltungsakt, sondern um einen anderen einseitigen Akt, der jedoch ähnliche Rechtsfolgen wie der Verwaltungsakt hervorruft.[504]

Ein Arbeitsverhältnis aufgrund Berufung wird gem. Art. 68 § 1¹ KP unbefristet begründet, und wenn der Arbeitnehmer auf Grund von speziellen Vorschriften nur auf bestimmte Zeit berufen worden ist, dann wird das Arbeitsverhältnis auch nur für diese Dauer begründet.

Insgesamt sind gem. Art. 69 KP auf diese Arbeitsverhältnisse die Vorschriften über unbefristete Arbeitsverträge anzuwenden mit Ausnahme derjenigen, die die Vorgehensweise bei Kündigungen von Arbeitsverträgen regeln, die die Überprüfung von Rechtsstreitigkeiten aus einem Arbeitsverhältnis über die Unwirksamkeit von Kündigungen betreffen und die die Rückkehr zur Arbeit regeln, es sei denn die Vorschriften des Kapitel III Teil I besagen etwas anderes.

Aus dieser Vorschrift geht hervor, dass das Arbeitsverhältnis auf Grund Berufung schuldrechtlichen Charakter hat und keinen „dienstlichen".[505] Umfassend betrachtet, besteht aber zwischen dem berufenen Arbeitnehmer und dem Berufungsorgan ein dienstliches Abhängigkeitsverhältnis,[506] so dass letztlich nicht von einem reinen Schuldverhältnis ausgegangen werden kann. Dessen Behandlung ist mithin stark mit der des Arbeitsvertrages verbunden.

---

499 SN (in der Zusammensetzung von 7 Richtern) vom 14. –23. Dezember 1959, OSN 1960/4/91; Salwa, KP, Art. 68, Nr. 1; Piątkowski, Nowy stosunek pracy, S. 161; Sypniewski, Służba pracownicza, S. 94.

500 Kolasiński, Prawo pracy I, S. 198; Piątkowski, Nowy stosunek pracy, S. 161; Sypniewski, Służba pracownicza, S. 94.

501 Jackowiak/Uziak/Wypych-Żywicka, Prawo pracy, S. 135 f.

502 Romer, PP 12/1999, S. 3 (4).

503 Liszcz, Prawo pracy, S. 223.

504 Liszcz, Prawo pracy, S. 223.

505 Barzycka-Banaszczyk, Prawo pracy, S. 43; Jackowiak/Uziak/Wypych-Żywicka, Prawo pracy, S. 135; Liszcz, Prawo pracy, S. 223; etwas anders hingegen Kolasiński, Prawo pracy I, S. 198, welcher die Begründung sowohl eines schuldrechtlichen als auch eines dienstlichen Arbeitsverhältnisses für möglich hält und dies von den einzelnen Vorschriften, welche die Berufung vorsehen, abhängig macht.

506 Florek/Zieliński, Prawo pracy, Rn. 91.

Der Berufung kann aber eine Ausschreibung vorangehen, auch wenn spezielle Vorschriften eine solche Kandidatenauswahl nicht zwingend vorsehen, Art. 68^1 KP. Eine solche vorherige Ausschreibung ist z.B. in Art. 35 Abs. 1 S. 1 des Gesetzes vom 25. September 1981 über staatliche Unternehmen[507] vorgesehen, und zwar im Hinblick auf die Stelle des Unternehmensdirektors. Die Berufung des Direktors ohne vorherige Ausschreibung ist unwirksam (S. 2).

Sofern der aus einer solchen Ausschreibung hervorgehende berufene Arbeitnehmer in einem Arbeitsverhältnis mit einem anderen Arbeitgeber verbleibt und er an eine dreimonatige Kündigungsfrist gebunden ist, kann er dieses Verhältnis mit einmonatiger Kündigungsfrist auflösen, Art. 68^3 S. 1 KP. Die Auflösung des Arbeitsverhältnisses auf diesem Wege zieht die in den Vorschriften über die Kündigung des Arbeitsvertrages durch den Arbeitgeber vorgesehenen Rechtsfolgen nach sich, Art. 68^3 S. 2 KP. Der Arbeitgeber hat im Arbeitszeugnis mit Berufung auf Art. 68^3 KP anzugeben, dass das Arbeitsverhältnis durch die Arbeitgeberkündigung aufgelöst worden ist.[508] Art. 68^3 KP gilt für alle Arbeitsverhältnisse.[509] Aus dieser Vorschrift geht somit hervor, dass sich ein ohne vorherige Ausschreibung berufener Arbeitnehmer nicht auf diese Vorschrift stützen kann.[510]

Sie gilt auch nicht für Arbeitnehmer, die zwar im Wege einer Ausschreibung berufen worden sind, deren Kündigungsfrist jedoch weniger als drei Monate beträgt. In diesem Fall muss sich der Arbeitnehmer selber bemühen, mit dem Arbeitgeber einen Aufhebungsvertrag zu schließen, wobei dies allein vom Willen des Arbeitgebers abhängt.[511]

Das Arbeitsverhältnis aufgrund Berufung wird in dem in der Berufung bestimmten Zeitpunkt begründet, und wenn ein solcher nicht bestimmt worden ist, an dem Tag, an dem die Berufung zugestellt worden ist, es sei denn, dass wiederum spezielle Vorschriften etwas anderes besagen, Art. 68^2 § 1 KP. Gem. § 2 dieser Vorschrift soll die Berufung schriftlich zugestellt werden. Rechtsfolgen bei Verstoß sind im KP aber nicht geregelt. Nach einer Ansicht soll in diesem Fall die Berufung unwirksam sein. Dies wird teilweise ohne nähere Begründung vertreten.[512] Iwulski/Sanetra[513] begründen diese auch vertretene Meinung damit, dass schon § 1 des Art. 68^2 KP die Schriftlichkeit der Berufung voraussetzt, da eine mündliche Berufung nicht „zugestellt" werden könnte. Auch wenn Art. 69 KP besagt, dass in nicht geregelten Fällen die Vorschriften über den unbefristeten Arbeitsvertrag anzuwenden sind und damit auch Art. 29 KP, so würde dessen Anwendung zum einen mit dem o.g. § 1 kollidieren und zum anderen § 2 des Art. 68^2 KP überflüssig machen, da grundsätzlich davon auszu-

---

507 In der Fassung der Bekanntmachung vom 20.07.2002, Dz. U. 2002, Nr. 112, Pos. 981.
508 Romer, PP 12/1999, S. 3 (8).
509 Romer, PP 12/1999, S. 3 (8).
510 Romer, PP 12/1999, S. 3 (7).
511 Romer, PP, 12/1999, S. 3 (7 f.); Salwa, KP, Art. 68^2.
512 Liszcz, Prawo pracy, S. 223.
513 KP, Art. 68^2 .

gehen sei, dass sich der Gesetzgeber nicht wiederholt. Weiterhin wird angeführt, dass wenn es sich nur um eine Wiederholung handeln sollte, der Gesetzgeber auch eine Vorschrift entsprechend Art. 29 § 3 KP (a.F.; im Wesentlichen jetzt Art. 29 § 2 S. 2 KP n.F.) eingeführt hätte, wonach der Arbeitgeber dem berufenen Arbeitnehmer unverzüglich die Bedingungen der Berufung schriftlich bestätigen müsste, was jedoch nicht geschehen ist.

Zwar ist diese Argumentation schlüssig, aber ganz überzeugt sie nicht.

Dagegen spricht Art. 73 § 1 KC, welcher i.V.m. Art. 300 KP auch für das Arbeitsrecht gilt, und aus dem hervorgeht, dass wenn für ein Rechtsgeschäft gesetzlich die Schriftform angeordnet ist, deren Nichteinhaltung nur dann zur Unwirksamkeit führt, wenn das Gesetz es auch anordnet. Ein Beispiel dafür im KP ist Art. 101^3, welcher unter anderem bei Nichteinhaltung der Schriftform eines Vertrages über das Konkurrenzverbot (Art. 101^1) die Unwirksamkeit anordnet. Daraus ist zu schließen, dass der Gesetzgeber nur ausgewählte Schriftformvorschriften mit der Rechtsfolge der Unwirksamkeit bei Nichteinhaltung verbindet. Da das Arbeitsverhältnis aufgrund der Berufung nun auch im KP geregelt worden ist, muss diese Schlussfolgerung auch auf Art. 68^2 § 2 KP zutreffen. Von einer Unwirksamkeit des Arbeitsverhältnisses aufgrund Berufung bei Nichtbeachtung der Schriftform ist somit nicht auszugehen, wobei in diesem Fall eine solche Formvorschrift letztlich keine große Rolle spielt.

Dass von einer Unwirksamkeit nicht auszugehen ist, wird auch von anderen vertreten. Teilweise geschieht dies ohne nähere Begründung.[514] Andere führen an, dass diese Vorschrift nur an den Arbeitgeber adressiert sei. Darüber hinaus wird auf eine entsprechende Anwendung von Art. 29 KP verwiesen.[515] Gegen eine entsprechende Anwendung von Art. 29 KP könnte man zwar einwenden, dass der Gesetzgeber schließlich die Form der Berufung in Art. 68^2 § 2 KP geregelt hat. Da er § 3 a.F. sowie § 2 S. 2 n.F. des Art. 29 KP auch kannte, eine entsprechende Regelung in Art. 68^2 KP aber nicht einführte, ist davon auszugehen, dass die Regelung auch abschließend erfolgte. Eine entsprechende Anwendung des Art. 29 KP wäre somit nicht möglich. Dies würde jedoch das im Hinblick auf die Arbeitnehmer wenig geschützte Arbeitsverhältnis im Ergebnis noch unsicherer machen. Um Sinn und Zweck der Formvorschrift aufrecht zu erhalten, sollte demnach Art. 29 § 2 S. 2 n.F. entsprechende Anwendung finden.

Weiterhin wird auch noch vertreten, dass die Frage nach den Konsequenzen bei Nichteinhaltung der Schriftform auf der Grundlage des Verwaltungsrechts zu beurteilen sei, wenn die Berufung von einem staatlichen Organ komme. Diese solle dann unwirksam sein, wenn der Verwaltungsakt ohne Einhaltung der erforderlichen Form-

---

514 Florek/Zieliński, Prawo pracy, Rn. 91; Jackowiak/Uziak/Wypych-Żywicka, Prawo pracy, S. 136.

515 Sypniewski, Służba pracownicza, S. 95; Romer, PP 12/1999, S. 3.

vorschriften auch keine Rechtsfolgen hervorruft.[516] Dem kann man aber entgegensetzen, dass davon auszugehen ist, dass der Gesetzgeber um die Anwendung des Aktes der Berufung von Seiten des Staates wusste. Somit hätte er die Form der Berufung auch verwaltungsrechtlich ausdrücklich regeln können. Er hat dies aber, wenn auch nicht umfassend, jedoch im Hinblick auf die Form arbeitsrechtlich geregelt, so dass allein darauf abzustellen ist.

2. Die Wahl

Das im polnischen Arbeitsgesetzbuch in den Art. 73, 74 und 75 knapp geregelte Arbeitsverhältnis aufgrund der Wahl hat sich hauptsächlich im Verfassungsrecht herausgebildet.[517] Laut Art. 73 § 1 KP wird es begründet, wenn sich aus der Wahl die Pflicht zur Ausübung einer Arbeit i.S.e. Arbeitnehmers ergibt. Beendet wird dieses Arbeitsverhältnis mit Erlöschen des Mandats, Art. 73 § 2 KP. Eine weitere und unerlässliche Voraussetzung, ist das vorherige Einverständnis des Arbeitnehmers (Art. 11 KP).[518]

Bei einer Wahl werden dem Kandidaten bestimmte Funktionen im Wege einer Entscheidung (Beschluss) durch ein Kollektivorgan übertragen.[519] Wie auch bei der Berufung, handelt es sich somit um einen einseitigen Rechtsakt.[520] Die Wahl umfasst eine Wahlperiode, so dass ein befristetes Arbeitsverhältnis begründet wird.[521]

Ein Arbeitsverhältnis aufgrund der Wahl wird in einer sozialen oder gesellschaftlichen Organisation, in einer Gewerkschaft, im Aufsichtsrat einer Gesellschaft, in Organen der kommunalen Selbstverwaltung oder in solchen der Selbstverwaltung freier Berufe oder in staatlichen Organen begründet, und es stellt eher eine Ausnahme dar, wenn durch die Wahl auch ein Arbeitsverhältnis aufgrund von dieser Wahl begründet wird.[522] Die Pflicht zur Ausübung einer Arbeit i.S.d. Art. 73 § 1 KP ergibt sich aus speziellen Vorschriften oder aus Satzungen.[523]

Art. 2 Nr. 1 des Gesetzes über Angestellte der kommunalen Selbstverwaltung regelt z.B., wer aufgrund einer Wahl beschäftigt wird. Beispielhaft sind hier zu nennen der Marschall einer Woiwodschaft, der Landrat (Starost), der Gemeindevorsteher und der Bürgermeister, aber auch nur, sofern es die jeweiligen Satzungen so vorsehen.

---

516 Barzycka-Banaszczyk, Prawo pracy, komentarz, Art. 68² Rn. 1; Kolasiński, Prawo pracy I, S. 198; Piątkowski, Nowy stosunek pracy, S. 161(Fußnote 195), schließt sich dieser Meinung wohl an.

517 Kolasiński, Prawo pracy I, S. 197.

518 Florek/Zieliński, Prawo pracy, Rn. 92; Jackowiak/Uziak/Wypych-Żywicka, Prawo pracy, S. 139.

519 Florek/Zieliński, Prawo pracy, Rn. 92.

520 Sypniewski, Służba pracownicza, S. 94.

521 Iwulski/Sanetra, KP, Art. 73, Nr. 1; Piątkowski, Nowy stosunek pracy, S. 155; Sypniewski, Służba pracownicza, S. 95.

522 Barzycka-Banaszczyk, Prawo pracy, komentarz, Art. 73 Rn. 1; Jackowiak/Uziak/Wypych-Żywicka, Prawo pracy, S. 138 f.; Piątkowski, Nowy stosunek pracy, S. 155.

523 Kolasiński, Prawo pracy I, S. 202.

Insgesamt haben die Gemeinden sowie andere Organe der kommunalen Selbstverwaltung eine große Entscheidungsfreiheit bei ihren inneren Akten, wen sie auf einer bestimmten Stelle beschäftigen wollen, was im Einklang mit den Erfordernissen der Europäischen Charta der kommunalen Selbstverwaltung[524] steht.[525]
Gem. Art. 74 KP hat ein Arbeitnehmer, der in Zusammenhang mit einer Wahl im unbezahlten Urlaub verbleibt, das Recht zur Arbeit zurückzukehren, und zwar bei dem Arbeitgeber, der ihn zum Zeitpunkt der Wahl beschäftigt hat, auf eine gleichwertige Stelle und bei gleichwertiger Bezahlung, wenn er seine Rückkehr innerhalb von sieben Tagen nach Auflösung des Arbeitsverhältnisses aufgrund der Wahl meldet. Die Nichteinhaltung dieser Bedingung bewirkt das Erlöschen des Arbeitsverhältnisses, es sei denn der Arbeitnehmer hat dies nicht zu vertreten.
Daraus geht somit hervor, dass es grundsätzlich keine Pflicht ist, dem Arbeitnehmer, der eine Arbeit aufgrund einer Wahl aufgenommen hat, unbezahlten Urlaub zu gewähren. Eine solche Pflicht kann nur in speziellen Vorschriften geregelt werden und ergibt sich insbesondere für die Arbeit in staatlichen Organen, in der kommunalen Selbstverwaltung oder in einer Gewerkschaft (z.B. Art. 25 Abs. 1 des Gesetzes über die Gewerkschaften).[526] In den Fällen, in denen spezielle Vorschriften eine solche Pflicht nicht begründen, kann der Arbeitgeber dem Arbeitnehmer unbezahlten Urlaub auf der Grundlage des Art. 174^1 § 1 KP erteilen.[527] Gemäß dieser Vorschrift kann der Arbeitgeber mit Einverständnis des Arbeitnehmers diesem unbezahlten Urlaub zum Zwecke der Ausübung einer Arbeit bei einem anderen Arbeitgeber über eine Dauer, die zwischen den Arbeitgebern in dieser Sache vereinbart worden ist, erteilen.
Während der Dauer des unbezahlten Urlaubs kann der Arbeitnehmer aber nur solche Rechte in Anspruch nehmen, die unabhängig von der Ausübung der Arbeit bestehen, wie z.B. soziale Leistungen.[528] Mit der Begründung des Arbeitsverhältnisses aufgrund der Wahl verbleibt der Arbeitnehmer also in zwei Arbeitsverhältnissen.[529] Kehrt der Arbeitnehmer zu seiner ursprünglichen Arbeit i.S.d. Art. 74 KP zurück, dann wird die Dauer des unbezahlten Urlaubs zur Dauer der Berufstätigkeit gezählt.[530]
Einem Arbeitnehmer, der in Zusammenhang mit einer Wahl nicht im unbezahlten Urlaub verbleibt, steht gem. Art. 75 KP eine Abfindung i.H.v. einem Monatslohn zu.[531] Der Anspruch richtet sich gegen die Arbeitsstätte, bei welcher der Arbeitneh-

524 Vom 15.10.1985; BGBl. 1987 II S. 65.
525 Kolasiński, Prawo pracy I, S. 203.
526 Kolasiński, Prawo pracy I, S. 203.
527 Iwulski/Sanetra, KP, Art. 74.
528 Kolasiński, Prawo pracy I, S. 203; Salwa, KP, Art. 73.
529 Barzycka-Banaszczyk, Prawo pracy, komentarz, Art. 74 Rn. 1; Iwulski/Sanetra, KP, Art. 74.
530 Iwulski/Sanetra, KP, Art. 74.
531 Anders Art. 14 a Abs. 1 des Gesetzes über Angestellte der Kommunalverwaltung, der eine dreimonatige Abfindung vorsieht.

mer aufgrund der Wahl beschäftigt worden ist und entsteht im Zeitpunkt der Auflösung des Arbeitsverhältnisses aufgrund der Wahl.[532]
Im KP ist nicht geregelt, welche weiteren Vorschriften auf Arbeitnehmer anzuwenden sind, die auf der Grundlage einer Wahl beschäftigt werden. Demnach sind es solche Vorschriften, die die Rechte und Pflichten der Arbeitnehmer derjenigen organisatorischen Einheit regeln, bei welcher der Arbeitnehmer seine Beschäftigung aufgrund der Wahl aufgenommen hat, und wenn solche nicht existieren, diejenigen des KP, mit Rücksicht auf die Art. 73 bis 75.[533]

3. Die Ernennung

Gem. Art. 76 KP wird ein Arbeitsverhältnis aufgrund von Ernennung in den Fällen begründet, die in speziellen Vorschriften bestimmt sind. Dies ist die einzige Vorschrift im polnischen Arbeitsgesetzbuch, welche sich auf dieses besondere Arbeitsverhältnis bezieht. Entsprechend dem Art. 5 KP[534] finden somit auf das Arbeitsverhältnis aufgrund Ernennung in erster Linie die speziellen Vorschriften, d.h. diejenigen der einschlägigen sog. Dienst- oder Arbeitnehmerordnungen Anwendung und ansonsten, im nicht geregelten Bereich, die Vorschriften des KP.[535]
Dieses Arbeitsverhältnis wird im öffentlichen Sektor (Staat und kommunale Selbstverwaltung) begründet.[536] Hochschulprofessoren (Art. 72 Abs. 1 des Gesetzes über die Polnische Akademie der Wissenschaften), Lehrer (Art. 10 Abs. 1 des Gesetzes vom 26. Januar 1982 über die Lehrerkarte[537]), und Gerichtsassessoren (Art. 134 § 1 des Gerichtsverfassungsgesetzes der ordentlichen Gerichte vom 21. Juli 2001[538]) werden beispielsweise oftmals auf der Grundlage einer Ernennung als Arbeitnehmer beschäftigt. Aber auch Richter (Gerichtsverfassungsgesetz der ordentlichen Gerichte) und Staatsanwälte (Gesetz vom 20. Juni 1985 über die Staatsanwaltschaft[539]) werden ernannt,[540] obwohl es im jeweiligen Gesetz heißt, dass sie dazu „berufen" werden.

---

532 Barzycka-Banaszczyk, Prawo pracy, komentarz, Art. 75 Rn. 1; Iwulski/Sanetra, KP, Art. 75.

533 Barzycka-Banaszczyk, Prawo pracy, S. 45; Florek/Zieliński, Prawo pracy, Rn. 92; Kolasiński, Prawo pracy I, S. 204; Liszcz, Prawo pracy, S. 229; Piątkowski, Nowy stosunek pracy, S. 155 f.; Iwulski/Sanetra, KP, Art. 73, Nr. 1.

534 „Wenn das Arbeitsverhältnis, von unter eine bestimmte Kategorie fallenden Arbeitnehmern durch spezielle Vorschriften geregelt wird, dann finden die Vorschriften des Gesetzbuches nur in von diesen Vorschriften nicht geregelten Bereichen Anwendung."

535 Florek/Zieliński, Prawo pracy, Rn. 95; Jackowiak/Uziak/Wypych-Żywicka, Prawo pracy, S. 140; Liszcz, Prawo pracy, S. 226; Piątkowski, Nowy stosunek pracy, S. 157.

536 Barzycka-Banaszczyk, Prawo pracy, S. 45; Gersdorf/Rączka/Skoczyński, KP, Art. 76; Liszcz, Prawo pracy, S. 226; Piątkowski, Nowy stosunek pracy, S. 156.

537 In der Fassung der Bekanntmachung vom 29.05.2003; Dz. U. 2003, Nr. 118, Pos. 1112.

538 Dz. U. 2001, Nr. 98, Pos. 1070; mit späteren Änderungen.

539 In der Fassung der Bekanntmachung vom 05.07.2002; Dz. U. 2002, Nr. 21, Pos. 206.

540 Gersdorf/Rączka/Skoczyński, KP, Art. 76.

Bei einem solchen Gebrauch des Begriffs „Berufung" spricht man von einer „Scheinberufung".[541]

Beamte des öffentlichen Dienstes werden auch auf dieser Grundlage beschäftigt (Art. 3 Abs. 2, 28 des Gesetzes über den öffentlichen Dienst[542]), und gem. Art. 2 Abs. 2 des Gesetzes über Angestellte der Kommunalverwaltung wird mit Arbeitnehmern, die auf einer Stelle beschäftigt werden, welche in der Gemeindesatzung oder in der Satzung des zwischengemeindlichen Verbands bestimmt sind, ein Arbeitsverhältnis aufgrund Ernennung begründet.

Ursprünglich, während der Kriegszeit, war die Ernennung nicht arbeitsrechtlich, sondern verwaltungsrechtlich geregelt. Sie wurde somit nicht als ein Arbeitsverhältnis behandelt, sondern als ein Verhältnis des öffentlichen Dienstes.[543] Die Ernennung sollte keine entgeltliche Beschäftigung darstellen, vielmehr die Übertragung einer staatlichen Stelle zum Zwecke der Staatsrepräsentierung, wobei der Ernannte Bezüge erhielt, um sich einen der Stelle entsprechenden Lebensstandard zu erhalten.[544] Eine solche Position konnte nur einer Person übertragen werden, die die polnische Staatsangehörigkeit besaß, sowie hohe berufliche als auch moralische Qualifikationen.[545]

Dieses Verhältnis wurde auf Dauer begründet und konnte nur aufgelöst werden, wenn sich der Ernannte bezüglich des öffentlichen Dienstes als nicht würdig erwies, was nur durch ein rechtskräftiges gerichtliches Urteil oder den Disziplinarausschuss festgestellt werden konnte.[546]

Selbst die Dienstunfähigkeit oder das Erreichen des Pensionsalters führten nicht zur Auflösung des Verhältnisses im öffentlichen Dienst, sondern konnten nur zur Versetzung in den Ruhestand führen, mit dem Recht auf Pensionsbezüge.[547]

In der Nachkriegszeit verlor dann diese traditionelle Rechtskonstruktion immer mehr an Bedeutung, indem die Pflicht zur Dauerhaftigkeit des Dienstverhältnisses aufgehoben, die Übertragung staatlicher Stellen, insbesondere in der Verwaltung, immer öfter im Wege des Arbeitsvertrages vorgenommen und das Pensionssystem für öffentliche Funktionäre[548] abgeschafft wurde.[549]

Mit der Ernennung ist eine weitergehende Disposition des Arbeitnehmers verbunden, da ihn der Arbeitgeber z.B. ohne sein Einverständnis dienstlich versetzen kann.[550] Er ist dem beschäftigenden Subjekt demnach untergeordnet, steht also in einem dienstli-

---

541 Liszcz, Prawo pracy, S. 222.

542 Vom 18.12.1998; Dz. U. 1999, Nr. 49, Pos. 483; mit späteren Änderungen.

543 Florek/Zieliński, Prawo pracy, Rn. 93; Kolasiński, Prawo pracy I, S. 204.

544 Kolasiński, Prawo pracy I, S. 204.

545 Kolasiński, Prawo pracy I, S. 204.

546 Kolasiński, Prawo pracy I, S. 204 f.

547 Kolasiński, Prawo pracy I, S. 205.

548 Der Staatsdienst wurde in den öffentlichen Dienst und den Wehrdienst unterteilt, Kolasiński, Prawo pracy I, S. 205.

549 Kolasiński, Prawo pracy I, S. 205.

550 Art. 50 Abs. 1 des Gesetzes über den öffentlichen Dienst (dabei handelt es sich aber um eine Versetzung innerhalb der gleichen Behörde).

chen Abhängigkeitsverhältnis.[551] Des Weiteren unterliegt er der dienstlichen und disziplinarischen Verantwortlichkeit, welche sogar über das Arbeitsverhältnis hinausgeht. Ein ernannter Staatsbeamter hat sich z.B. sowohl bei der Arbeit als auch außerhalb dieser gebührend zu verhalten.[552] Die diversen Disziplinarmaßnahmen (z.B. Verweis, Versetzung) werden von den Disziplinarausschüssen verhängt, die keiner gerichtlichen Kontrolle unterliegen.[553] Dafür wird ihm aber die Dauerhaftigkeit der Beschäftigung verstärkt garantiert, da die Auflösung dieses Arbeitsverhältnisses abschließend, beschränkt auf bestimmte Fälle, geregelt ist.[554]
Im Gegensatz zu der oben behandelten Berufung handelt es sich bei der Ernennung somit um eine stabile Beschäftigung.
Diese Form der Beschäftigung wurde in der allgemeinen Verwaltung vorgenommen, sie wurde jedoch im Jahre 1994[555] aufgegeben.[556] Die zu diesem Zeitpunkt bestehenden Arbeitsverhältnisse aufgrund Ernennung behielten aber ihre Kraft.[557] Dies sollte jedoch nur übergangsweise vorgenommen werden, um die Durchführung tiefergehenderer Änderungen in der staatlichen Verwaltung zu vereinfachen.[558]
Die Ernennung, als die ausschließliche Grundlage für die Begründung eines Arbeitsverhältnisses mit Beamten der allgemeinen Staatsverwaltung, wurde wieder mit Gesetz vom 5. Juli 1996 über den öffentlichen Dienst[559] eingeführt.[560] Dies führte jedoch nicht zur Verdrängung des Gesetzes über die Beschäftigten in den staatlichen Behörden.[561] Im Rahmen einer langjährigen Übergangszeit werden diese beiden Gesetze nebeneinander Wirkung entfalten, so dass es in dieser Zeit zwei Kategorien von Beamten geben wird; die „staatlichen" Beamten und diejenigen des „öffentlichen Dienstes".[562] Die letzte Kategorie wird die erste aber mit der Zeit verdrängen.[563] Laut

---

551 Bessaraba, Stosunek pracy, S. 135; Florek/Zieliński, Prawo pracy, Rn. 95; Jackowiak/Uziak/Wypych-Żywicka, Prawo pracy, S. 141 f.; Piątkowski, Nowy stosunek pracy, S. 158.

552 Jackowiak/Uziak/Wypych-Żywicka, Prawo pracy, S. 141; Liszcz, Prawo pracy, S. 228.

553 Jackowiak/Uziak/Wypych-Żywicka, Prawo pracy, S. 141; Liszcz, Prawo pracy, S. 228 .

554 Bessaraba, Stosunek pracy, S. 135; Kolasiński, Prawo pracy I, S. 206.

555 Änderungsgesetz vom 02.12.1994 zum Gesetz über die Beschäftigten in den staatlichen Behörden, Dz. U. 1994, Nr. 136, Pos. 704; mit späteren Änderungen.

556 Dubowik, PiZS 8-9/1995, S. 46.

557 Gem. Art. 137 des Gesetzes über den öffentlichen Dienst blieben diese aber nicht länger als bis zum 31. Dezember 2003 wirksam. Mit dem 1. Januar 2004 wandelten sie sich in unbefristete Arbeitsverträge um.

558 Kolasiński, Prawo pracy I, S. 206.

559 Dz. U. 1996, Nr. 89, Pos. 402.

560 Kolasiński, Prawo pracy I, S. 207.

561 Gesetz vom 16.09.1982; Dz. U. 1982, Nr. 31, Pos. 214; mit späteren Änderungen (aktuell: in der Fassung der Bekanntmachung vom 02.08.2001; Dz. U. 2001, Nr. 86; 953; mit späteren Änderungen).

562 Liszcz, Prawo pracy, S. 226 f.

563 Liszcz, Prawo pracy, S. 227.

Dubowik[564] spielt das Gesetz über den öffentlichen Dienst jedoch keine Rolle, da die Rekrutierung von Beamten des öffentlichen Dienstes zurückgehalten wird.
Im Gegensatz zur vorherigen Konstruktion beinhaltet die Ernennung jetzt nur noch den Namen des Beamten und das Ernennungsdatum, Art. 38 Abs. 1 des Gesetzes über den öffentlichen Dienst. Somit bezeichnet der Akt der Ernennung nur noch den Status des Beamten und nicht, dass eine Stelle gegen Bezüge angetreten wird.[565] Die Ernennung erfolgt schriftlich, Art. 38 Abs. 2 des o.g. Gesetzes.
Umfangreicher hingegen ist der Ernennungsakt bei Angestellten der Kommunalverwaltung. Art. 4 a des Gesetzes über Angestellte der Kommunalverwaltung regelt dessen Mindestinhalt. Er muss schriftlich erfolgen und die Bezeichnung des Arbeitgebers sowie den Namen des Arbeitnehmers beinhalten, das Datum der Begründung des Arbeitsverhältnisses, die Bezeichnung der Arbeitsstelle, die Höhe und die Zusammensetzung des Gehalts, das Datum der Pflicht zur Aufnahme dienstlicher Handlungen und die Unterschrift der ernannten Person.
Unabhängig davon, ob die Ernennung arbeitsrechtlich oder verwaltungsrechtlich geregelt ist, handelt es sich bei dieser, wie auch bei der Berufung und der Wahl, um einen einseitigen Rechtsakt, natürlich unter Berücksichtigung des Einverständnisses des Arbeitnehmers.[566] Dabei werden an den Kandidaten weiterhin hohe Anforderungen gestellt, wie z.B. der Besitz der polnischen Staatsangehörigkeit, Genuss der vollen öffentlichen Rechte, die volle Geschäftsfähigkeit, Straffreiheit, makellose Ansichten, bestimmte Qualifikationen (Art. 4 des Gesetzes über den öffentlichen Dienst), die in den einzelnen Dienstordnungen geregelt werden.[567] Grundsätzlich erfolgt eine Ernennung unbefristet, und nur wenn Vorschriften dies vorsehen auf bestimmte Zeit (eine Ernennung auf Probe gibt es nicht).[568]
Nicht geklärt ist jedoch die Frage, was über den jeweiligen Charakter des Arbeitsverhältnisses entscheidet, die einschlägigen Vorschriften oder der vorgenommene Rechtsakt. In einem Urteil[569] stellte das Hauptverwaltungsgericht (NSA) fest, dass über den Charakter des Arbeitsverhältnisses das Rechtsgeschäft bzw. der das Arbeitsverhältnis begründende Akt (z.B. Ernennung) entscheidet und nicht die Vorschriften, die die Besetzung einer bestimmten Stelle im Wege der Ernennung vorsehen. Anders hingegen im Urteil vom 17. November 1997[570] woraus hervorgeht, dass der Abschluss eines Arbeitsvertrages mit einem Arbeitnehmer, der gemäß verpflichtender Rechtsvorschriften aufgrund einer Ernennung hätte beschäftigt

564 PiZS 2/1999, S. 20 (22).
565 Kolasiński, Prawo pracy I, S. 207.
566 H.L.: Bessaraba, Stosunek pracy, S. 134; Florek/Zieliński, Prawo pracy, Rn. 93; Jackowiak/Uziak/Wypych-Żywicka, Prawo pracy, S. 140; Liszcz, Prawo pracy, S. 227; Piątkowski, Nowy stosunek pracy, S. 157, 159; Sypniewski, Służba pracownicza, S. 94.
567 Barzycka-Banaszczyk, Prawo pracy, S. 45; Florek/Zieliński, Prawo pracy, Rn. 94.
568 Liszcz, Prawo pracy, S. 227.
569 Vom 02.10.1997, Prawo pracy 7/1998, S. 39.
570 OSNAPiUS 1998/17/502.

werden müssen, als eine Ernennung zu behandeln ist, sofern der Vertrag vom zuständigen Organ abgeschlossen wurde.
Da es sich bei dem Arbeitsverhältnis aufgrund der Ernennung um ein besonderes, weitestgehend in speziellen Vorschriften geregeltes Arbeitsverhältnis handelt, welches nur bei ausgewählten Stellen begründet werden kann, überzeugt die zweite Ansicht. Nur so kann die Einhaltung dieser bindenden Vorschriften und somit auch deren Sinn gewährleistet werden. Gemäß der ersten Ansicht könnte die gleiche Stelle mit einem Arbeitnehmer aufgrund einer Ernennung oder auch aufgrund eines Arbeitsvertrages besetzt werden, auch wenn die einschlägigen Vorschriften ausschließlich die Ernennung als Rechtgrundlage nennen. Da die rechtliche Behandlung dieser Arbeitsverhältnisse aber nicht immer einheitlich ist, würde dies zu einer Rechtsunsicherheit führen.

II. Vergleich mit Deutschland

Die Regelungen über die außervertraglichen Arbeitsverhältnisse stellen eine Besonderheit des polnischen Rechts dar. Vergleichbares läßt sich im deutschen Recht nicht finden.
In Deutschland kann das Arbeitsverhältnis in der Regel nur auf Grund eines Arbeitsvertrages begründet werden. Nur in besonderen Fällen kann es ausnahmsweise durch einseitiges Rechtsgeschäft (Ausübung eines Gestaltungsrechts durch den Arbeitnehmer; z.B. § 78 a Abs. 2 S. 1 BetrVG, § 9 Abs. 2 BPersVG[571]) oder kraft Gesetzes (z.B. § 10 Abs. 1 AÜG) begründet werden.[572] Außervertragliche Arbeitsverhältnisse auf der Grundlage einer Berufung, Wahl oder Ernennung sind dem deutschen Recht fremd.
Diese außervertraglichen Arbeitsverhältnisse regeln in Polen vornehmlich die Beschäftigung im öffentlichen Sektor, einschließlich des Beamtentums.
Demgegenüber wird in Deutschland bei der Beschäftigung im öffentlichen Dienst zwischen dem öffentlich-rechtlichen Dienst- oder Ausbildungsverhältnis und dem privatrechtlichen Vertragsverhältnis, also einem Arbeits- oder Ausbildungsverhältnis, unterschieden.[573]
Zu den Personen, die in einem öffentlich-rechtlichen Dienstverhältnis stehen, gehören Beamte, Richter und Soldaten.[574] Sie werden durch Aushändigung der vorgeschriebenen Ernennungsurkunde, in der die Worte „unter Berufung in das Beamtenverhältnis/Richterverhältnis/ Dienstverhältnis eines Berufssoldaten oder eines Soldaten auf Zeit vorkommen müssen, in ein Dienst- und Treueverhältnis/Richteramt/Wehrdienst-

571 Bundespersonalvertretungsgesetz vom 15.03. 1974; BGBl. I S. 693.
572 Hromadka/Maschmann, Arbeitsrecht Band 1, § 5 Rn. 83 f.; Kittner/Zwanziger/Becker, § 30 Rn. 38 ff.
573 Müller, Arbeitsrecht, Rn. 6.
574 Müller, Arbeitsrecht, Rn. 8 ff.

verhältnis berufen (§§ 2 Abs. 1, 5 Abs. 2 BRRG[575]; §§ 2 Abs. 1, 6 Abs. 2 BBG[576]; §§ 5 Abs. 1, 17 Abs. 3 S. 1 DRiG[577]; §§ 1 Abs. 1 S. 1, 41 Abs. 1 S. 2 Nr. 1 SG[578]). Auch wenn dieser Wortlaut und der Charakter der Berufung (bzw. Ernennung) als mitwirkungsbedürftiger Verwaltungsakt,[579] sofort an die Ernennung und die Berufung in Polen erinnern, so handelt es sich bei den o.g. Dienstverhältnissen, im Gegensatz zur polnischen Rechtslage, nicht um Arbeitsverhältnisse.[580] Diese Dienstverhältnisse unterstehen eigenständigen Regeln des öffentlichen Rechts.[581]

Die Personen, die auf Grund eines privatrechtlichen Vertragsverhältnisses im öffentlichen Dienst beschäftigt werden, sind die Angestellten, die Arbeiter und die Auszubildenden.[582] Sie sind die Arbeitnehmer des öffentlichen Dienstes, auf welche zum einen die allgemeinen Vorschriften des Arbeitsrechts Anwendung finden, zum anderen aber auch eine Reihe von Spezialvorschriften, weil sie schließlich hauptsächlich im öffentlichen Interesse handeln.[583]

Demnach kann auch in Deutschland die Beschäftigung im öffentlichen Sektor auf Grund eines Arbeitsverhältnisses erfolgen. Bei diesen Arbeitsverhältnissen handelt es sich aber grundsätzlich immer entweder um einen Arbeitsvertrag oder einen Berufsausbildungsvertrag. Demgegenüber findet in Polen die Beschäftigung im öffentlichen Dienst in der Regel nur auf der Grundlage der außervertraglichen Arbeitsverhältnisse statt und nicht aufgrund eines Arbeitsvertrages.

---

575 Rahmengesetz zur Vereinheitlichung des Beamtenrechts (Beamtenrechtsrahmengesetz – BRRG) in der Fassung der Bekanntmachung vom 31.03.1999; BGBl. I S. 654.

576 Bundesbeamtengesetz in der Fassung der Bekanntmachung vom 31.03.1999; BGBl. I S. 675.

577 Deutsches Richtergesetz in der Fassung der Bekanntmachung vom 19.04.1972; BGBl. I S. 713.

578 Gesetz über die Rechtsstellung der Soldaten (Soldatengesetz – SG –) in der Fassung der Bekanntmachung vom 14.02.2001; BGBl. I S. 232.

579 Müller, Arbeitsrecht, Rn. 8 ff.

580 Dütz, Arbeitsrecht, Rn. 30; Götz, Arbeitsrecht I, S. 1; Löwisch, Arbeitsrecht, Rn. 10; Söllner, Grundriß Arbeitsrecht, S. 22.

581 Dütz, Arbeitsrecht, Rn. 30; Götz, Arbeitsrecht I, S. 1; Schaub, Arbeitsrechts-Handbuch, § 15 Rn. 2.

582 Müller, Arbeitsrecht, Rn. 14.

583 Müller, Arbeitsrecht, Rn. 15.

Zweiter Teil:
Die Beendigung des Arbeitsverhältnisses

A. Die verschiedenen Beendigungstatbestände

I. Polen

Bei der Beendigung des Arbeitsverhältnisses wird zwischen dessen Auflösung und dessen Erlöschen unterschieden. Unter der Auflösung versteht man die Folge eines Rechtsgeschäftes, vorgenommen durch eine oder beide Parteien des Arbeitsverhältnisses.[584] Das Erlöschen tritt kraft Gesetzes ein, und zwar durch andere Umstände als durch ein Rechtsgeschäft.[585]

Was die Auflösung des vertraglichen Arbeitsverhältnisses betrifft, so sind die verschiedenen Möglichkeiten in Art. 30 § 1 KP aufgezählt. Danach wird ein Arbeitsvertrag durch einen Aufhebungsvertrag, eine ordentliche Kündigung, eine außerordentliche Kündigung, mit Ablauf der Zeit, für die er eingegangen worden ist und mit dem Tag, an dem die Arbeit beendet wird, über die er abgeschlossen worden ist, aufgelöst.

Problematisch ist der Wechsel des Arbeitgebers nach dem Grundsatz des beiderseitigen Einverständnisses der Arbeitgeber.[586] Eine solche Art der Auflösung des Arbeitsverhältnisses ist in den arbeitsrechtlichen Vorschriften nicht vorgesehen.

In einem solchen Fall jedoch, in dem sich der neue Arbeitgeber an den gegenwärtigen wendet, ihm den Arbeitnehmer nach dem Grundsatz des beiderseitigen Einverständnisses der Arbeitgeber zu überlassen, muss das Arbeitsverhältnis mit dem gegenwärtigen Arbeitgeber aufgelöst und mit dem „neuen" begründet werden.[587] Wie das gegenwärtige Arbeitsverhältnis aufzulösen ist, ist zwischen dem Arbeitnehmer und dem aktuellen Arbeitgeber zu regeln, wobei der Arbeitgeber nicht verpflichtet ist, der Bitte des Arbeitnehmers, dieses im Wege des beiderseitigen Einverständnisses aufzulösen, nachkommen muss.[588] Lehnt der neue Arbeitgeber die Beschäftigung des Arbeitnehmers ab, so kann dies einen Anspruch des Arbeitnehmers auf Abschluss des Arbeitsvertrages mit dem neuen Arbeitgeber begründen.[589]

---

584 Florek/Zieliński, Prawo pracy, vor Rn. 106.

585 Florek/Zieliński, Prawo pracy, vor Rn. 106.

586 Romer, Prawo pracy, komentarz, Art. 30, Nr. 7; Jackowiak, KP, Art. 30, Nr. 4.

587 SN vom 31.01.1977, PiZS 4/1978, S. 64; SN vom 20.09.1977, PiZS 8-9/1979, S. 95; Jackowiak, KP, Art. 30, Nr. 4; Romer, Prawo pracy, komentarz, Art. 30, Nr. 7; Salwa, KP, Art. 30, Nr. 2.

588 Romer, Prawo pracy, komentarz, Art. 30, Nr. 7.

589 Romer, Prawo pracy, komentarz, Art. 30, Nr. 7.

Schließt nun der Arbeitnehmer mit dem neuen Arbeitgeber den Arbeitsvertrag, so kann dieser auch dem Arbeitnehmer gegenüber ungünstigere Bedingungen enthalten als bei dem vorigen Arbeitgeber.[590]

Insgesamt müssen bei diesem Verfahren drei Einigungen erzielt werden, und zwar eine solche zwischen dem gegenwärtigen und dem neuen Arbeitgeber hinsichtlich deren Pflichten den Arbeitnehmer zu entlassen bzw. neu einzustellen, eine Einigung zwischen dem gegenwärtigen Arbeitgeber und dem Arbeitnehmer über die Auflösung des zwischen ihnen bestehenden Arbeitsverhältnisses und der Abschluss des Arbeitsvertrages mit dem neuen Arbeitgeber.[591] Dies kann sowohl schriftlich als auch mündlich geschehen.[592]

Bei den außervertraglichen Arbeitsverhältnissen (Berufung, Wahl, Ernennung) findet deren Auflösung teilweise auch i.S.d. in Art. 30 § 1 KP genannten Tatbestände statt. Hinsichtlich des Verfahrens (insbesondere bei der Kündigung), finden die Vorschriften des Arbeitsgesetzbuches aber nur bei Verweisen oder im nicht geregelten Bereich Anwendung.

Das Erlöschen betrifft sowohl die vertraglichen als auch die außervertraglichen Arbeitsverhältnisse und ist im Arbeitsrecht abschließend geregelt.

Dazu zählen der Tod des Arbeitnehmers (Art. 63^1 § 1 KP), der Tod des Arbeitgebers (Art. 63^2 § 1 KP), die dreimonatige Abwesenheit des Arbeitnehmers aufgrund Untersuchungshaft (Art. 66 § 1 KP), die fehlende Erklärung des Arbeitnehmers, innerhalb von sieben Tagen nach Auflösung des Arbeitsverhältnisses aufgrund von einer Wahl, über seine Rückkehr in den Betrieb, der ihn zum Zeitpunkt der Wahl beschäftigt hat (Art. 74 KP) und die fehlende Rückmeldung des Arbeitnehmers innerhalb von 30 Tagen zur Arbeit, nach Ableistung des Wehrdienstes (Art. 122 Abs. 1 des Gesetzes über die allgemeine Pflicht zur Verteidigung der Republik Polen).

II. Vergleich mit Deutschland

Im deutschen Arbeitsrecht wird nicht, wie in Polen, zwischen der Auflösung und dem Erlöschen des Arbeitsverhältnisses unterschieden. Es wir nur ganz allgemein von den Beendigungs- bzw. Endigungsgründen gesprochen.[593] Diese sind auch nicht, im Sinne einer die Beendigungsgründe aufzählenden Vorschrift, gesetzlich geregelt, wie das Kodeks Pracy es macht.

Was die Beendigungstatbestände an sich betrifft, so stimmen diese im Wesentlichen aber überein. In beiden Ländern endet der Arbeitsvertrag im Grunde infolge einer Kündigung (ordentlich, außerordentlich), eines Aufhebungsvertrages bzw. Auflö-

---

590 SN vom 21.08.1981, OSNCP 1982/5-6/72.

591 Jackowiak, KP, Art. 30, Nr. 4.

592 Jackowiak, KP, Art. 30, Nr. 4.

593 Hromadka/Maschmann, Arbeitsrecht Band 1, § 10 Rn. 1; Schaub, Arbeitsrechts-Handbuch, § 121; Söllner, Grundriß Arbeitsrecht, S. 284.

sungsvertrages (§ 623 BGB), mit Zeitablauf oder mit Zweckerreichung.[594] Auch der Tod des Arbeitnehmers zählt zum Beendigungstatbestand.[595] Im Hinblick auf den Tod des Arbeitgebers besteht aber ein Unterschied. In Polen führt der Tod des Arbeitgebers gem. Art. 63^2 § 1 KP grundsätzlich zum Erlöschen und somit zur Beendigung des Arbeitsverhältnisses. Die Anwendung dieser Vorschrift wird gem. § 3 nur dann ausgeschlossen, wenn der Arbeitnehmer durch einen neuen Arbeitgeber i.S.v. Art. 23^1 KP (Betriebsübergang) übernommen wird. In Deutschland hingegen ist der Tod des Arbeitgebers regelmäßig kein Beendigungsgrund, da der Erbe in die Arbeitgeberstellung einrückt.[596]

Darüber hinaus kennt das deutsche Arbeitsrecht noch andere Beendigungsgründe, wie Anfechtung,[597] Lossagung vom fehlerhaften Arbeitsverhältnis,[598] gerichtliche Auflösung,[599] freiwilliger Dienst nach einer Eignungsübung (§ 3 EignÜG[600]) sowie die Lossagung nach erfolgreichem Kündigungsschutzprozeß[601] und die lösende Aussperrung,[602] wobei es sich bei den beiden letzteren in der Sache nach um eine außerordentliche Kündigung handelt.[603] In Polen hingegen gibt es nur noch die Beendigungstatbestände der schon oben genannten Art. 66 § 1 KP, Art. 74 KP und Art. 122 Abs. 1 des Gesetzes über die allgemeine Pflicht zur Verteidigung der Republik Polen.

---

594 Schaub, Arbeitsrechts-Handbuch, § 121 Rn. 3 ff.; Söllner, Grundriß Arbeitsrecht, S. 284 f.

595 Brox/Rüthers, Arbeitsrecht, Rn. 220; Hromadka/Maschmann, Arbeitsrecht Band 1, § 10 Rn. 27; Zöllner/Loritz, Arbeitsrecht, S. 267.

596 Hromadka/Maschmann, Arbeitsrecht Band 1, § 10 Rn. 30; Schaub, Arbeitsrechts-Handbuch, § 121 Rn. 8; Zöllner/Loritz, Arbeitsrecht, S. 267.

597 Schaub, Arbeitsrechts-Handbuch, § 121 Rn. 12; Wolf/Gangel, AuR 1982, 271.

598 BAGE 12, 104; Hromadka/Maschmann, Arbeitsrecht Band 1, § 10 Rn. 24.

599 Brox/Rüthers, Arbeitsrecht, Rn. 222; Zöllner/Loritz, Arbeitsrecht, S. 272 f.

600 Gesetz über den Einfluß von Eignungsübungen der Streitkräfte auf Vertragsverhältnisse der Arbeitnehmer und Handelsvertreter sowie auf Beamtenverhältnisse (Eignungsübungsgesetz), vom 20.01.1956; BGBl. I S. 13.

601 Zöllner/Loritz, Arbeitsrecht, S. 273.

602 BAG GS vom 21.04.1971, AP Nr. 43 zu Art. 9 GG Arbeitskampf; Schaub, Arbeitsrechts-Handbuch, § 121 Rn. 10.

603 Hromadka/Maschmann, Arbeitsrecht Band 1, § 10 Rn. 25 f.; MünchKomm/Schwerdtner, Vor § 620 BGB Rn. 29.

B. Die Beendigung eines vertraglichen Arbeitsverhältnisses

I. Die Auflösung des Arbeitsvertrages durch die ordentliche Kündigung

1. Polen

a) Allgemeine Voraussetzungen

aa) Die Kündigungserklärung

Die ordentliche Kündigung ist eine einseitige Willenserklärung, welche von einer Partei des Arbeitsverhältnisses der anderen gegenüber abgegeben wird und nach Ablauf einer in der Erklärung angegebenen Dauer, genannt Kündigungsfrist, die Auflösung des Arbeitsverhältnisses bewirkt.[604] Die Ablehnung einer den Erfordernissen entsprechenden Kündigungserklärung hat keinen Einfluss auf die Wirksamkeit der Kündigung.[605]

Wann die Kündigungserklärung wirksam abgegeben wird, ist im KP nicht geregelt. Da dies jedoch eine wesentliche Bedeutung für den Lauf der Kündigungsfrist hat, wird gem. Art. 300 KP der Art. 61 KC angewandt.[606] Gem. Satz 1 dieser Vorschrift wird eine einer anderen Person gegenüber abzugebende Willenserklärung in dem Zeitpunkt abgegeben, wenn die Abgabe in der Weise erfolgte, dass die andere Person sich mit ihrem Inhalt vertraut machen konnte.

Eine schriftliche Willenserklärung wird jedoch erst dann wirksam abgegeben, wenn das die Willenserklärung beinhaltende Schreiben dem Adressaten in der Weise zugegangen ist, dass er sich mit dessen Inhalt vertraut machen konnte.[607] Die Benachrichtigung über die tatsächliche Abfassung des Schreibens und über dessen Inhalt ist nicht ausreichend.[608] Eine schriftliche Kündigung ist somit in dem Moment wirksam ausgeführt worden, in dem das Schreiben dem Adressaten entweder unmittelbar zugegangen ist (z.B. zu Händen des Arbeitnehmers oder einer bevollmächtigten Person), oder mittelbar (z.B. durch Zugang des Schreibens an den erwachsenen Hausbewohner des Arbeitnehmers), oder letztlich an dem Tag, an dem sich der Adressat eines mit der Post geschickten Briefes mit dessen Inhalt vertraut machen

---

604 Jackowiak, KP, Art. 30, Nr. 6; Gwarek/Skibicka-Ghaley, Stosunek pracy, S. 15; Florek/Zieliński, Prawo pracy, Rn. 112; Libera/Zduńska, Pracownik w zakładzie pracy, S. 67.

605 Gwarek/Skibicka-Ghaley, Stosunek pracy, S. 16; Latos-Miłkowska, Rozwiązanie, S. 21.

606 Jackowiak, KP, Art. 30, Nr. 6; Latos-Miłkowska, Rozwiązanie, S. 20.

607 SN vom 20.08.1984, OSNCP 1985/4/57; Gersdorf, PiZS 11/1998, 29 (30); Pietrzykowski/Safian, KC, Art. 61 Rn. 13.

608 SN vom 20.08.1984, OSNCP 1985/4/57; Pietrzykowski/Safian, KC, Art. 61 Rn. 13.

konnte.[609] Es kommt mithin nur darauf an, ob es dem Adressaten möglich war, sich mit dem Inhalt vertraut zu machen. Auf die tatsächliche Kenntnisnahme kommt es nicht an.[610]

Was die Form der Kündigungserklärung betrifft, so soll diese schriftlich erfolgen, Art. 30 § 3 KP. Die Nichtbeachtung der Schriftform führt jedoch nicht zur Unwirksamkeit der Kündigung.[611] Erfolgt der Verstoß durch den Arbeitnehmer, so sind keinerlei Sanktionen vorgesehen. Ein Verstoß gegen die Schriftform der Kündigung durch den Arbeitgeber unterliegt jedoch gem. Art. 281 Nr. 3 KP einer Geldbuße.

Im Falle einer ordentlichen Kündigung eines unbefristeten Arbeitsvertrages oder einer fristlosen Kündigung soll der Kündigungsgrund angegeben werden, Art. 30 § 4 KP. Dabei handelt es sich nicht nur um eine Empfehlung, sondern um eine Pflicht, deren Nichtbeachtung als ein Verstoß gegen die Vorschriften über die Kündigung von Arbeitsverträgen i.S.d. Art. 45 § 1 KP[612] betrachtet wird.[613]

Darüber hinaus wird gefordert, dass die Kündigungserklärung auch die Kündigungsfrist anzeigt, was in der Praxis auch gängig ist.[614]

Eine durch den Arbeitgeber abgegebene Kündigungserklärung soll des weiteren gem. Art. 30 § 5 KP eine Rechtsbelehrung enthalten, dass der Arbeitnehmer das Recht zur Anrufung des Arbeitsgerichts hat.

Die Kündigungserklärung kann nur widerrufen werden, wenn der Widerruf gleichzeitig mit der Willenserklärung zugeht oder vorher, Art. 61 S. 2 KC i.V.m. Art. 300 KP. Wenn sich der Erklärungsempfänger schon mit dem Inhalt vertraut gemacht hat, kann die Erklärung nur mit dessen Einverständnis rückgängig gemacht werden.[615]

bb) Die Kündigungsfrist und der Kündigungstermin

Gem. Art. 32 § 2 KP erfolgt die Auflösung eines Arbeitsvertrages durch eine ordentliche Kündigung nach Ablauf der Kündigungsfrist. Bei dieser handelt es sich um die

---

609 Jackowiak, KP, Art. 30, Nr. 6; Florek/Zieliński, Prawo pracy, vor Rn. 112; Latos-Miłkowska, Rozwiązanie, S. 21.

610 Gersdorf, PiZS 11/1998, 29 (30); Latos-Miłkowska, Rozwiązanie, S. 21.

611 Florek/Zieliński, Prawo pracy, vor Rn. 113; Latos-Miłkowska, Rozwiązanie, S. 19.

612 „Bei Feststellung, dass die Kündigung des unbefristeten Arbeitsvertrages unbegründet ist oder gegen Vorschriften über die Kündigung von Arbeitsverträgen verstößt, entscheidet das Arbeitsgericht, entsprechend dem Begehren des Arbeitnehmers, über die Unwirksamkeit der Kündigung, und wenn der Vertrag schon aufgelöst worden ist, über die Wiedereinstellung des Arbeitnehmers zu den gleichen Bedingungen wie zuvor oder über Schadensersatz."

613 SN vom 19.05.1997, OSN 1998/8/243; OSNAPiUS 1999/21 – wkładka.

614 Ciborski/Rutkowski, Umowa o pracę, S. 11; Florek/Zieliński, Prawo pracy, vor Rn. 113; Latos-Miłkowska, Rozwiązanie, S. 20.

615 SN vom 23.10.1985, OSPiKA 1987/10/184; NSA vom 17.11.1989, ONSA 1989/2/95; Latos-Miłkowska, Rozwiązanie, S. 22; Libera/Zduńska, Pracownik w zakładzie pracy , S. 70; Smoliński, Pracownik, S. 116.

Zeit zwischen der Abgabe der Kündigungserklärung und der Auflösung des Arbeitsvertrages als Folge der Kündigung, welche ablaufen muss.[616]

Bei dem Kündigungstermin wiederum handelt es sich um den Tag (Datum), an welchem die Kündigungsfrist endet.[617] Eine Kündigungsfrist, die eine Woche oder einen Monat oder ein Vielfaches davon beträgt, endet an einem Samstag oder am letzten Tag des Monats, Art. 30 § 2¹ KP. Unterschiedlich bewertet wird jedoch, wann die Kündigungsfrist zu laufen beginnt. In der Literatur wird zumeist die Ansicht vertreten, dass die Kündigungsfrist mit Abgabe einer wirksamen Kündigungserklärung zu laufen beginnt und mit dem gesetzlich vorgeschriebenen Kündigungstermin endet.[618] Dem gegenüber vertritt die Rechtsprechung, dass die Bezeichnung des Endtermins der Kündigungsfrist auch ihren Beginn bestimmt.[619] Eine nach Monaten bestimmte Kündigungsfrist beginnt somit am ersten Tag des Monats zu laufen und nicht an dem Tag, an dem die Kündigungserklärung abgegeben worden ist.[620]

Da das KP den Endtermin nur nach Wochen, Monaten bzw. deren Vielfaches berechnete Kündigungsfristen bestimmt, sind ansonsten die Vorschriften des KC (i.V.m. Art. 300 KP) anzuwenden. Demnach wird bei einer nach Tagen berechneten Kündigungsfrist[621] in diese der Tag nicht einberechnet, an dem die Kündigungserklärung abgegeben worden ist, Art. 111 § 2 KC i.V.m. Art. 300 KP.

Die Dauer der Kündigungsfrist hängt von der Art des Arbeitsvertrages ab, und beim unbefristeten Arbeitsvertrag wiederum von der Dauer der Berufstätigkeit beim jeweiligen Arbeitgeber (Art. 36 § 1 KP). Die Kündigungsfrist kann grundsätzlich nicht einseitig verkürzt werden, was sich auch aus Art. 49 KP ergibt, welcher besagt, dass im Falle der Anwendung einer kürzeren als der verlangten Kündigungsfrist der Arbeitsvertrag nach Ablauf der verlangten Frist aufgelöst wird und dem Arbeitnehmer bis zur Auflösung des Vertrages das Gehalt zusteht.[622] Eine Ausnahme stellt Art. 36¹ KP dar. Gem. § 1 kann der Arbeitgeber im Falle der Kündigung eines unbefristeten Vertrages auf Grund der Eröffnung des Insolvenzverfahrens bzw. der Liquidation oder aus anderen Gründen, die die Arbeitnehmer nicht betreffen, mit dem Ziel einer früheren Auflösung des Arbeitsvertrages, eine dreimonatige Kündigungsfrist höchstens auf einen Monat kürzen; in diesem Fall steht dem Arbeitnehmer Schadensersatz in Höhe des Gehalts für den verbleibenden Teil der Kündigungsfrist zu. Die

---

616 Gersdorf, PiZS 11/1998, S. 29; Latos-Miłkowska, Rozwiązanie, S. 31.

617 Barzycka-Banaszczyk, Prawo pracy, S. 60.

618 Florek/Zieliński, Prawo pracy, Rn. 116; Gersdorf, PiZS 11/1998, 29 (29 f.); Kolasiński, Prawo pracy I, S. 162; Latos-Miłkowska, Rozwiązanie, S. 34.

619 SN vom 08.11.1988, Służba Pracownicza 3/1989, S. 26.

620 SN vom 08.11.1988, PiZS 2/1989, S. 69; Gwarek/Skibicka-Ghaley, Stosunek pracy, S. 17.

621 Gem. Art. 34 Nr. 1 KP beträgt die Kündigungsfrist bei einem Probevertrag, der zwei Wochen nicht überschreitet, drei Werktage.

622 Barzycka-Banaszczyk, Prawo pracy, S. 60; Latos-Miłkowska, Rozwiązanie, S. 36.

Willenserklärung hinsichtlich der Kürzung der Kündigungsfrist kann nur in Verbindung mit der Kündigung abgegeben werden und nicht später.[623]
Es ist jedoch möglich, dass die Kündigungsfrist im beiderseitigen Einverständnis der Arbeitsvertragsparteien verkürzt wird, was aber zu keinen Änderungen hinsichtlich des Kündigungsverfahrens führt.[624] Gem. Art. 36 § 6 KP können die Parteien nach der Kündigung des Arbeitsvertrages einen früheren Kündigungstermin vereinbaren, der durch eine Partei bestimmt wird; das Kündigungsverfahren wird dabei nicht berührt. Dies führt also nicht zu einer Umgestaltung der ordentlichen Kündigung in eine Auflösung des Arbeitsverhältnisses im beiderseitigen Einverständnis der Parteien.[625]
Dem gegenüber steht die Verlängerung der Kündigungsfrist. Gem. Art. 36 § 5 KP kann in einem unbefristeten Arbeitsvertrag eine längere Kündigungsfrist von den Parteien vereinbart werden, wenn es sich um eine Stelle handelt, die mit der Haftung für anvertrautes Vermögen verbunden ist. Eine zweiwöchige Kündigungsfrist kann bis auf einen Monat und eine einmonatige bis auf drei Monate verlängert werden. Eine solche Vereinbarung kann auch noch im Laufe des Arbeitsverhältnisses in den Vertrag aufgenommen werden.[626]
Insgesamt ist es aber zulässig, dass die Parteien im beiderseitigen Einverständnis eine längere Kündigungsfrist vereinbaren, vorausgesetzt, die Verlängerung ist für den Arbeitnehmer günstiger.[627]
Bei einer vom Arbeitgeber ausgesprochenen Kündigung hat der Arbeitnehmer während der Kündigungsfrist Anspruch auf bezahlte Freistellung von der Arbeit zum Zwecke der Arbeitssuche, Art. 37 § 1 KP. Dies jedoch erst, wenn die Kündigungsfrist mindestens zwei Wochen beträgt. Die Freistellung beträgt zwei Werktage bei einer Kündigungsfrist, die zwei Wochen oder einen Monat beträgt (§ 2 Nr. 1) und drei Werktage bei einer dreimonatigen Kündigungsfrist, sowie im Falle deren Kürzung aufgrund von Art. 36[1] § 1 KP (§ 2 Nr. 2). Darüber hinaus stehen ihm alle Arbeitnehmerrechte zu, wie z.B. Gehaltserhöhungen.[628]
Das Herannahen des Kündigungstermins verpflichtet den Arbeitgeber dem Arbeitnehmer ein Arbeitszeugnis auszustellen (Art. 97 KP), bei nicht in Anspruch genommenem Urlaub das Äquivalent auszuzahlen (Art. 171 KP),[629] eventuell Schadensersatz wegen verkürzter Kündigungsfrist zu zahlen (Art. 36[1] KP) oder eine Abfindung,

---

623 SN vom 19.12.1990, OSNCP 1992/11/206; Gwarek/Skibicka-Ghaley, Stosunek pracy, S. 23; Latos-Miłkowska, Rozwiązanie, S. 38.
624 Barzycka-Banaszczyk, Prawo pracy, S. 60.
625 Gwarek/Skibicka-Ghaley, Stosunek pracy, S. 22; Latos-Miłkowska, Rozwiązanie, S. 37.
626 Gersdorf, PiZS 11/1998, 29 (32); Latos-Miłkowska, Rozwiązanie, S. 38.
627 OSNAPiUS 1995/7/87; Gersdorf, PiZS 11/1998, 29 (30); Gwarek/Skibicka-Ghaley, Stosunek pracy, S. 20; Latos-Miłkowska, Rozwiązanie, S. 38.
628 Gersdorf, PiZS 11/1998, S. 29 (30).
629 OSNAPiUS 1997/13/237.

bei Entlassung des Arbeitnehmers aus Gründen, die diese nicht betreffen (Art. 8 des Gesetzes vom 13.03.2003[630]).

b) Der unbefristete Arbeitsvertrag

Der unbefristete Arbeitsvertrag kann gem. Art. 32 § 1 Nr. 3 KP von jeder Partei ordentlich gekündigt werden. Die Kündigungsfrist ist abhängig von der Beschäftigungsdauer beim gegenwärtigen Arbeitgeber und beträgt zwei Wochen bei einer Beschäftigungsdauer von weniger als sechs Monaten, einen Monat bei einer solchen von mindestens sechs Monaten und drei Monate, wenn der Arbeitnehmer mindestens drei Jahre bei dem Arbeitgeber beschäftigt ist (Art. 36 § 1 KP). Zur Beschäftigungsdauer wird laut Art. 36 § 1¹ KP auch die Dauer der Beschäftigung beim vorherigen Arbeitgeber dazugezählt, wenn der Arbeitgeberwechsel auf Grund von Art. 23¹ KP (Betriebsübergang) stattgefunden hat, sowie in anderen Fällen, in denen kraft spezieller Vorschriften der neue Arbeitgeber Rechtsnachfolger bezüglich der Arbeitsverhältnisse ist, die durch den, den Arbeitnehmer vorher beschäftigenden Arbeitgeber, abgeschlossen worden sind.

War der Arbeitnehmer schon vorher bei dem gegenwärtigen Arbeitgeber beschäftigt und ist er es jetzt nach einer Pause wieder, dann wird die gesamte Beschäftigungsdauer summiert.[631]

Was die Verkürzung bzw. Verlängerung der Kündigungsfrist betrifft, so ist auf die dazu oben gemachten Ausführungen zu verweisen, insbesondere auf die zu Art. 36 § 5, § 6 KP und Art. 36¹ KP.

Während einer jederzeitigen ordentlichen Kündigung von Seiten des Arbeitnehmers grundsätzlich nichts im Wege steht, unterliegt eine solche durch den Arbeitgeber gewissen Beschränkungen. Insgesamt muss die Kündigung des Arbeitgebers sachlich begründet sein (vgl. Art. 38 und 45 KP[632]).[633]

Dies wird zum einen durch den allgemeinen Kündigungsschutz gewährleistet, welcher darin zum Ausdruck kommt, dass eine vorherige Anhörung der Betriebsgewerkschaft stattfinden und ein berechtigter Kündigungsgrund angegeben werden muss.[634] Darüber hinaus unterliegt jede Kündigung den Beschränkungen der Gene-

---

630 Über die besondere Regelung für die Auflösung von Arbeitsverhältnissen aus Gründen, die die Arbeitnehmer nicht betreffen, Dz. U. 2003, Nr. 90, Pos. 844.

631 Bessaraba, Stosunek pracy, S. 54.

632 Art. 38 KP regelt die Benachrichtigung der Betriebsgewerkschaft, „indem der die Auflösung des Vertrages begründende Grund anzugeben ist." Art. 45 KP bestimmt die Folgen bei Feststellung der Unbegründetheit der Kündigung.

633 Gersdorf, PiZS 11/1998, S. 29.

634 Florek/Zieliński, Prawo pracy, Rn. 118; Latos-Miłowska, Rozwiązanie, S. 22; Liszcz, Prawo pracy, S. 185 f.

ralklausel des Art. 8 KP, so dass jedes Mal die Grundsätze des gesellschaftlichen Zusammenlebens beachtet werden müssen.[635]
Zum anderen besteht auch ein besonderer Kündigungsschutz, welcher sich zusätzlich aus unterschiedlichen Vorschriften ergibt.

aa) Der allgemeine Kündigungsschutz

Was den allgemeinen Kündigungsschutz betrifft, so ist zunächst auf den Kündigungsgrund einzugehen. Wie oben schon behandelt, obliegt gem. Art. 30 § 4 KP dem Arbeitgeber die Pflicht diesen im Kündigungsschreiben anzugeben.
Der anzugebende Kündigungsgrund muss wahr und konkret sein, d.h. eine allgemein gehaltene Formulierung kann zur Unbegründetheit der Kündigung führen.[636] Er muss vor dem Zeitpunkt, in dem die Betriebsgewerkschaft benachrichtigt wird, vorliegen, und wenn eine solche Benachrichtigung nicht erforderlich oder nicht möglich ist, spätestens zum Zeitpunkt der Kündigungserklärung.[637] Im Falle eines gerichtlichen Verfahrens kann sich der Arbeitgeber dann auch nur auf die Umstände berufen, die er als Grundlage für die Kündigung in seinem Kündigungsschreiben angegeben hat.[638]
Welche Gründe die ordentliche Kündigung eines unbefristeten Arbeitsvertrages begründen können, wurde vom Gesetzgeber jedoch nicht konkretisiert. In diesem Fall ist auf die umfangreiche Rechtsprechung zurückzugreifen. Ein erschöpfender Katalog von Kündigungsgründen existiert aber nicht, und die Bewertung richtet sich jedes Mal nach dem Einzelfall.[639]
Im Folgenden sollen beispielhaft die anerkannten Kündigungsgründe aufgezeigt werden. Dabei wird zwischen denen, die den Arbeitgeber und denen, die den Arbeitnehmer betreffen, unterschieden. Bei den Kündigungsgründen, die den Arbeitnehmer betreffen, wird wiederum zwischen solchen, die der Arbeitnehmer verschuldet hat und solchen, die er nicht verschuldet hat, unterschieden.[640]
Die Kündigungsgründe, die auf Seiten des Arbeitgebers liegen, ergeben sich im allgemeinen aus dem Bedürfnis die Beschäftigtenzahl zu verringern, und zwar aus wirtschaftlichen Gründen oder aufgrund organisatorischer oder technologischer Änderungen oder solcher, die die Produktion betreffen, oder aufgrund einer Neustrukturierung bzw. Modernisierung des Betriebes, indem bestimmte Arbeitsplät-

---

635 SN vom 17.10.1966, OSNCP 1967/6/106; OSNAPiUS 1998/8/237; Dubowik, PiZS 2/1997, S. 19 (22).
636 Izba Pracy i Ubezpieczeń Społecznych Sądu Najwyższego (Kammer für Arbeit- und Sozialversicherungen des Höchsten Gerichts) vom 27. 06.1985, OSNCP 1985/11/164, These XI; OSNAPiUS 1998/20/598; OSNAPiUS 1999/5/165;
Ciborski/Rutkowski, Umowa o pracę, S. 41.
637 Latos-Miłowska, Rozwiązanie, S. 23 f.
638 Latos-Miłowska, Rozwiązanie, S. 23.
639 Florek/Zieliński, Prawo pracy, Rn. 120.
640 Bessaraba, Stosunek pracy, S. 57; Florek/Zieliński, Prawo pracy, Rn. 120.

ze ganz gestrichen oder Arbeitnehmer mit anderen Qualifikationen gesucht werden.[641]

Die Entlassung eines Arbeitnehmers wird z.B. als begründet angesehen, wenn der Arbeitsplatz, auf dem er beschäftigt war, aufgrund von Änderungen in der strukturellen Organisation des Betriebes liquidiert wird. Es besteht in diesem Fall auch nicht das Erfordernis den entlassenen Arbeitnehmer in Hinsicht auf seine Qualifikationen, seine Beschäftigungsdauer u.ä. mit anderen Arbeitnehmern zu vergleichen.[642]

Ein Arbeitgeber, der einem Arbeitnehmer aus Gründen, die auf seiner (des Arbeitgebers) Seite liegen, ordentlich kündigt, muss sich aber immer bewusst sein, dass diese Fälle unter Umständen dem Art. 10 des Gesetzes vom 13.03.2003 über besondere Regeln für die Auflösung von Arbeitsverhältnissen aus Gründen, die die Arbeitnehmer nicht betreffen unterfallen werden. Abs. 1 des o.g. Art. 10 besagt, dass die Vorschriften des Art. 5 Abs. 1 bis 7 und des Art. 8 des Gesetzes vom 13.03.2003 entsprechende Anwendung finden, wenn die Auflösung von Arbeitsverhältnissen durch einen Arbeitgeber, der zumindest 20 Arbeitnehmer beschäftigt, aus Gründen, die die Arbeitnehmer nicht betreffen, erforderlich ist, und diese Gründe die ausschließlichen Gründe für die Kündigung darstellen und die Entlassung innerhalb von 30 Tagen eine kleinere als die in Art. 1 bestimmte Arbeitnehmerzahl umfassen. Bei einer höheren Zahl handelt es sich dann um sog. Gruppenentlassungen[643]. Gem. Art. 1 Abs. 1 liegt eine Gruppenentlassung dann vor, wenn innerhalb von 30 Tagen mindestens 10 Arbeitnehmer entlassen werden, wenn der Arbeitgeber weniger als 100 Arbeitnehmer beschäftigt, wenn mindestens 10% der Arbeitnehmer entlassen werden, wenn der Arbeitgeber mindestens 100 aber weniger als 300 Arbeitnehmer beschäftigt, oder wenn 30 Arbeitnehmer entlassen werden, wenn der Arbeitgeber 300 oder mehr Arbeitnehmer beschäftigt.

Unterfällt nun die Kündigung den o.g. Vorschriften, dann bringt dies insbesondere die Verpflichtung des Arbeitgebers mit sich, dem entlassenen Arbeitnehmer eine Abfindung zu zahlen (Art. 8 des o.g. Gesetzes).

Die Auslegung der Wendung „ausschließlicher Grund" für die Kündigung erfolgt dabei zugunsten der Arbeitnehmer. Eine Abfindung steht dem Arbeitnehmer somit auch dann zu, wenn neben den Kündigungsgründen, die die Arbeitnehmer nicht betreffen weitere Umstände vorlagen, die auf die Entlassung des konkreten Arbeitnehmers Einfluss gehabt haben.[644]

Der die Arbeitnehmer nicht betreffende Kündigungsgrund geht auch aus dem oben schon behandelten Art. 36^1 KP (Verkürzung der Kündigungsfrist) hervor.

---

641 SN (IPiUS) vom 27. 06.1985, OSNCP 1985/11/164, These IX; Latos-Miłowska, Rozwiązanie, S. 27; Liszcz, Prawo pracy, S. 188.

642 SN vom 17.09.1982, OSNCP 1983/4/61; (IPiUS) vom 27. 06.1985, OSNCP 1985/11/164, These IX.

643 Liszcz, Prawo pracy, S. 233 ff.

644 Latos-Miłowska, Rozwiązanie, S. 28.

In Bezug auf Kündigungsgründe, die den Arbeitnehmer betreffen und die er selbst verschuldet hat, ist zunächst Art. 100 § 1 KP zu nennen, wonach der Arbeitnehmer verpflichtet ist seine Arbeit gewissenhaft und sorgfältig auszuüben sowie sich an die Anweisungen des Vorgesetzten, die die Arbeit betreffen, zu halten, es sei denn, diese verstoßen gegen Rechtsvorschriften oder den Arbeitsvertrag. Somit ist eine ordentliche Kündigung in der Regel bei Verstößen gegen die Arbeitnehmerpflichten begründet, sowie bei deren nachlässiger (mangelnde Sorgfalt und Vorsicht) oder unredlicher Ausübung.[645] Dazu zählen auch leichtere Verstöße, wenn sie die Folge mangelnder Sorgfalt sind.[646]
Anzumerken ist, dass bei leitenden oder selbständigen Stellungen die Beurteilung des Arbeitnehmers strenger erfolgt.[647]
Weiterhin fällt darunter die Nichtausübung von Dienstanweisungen des Vorgesetzten ohne sachlichen Grund.[648]
Ein weiterer die ordentliche Kündigung rechtfertigender Grund ist der Verstoß gegen das Konkurrenzverbot, und zwar unabhängig davon, ob ein Vertrag über das Konkurrenzverbot i.S.d. Art. 101¹ § 1 KP geschlossen worden ist oder nicht.[649]
Auch der Verlust des Vertrauens in den Arbeitnehmer kann einen Entlassungsgrund darstellen, wenn er an objektive und rationale Voraussetzungen anknüpft und nicht an willkürliche Beurteilungen oder subjektive Vorurteile.[650] Dabei muss die Betriebsleitung sogar nicht die Tatsachen beweisen, die zum Verlust des Vertrauens in den betroffenen Arbeitnehmer geführt haben. Es reicht aus, dass die Leitung eine sachliche Beurteilung dahingehend abgibt, dass die mit der Stelle verbundenen Aufgaben von einem anderen Arbeitnehmer besser ausgeführt werden.[651] Dabei kann der Vertrauensverlust sogar begründet sein, wenn dem Arbeitnehmer keine Schuld zugewiesen bzw. nicht nachgewiesen werden kann, sein Verhalten objektiv gesehen aber Merkmale von Arbeitnehmerpflichtverletzungen enthält.[652] Darüber hinaus auch in solchen Fällen, in denen es zwar außerhalb des Betriebes zu einem Pflichtverstoß durch den Arbeitnehmer gekommen ist (z.B. wenn eine bestimmte Straftat außerhalb des Betriebes begangen wird), das Arbeitsverhältnis dadurch jedoch belastet wird.[653]
Als weiterer begründeter Kündigungsgrund kommt auch der Verstoß gegen die Grundsätze des gesellschaftlichen Zusammenlebens (Art. 100 § 2 Nr. 6 KP) in Betracht, wobei dieser Verstoß im Betrieb vorfallen muss, wie z.B. die Falschaussage

645 SN (IPiUS) vom 27. 06.1985, OSNCP 1985/11/164, These VI; SN vom 24.08.1988, Służba Pracownicza 1989/2/28; OSNAPiUS 1998/20/598.
646 SN vom 12.08.1977, OSNCP 1978/10/175.
647 SN (IPiUS) vom 27. 06.1985, OSNCP 11985/11/164, These V.
648 OSNAPiUS 1998/21/626.
649 OSNAPiUS 1999/15/480.
650 OSNAPiUS 1998/18/538; OSNAPiUS 1999/5/165.
651 SN vom 13.05.1976, OSPiKA 1977/7/126.
652 OSNAPiUS 1998/18/538.
653 OSNAPiUS 1998/18/538.

in einem auf dem Betriebsgelände stattfindenden Verfahren über einen Unfall, deren Fakten der Belegschaft allgemein bekannt sind.[654]

Wie schon erwähnt, kann dem Arbeitnehmer aber auch ohne sein Verschulden, aus Gründen, die sich von seiner Seite ergeben, ordentlich gekündigt werden. Somit zählt auch die unverschuldete unrichtige Ausübung von Arbeitnehmerpflichten zu den Gründen, die eine ordentliche Kündigung rechtfertigen können.[655] Dies betrifft aber keine einmaligen geringen Verfehlungen, es sei denn, diese wiederholen sich.[656]

Des Weiteren fällt darunter die häufige Abwesenheit bei der Arbeit, insbesondere, wenn sie durch den Krankheitszustand des Arbeitnehmers verursacht wird und die Ausübung der gegenwärtigen Funktion unmöglich macht und damit die Interessen des Betriebes gefährdet.[657]

Bei der Beurteilung der Wirksamkeit einer solchen Kündigung hat die persönliche und familiäre Situation des betroffenen Arbeitnehmers eine wesentliche Bedeutung, nicht mindere Bedeutung hat aber auch die Eignung des Arbeitnehmers hinsichtlich der auszuübenden Arbeit für die er beschäftigt wird, sowie die auf ihm lastenden Arbeitnehmerverpflichtungen.[658]

Hinsichtlich der von Seiten des Arbeitnehmers resultierenden Kündigungsgründe kann demnach zusammenfassend gesagt werden, dass ein solcher Grund jeder Umstand sein kann, der die Person des Arbeitnehmers betrifft, die Art und Weise wie er die Arbeit ausführt, sein Verhalten oder Vorgehen im Rahmen des Arbeitsprozesses bzw. sogar Vorfälle, die unabhängig von den Parteien des Arbeitverhältnisses geschehen, und nach dem Grundsatz von Treu und Glauben sowie der Verkehrssitte die Kündigung eines Arbeitsvertrages begründen.[659]

Der allgemeine Kündigungsschutz umfasst ferner die vorherige Benachrichtigung (Anhörung) der Betriebsgewerkschaft, geregelt in Art. 38 KP. Hat ein Arbeitgeber die Absicht einem Arbeitnehmer den unbefristeten Arbeitsvertrag ordentlich zu kündigen, so muss er die den Arbeitnehmer repräsentierende Betriebsgewerkschaft schriftlich darüber benachrichtigen, unter Angabe des Kündigungsgrundes (§ 1). Demnach hat die Benachrichtigung der Betriebsgewerkschaft einen vorangehenden Charakter, d.h. sie muss vor der Zustellung der Kündigung erfolgen.[660]

---

654 OSNAPiUS 1998/22/655.

655 SN (IPiUS) vom 27. 06.1985, OSNCP 1985/11/164, These VIII; OSNAPiUS 1999/21/683.

656 SN (IPiUS) vom 27. 06.1985, OSNCP 1985/11/164, These VI, VIII.

657 SN vom 28.02.1979, Służba Pracownicza 1979/6/33; (IPiUS) vom 27. 06.1985, OSNCP 1985/11/164, These VIII; OSNAPiUS 1998/16/476; OSNAPiUS 1998/20/600; OSNAPiUS 1999/1/10.

658 SN vom 10.11.1975, OSNCP 1976/7-8/175; vom 29.12.1982, OSNCP 1983/8/122; OSNAPiUS 1998/3/83.

659 Bessaraba, Stosunek pracy, S. 57.

660 SN (IPiUS) vom 19.05.1978, OSNCP 1978/8/127, These I; Latos-Miłowska, Rozwiązanie, S. 39.

Auch wenn das Gesetz allgemein von Betriebsgewerkschaft spricht, so kann die Mitteilung über die beabsichtigte Kündigung auch gegenüber einem zuständigen Organ, wie z.B. dem Betriebsrat gemacht werden.[661]
Dabei ist zu unterstreichen, dass sich dieses Verfahren nur auf unbefristete Arbeitsverträge bezieht.
Hält die Betriebsgewerkschaft die Kündigung für unbegründet, so kann sie innerhalb von fünf Tagen ab dem Zeitpunkt der Benachrichtigung dem Arbeitgeber schriftlich ihre begründeten Bedenken mitteilen (§ 2). Nach Überprüfung des Standpunktes der Betriebsgewerkschaft sowie im Falle, dass diese einen Standpunkt innerhalb der bestimmten Frist nicht einnimmt, entscheidet der Arbeitgeber in der Sache der Kündigung (§ 5). Eine dahingehende Entscheidung kann der Arbeitgeber aber nicht vor Ablauf der in Art. 38 § 2 KP bestimmten Frist fällen, es sei denn die Betriebsgewerkschaft erklärt, dass sie keine Vorbehalte hat.[662]
Hält der Arbeitgeber das in Art. 38 KP vorgesehene Verfahren nicht ein, so kann das Arbeitsgericht anerkennen, dass die Vorschriften über die Kündigung von Arbeitsverträgen verletzt worden sind und feststellen, dass die Kündigung unwirksam ist, und sofern der Arbeitsvertrag schon aufgelöst worden ist, über die Wiedereinstellung des Arbeitnehmers zu den vorherigen Arbeitsbedingungen oder über Schadensersatz entscheiden (§ 45 § 1 KP). Die Einhaltung dieses Verfahrens ist somit für den Arbeitgeber obligatorisch.[663] Diese Pflicht entfällt jedoch, wenn beim Arbeitgeber keine Gewerkschaften tätig sind bzw. wenn der Arbeitnehmer kein Mitglied einer Gewerkschaft ist und keine beim Arbeitgeber tätige Gewerkschaft ihn schützt.[664] Sie entfällt des Weiteren bei der Eröffnung des Insolvenzverfahrens bzw. der Liquidation des Arbeitgebers, Art. 41^1 § 1 KP.
Art. 23^2 KP bestimmt, dass wenn arbeitsrechtliche Vorschriften bei individuellen Angelegenheiten aus dem Arbeitsverhältnis die Mitwirkung des Arbeitgebers bei der Betriebsgewerkschaft vorsehen, der Arbeitgeber die Pflicht hat, in solchen Angelegenheiten mit der den Arbeitnehmer, aufgrund seiner Mitgliedschaft oder aufgrund der Erteilung einer Zustimmung hinsichtlich der Verteidigung der Rechte des Arbeitnehmers, repräsentierenden Gewerkschaft entsprechend dem Gesetz über Gewerkschaften zusammenzuarbeiten.
Gem. Art. 30 Abs. 2^1 des Gesetzes über die Gewerkschaften,[665] ist der Arbeitgeber bei individuellen Angelegenheiten aus dem Arbeitsverhältnis, für welche arbeitsrechtliche Vorschriften die Mitwirkung des Arbeitgebers bei der Betriebsgewerk-

---

661 SN (IPiUS) vom 19.05.1978, OSNCP 1978/8/127, These VI.

662 SN (IPiUS) vom 19.05.1978, OSNCP 1978/8/127, These I; Gwarek/Skibicka-Ghaley, Stosunek pracy, S. 31.

663 SN (IPiUS) vom 19.05.1978, OSNCP 1978/8/127, These I.

664 SN (in der Zusammensetzung von 7 Richtern) vom 20.06.1991, OSNCP 1992/1/4; Jackowiak, KP, Art. 38, Nr. 1; Gwarek/Skibicka-Ghaley, Stosunek pracy, S. 31.

665 Vom 23.05.1991, in der Fassung der Bekanntmachung vom 30.05.2001, Dz. U. 2001, Nr. 79, Pos. 854; mit späteren Änderungen.

schaft vorsehen, verpflichtet, sich an die Organisation mit der Frage zu wenden, welche Arbeitnehmer unter ihrem Schutz stehen. Wird diese Information innerhalb von fünf Tagen nicht erteilt, so ist der Arbeitgeber von der Pflicht befreit, in Angelegenheiten, die diese Arbeitnehmer betreffen, bei der Betriebsgewerkschaft mitzuwirken. Es wird dann vermutet, dass der Arbeitnehmer den Gewerkschaftsschutz nicht genießt.[666]

Das Höchste Gericht stellte in einem Urteil[667] darüber hinaus fest, dass der Arbeitgeber sich jedes Mal an die Betriebsgewerkschaft mit der Frage wenden muss, ob der von der Kündigung betroffene Arbeitnehmer ihren Schutz genießt. Begründet wird dieser Standpunkt damit, dass der Arbeitnehmer jederzeit einer Gewerkschaft beitreten bzw. sich an diese hinsichtlich der Verteidigung seiner Rechte wenden kann, wobei die Gewerkschaft nicht verpflichtet ist, den Arbeitgeber darüber zu informieren.[668]

Ist in einem Betrieb mehr als eine Gewerkschaft tätig, dann repräsentiert jede Gewerkschaft ihre Mitglieder, Art. 7 § 2, 30 Abs. 1 des o.g. Gesetzes. Gehört der Arbeitnehmer keiner Gewerkschaft an, hat er das Recht seine Rechte nach den Grundsätzen, die einem Gewerkschaftsmitglied zuteil sind, zu schützen, sofern die durch ihn ausgewählte Betriebsgewerkschaft ihre Zustimmung hinsichtlich der Verteidigung seiner Arbeitnehmerrechte erteilt, Art. 30 Abs. 2 des o.g. Gesetzes.

Letztlich hat aber der Standpunkt der Gewerkschaften keine bindende Wirkung für den Arbeitgeber, der bei seiner Entscheidung das Arbeitsverhältnis zu kündigen, bleiben kann,[669] was sich aus Art. 38 § 5 KP ergibt. Ruft der Arbeitnehmer aber das Gericht an, um feststellen zu lassen, dass die Kündigung unwirksam ist, so stellt der Standpunkt der Betriebsgewerkschaft ein gewichtiges Argument zu Gunsten des Arbeitnehmers dar.[670]

Eine besondere Regelung in Bezug auf die Benachrichtigung der Betriebsgewerkschaften über bevorstehende Kündigungen ist in den Art. 2 ff. des Gesetzes über besondere Regeln für die Auflösung von Arbeitsverhältnissen aus Gründen, die die Arbeitnehmer nicht betreffen zu finden. Da auf diese Auflösung von Arbeitsverhältnissen später in einem eigenständigen Abschnitt ausführlich eingegangen wird, soll dieser Punkt hier nicht weiter erörtert werden.

Letztlich ist noch kurz die auch zu beachtende Generalklausel des Art. 8 KP anzusprechen. Bei der Beurteilung, ob eine Kündigung begründet ist oder nicht, müssen sowohl die Arbeitgeberinteressen als auch die den Arbeitnehmer umgebenden

---

666 Sadlik, PP 5/2000, S. 22 (23).

667 SN vom 21.04.1999, PiZS 11/1999, S. 34 (35 f.).

668 Zustimmend: Jackowiak, KP, Art. 38, Nr. 1; Sadlik, PP 5/2000, S. 22 (23 f.); a.A. Glosse von Rączka, PiZS 11/1999, S. 36 (38), der von einer einmaligen Nachforschungspflicht des Arbeitgebers ausgeht.

669 Szczerski, PiZS 2/1977, S. 53 (60); Sadlik, PP 5/2000,S. 22 (24).

670 Latos-Miłowska, Rozwiązanie, S. 42.

Umstände berücksichtigt werden.[671] Somit unterliegt eine jede solche Beurteilung den in Art. 8 KP festgelegten Grundsätzen, nämlich der Vereinbarkeit mit der gesellschaftlich-wirtschaftlichen Zweckbestimmung des Rechts und den Grundsätzen des gesellschaftlichen Zusammenlebens.

Eine Kündigung kann demnach in bestimmten Situationen als unbegründet angesehen werden, weil sie gegen die Grundsätze des gesellschaftlichen Zusammenlebens verstößt, obwohl objektiv gesehen eine die Kündigung rechtfertigenden Umstände vorliegen.[672] Dies ist z.B. der Fall, wenn der Arbeitnehmer in einer schwierigen familiären Situation ist, wenn er der Alleinversorger ist oder wenn er alleinerziehend ist.[673]

Aber wie auch schon erwähnt, haben neben der persönlichen und familiären Situation des Arbeitnehmers, seine Eignung hinsichtlich der auszuübenden Arbeit für die er beschäftigt wird, sowie die auf ihm lastenden Arbeitnehmerverpflichtungen keine mindere Bedeutung.[674]

bb) Der besondere Kündigungsschutz

Während der allgemeine Kündigungsschutz alle Arbeitnehmer umfasst, dient der besondere Kündigungsschutz nur bestimmten Arbeitnehmergruppen, die in einer besonderen persönlichen oder familiären Situation sind oder eine besondere Funktion erfüllen.[675] Es handelt sich um einen Schutz höheren Grades, der den Arbeitnehmern eine stärkere Beschäftigungsstabilität garantiert und zum einen durch Kündigungsverbote realisiert wird, zum anderen durch die Pflicht des Arbeitgebers, die für eine Kündigung erforderliche Zustimmung eines bestimmten Organs einzuholen.[676]

Die einschlägigen Vorschriften ergeben sich sowohl aus dem KP als auch aus anderen arbeitsrechtlichen Gesetzen. Abgesehen von Ausnahmefällen, ist dieser Kündigungsschutz nicht von der Art des Arbeitsvertrages abhängig.[677]

Abhängig von der Intensität des Schutzes können dabei vier Stufen unterschieden werden.[678] Die erste und schwächste beruht auf der Pflicht die Zustimmung zur Kündigung eines Arbeitsverhältnisses zu erlangen. Die zweite umfasst die Pflicht die Zustimmung zur Kündigung und zur Auflösung des Arbeitsverhältnisses aufgrund der Kündigung einzuholen, welche vor dem Zeitpunkt ausgesprochen worden ist, in

---

671 SN vom 17.10.1966, OSNCP 1967/6/106; (IPiUS) vom 27.06.1985, OSNCP 1985/11/164, These II; OSNAPiUS 1998/8/237; Latos-Miłowska, Rozwiązanie, S. 29.

672 Latos-Miłowska, Rozwiązanie, S. 29; Liszcz, Prawo pracy, S. 188.

673 SN vom 17.10.1966, OSNCP 1967/6/106; OSNAPiUS 1998/8/237; Latos-Miłowska, Rozwiązanie, S. 29.

674 SN vom 10.11.1975, OSNCP 1976/7-8/175; vom 29.12.1982, OSNCP 1983/8/122; OSNAPiUS 1998/3/83.

675 Barzycka-Banaszczyk, Prawo pracy, S. 64; Liszcz, Prawo pracy, S. 190.

676 Barzycka-Banaszczyk, Prawo pracy, S. 64; Dubowik, PiZS 2/1997, S. 19 (22).

677 Liszcz, Prawo pracy, S. 190.

678 Dubowik, PiZS 3/1997, S. 24.

dem die Umstände für die Begründung des besonderen Kündigungsschutzes vorlagen.[679] Die dritte Stufe wird durch die Kündigungsverbote bestimmt, und die vierte und stärkste Stufe beruht auf dem Verbot einen Arbeitsvertrag zu kündigen sowie diesen aufgrund der Kündigung aufzulösen, welche ausgesprochen worden ist, bevor die Situation eingetreten ist, die ein solches Verbot begründet.

Das Kündigungsverbot ist einschlägig, wenn die in Rechtsvorschriften festgelegten Umstände auf einen Arbeitnehmer zutreffen, so dass dieser Schutz nur einen vorübergehenden Charakter hat, gebunden an die genau bestimmten Umstände und auch nicht in einem erweiternden Sinne interpretierbar.[680] Des Weiteren gibt es das Kündigungsverbot im engeren Sinne und das im weiteren Sinne. Bei dem Verbot im engeren Sinne hat der Arbeitgeber nicht die Möglichkeit während der Dauer des Schutzes dem Arbeitnehmer zu kündigen. Der Arbeitnehmer ist jedoch nicht vor der Auflösung des Arbeitsverhältnisses durch eine ordentliche Kündigung geschützt, welche ausgesprochen worden ist, als die den besonderen Kündigungsschutz begründenden Umstände noch nicht vorlagen, sowie auch nicht vor der Auflösung des Arbeitsverhältnisses aufgrund einer fristlosen Kündigung, unabhängig davon, ob sie vom Arbeitnehmer verursacht worden ist oder nicht.[681]

Das Verbot im weiteren Sinne macht es dem Arbeitgeber darüber hinaus nicht nur unmöglich die Kündigung während der Dauer des Schutzes auszusprechen, sondern schützt den Arbeitnehmer auch vor der Auflösung seines Arbeitsverhältnisses durch eine fristlose Kündigung (aus Gründen, die der Arbeitnehmer nicht verschuldet hat), sowie vor dessen Auflösung aufgrund einer ordentlichen Kündigung, welche ausgesprochen worden ist, bevor der besondere Kündigungsschutz zu wirken begonnen hat.[682]

Was die fristlose Kündigung aus Gründen, die der Arbeitnehmer verschuldet hat, betrifft, so erweitern manche Vorschriften, die ein Kündigungsverbot im weiteren Sinne enthalten, den Kündigungsschutz auch auf dieses Auflösungsverfahren. Er wird jedoch nicht durch das Verbot realisiert, sondern dadurch, dass der Arbeitgeber verpflichtet ist die Zustimmung zur Auflösung des Arbeitsverhältnisses bei einem bestimmten Organ einzuholen.[683]

Dies ist z.B. in Art. 177 § 1 KP[684] der Fall.

---

679 Florek/Zieliński, Prawo pracy, Rn. 121; Latos-Miłowska, Rozwiązanie, S. 43, beschreiben die drei Stufen, indem sie die hier aufgezählte zweite Stufe auslassen.

680 Dubowik, PiZS 3/1997, S. 24.

681 Barzycka-Banaszczyk, Prawo pracy, S. 64; Dubowik, PiZS 3/1997, S. 24 f.

682 Barzycka-Banaszczyk, Prawo pracy, S. 64; Dubowik, PiZS 3/1997, S. 24 (25); Jackowiak, PiZS 3/1996, S. 31 (33).

683 Dubowik, PiZS 3/1997, S. 24 (25).

684 „Der Arbeitgeber kann einer Arbeitnehmerin während der Schwangerschaft sowie während des Mutterschaftsurlaubs den Arbeitsvertrag nicht ordentlich kündigen oder auflösen, es sei denn es liegen Umstände vor, die eine durch sie verschuldete fristlose Kündigung begründen würden und die, die Arbeitnehmerin repräsentierende Betriebsgewerkschaft hat die Zustimmung zur Auflösung des Vertrages erteilt.“

Wurde eine ordentliche Kündigung erklärt, bevor die den besonderen Kündigungsschutz begründenden Umstände vorlagen und wird diese vom Kündigungsverbot im weiteren Sinne erfasst, so ist diese Kündigung nicht kraft Gesetzes unwirksam oder aufgeschoben, wenn die Vorschriften eine solche Sanktion nicht vorsehen.[685] Um die Unwirksamkeit der Kündigung feststellen zu lassen, muss der Arbeitnehmer das Arbeitsgericht nach den allgemeinen Grundsätzen anrufen.[686]
Die Kündigungsverbote beziehen sich auf alle Arbeitsverträge, die gekündigt werden können. Eine Ausnahme stellt Art. 177 § 2 KP dar (Arbeitnehmerinnen, die auf Grund eines Arbeitsvertrages auf Probe, welche einen Monat nicht überschreiten, beschäftigt werden.).
Im Folgenden sollen nun die wichtigsten Kündigungsverbote dargestellt werden.
Zum einen ergibt sich ein solches aus Art. 41 KP, welcher besagt, dass der Arbeitgeber einen Arbeitsvertrag während des Urlaubs eines Arbeitnehmers sowie während einer anderen entschuldigten Abwesenheit von der Arbeit nicht ordentlich kündigen kann, sofern noch nicht die Zeit verstrichen ist, welche zu einer fristlosen Kündigung des Arbeitsverhältnisses berechtigt.
Hierbei handelt es sich um ein Kündigungsverbot im engeren Sinne.[687]
Dabei kommt jeder in Vorschriften vorgesehene Urlaub in Betracht, wie z.B. Erholungsurlaub, Erziehungsurlaub oder Schulungsurlaub.[688] Grundsätzlich beträgt damit auch die Dauer des Urlaubs die in Art. 41 KP geschützte Zeit, deren Ablauf zu einer fristlosen Kündigung berechtigt.[689] Die Ausnahme stellt jedoch der Erziehungsurlaub dar. Gem. § 4 der Verordnung des Ministerrates vom 28.05.1996 über Urlaube und Erziehungsbeihilfe kann ein Arbeitgeber einen Arbeitsvertrag ab demjenigen Tag grundsätzlich nicht ordentlich kündigen oder auf andere Weise auflösen, an dem die Arbeitnehmerin den Antrag auf Erteilung des Erziehungsurlaubs gestellt hat, und zwar bis zum letzten Urlaubstag.
Was die entschuldigte Abwesenheit betrifft, so kann diese z.B. krankheitsbedingt entstehen (Art. 53 § 1 Nr. 1 KP). Dabei kann das Problem auftreten, dass ein Arbeitnehmer trotz Krankheit bei der Arbeit anwesend ist, nach der ordentlichen Kündigung dem Arbeitgeber aber ein ärztliches Attest übergibt, welches besagt, dass er zum Zeitpunkt der Kündigung aufgrund der Krankheit arbeitsunfähig war. Das Höchste Gericht hat aber mit Beschluss vom 11.03.1993[690] festgestellt und seine vorherige Rechtsprechung damit aufgegeben, dass in einem solchen Fall die Kündi-

---

685 Florek, Zakazy wypowiedzenia, S. 74 ff.; Dubowik, PiZS 3/1997, S. 24 (25).
686 Ciborski/Rutkowski, Umowa o pracę, S. 133; Dubowik, PiZS 3/1997, S. 24 (25).
687 SN vom 11.11.1986, PiSZ 4/1987, S. 60; OSNAPiUS 1998/17/505; Dubowik, PiZS 3/1997, S. 24 (27); Jędrasik-Jankowska, PiZS 1/1996, S. 34.
688 Romer, Prawo pracy, komentarz, Art. 41 Nr. 1; Ciborski/Rutkowski, Umowa o pracę, S. 139; Libera/Zduńska, Pracownik w zakładzie pracy, S. 83.
689 Dubowik, PiZS 3/1997, S. 24 (27).
690 SN vom 11.03.1993, (IPiUS) OSNCP 1993/9/140; in diesem Sinne auch: OSNAPiUS 1998/15/451.

gung wirksam erklärt worden ist, da es allein auf die Abwesenheit des Arbeitnehmers ankommt. Darüber hinaus stellte es fest, dass der Begriff der Anwesenheit i.S.d. Art. 41 KP nicht erfüllt ist, wenn der Arbeitnehmer zu seiner Betriebsstätte geht, jedoch nicht beabsichtigt, dort seiner Arbeit nachzugehen (z.B. Abgabe des ärztlichen Attests).[691]

Weiterhin ergibt sich diese wegen der Isolierung eines Arbeitnehmers aufgrund einer ansteckenden Krankheit oder wenn er ein Kind beaufsichtigen muss (Art. 53 § 2 KP). Darüber hinaus gibt es noch die entschuldigte Abwesenheit aus anderen als krankheitsbedingten Gründen (Art. 53 § 1 Nr. 2 KP). Solche ergeben sich insbesondere aus der Verordnung des Ministers für Arbeit und Sozialpolitik vom 15.05.1996 über die entschuldigte Abwesenheit von der Arbeit sowie über die Freistellung des Arbeitnehmers von der Arbeit. Zuletzt ist noch die Untersuchungshaft zu nennen (Art. 66 § 1 K).

Die Schutzfristen i.S.d. Art. 41 KP, auf welche hier nicht näher eingegangen werden muss, ergeben sich jeweils aus den o.g. Vorschriften und sind vor allem von der Dauer der Berufstätigkeit beim gegenwärtigen Arbeitgeber abhängig. Der Schutz aus Art. 41 KP findet aber keine Anwendung, wenn der Arbeitgeber das Insolvenzverfahren eröffnet oder liquidiert wird (Art. 41^1 § 1 KP). Eine Liquidation liegt aber nicht bei einer Betriebsübernahme,[692] der Übernahme eines Betriebsteils, welcher einen eigenen Betrieb darstellt[693] oder bei einem Zusammenschluss zweier Arbeitsstätten[694] vor.

Ein weiteres Verbot ist in Art. 39 KP geregelt.[695] Dem gemäß kann ein Arbeitgeber einem Arbeitnehmer nicht ordentlich kündigen, wenn diesem nicht mehr als zwei Jahre fehlen, um einen Pensionsanspruch aus dem Sozialversicherungsfonds zu erwerben. Im Allgemeinem beträgt das Pensionsalter für Frauen 60 Jahre und 65 für Männer, Art. 24 Abs. 1, Art. 27 Nr. 1 des Gesetzes über die Pensionen und Renten aus dem Sozialversicherungsfonds. Es gibt jedoch viele Vorschriften, die aufgrund besonderer Arbeitsbedingungen oder des besonderen Charakters der Arbeit ein früheres Pensionsalter vorsehen (Art. 32 des o.g. Gesetzes), sowie aufgrund anderer Umstände (Arbeitnehmer in staatlichen Behörden und in der Kommunalverwaltung, Kriegs- und Militärbehinderte, Kombattanten, Pflichtwehrdienstleistende, die zwangsweise im Kohlebergwerk, im Steinbruch und in Betrieben für die Gewinnung

691 SN vom 11.03.1993, (IPiUS) OSNCP 1993/9/140.

692 OSNAPiUS 1996/3/47.

693 SN vom 21.01.1990, PiZS 11-12/1990, S. 86; vom 21.09.1990, OSP 1991/9/208.

694 SN vom 18.03.1981, PiZS 11/1982, S. 82.

695 Teilweise wird dabei von einem Verbot im engeren Sinne ausgegangen, Salwa, KP, Art. 39, Dubowik, PiZS 3/1997, S. 24 (28). Im Urteil vom 19.05.1992 hat das Höchste Gericht aber festgestellt, dass das Verbot auch dann Anwendung findet, wenn die ordentliche Kündigung dem Arbeitnehmer zugegangen ist, bevor die den besonderen Kündigungsschutz begründenden Umstände eingetreten sind; PiZS 9/1992, S. 57.

von Uranerz beschäftigt werden). Der besondere Kündigungsschutz bezieht sich dann auf das entsprechend niedrigere Alter.[696]
Diese Vorschrift findet jedoch gem. Art. 40 KP keine Anwendung, wenn der Arbeitnehmer aufgrund voller Arbeitsunfähigkeit Anspruch auf Rente hat; des Weiteren auch nicht bei Vorliegen der in Art. 41¹ § 1 KP genannten Gründe.
Auch Pflichtwehrdienstleistenden steht der besondere Kündigungsschutz in Form eines Kündigungsverbotes zu. Gem. Art. 118 Abs. 1 des Gesetzes über die allgemeine Pflicht zur Verteidigung der Republik Polen darf das Arbeitsverhältnis ab dem Tag der Zustellung des Einberufungsbefehls und der Ableistung des Wehrdienstes vom Arbeitgeber nicht gekündigt und aufgelöst werden. Dabei handelt es sich um ein Kündigungsverbot im weiteren Sinne,[697] was sich auch aus Art. 118 Abs. 2 des o.g. Gesetzes ergibt, wonach eine Kündigung durch den Arbeitgeber oder den Arbeitnehmer unwirksam ist, wenn die Kündigungsfrist nach dem Tag, an dem der Einberufungsbefehl zugestellt wird, abläuft. Das Arbeitsverhältnis kann dann nur auf Verlangen des Arbeitnehmers aufgelöst werden. Diese Folge der Unwirksamkeit ergibt sich somit kraft Gesetzes und stellt damit eine Ausnahme dar, da grundsätzlich auch eine gegen die Vorschriften verstoßende Kündigung solange wirksam ist, bis sie vom Arbeitnehmer in den vorgesehenen Verfahren hinterfragt wird.[698]
Das Arbeitsverhältnis kann aber fristlos gekündigt werden, wenn der Arbeitnehmer die Gründe dafür verschuldet hat, sowie bei der Eröffnung des Insolvenzverfahrens und der Liquidation der Arbeitsstätte, Art. 118 Abs. 6 des o.g. Gesetzes.
Des Weiteren ist es interessant zu erwähnen, dass auch die Ehefrau des Wehrdienstleistenden einem besonderen Kündigungsschutz unterstellt ist. Gem. Art. 126 des o.g. Gesetzes kann dieser, während der Ableistung des Pflichtwehrdienstes, das Arbeitsverhältnis nur gekündigt werden, wenn sie die Gründe dafür zu vertreten hat oder wenn der Arbeitgeber das Insolvenzverfahren eröffnet oder liquidiert wird. Da diese Vorschrift nur allgemein von der Auflösung des Arbeitsverhältnisses spricht, handelt es sich auch hier um ein Kündigungsverbot im weiteren Sinne.[699]
Ein weiteres Kündigungsverbot ergibt sich aus Art. 15 des Gesetzes vom 30.08.1996 über die Kommerzialisierung und Privatisierung staatlicher Unternehmen. Danach darf einem Arbeitnehmer, der Mitglied des Aufsichtsrates einer Gesellschaft ist, welche aufgrund der Umwandlung eines staatlichen Unternehmens entstanden ist, der Arbeitsvertrag während seiner Amtsdauer sowie ein Jahr nach dieser nicht gekündigt werden.
Schließlich ist noch auf eines der wohl wichtigsten Kündigungsverbote einzugehen, nämlich den schon oben erwähnten Art. 177 KP. Gem. § 1 dieser Vorschrift kann der Arbeitgeber einer Arbeitnehmerin während der Schwangerschaft sowie während des Mutterschaftsurlaubs den Arbeitsvertrag nicht kündigen, es sei denn es liegen

---

696 Romer, Prawo pracy, komentarz, Art. 39-40 Nr. 1.
697 Dubowik, PiZS 3/1997, S. 24 (29).
698 Dubowik, PiZS 3/1997, S. 24 (29).
699 Dubowik, PiZS 3/1997, S. 24 (29).

Umstände vor, die eine durch sie verschuldete fristlose Kündigung begründen würden und die die Arbeitnehmerin repräsentierende Betriebsgewerkschaft hat die Zustimmung zur Auflösung des Vertrages erteilt. Gehört die Arbeitnehmerin keiner Gewerkschaft an, so ist sie nach den Grundsätzen, die einem Gewerkschaftsmitglied zustehen, geschützt, sofern die durch sie ausgewählte Betriebsgewerkschaft ihre Zustimmung hinsichtlich der Verteidigung ihrer Arbeitnehmerrechte erteilt (Art. 30 Abs. 2 des Gesetzes über Gewerkschaften). Erteilt die Betriebsgewerkschaft ihre Zustimmung aber nicht, so entfällt die dem Arbeitgeber in Art. 177 § 1 KP auferlegte Pflicht (Art. 30 Abs. 1 des Gesetzes über Gewerkschaften).

Da es sich um ein Verbot im weiteren Sinne handelt, kommt somit eine fristlose Kündigung aus Gründen, die die Arbeitnehmerin nicht zu vertreten hat, nicht in Betracht.[700] Ansonsten kann der Arbeitgeber gem. Art. 52 § 1 KP den Arbeitsvertrag fristlos kündigen, wenn ein schwerer Verstoß gegen die allgemeinen Arbeitnehmerpflichten vorliegt (Nr. 1), die Arbeitnehmerin eine Straftat begangen hat, die offensichtlich oder in einem rechtskräftigen Urteil festgestellt worden ist, und eine weitere Beschäftigung unmöglich macht (Nr. 2), oder wenn die Arbeitnehmerin die notwendigen Fähigkeiten zur Ausübung ihrer Arbeit verloren hat (Nr. 3). Da die fristlose Kündigung später aber genauer besprochen wird, soll hier nicht weiter auf diese eingegangen werden.

Das Verbot findet auch dann Anwendung, wenn der Arbeitgeber das Arbeitsverhältnis gekündigt hat, bevor die Arbeitnehmerin schwanger wurde, die Auflösung des Arbeitsverhältnisses aber während der Schwangerschaft eintreten soll, und zwar unabhängig davon wie weit diese fortgeschritten ist, oder ob es vor Ablauf der Kündigungsfrist zu einer Fehlgeburt kommt;[701] des Weiteren auch dann, wenn die Arbeitnehmerin während der Kündigungsfrist schwanger wird,[702] nach deren Ablauf die Schwangerschaft aber abbrechen lässt.[703] Dieser Kündigungsschutz bindet jeden Arbeitgeber, bei welchem die Arbeitnehmerin im Schutzfalle beschäftigt ist.[704]

Was den Beginn des besonderen Schutzes betrifft, so wird auf den Zeitpunkt abgestellt, in dem die Arbeitnehmerin tatsächlich schwanger geworden ist und nicht auf denjenigen, in dem die Arbeitnehmerin dem Arbeitgeber ein die Schwangerschaft bestätigendes ärztliches Attest übergibt.[705]

Löst der Arbeitgeber das Arbeitsverhältnis mit einer Schwangeren auf, wobei er von der Schwangerschaft nichts wusste, und beruft sich die Arbeitnehmerin auf diese

---

700 Gersdorf/Rączka/Skoczyński, KP, Art. 177 Nr. 2; Bińczycka, PiZS 5/1998, S. 13 (21); Jackowiak, PiZS 3/1996, S. 31 (33).

701 SN vom 13.04.1972, OSNCP 1972/9/158; 02.02.1961, OSN 1962/2/59; Bińczycka, PiZS 5/1998, S. 13 (21); Dubowik, PiZS 3/1997, S. 24 (28); Jackowiak, PiZS 3/1996, S. 31 (33).

702 OSNAPiUS 1995/22/276; Gersdorf/Rączka/Skoczyński, KP, Art. 177 Nr. 2.

703 SN vom 13.09.1979, OSNCP 1980/3/58.

704 SN vom 30.05.1979, OSN 1979/11/212.

705 H. M.: SN vom 31.12.1957, OSN 1959/2/46; vom 15.01.1988, Służba Pracownicza, 1988/5/28; Gersdorf/Rączka/Skoczyński, KP, Art. 177 Nr. 3; Gwarek/ Skibicka-Ghaley, Stosunek pracy, S. 37; Jackowiak, Sytuacja pracownicza kobiet, 51 f.; Dubowik, PiZS 3/1997, S. 24 (28).

Tatsache nach Beendigung des Arbeitsverhältnisses, so hat sie das Recht ihre Bereitschaft zur unverzüglichen Aufnahme der Arbeit zu erklären, und der Arbeitgeber ist verpflichtet diese zu den bisherigen Bedingungen zu beschäftigen. Der Arbeitnehmerin steht jedoch für die Zeit ab der Auflösung des Arbeitsvertrages und ihrer Erklärung der Arbeitsbereitschaft keine Vergütung zu;[706] etwas anderes findet sich dagegen im Urteil des Höchsten Gerichts vom 15.01.1988.[707] Danach hat die Arbeitnehmerin gem. Art. 47 S. 2 KP einen Anspruch auf Zahlung des Gehalts für die gesamte Dauer, während welcher sie ohne Arbeit verbleibt, und zwar ab dem Moment, in welchem dem Arbeitgeber die Schwangerschaft mitgeteilt wird.

Gem. Art. 177 § 4 KP kann das Arbeitsverhältnis aber, wie schon bekannt, aufgelöst werden, wenn der Arbeitgeber das Insolvenzverfahren eröffnet oder liquidiert wird. Der Arbeitgeber ist jedoch verpflichtet mit der die Arbeitnehmerin vertretenden Betriebsgewerkschaft einen Auflösungstermin zu vereinbaren. Kann der Arbeitnehmerin während der geschützten Dauer keine andere Beschäftigung gesichert werden (wobei diese der beruflichen Qualifikation der Arbeitnehmerin entsprechen sollte, ihre persönliche und familiäre Situation berücksichtigen muss und die Schwangerschaft nicht gefährden darf[708]), so stehen ihr die in speziellen Vorschriften bestimmten Leistungen zu. Die Zeit, während der sie die Leistungen bezieht, wird der Beschäftigungsdauer, von welcher die Arbeitnehmerrechte abhängig sind, angerechnet. Bei diesen Leistungen handelt es sich um solche i.S.d. Art. 30 Abs. 1 Nr. 1 des Gesetzes vom 25.06.1999 über die Geldleistungen der Sozialversicherungen bei Krankheit und Mutterschaft.

Die Vorschriften des Art. 177 § 1, 2 und 4 KP sind gem. Art. 177 § 5 KP auch auf den Arbeitnehmer-Vater entsprechend anzuwenden, wenn er den Mutterschaftsurlaub in Anspruch nimmt und das Kind während dessen erzieht.

Ferner enthält Art. 177 KP Bestimmungen im Hinblick auf die befristeten Arbeitsverträge. Gem. Art. 177 § 3 KP wird ein Arbeitsvertrag auf bestimmte Zeit oder auf Zeit zur Ausübung einer bestimmten Arbeit oder ein einen Monat überschreitender Probevertrag bis zum Tag der Entbindung verlängert, wenn er nach dem dritten Schwangerschaftsmonat beendet werden sollte. Dies gilt jedoch nicht für Arbeitsverträge auf bestimmte Zeit, die zum Zwecke der Vertretung eines Arbeitnehmers aufgrund seiner entschuldigten Abwesenheit von der Arbeit geschlossen worden sind, Art. 177 § 3^1 KP.

Das zweite Mittel des besonderen Kündigungsschutzes, nämlich die Einholung der Zustimmung eines bestimmten Organs zur Kündigung des Arbeitsverhältnisses, ergibt sich z.B. aus Art. 32 Abs. 1 des Gesetzes über Gewerkschaften. Dem gemäß kann ein Arbeitgeber ohne Zustimmung des Gewerkschaftsvorstandes das Arbeitsverhältnis mit einem Arbeitnehmer, der Vorstandsmitglied oder Mitglied der

---

706 SN vom 23.12.1963, OSN 1964/9/191.

707 Służba Pracownicza, 1988/5/28.

708 Gersdorf/Rączka/Skoczyński, KP, Art. 177 Nr. 6; Jackowiak, Sytuacja pracownicza kobiet, S. 57.

Revisionskommission einer Betriebsgewerkschaft ist, während der Mandatsdauer sowie ein Jahr nach dessen Erlöschen, nicht kündigen.
Das Gleiche gilt bei Arbeitnehmern, die Mitglieder eines Gründungskomitees sind während der Dauer von 6 Monaten nach Gründung des Komitees, Art. 32 Abs. 3 des o.g. Gesetzes.
Art. 32 des o.g. Gesetzes umfasst dabei nicht nur die ordentliche und die außerordentliche Kündigung des Arbeitsverhältnisses während der geschützten Dauer, sondern auch während der Zeit, bevor die den Schutz begründenden Umstände vorlagen, und zwar auch dann, wenn der Arbeitnehmer die Gründe für die Auflösung des Arbeitsverhältnisses verschuldet hat.[709] Insgesamt muss die Inanspruchnahme dieses besonderen Kündigungsschutzes aber mit den Grundsätzen des gesellschaftlichen Zusammenlebens und mit der gesellschaftlich-wirtschaftlichen Bestimmung des Rechts (Art. 8 KP) vereinbar sein.[710]
Des Weiteren wird gem. Art. 6 des Gesetzes vom 25.09.1981 über die Selbstverwaltung der Belegschaft in staatlichen Unternehmen für die Kündigung des Arbeitsverhältnisses mit Arbeitnehmern, die Mitglieder des Betriebsrates in einem staatlichen Unternehmen sind, während der Amtsdauer sowie ein Jahr nach deren Ablauf, die Zustimmung des Betriebsrates gefordert. Dies gilt nicht, wenn der Arbeitgeber das Insolvenzverfahren eröffnet oder liquidiert wird. Die fristlose Kündigung des Arbeitsverhältnisses aus Gründen, die der Arbeitnehmer zu vertreten als auch nicht zu vertreten hat, erfolgt nach den allgemeinen Grundsätzen (Art. 6 Abs. 2 des o.g. Gesetzes).
Das Gleiche gilt gem. Art. 33 Abs. 5 des o.g. Gesetzes für die Mitglieder von Betrieben und anderen organisatorischen Einheiten die Bilanzen aufstellen.
Für Arbeitnehmer, die Mitglieder des Aufsichtsrates einer Genossenschaft sind, gilt Art. 45 § 6 des Genossenschaftsgesetzes. Laut dieser Vorschrift kann der Arbeitsvertrag mit einer solchen Person in denjenigen Fällen gekündigt werden, in denen das KP die Durchführung einer solchen Maßnahme in Bezug auf Mitglieder eines Organs einer Betriebsgewerkschaft zulässt.
Diese Regelung ist jedoch unklar, da das KP keinen Kündigungsschutz für Gewerkschaftsfunktionäre normiert. Dafür besteht dieser im Gesetz über die Gewerkschaften darin, dass die Zustimmung des Gewerkschaftsvorstandes einzuholen ist und nicht in einer Aufzählung, in welchen Fällen eine Kündigung möglich ist. Mit Beschluss vom 21.07.1994[711] hat das Höchste Gericht jedoch die Zweifel bezüglich dieser Vorschrift ausgeräumt, indem es feststellte, dass bei Arbeitnehmern, die Mitglieder des Aufsichtsrates einer Genossenschaft sind, das zur Zustimmung berechtigte Organ der Aufsichtsrat ist. Diese sind aber nicht vor einer fristlosen Kündigung geschützt.[712]

---

709 Dubowik, PiZS 3/1997, S. 24 (30); Salwa, PiZS 5/1997, S. 12, 15.
710 OSNAPiUS 1999/1/9.
711 OSNAPiUS 1994/7/109.
712 Dubowik, PiZS 3/1997, S. 24 (31).

Des Weiteren ist Art. 25 Abs. 2 des Gesetzes vom 08.03.1990 über die kommunale Selbstverwaltung zu nennen, wonach zur Auflösung eines Arbeitsverhältnisses mit einem Ratsmitglied die vorherige Zustimmung des Gemeinderates, dem er angehört, erforderlich ist.
Weiterhin sind Kriegs- und Militärbehinderte besonders geschützt. Gem. Art. 18 Abs. 3 des Gesetzes vom 29.05.1974 über die Versorgung der Kriegs- und Militärbehinderten und ihrer Familien wird bestimmt, dass für die Kündigung des Arbeitsverhältnisses mit dieser Gruppe von Arbeitnehmern die vorherige schriftliche Zustimmung des Starosts (Landrats) einzuholen ist. Dabei darf die ordentliche Kündigung nur aus wichtigen, von dem Behinderten verschuldeten Gründen oder im Falle der Liquidation des Arbeitgebers erfolgen (Art. 18 Abs. 3 Nr. 2).
Für die außerordentliche Kündigung gelten die allgemeinen Vorschriften (Art. 18 Abs. 3 Nr. 1). Diese vorherige Zustimmung ist aber nicht erforderlich, wenn es sich um einen Kriegsbehinderten handelt, der aufgrund einer Berufung beschäftigt wird oder die Voraussetzungen zur Erlangung der Pension erfüllt, Art. 18 Abs. 4 des o.g. Gesetzes.
Letztlich ist noch auf den Schutz von Rechtsberatern einzugehen. Dieser beruht zwar nicht auf der Einholung einer Zustimmung zur Kündigung des Arbeitsverhältnisses. Art. 19 des Gesetzes vom 06.07.1982 über Rechtsberater[713] regelt jedoch, dass die ordentliche Kündigung des Arbeitsverhältnisses mit einem Rechtsberater aufgrund der Nichtbeachtung der im Gesetz bestimmten Pflichten nach Einholung der Meinung des Rates der Bezirkskammer der Rechtsberater möglich ist. Dieses Verfahren betrifft aber nicht die Rechtsberater, die in Organen der Staatsverwaltung beschäftigt sind.[714]

c) Der befristete Arbeitsvertrag

Grundsätzlich werden befristete Arbeitsverträge mit Ablauf der Dauer, für die sie eingegangen worden sind, aufgelöst (Art. 30 § 1 Nr. 4 KP) oder an dem Tag, an welchem die Arbeit beendet wird, über welche der Vertrag geschlossen worden ist (Art. 30 § 1 Nr. 5 KP).
Unter bestimmten Voraussetzungen ist aber auch die ordentliche Kündigung von befristeten Arbeitsverträgen möglich. Dabei werden an den allgemeinen Kündigungsschutz nicht so hohe Anforderungen gestellt, wie bei der Kündigung von unbefristeten Arbeitsverträgen.
Bei der ordentlichen Kündigung eines befristeten Arbeitsvertrages muss der Arbeitgeber zum einen nicht den Kündigungsgrund angeben (Art. 30 § 4 KP bezieht sich nur auf unbefristete Arbeitsverträge und auf die fristlose Kündigung), und zum anderen ist er nicht verpflichtet die Betriebsgewerkschaft zu konsultieren (Art. 38 § 1 KP bezieht sich auch nur auf unbefristete Arbeitsverträge). Ist der Arbeitnehmer Mitglied einer Gewerkschaft bzw. hat die Gewerkschaft ihre Zustimmung erteilt seine Interes-

713 In der Fassung der Bekanntmachung vom 20.06.2002; Dz. U. 2002, Nr. 123, Pos. 1059.
714 Dubowik, PiZS 3/1997, S. 24 (32).

sen wahrzunehmen, so betrifft die Verpflichtung zur Anhörung der Betriebsgewerkschaft nur die fristlose Kündigung (Art. 52 § 3 KP umfasst alle Arten des Arbeitsvertrages).[715]

aa) Der Arbeitsvertrag auf bestimmte Zeit

Die zentrale Vorschrift über die ordentliche Kündigung von Arbeitsverträgen auf bestimmte Zeit ist Art. 33 KP. Dieser bestimmt, dass die Parteien beim Abschluss eines Arbeitsvertrages auf bestimmte Zeit, der länger als sechs Monate dauert, die Zulässigkeit einer vorherigen Auflösung dieses Vertrages mit zweiwöchiger Kündigungsfrist vorsehen können.

Die Aufnahme einer solchen Klausel ist aber nur mit Zustimmung beider Parteien möglich.[716] Wird diese in den Arbeitsvertrag aufgenommen, dann können auch beide Parteien vom Kündigungsrecht Gebrauch machen.[717]

Somit können solche Arbeitsverträge, die bis zu sechs Monaten dauern, nicht ordentlich gekündigt werden. Die Aufnahme einer Klausel über die Möglichkeit einer Kündigung ist mithin unwirksam (Art. 18 § 2 KP).[718]

Die Anwendung von Art. 33 KP ist jedoch nicht unproblematisch.

Zum einen stellt sich die Frage, ob die Klausel über die ordentliche Kündigung von Arbeitsverträgen auf bestimmte Zeit, die länger als sechs Monate dauern, auch später als zum Zeitpunkt des Vertragsabschlusses in dessen Inhalt aufgenommen werden kann, und zum zweiten, ob bei der Einsetzung dieser Klausel die Kündigung schon vor Ablauf der sechs Monate erfolgen kann.[719]

In der Literatur wird allgemein die Ansicht vertreten, dass Art. 33 KP eine Ausnahme vom Grundsatz darstellt, dass Arbeitsverträge auf bestimmte Zeit nicht vor Ablauf der Zeit, für welche sie eingegangen worden sind, ordentlich gekündigt werden können.[720] Mithin sei die Kündigung solcher Verträge auch nur dann möglich, wenn diese länger als sechs Monate dauern und die vertragsschließenden Parteien ausdrücklich eine solche Möglichkeit im Vertrag vorgesehen haben, und zwar beim Abschluss des Vertrages und nicht während dessen Dauer.[721] Eine einschränkende

---

715 Romer, PP 4/1998, S. 3.

716 Łajeczko, 3/2000, S. 3 (8); Rafacz-Krzyżanowska, PiZS 6/1995, S. 33 (34).

717 Wichrowska-Janikowska, PiZS 10/2000, S. 33 (34).

718 SN vom 14.06.1994, PiZS 12/1994, S. 62 (63); Bessaraba, Stosunek pracy, S. 34; Doliński, RP 1/2000, S. 45 (55); Jackowiak, KP, Art. 33, Nr. 1; Rafacz-Krzyżanowska, PiZS 6/1995, S. 33; Florek/Zieliński, KP, Art. 33, Nr. 3.

719 Bessaraba, Stosunek pracy, S. 34; Doliński, RP 1/2000, S. 45 (55); Iwulski/Sanetra, KP, Art. 33, Nr. 1; Libera/Zduńska, Pracownik w zakładzie pracy, S. 73; Wagner, Terminowe umowy, S. 97.

720 Barzycka-Banszczyk, Prawo pracy, komentarz, Art. 33 Rn. 1; Gersdorf/Rączka/Skoczyński, KP, Art. 33, Nr. 1; Florek/Zieliński, KP, Art. 33, Nr. 1.

721 Barzycka-Banszczyk, Prawo pracy, komentarz, Art. 33 Rn. 1; Jackowiak, KP, Art. 33, Nr. 3; Rafacz-Krzyżanowska, PiZS 6/1995, S. 33 (35); Florek/Zieliński, KP, Art. 33, Nr. 2.

Position nimmt B. Wagner[722] ein. Ihrer Meinung nach ist die spätere Aufnahme dieser Klausel möglich und zweckmäßig, aber auch nur dann, wenn zwischen der Einführung der Klausel in den Vertrag und dem Zeitpunkt, in welchem der Arbeitsvertrag auf bestimmte Zeit endet, mindestens sechs Monate liegen.[723]
Die Rechtsprechung sagt diesbezüglich, dass die Parteien während der gesamten Dauer eines Arbeitsvertrages auf bestimmte Zeit über sechs Monate die Zulässigkeit einer vorherigen Auflösung dieses Vertrages mit zweiwöchiger Kündigungsfrist vorsehen können, da sich der Ausdruck „beim Abschluss" auf die bezeichnete Vertragsart bezieht und nicht das Datum bestimmt, an welchem die Klausel eingeführt werden kann.[724] Des Weiteren wird angeführt, dass wenn die Parteien jederzeit den Arbeitsvertrag auf bestimmte Zeit auf Grund eines Aufhebungsvertrages auflösen können, sie auch das Recht hätten jederzeit eine Klausel, als Annex, i.S.d. Art. 33 KP in den Vertrag aufzunehmen.[725] Das letzte Argument der Rechtsprechung wird aber dahingehend kritisiert, dass die Tatsache, dass die Parteien zu jeder Zeit einen Aufhebungsvertrag schließen können, nicht zu dem Schluss führen kann, dass diese genauso frei darin sind auch jederzeit eine Klausel über die Zulässigkeit einer Kündigung aufzunehmen, da die Kündigung mit bestimmten Rechtsfolgen verbunden ist bzw. auch rechtlichen Sanktionen unterliegt und somit nicht so frei behandelt werden kann.[726]
Des Weiteren wird zu recht entgegengehalten, dass es eine Auslegung contra legem sei, da der Wortlaut des Art. 33 KP eindeutig und ausdrücklich besagt, dass die Zulässigkeit einer früheren ordentlichen Kündigung beim Abschluss des Arbeitsvertrages vorgesehen werden kann.[727] Hätte der Gesetzgeber gewollt, dass diese Klausel auch noch während der Dauer des Vertrages aufgenommen werden kann, dann hätte er seine Formulierung auch in dieser Hinsicht gewählt.[728] Die Ansicht der Rechtsprechung führe zur Unsicherheit hinsichtlich der Stabilität dieses Arbeitsverhältnisses und insgesamt zu einer Minderung der Arbeitnehmerrechte. Der Arbeitgeber könnte seine stärkere Position missbrauchen.[729]
Im Beschluss des Höchsten Gerichts vom 07.09.1994[730] wird weiterhin festgestellt, dass ein über sechs Monate dauernder Arbeitsvertrag auf bestimmte Zeit, in welchem die Parteien die Zulässigkeit dessen vorheriger Auflösung mit zweiwöchiger Kündigungsfrist vorgesehen haben, auf diese Weise auch vor Ablauf der sechs Monate aufgelöst werden kann, und zwar mit der Begründung, dass in Art. 33 KP kein

722 Terminowe umowy, S. 97.
723 Wagner, Terminowe umowy, S. 97.
724 SN vom 14.06.1994, OSP 1995/9/184; der Rspr. zustimmend: Łajeczko, 3/2000, S. 3 (8).
725 SN vom 14.06.1994, OSP 1995/9/184.
726 Tomanka, Glosse zum Urteil vom 14.06.1994, OSP 1995/9/184.
727 Barzycka-Banszczyk, Prawo pracy, komentarz, Art. 33 Rn. 1; Florek/Zieliński, KP, Art. 33, Nr. 2.
728 Rafacz-Krzyżanowska, PiZS 6/1995, S. 33 (35).
729 Barzycka-Banszczyk, Prawo pracy, komentarz, Art. 33 Rn. 1.
730 SN vom 07.09.1994, PiZS 1/1995, S.72.

Kündigungsverbot für Arbeitsverträge auf bestimmte Zeit, die länger als sechs Monate dauern, gesucht werden kann, da der Arbeitsvertrag auf bestimmte Zeit nicht nur die Situation des Arbeitnehmers, sondern auch die des Arbeitgebers stabilisieren würde. Während bei kürzeren Verträgen (bis zu sechs Monaten) die Parteien in der Regel mit hinreichender Wahrscheinlichkeit die Umstände für diese Zeit vorhersehen können, wäre das bei längeren Verträgen schwierig bzw. nicht möglich. Aufgrund dessen hätte der Gesetzgeber die Einführung der Klausel i.S.d. Art. 33 KP vorgesehen, so dass die Beschäftigungsstabilität im Interesse beider Parteien gegenüber der Notwendigkeit der Berücksichtigung solcher unvorhersehbarer Umstände zurücktreten müsse.[731]

Fehlt es an einem Vorbehalt, dass die Kündigung erst nach Ablauf von sechs Monaten zulässig ist, so könne diese jederzeit erklärt werden.[732]

In der ersten Zeit nach In-Kraft-Treten des KP wurde Art. 33 diesbezüglich enger ausgelegt, d.h. es wurde angenommen, dass die vertraglich vereinbarte Klausel über die frühere Kündigung des Arbeitsvertrages erst nach Ablauf von mindestens sechs Monaten ausgeübt werden kann,[733] was auch heute noch vertreten wird.[734] Begründet wurde diese Auslegung damit, dass Art. 33 KP zum Ziel hätte, die Dauer des Arbeitsvertrages auf bestimmte Zeit zumindest über sechs Monate zu garantieren. Ein Arbeitnehmer, der einen solchen Vertrag über sechs Monate abschließt, in welchem die Klausel über die Möglichkeit einer früheren Kündigung aufgenommen worden ist, dürfe nicht schlechter stehen, als ein Arbeitnehmer mit einem Arbeitsvertrag kürzer als sechs Monate, dessen ordentliche Kündigung unzulässig ist. Damit wäre die Kündigung erst nach dem sechsten Monat möglich.[735] Vor dem o.g. Beschluss vom 07.09.1994 vertrat aber schon Z. Salwa[736] die entgegenstehende Ansicht, dass die Klausel nämlich auch schon vor Ablauf der sechs Monate ausgeübt werden kann. Mittlerweile schließt sich aber auch ein Teil der Literatur der o.g. Ansicht der Rechtsprechung an.[737] Als Argument wird angeführt, dass sich die frühere Ansicht nicht ausdrücklich aus dem Inhalt von Art. 33 KP ergäbe und zudem unnötig die Parteifreiheit begrenzen würde.[738]

Während die frühere Ansicht einschließlich der Begründung einleuchtend ist, überzeugt die neue nicht, und zwar gerade nicht im Hinblick darauf, dass Art. 33 KP, auch von Anhängern der neuen Auslegung, als Ausnahme von der Regel angesehen

---

731 SN vom 07.09.1994, PiZS 1/1995, S. 72 (73 f.).

732 Florek/Zieliński, KP, Art. 33, Nr. 3.

733 Brol/Szczerski in KP (Jończyk pod red.), Art. 33; Filcek in KP, S. 63; Szczerski, Wypowiedzenie, S. 10; Wagner, Terminowe umowy, S. 97.

734 Jackowiak, KP, Art. 33, Nr. 2; Rafacz-Krzyżanowska, PiZS 6/1995, S. 33 (37).

735 Brol/Szczerski in KP (Jończyk pod red.), Art. 33; Filcek in KP, S. 63; Szczerski, Wypowiedzenie, S. 10.

736 Prawo pracy PRL, S. 141.

737 Barzycka-Banszczyk, Prawo pracy, komentarz, Art. 33 Rn.; Zieliński, Prawo pracy, zarys systemu II, S. 19; Florek/Zieliński, KP, Art. 33, Nr. 3; Łajeczko, 3/2000, S. 3 (8).

738 Florek/Zieliński, KP, Art. 33, Nr. 3.

wird, dass Arbeitsverträge auf bestimmte Zeit nicht vor Ablauf der Zeit, für welche sie eingegangen worden sind, ordentlich gekündigt werden können. Aufgrund dieses Ausnahmecharakters muss diese Vorschrift auch eng ausgelegt werden. Es ist anzunehmen, dass die Beschränkung der ordentlichen Kündigung von Arbeitsverträgen auf bestimmte Zeit zum Schutze der Arbeitnehmer vorgenommen worden ist, nämlich, um diese ohnehin nur befristeten Verträge einer Mindeststabilität zuzuführen. Der Arbeitnehmer hat in der Regel immer die schwächere Position, insbesondere bei befristeten Arbeitsverträgen. Somit kann die Position des Arbeitnehmers hinsichtlich einer eventuellen früheren Kündigung nicht mit der des Arbeitgebers verglichen werden. Es wird wohl eher der Arbeitgeber eine Kündigung aussprechen, als der Arbeitnehmer, welcher dadurch seine Einkommensquelle verliert.

Da die Kündigung des Arbeitsvertrages auf bestimmte Zeit zudem nicht begründet sein muss,[739] mithin aus irgendeinem Grund erfolgen kann, könnte dies zu einer Umgehung der Regel führen, dass die Arbeitsverträge, welche weniger als sechs Monate dauern, nicht gekündigt werden können. Der Arbeitgeber könnte zunächst einen längeren (über sechs Monate) Vertrag, einschließlich der Klausel i.S.d. Art. 33 KP, abschließen, und dann vorzeitig, vor Ablauf des sechsten Monats diesen wieder ordentlich kündigen. Um einen solchen eventuellen Missbrauch gar nicht erst entstehen zu lassen und den Arbeitnehmerschutz zu sichern, darf die Ausübung der Klausel erst nach Ablauf des sechsten Monats zulässig sein.

Die in Art. 33 KP bestimmte zweiwöchige Kündigungsfrist kann vertraglich verlängert werden, wenn dies für den Arbeitnehmer günstiger ist.[740]

Bei der ordentlichen Kündigung des Arbeitsvertrages auf bestimmte Zeit muss der Kündigungsgrund nicht angegeben und die Betriebsgewerkschaft nicht konsultiert werden, da sich Art. 30 § 4 und Art. 38 KP nur auf unbefristete Arbeitsverträge beziehen. Der besondere Kündigungsschutz ist aber zu beachten.[741] Insbesondere gilt Art. 177 § 3 KP, wonach der Arbeitsvertrag auf bestimmte Zeit bis zum Tag der Entbindung verlängert wird, wenn er nach Ablauf des dritten Schwangerschaftsmonats aufgelöst werden soll. Dies gilt jedoch nicht für Arbeitsverträge auf bestimmte Zeit, die zum Zwecke der Vertretung eines Arbeitnehmers aufgrund seiner entschuldigten Abwesenheit von der Arbeit geschlossen worden sind, Art. 177 § 3^1 KP.

Anzumerken ist noch, dass ein auf bestimmte Zeit abgeschlossener Berufsausbildungsvertrag nicht gem. Art. 33 KP ordentlich gekündigt werden kann, da es dem Ziel und der Funktion dieses Arbeitsvertrages widersprechen würde.[742]

Letztlich kann der Arbeitsvertrag auf bestimmte Zeit gem. Art. 41^1 § 2 KP im Falle der Eröffnung des Insolvenzverfahrens oder der Liquidation des Arbeitgebers und gem. Art. 5 Abs. 7 des Gesetzes über besondere Regeln für die Auflösung von

739 Florek/Zieliński, KP, Art. 33, Nr. 5.

740 Iwulski/Sanetra, KP, Art. 33, Nr. 1; Wichrowska-Janikowska, PiZS 10/2000, S. 33 (34).

741 Łajeczko, 3/2000, S. 3 (8 f.).

742 Iwulski/Sanetra, KP, Art. 196.

Arbeitsverhältnissen aus Gründen, die die Arbeitnehmer nicht betreffen von jeder Partei mit zweiwöchiger Kündigungsfrist aufgelöst werden.
Schließlich ist noch hier zu erwähnen, dass die Kündigungsfrist eines Arbeitsvertrages auf bestimmte Zeit i.S.d. Art. 25 § 1 S. 2 KP, also eines Arbeitsvertrages zur Vertretung eines anderen Arbeitnehmers, gem. Art. 33^1 KP nur drei Werktage beträgt

bb) Der Arbeitsvertrag auf Zeit zur Ausübung einer bestimmten Arbeit

Der Kündigungsschutz im Hinblick auf den Arbeitsvertrag auf Zeit zur Ausübung einer bestimmten Arbeit ist bei dieser Vertragsart am weitestgehenden, da die ordentliche Kündigung nur in ganz bestimmten Situationen möglich ist. Aufgrund dessen wird er auch am seltensten abgeschlossen.[743]
Gem. Art. 41^1 § 2 KP kann dieser zweckgerichtete Arbeitsvertrag im Falle der Eröffnung des Insolvenzverfahrens oder der Liquidation des Arbeitgebers und gem. Art. 5 Abs. 7 des Gesetzes über besondere Regeln für die Auflösung von Arbeitsverhältnissen aus Gründen, die die Arbeitnehmer nicht betreffen von jeder Partei mit zweiwöchiger Kündigungsfrist gekündigt werden. Die vertragliche Vereinbarung über die Möglichkeit einer ordentlichen Kündigung ist unzulässig.[744]

cc) Der Arbeitsvertrag auf Probe

Gem. Art. 32 § 1 Nr. 1 KP kann der Arbeitsvertrag auf Probe in der Regel von jeder Partei ordentlich gekündigt werden. Die Kündigungsfristen sind in Art. 34 KP geregelt und betragen drei Werktage bei einer Probedauer nicht länger als zwei Wochen, eine Woche, wenn diese zwei Wochen überschreitet und zwei Wochen bei einer Probedauer von drei Monaten.
Die vertragliche Vereinbarung einer längeren Kündigungsfrist für den Arbeitgeber ist möglich und verstößt nicht gegen Art. 18 § 2 KP.[745]
Wollen die Parteien nach Ablauf des Probevertrages die Beschäftigung weiter führen, müssen sie einen neuen Arbeitsvertrag schriftlich abschließen.Wird ein solcher Vertrag nicht ausdrücklich geschlossen, übt der Arbeitnehmer seine Arbeit mit Zustimmung des Arbeitgebers nach Ablauf des Probevertrages aber weiter aus, dann wird davon ausgegangen, dass konkludent entweder ein Arbeitsvertrag auf unbestimmte Zeit oder ein solcher auf bestimmte Zeit (abhängig von den Umständen)

---

743 Bessaraba, Stosunek pracy, S. 33; Orłowski/Patulski/Patulski, Prawo pracy, S. 105; Romer, PP 6/1998, S. 3.

744 Liszcz, Prawo pracy, S. 174; Orłowski/Patulski/Patulski, Prawo pracy, S. 105.

745 Barzycka-Banaszczyk, Prawo pracy, Art. 34 Rn. 2; Romer, PP 4/1998, S. 3 (5); Jackowiak, KP, Art. 34, Nr. 1; Salwa, KP, Art. 34; Gersdorf/Rączka/Skoczyński, KP, Art. 34 gehen sogar von der Möglichkeit einer vertraglichen Verlängerung und Verkürzung für beide Parteien aus; a.A. Gęsicki, KP, Art. 34, der die Kündigungsfristen als obligatorisch betrachtet und deren Verkürzung als auch Verlängerung für unzulässig hält.

geschlossen worden ist.[746] Gem. Art. 29 § 2 S. 2 KP kann dann der Arbeitnehmer die schriftliche Bestätigung des Arbeitsvertrages vom Arbeitgeber verlangen.
In Bezug auf den besonderen Kündigungsschutz ergeben sich auch einige Abweichungen. Das in Art. 177 § 1 KP geregelte Verbot der ordentlichen Kündigung des Arbeitsvertrages mit einer Schwangeren gilt nicht, wenn der Probevertrag einen Monat nicht überschreitet (Art. 177 § 2 KP). Dafür findet aber Art. 177 § 3 KP auf Probeverträge, die einen Monat überschreiten, auch Anwendung. Soll der Arbeitsvertrag auf Probe demnach nach dem dritten Schwangerschaftsmonat aufgelöst werden, so verlängert sich der Vertrag bis zum Tag der Entbindung. Mit dem Tag der Entbindung wird dieser Arbeitsvertrag aufgelöst. Der Arbeitgeber ist auch nicht verpflichtet die Arbeitnehmerin aufgrund eines anderen Arbeitsvertrages weiter zu beschäftigen, da dieser Arbeitsvertrag durch die in Art. 177 § 3 KP bestimmte Verlängerung seinen Charakter als Arbeitsvertrag auf Probe nicht verliert.[747] Da die Arbeitnehmerin nach der Geburt somit nicht mehr in diesem Arbeitsverhältnis verbleibt, sie folglich nicht mehr den Status einer Arbeitnehmerin hat, hat sie auch kein Recht auf Mutterschafts- bzw. Erziehungsurlaub. Ihr steht aber Mutterschaftsgeld zu.[748]
Im Umkehrschluss wird mithin vertreten, dass diese Verlängerung nicht eintritt, wenn der Probevertrag vor Ablauf des dritten Schwangerschaftsmonats aufgelöst werden soll.[749]
Eine besondere Regelung betrifft zudem die Arbeitnehmer eines Arbeitsvertrages auf Probe, die zur Ableistung des Wehrdienstes eingezogen werden. Fällt die Auflösung des Arbeitsvertrages auf einen Zeitpunkt, der nach der Benachrichtigung des Arbeitnehmers über den Einzug zum Wehrdienst liegt, wird gem. Art. 118 Abs. 3 des Gesetzes über die allgemeine Pflicht zur Verteidigung der Republik Polen dieser Vertrag als ein auf unbestimmte Zeit abgeschlossener Arbeitsvertrag angesehen, der während der Ableistung des Dienstes nicht ordentlich gekündigt werden kann.

d) Ansprüche des Arbeitnehmers aufgrund einer rechtswidrigen Kündigung

Kündigt der Arbeitgeber einen Arbeitsvertrag, ohne die die Kündigung regelnden arbeitsrechtlichen Vorschriften zu beachten, so ist diese Kündigung rechtswidrig, und es stehen dem Arbeitnehmer bestimmte Ansprüche zu. Um diese wahrnehmen zu können, hat der Arbeitnehmer das Recht das Arbeitsgericht anzurufen (Art. 44 KP), und zwar innerhalb von sieben Tagen nach Zustellung des Kündigungsschreibens (Art. 264 § 1 KP).
Dabei wird zwischen der Rechtswidrigkeit im weiteren Sinne unterschieden, welche dann gegeben ist, wenn die Kündigungserklärung ohne einen begründeten Kündi-

746 Liszcz, Prawo pracy, S. 175.
747 Romer, PP 4/1998, S. 3 (5).
748 Romer, PP 4/1998, S. 3 (5).
749 Bińczycka, PiZS 5/1998, S. 13 (21); Romer, PP 4/1998, S. 3 (5 f.).

gungsgrund abgegeben worden ist (betrifft nur unbefristete Arbeitsverträge) und derjenigen im engeren Sinne, wenn die Kündigungserklärung gegen Rechtsvorschriften verstößt, welche die Kündigung von Arbeitsverträgen regeln (z.B. ohne die Betriebsgewerkschaft zu konsultieren oder ohne die besonderen Kündigungsvorschriften zu beachten).[750] Im ersten Fall bezeichnet das KP die Kündigung als unbegründet und im zweiten Fall allgemein als eine solche, welche gegen Vorschriften über die Kündigung von Arbeitsverträgen verstößt (vgl. Art. 45 § 1 KP).[751]

Für unbefristete Arbeitsverträge regelt Art. 45 KP die Rechtsfolgen einer rechtswidrigen Kündigung. Aus § 1 geht hervor, dass im Falle der Feststellung, dass die Kündigung eines unbefristeten Arbeitsvertrages unbegründet ist oder gegen die Vorschriften über die Kündigung von Arbeitsverträgen verstößt, das Arbeitsgericht – entsprechend dem Begehren des Arbeitnehmers – über die Unwirksamkeit der Kündigung entscheidet, und wenn der Vertrag schon aufgelöst worden ist, über die Wiedereinstellung des Arbeitnehmers zu den vorherigen Bedingungen oder über Schadensersatz.

Das Arbeitsgericht muss aber das Begehren des Arbeitnehmers hinsichtlich der Unwirksamkeitserklärung der Kündigung oder der Wiedereinstellung nicht berücksichtigen, wenn es feststellt, dass die Berücksichtigung dieses Begehrens unmöglich oder nicht zweckmäßig ist; in diesem Fall entscheidet das Gericht über Schadensersatz (§ 2). Diese Vorschrift wird aber wiederum gem. § 3 nicht auf Arbeitnehmer i.S.d. Art. 39 KP (nicht mehr als zwei Jahre zum Erwerb des Anspruchs auf Pensionszahlung) und Art. 177 KP (Schwangere und Frauen im Mutterschaftsurlaub) angewendet, sowie nicht auf solche, die dem Kündigungsschutz spezieller Vorschriften unterliegen, es sei denn, die Wiedereinstellung ist aufgrund der in Art. 41^1 genannten Gründe unmöglich (Eröffnung des Insolvenzverfahrens, Liquidation); in diesem Fall entscheidet das Gericht wiederum nur über Schadensersatz.

Darüber hinaus kann das Gericht, anstatt das Begehren auf Wiedereinstellung zu berücksichtigen, über Schadensersatz entscheiden, wenn der Arbeitnehmer zwar dem besonderen Kündigungsschutz unterliegt (z.B. Vorstandsmitglied der Betriebsgewerkschaft), der Anspruch auf Wiedereinstellung aber gegen die gesellschaftlich-wirtschaftliche Bestimmung des Rechts verstoßen würde, was z.B. bei einem schweren Konflikt des Arbeitnehmers mit seinem Vorgesetzten gegeben ist,[752] oder gegen die Grundsätze des gesellschaftlichen Zusammenlebens.[753]

Der Arbeitnehmer hat grundsätzlich die Wahl zwischen den o.g. Ansprüchen.[754] Wählt er den Schadensersatzanspruch, so steht ihm gem. Art. 47^1 KP dieser in Höhe des Gehalts von zwei Wochen bis zu drei Monaten zu, nicht weniger jedoch als für

---

750 Florek/Zieliński, Prawo pracy, Rn. 124; Jackowiak/Uziak/Wypych-Żywicka, Prawo pracy, S. 128.

751 Florek/Zieliński, Prawo pracy, Rn. 124.

752 SN vom 30.03.1994, OSP 1995/4/81; OSNAPiUS 1995/23/289; OSNAPiUS 1998/3/74.

753 OSNAPiUS 1996/15/210.

754 Jackowiak/Uziak/Wypych-Żywicka, Prawo pracy, S. 128; Sadlik, PP 2/2000, S. 15.

die Dauer der Kündigungsfrist. Aus § 1 und § 2 der Verordnung über die Grundsätze der Festlegung von Löhnen und Gehältern während der Abwesenheit von der Arbeit sowie der Löhne und Gehälter, welche die Grundlage für Schadensersatzberechnungen, Abfindungen, Ausgleichszuschläge sowie anderer im Kodeks Pracy vorgesehener Forderungen bilden[755] geht dabei hervor, dass bei der Festlegung von Löhnen und Gehältern für die Zeit der Arbeitslosigkeit, welche den wiedereingestellten Arbeitnehmern zustehen (Art. 47 und 57 § 1 und 2 KP), sowie der Festlegung der Entschädigung, welche den Arbeitnehmern in Verbindung mit einer gegen die arbeitsrechtlichen Vorschriften verstoßenden Auflösung des Arbeitsvertrages zusteht (Art. 47^1, 50 § 1 und 4, 58 und 60 KP), die Bestimmungen für die Festlegung des Äquivalents in Geld bei Urlaub anzuwenden sind. Diese Bestimmungen sind in der Verordnung über die genauen Grundsätze der Bewilligung von Erholungsurlaub, der Festlegung und der Auszahlung von Urlaubsgeld sowie des Äquivalents in Geld bei Urlaub[756] festgelegt.

Dieser Anspruch besteht, unabhängig davon, ob der Arbeitnehmer einen Schaden erlitten hat oder nicht.[757] Hat er tatsächlich einen höheren Schaden erlitten, so steht ihm trotzdem nur ein Schadensersatzanspruch in der durch Art. 47^1 KP bestimmten Höhe zu.[758]

Wurde dem Begehren des Arbeitnehmers hinsichtlich der Wiedereinstellung stattgegeben, so muss er seine Bereitschaft zur unverzüglichen Arbeitsaufnahme innerhalb von sieben Tagen nach der Wiedereinstellung erklären, Art. 48 § 1 KP. Die siebentägige Frist beginnt mit dem Tag, an welchem das rechtskräftige Urteil über die Wiedereinstellung ergangen ist, zu laufen.[759] Unter der Bereitschaft zur unverzüglichen Arbeitsaufnahme wird dabei nicht nur die faktische verstanden, sondern auch die rechtliche Bereitschaft, welche unter anderem dann vorliegt, wenn der Arbeitnehmer zwar arbeitsunfähig aufgrund einer Krankheit ist, die Erklärung i.S.d. Art. 48 § 1 KP aber abgegeben hat.[760] Ansonsten kann der Arbeitgeber die Wiedereinstellung ablehnen, es sei denn, der Arbeitnehmer hat die Überschreitung des Termins nicht zu vertreten, Art. 48 § 1 KP.

Der wieder einzustellende Arbeitnehmer kann darüber hinaus verlangen, dass er auf demselben Arbeitsplatz beschäftigt wird, wie zuvor. Eine gleichwertige Arbeit ist nicht ausreichend.[761]

---

755 Verordnung des Ministers für Arbeit und Sozialpolitik vom 29.05.1996; Dz. U. 1996, Nr. 62, Pos. 289; mit späteren Änderungen.

756 Verordnung des Ministers für Arbeit und Sozialpolitik vom 08.01.1997; Dz. U. 1997, Nr. 2, Pos. 14.

757 Romer, Prawo pracy, komentarz, Art. 50, Nr. 2; Sadlik, PP 2/2000, S. 15 (17).

758 SN vom 17.11.1981, OSN 1982/5/81.

759 SN (in der Zusammensetzung von 7 Richtern) vom 28.05.1976, OSNCP 1976/9/187.

760 SN vom 28.05.1976 (in der Zusammensetzung von 7 Richtern), OSNCP 1976/9/187.

761 SN vom 02.12.1992, OSNCP 1993/9/163; OSNAPiUS 1998/15/454.

Hat der Arbeitnehmer die Arbeit infolge der Wiedereinstellung aufgenommen, so steht ihm zusätzlich eine Entschädigung i.H.d. Gehalts für die Zeit, in der er arbeitslos war, zu, jedoch nicht mehr als für zwei Monate, und wenn die Kündigungsfrist drei Monate betragen hat, nicht mehr als für einen Monat, Art. 47 S. 1 KP. Wurde der Arbeitsvertrag mit einem Arbeitnehmer i.S.d. Art. 39 KP, des Art. 177 KP, einem Arbeitnehmer-Vater, der während des Mutterschaftsurlaubs das Kind erzieht, aufgelöst oder einem Arbeitnehmer, der vom besonderen Kündigungsschutz umfasst war, so hat er Anspruch auf das Gehalt für den gesamten Zeitraum der Arbeitslosigkeit, Art. 47 S. 2 KP.

Diese Entschädigung wird auch nicht verkürzt, wenn der Arbeitnehmer während der Zeit, in welcher er aufgrund der (rechtswidrigen) Kündigung nicht beschäftigt war, bei einem anderen Arbeitgeber eine Arbeit aufgenommen hat. Der in Art. 47 KP benutzte Ausdruck „Gehalt für den Zeitraum der Arbeitslosigkeit" ist somit dahingehend zu verstehen, dass es sich um den Zeitraum handelt, in welchem der Arbeitnehmer bei dem Arbeitgeber, der die rechtswidrige Kündigung ausgesprochen hat, nicht arbeiten konnte.[762]

Hat der Arbeitnehmer vor der Wiedereinstellung eine Arbeit bei einem anderen Arbeitgeber aufgenommen, so kann er gem. Art. 48 § 2 KP diesen Arbeitsvertrag innerhalb von sieben Tagen nach der Wiedereinstellung bei seinem alten Arbeitgeber mit dreitägiger Voranmeldung fristlos kündigen.

Art. 50 KP regelt, dass bei einer Kündigung eines befristeten Arbeitsvertrages, welche gegen die Vorschriften über die Kündigung dieser Arbeitsverträge verstößt, dem Arbeitnehmer ausschließlich ein Schadensersatzanspruch zusteht. Dies geht aus § 1 für den Arbeitsvertrag auf Probe hervor und aus § 3 für die beiden verbleibenden befristeten Arbeitsverträge. Daraus ergibt sich, dass die Kündigung solcher Verträge nie unbegründet sein kann, diese mithin aus irgendeinem Grund gekündigt werden können.[763]

Der Schadensersatzanspruch steht in der Höhe des Gehalts für die verbleibende Dauer des befristeten Arbeitsvertrages zu (§ 1, § 4), bei dem Arbeitsvertrag auf bestimmte Zeit und auf Zeit zur Ausübung einer bestimmten Arbeit jedoch nicht mehr als für drei Monate (§ 4).

Wird aber ein Arbeitsvertrag auf bestimmte Zeit oder auf Zeit zur Ausübung einer bestimmten Arbeit mit einer Schwangeren, einer Frau im Mutterschaftsurlaub oder einem Arbeitnehmer-Vater, der während des Mutterschaftsurlaubs das Kind erzieht gekündigt, so findet gem. § 5 nicht § 3 Anwendung, sondern Art. 45 KP (analog) i.V.m. Art. 177 KP. Eine Erweiterung auf andere Arbeitnehmer, die auch einem

---

762 Florek/Zieliński, Prawo pracy, Rn. 127.

763 Jackowiak/Uziak/Wypych-Żywicka, Prawo pracy, S. 130; Wagner, Terminowe umowy, S. 101; Florek/Zieliński, KP, Art. 33, Nr. 5; a. A. Romer, Prawo pracy, komentarz, Art. 50, Nr. 1, die ohne nähere Erörterung auch die unbegründete Kündigung dazu zählt, was jedoch nicht überzeugend ist, da das KP eindeutig zwischen diesen zwei Formen unterscheidet und die Unbegründetheit nicht in den Wortlaut des Art. 50 aufnimmt.

besonderen Kündigungsschutz unterliegen (z.B. Gewerkschafts- funktionäre), erfolgt nicht.[764]
Aufgrund einer mangelnden klaren rechtlichen Regelung ist es aber umstritten, welche Rechtsfolgen eintreten, wenn der Arbeitgeber einen Arbeitsvertrag auf bestimmte Zeit kündigt, obwohl eine Klausel i.S.d. Art. 33 KP nicht vereinbart worden ist.
Ein Teil der Literatur geht davon aus, dass eine solche Kündigung gem. Art. 58 KC[765] i.V.m. Art. 300 KP unwirksam ist.[766] Der betroffene Arbeitnehmer hätte somit einen Anspruch auf Zulassung zur Arbeit sowie auf Gehaltszahlung zu den in Art. 81 § 1 KP bestimmten Bedingungen.[767]
Ein anderer Teil wiederum behandelt diese Kündigung wie einen Verstoß gegen die Kündigungsvorschriften i.S.d. Art. 50 § 3 KP, so dass der Arbeitnehmer nur einen Schadensersatzanspruch hat.[768] Diese Ansicht wird unter anderem damit begründet, dass Art. 50 § 3 KP alle Fälle der rechtswidrigen Auflösung von Arbeitsverträgen auf bestimmte Zeit umfasst, ohne zwischen Verträgen mit einer Klausel i.S.d. Art. 33 KP oder ohne einer solchen zu unterscheiden.[769]
Die Rechtsprechung ist wiederum nicht einheitlich. Einmal stellt auch sie fest, dass diese Kündigung einen Verstoß gegen die Kündigungsvorschriften darstellt und dem Arbeitnehmer daher nur ein Schadensersatzanspruch gem. Art. 50 § 3 und § 4 KP zusteht.[770] In einem anderen Urteil geht sie hingegen davon aus, dass die Vorschriften des Art. 50 KP keine Anwendung finden, sondern diejenigen der Art. 56 i.V.m. Art. 59 KP, welche die Rechtsfolgen einer fehlerhaften fristlosen Kündigung regeln.[771] Demnach hat der Arbeitnehmer die Wahl zwischen einem Schadensersatzanspruch oder einem Anspruch auf Wiedereinstellung zu den vorherigen Bedingungen (Art. 56 § 1 KP), es sei denn, die Zeit, für welche der Arbeitsvertrag abgeschlossen wurde, ist verstrichen oder die Wiedereinstellung ist aufgrund der kurzen verbleibenden Dauer des Vertrages nicht angezeigt (Art. 59 KP). Dann steht dem Arbeitnehmer wiederum nur ein Schadensersatzanspruch zu (Art. 59 KP).
Aufgrund dieser offensichtlichen Uneinheitlichkeit, dabei insbesondere auch innerhalb der Rechtsprechung des Höchsten Gerichts, ist es dringend geboten, dass der Gesetzgeber diese Problematik klar und ausdrücklich regelt. Nichts destotrotz

---

764 OSNAPiUS 1998/20/590.

765 § 1: Ein Rechtsgeschäft, welches gesetzwidrig ist oder die Umgehung des Gesetzes zum Ziel hat, ist unwirksam, es sei denn, die einschlägige Vorschrift sieht eine andere Folge vor, insbesondere diese, dass an Stelle der unwirksamen Bestimmungen die entsprechenden Vorschriften treten sollen.

766 Liszcz, Nieważność czynności prawnych, S. 238 f.; Wagner, Terminowe umowy, S. 105 f.; Kasińska, PiZS 6/1980, S. 18 (28); Wichrowska-Janikowska, PiZS 10/2000, S. 33 (36).

767 Liszcz, Nieważność czynności prawnych, S. 238; Kasińska, PiZS 6/1980, S. 18 (28).

768 Zieliński, Studia i Materiały IPiSS 17/1976, S. 80.

769 Zieliński, Studia i Materiały IPiSS 17/1976, S. 80.

770 SN vom 20.05.1998, OSP 2000/3/32.

771 OSNAPiUS 1999/24/779.

schließe ich mich der Ansicht an, dass es sich bei einer Kündigung von Arbeitsverträgen auf bestimmte Zeit, welche keine Klausel i.S.d. Art. 33 KP beinhalten, um ein gesetzwidriges und damit um ein gem. Art. 58 KC i.V.m. Art. 300 KP unwirksames Rechtsgeschäft handelt. Wie schon oben behandelt, unterliegt der Arbeitsvertrag auf bestimmte Zeit grundsätzlich nicht der Kündigung. Die einzigen Ausnahmen sind ausdrücklich gesetzlich geregelt (Art. 33 und 41¹ § 2 KP). Liegen die Voraussetzungen von Art. 33 KP nicht vor, so ist der Arbeitsvertrag auch nicht kündbar. Mangels Kündigungsvorschriften, kann eine solche Kündigung mithin auch nicht gegen solche verstoßen. Da das Gesetz also nur die Ausnahmen bestimmt, welche eine Kündigung zulassen, ansonsten eine solche unzulässig ist, ist die Vornahme einer Kündigung bei mangelnder Kündigungsklausel gesetzwidrig und infolge dessen unwirksam.
Der Arbeitnehmer hat demnach das Recht zur Arbeit zugelassen zu werden. Des Weiteren steht ihm das Gehalt für die Zeit zu, während welcher er unverschuldeterweise seiner Arbeit nicht nachgehen konnte.

e) Der Genossenschaftsvertrag

Was den Genossenschaftsvertrag betrifft, so ist eine ordentliche Kündigung nur in zwei Fällen möglich, die in Art. 187 des Genossenschaftsgesetzes bestimmt sind, laut Nr. 1 der o.g. Vorschrift bei Verringerung der Anzahl der Beschäftigten aufgrund wirtschaftlicher Notwendigkeit, basierend auf einem Beschluss des Genossenschaftsrates sowie gem. Nr. 2 bei Anerkennung des Pensionsrechts. Nur in diesen Fällen zieht die Auflösung des Arbeitsverhältnisses nicht auch die Beendigung des Mitgliedschaftsverhältnisses nach sich.[772]
Für die einzuhaltenden Kündigungsfristen gelten die Vorschriften des KP. Die Kündigungserklärung ist schriftlich abzugeben, unter Angabe des Kündigungsgrundes (Art. 191 des o.g. Gesetzes) und die entsprechend dem Arbeitsgesetzbuch erforderliche Zusammenarbeit mit den Gewerkschaftsorganen ist zu beachten, sofern solche in der Genossenschaft tätig sind (Art. 190 § 1 des o.g. Gesetzes).
Art. 187 des o.g. Gesetzes schließt zudem die Anwendung von für die Mitglieder der Genossenschaft günstigeren arbeitsrechtlichen Vorschriften nicht aus, welche die Kündigung verbieten oder begrenzen (Art. 190 § 2 des o.g. Gesetzes).
Nach Wegfall der die Kündigung berechtigenden Gründe während der Mitgliedschaft sind die Genossenschaft und das Genossenschaftsmitglied verpflichtet einen neuen Genossenschaftsvertrag abzuschließen, Art. 192 § 1 des o.g. Gesetzes. Verstößt die Genossenschaft gegen diese Verpflichtung, hat das Genossenschaftsmitglied Anspruch auf die Begründung eines Genossenschaftsvertrages, und zwar mit einem den aktuellen wirtschaftlichen Möglichkeiten der Genossenschaft entsprechenden Inhalt (Art. 192 § 2 des o.g. Gesetzes).

---

[772] Liszcz, Prawo pracy, S. 147.

Was die Ansprüche des Arbeitnehmers aufgrund einer rechtswidrigen Kündigung betrifft, so finden gem. Art. 199 des o.g. Gesetzes die Vorschriften des KP entsprechende Anwendung.

f) Der Berufsausbildungsvertrag

Die ordentliche Kündigung eines Berufsausbildungsvertrages durch den Arbeitgeber ist nur in den in Art. 196 KP geregelten Fällen möglich. Dies sind gem. Nr. 1 die Nichterfüllung der vertraglichen Pflichten bzw. der Fortbildungspflicht des Heranwachsenden, trotz Anwendung von Erziehungsmaßregeln, gem. Nr. 2 bei Eröffnung des Insolvenzverfahrens oder der Liquidation des Arbeitgebers, gem. Nr. 3 bei einer Reorganisation des Unternehmens, welche die Fortführung der Berufsausbildung unmöglich macht und gem. Nr. 4 bei Feststellung der Ungeeignetheit des Heranwachsenden für die Arbeit, im Rahmen welcher er seine Berufsausbildung macht.
Darüber hinaus muss der Arbeitgeber einen Berufsausbildungsvertrag unverzüglich auflösen, wenn der Arzt feststellt, dass die Arbeit die Gesundheit des Heranwachsenden gefährdet und der Arbeitgeber keine Möglichkeit hat ihm eine andere Arbeit zuzuweisen (Art. 201 § 2 KP). Zudem ist der Arbeitgeber verpflichtet dem Heranwachsenden eine Entschädigung in Höhe der Entlohnung, die ihm für die Dauer der Kündigungsfrist zustehen würde, zu zahlen.
Schließlich kann auch der gesetzliche Vertreter mit Einwilligung des Vormundschaftsgerichtes dieses Arbeitsverhältnis auflösen, wenn es dem Wohl des Heranwachsenden entgegensteht (Art 22 § 3 KP).
Der Heranwachsende selbst ist natürlich jederzeit berechtigt den Berufsausbildungsvertrag ordentlich zu kündigen.[773]
Was das Kündigungsverfahren sowie die aufgrund einer rechtswidrigen Kündigung entstehenden Ansprüche betrifft, so sind durch den Verweis in Art. 194 KP die Vorschriften des Arbeitsgesetzbuches über den unbefristeten Arbeitsvertrag anzuwenden.

2. Vergleich mit Deutschland

a) Allgemeine Voraussetzungen

Sowohl in Polen als auch in Deutschland handelt es sich bei der ordentlichen Kündigung um eine einseitige empfangsbedürftige Willenserklärung, durch die das Arbeitsverhältnis nach Ablauf einer Frist beendet wird.[774] Was aber die Wirksamkeit der Kündigung betrifft, so wird in Polen auf die Abgabe der Kündigungserklärung

773 Florek/Zieliński, Prawo pracy, Rn. 392.
774 Löwisch, Arbeitsrecht, Rn. 1210; MünchKomm/Schwerdtner, Vor § 620 BGB Rn. 63.

abgesetellt, während in Deutschland ihr Zugang von Bedeutung ist.[775] § 130 Abs. 1 S. 1 BGB hat dies zwar ausdrücklich nur für die Willenserklärung unter Abwesenden geregelt. Dies gilt aber auch entsprechend für Willenserklärungen unter Anwesenden.[776] Im Ergebnis hat dieser unterschiedliche Ansatzpunkt jedoch keine Auswirkungen, da beide Länder im Wesentlichen die gleiche Definition gebrauchen. Für die Wirksamkeit einer schriftlichen Willenserklärung kommt es in beiden Fällen darauf an, dass das Schreiben so in den Machtbereich des Adressaten gelangt, dass er sich (unter gewöhnlichen Verhältnissen) mit dessen Inhalt vertraut machen kann.[777] In beiden Ländern kommt es dabei auch nicht auf die tatsächliche Kenntnisnahme an.[778] Auch wenn in der polnischen Definition der ordentlichen Kündigung somit der Begriff der Empfangsbedürftigkeit fehlt, geht aus den Wirksamkeitsvoraussetzungen hervor, dass die Kündigungserklärung, wie in Deutschland, auch empfangsbedürftig ist.

In beiden Ländern ist für die Kündigung die Schriftform angeordnet (Art. 30 § 3 KP; § 623 BGB). Während in Polen der Verstoß gegen die Schriftform jedoch nicht zur Unwirksamkeit der Kündigung führt, ist in Deutschland in einem solchen Fall die Kündigung gem. § 125 S. 1 BGB nichtig. Verstößt in Polen der Arbeitgeber gegen die Schriftform, so kann ihm gem. Art. 281 Nr. 3 KP aber eine Geldbuße auferlegt werden.

Des Weiteren ist in Polen bei der ordentlichen Kündigung von unbefristeten Arbeitsverträgen (sowie im Falle einer außerordentlichen Kündigung) gem. Art. 30 § 4 KP immer der Kündigungsgrund anzugeben. Der Verstoß dagegen ist ein Verstoß gegen die Vorschriften über die Kündigung von Arbeitsverträgen i.S.d. Art. 45 § 1 KP.

Eine solche Vorschrift sieht das BGB nicht vor, und grundsätzlich ist die ordentliche Kündigung in Deutschland auch ohne Angabe des Kündigungsgrundes wirksam.[779] Etwas anderes gilt aber für das Berufsausbildungsverhältnis nach Ablauf der Probezeit (§ 15 Abs. 3 BBiG) und für die Kündigung einer Schwangeren (§ 9 Abs. 3 S. 2 MuSchG).

Darüber hinaus muss gem. § 626 Abs. 2 S. 3 BGB bei einer außerordentlichen Kündigung der Kündigende dem anderen Teil auf Verlangen den Kündigungsgrund unverzüglich schriftlich mitteilen. Hätte der Gekündigte, bei rechtzeitiger Mitteilung der Kündigungsgründe, einen Kündigungsrechtstreit nicht angestrengt, dann hat er Anspruch auf Ersatz der Kosten für diesen Rechtsstreit.[780]

---

775 Brox/Rüthers, Arbeitsrecht, Rn. 182; Löwisch, Arbeitsrecht, Rn. 1212; Schaub, Arbeitsrechts-Handbuch, § 123 Rn. 15; Söllner, Grundriß Arbeitsrecht, S. 293.

776 Hromadka/Maschmann, Arbeitsrecht Band 1, § 10 Rn. 53.

777 BAG vom 09.08.1984, AP Nr. 12 zu § 1 KSchG 1969 Verhaltensbedingte Kündigung; Brox/Rüthers, Arbeitsrecht, Rn. 182; Löwisch, Arbeitsrecht, Rn. 1212.

778 Hromadka/Maschmann, Arbeitsrecht Band 1, § 10 Rn. 54.

779 BAG vom 30.01.1963, AP Nr. 50 zu § 626 BGB; Löwisch, Arbeitsrecht, Rn. 1219; MünchKomm/Schwerdtner, Vor § 620 BGB Rn. 143; Schaub, Arbeitsrechts-Handbuch, § 123 Rn. 64; Söllner, Grundriß Arbeitsrecht, S. 294; Zöllner/Loritz, Arbeitsrecht, S. 277.

780 Löwisch, Arbeitsrecht, Rn. 1219; Zöllner/Loritz, Arbeitsrecht, S. 277.

Teilweise wird die Angabe des Kündigungsgrundes auch vertraglich festgelegt, wobei die Verletzung dieser Pflicht jedoch im Zweifel nicht zur Unwirksamkeit der Kündigung führt.[781]
In Deutschland existiert ferner auch keine Vorschrift darüber, dass im Rahmen der Kündigung der Arbeitnehmer über sein Klagerecht zu belehren ist, wie es Art. 30 § 5 KP bestimmt.
Ein Widerruf der Kündigung ist in beiden Ländern nur möglich, wenn er vorher oder gleichzeitig mit der Kündigung zugeht (Art. 61 S. 2 KC i.V.m. Art. 300 KP; § 130 Abs. 1 S. 2 BGB). Ansonsten ist sowohl in Polen als auch in Deutschland die einvernehmliche Rücknahme der Kündigung möglich.[782]
Was die Kündigungsfristen betrifft, so hängt in Polen deren Dauer zum einen von der Art des Arbeitsvertrages ab und bei der Kündigung eines unbefristeten Arbeitsvertrages zudem von der Beschäftigungsdauer beim jeweiligen Arbeitgeber. In Deutschland ist § 622 BGB die zentrale Vorschrift bezüglich der Kündigungsfristen von Arbeitsverhältnissen. Dabei ist in Abs. 1 die Grundkündigungsfrist festgelegt, welche vier Wochen beträgt und für die Kündigung durch den Arbeitgeber und den Arbeitnehmer gilt.[783] In Abs. 2 sind zudem verlängerte Kündigungsfristen geregelt, die von der Beschäftigungsdauer abhängen. Mit zunehmender Dauer der Beschäftigung verlängern sich die Kündigungsfristen. Sie gelten nur für die Kündigung durch den Arbeitgeber.[784] Eine solche Unterscheidung zwischen der Grundkündigungsfrist und den verlängerten Kündigungsfristen gibt es in Polen nicht. Dort gelten die gesetzlich bestimmten Kündigungsfristen genauso für die Kündigung durch den Arbeitgeber wie durch den Arbeitnehmer. Anzumerken ist aber, dass in Deutschland oftmals im Arbeitsvertrag die längeren Fristen auf die Kündigung durch den Arbeitnehmer ausgedehnt werden.[785] Es darf jedoch keine längere Frist vereinbart werden als für die Kündigungsfrist durch den Arbeitgeber, § 622 Abs. 6 BGB.
Die Dauer der Kündigungsfristen ist in beiden Ländern unterschiedlich bemessen. In Deutschland muss diese gem. § 622 Abs. 1 BGB regelmäßig mindestens vier Wochen betragen und hat im längsten Fall eine Dauer von sieben Monaten bei einem Arbeitsverhältnis, welches zwanzig Jahre bestanden hat, § 622 Abs. 2 S. 1 Nr. 7 BGB. Eine Ausnahme gilt gem. § 622 Abs. 3 BGB für ein Probearbeitsverhältnis bis zu sechs Monaten, das mit einer Frist von zwei Wochen gekündigt werden kann. Die jeweiligen im KP vorgesehenen Kündigungsfristen sind schon oben erläutert worden. Zum Vergleich ist aber anzuführen, dass die Fristen für die Kündigung eines Arbeitsvertrages auf unbestimmte Zeit von zwei Wochen über einen Monat bis zu längstens drei

---

781 Brox/Rüthers, Arbeitsrecht, Rn. 181; Schaub, Arbeitsrechts-Handbuch, § 123 Rn. 65.
782 BAG vom 21.02.1957, AP Nr. 22 zu § 1 KSchG; MünchKomm/Schwerdtner, Vor § 620 BGB Rn. 162.
783 Hromadka/Maschmann, Arbeitsrecht Band 1, § 10 Rn. 87; Palandt/Putzo, § 622 BGB Rn. 10 ff.
784 Hromadka/Maschmann, Arbeitsrecht Band 1, § 10 Rn. 89; Palandt/Putzo, § 622 BGB Rn. 14.
785 Hromadka/Maschmann, Arbeitsrecht Band 1, § 10 Rn. 89.

Monaten, bei einer Beschäftigungsdauer von mindestens drei Jahren, variieren (Art. 36 KP). Zu der siebenmonatigen Kündigungsfrist gem. § 622 Abs. 2 S. 1 Nr. 7 BGB besteht somit ein nicht unerheblicher Unterschied, der sich mit zunehmendem Alter des Arbeitnehmers, im Hinblick auf die Suche nach einem neuen Arbeitsplatz, immer stärker zu Ungunsten des Arbeitnehmers auswirken kann.
Ein weiterer Unterschied besteht darin, dass bei der Berechnung der Beschäftigungsdauer i.S.v. § 622 Abs. 2 S. 1 BGB die Zeiten, die vor der Vollendung des fünfundzwangisten Lebensjahres des Arbeitnehmers liegen, nicht berücksichtigt werden, § 622 Abs. 2 S. 2 BGB. Eine solche Beschränkung auf ein bestimmtes Lebensalter kennt das KP dagegen nicht.
Kurz einzugehen ist hier noch auf den Kündigungstermin. Gem. Art. 30 § 2¹ KP endet die Kündigungsfrist, die eine Woche oder einen Monat oder ein Vielfaches davon beträgt, an einem Samstag oder am letzten Tag des Monats. Auch in Deutschland können Gesetz oder Vertrag einen solchen Kündigungstermin vorsehen.[786] Gem. § 622 Abs. 1 BGB kann z.B. zum Fünfzehnten oder zum Ende eines Kalendermonats gekündigt werden.
In Polen können die Arbeitsvertragsparteien die Kündigungsfrist im beiderseitigen Einverständnis verkürzen (Art. 36 § 6 KP). Eine solche Möglichkeit sieht das BGB ausschließlich für zwei Ausnahmefälle vor; gem. § 622 Abs. 5 S. 1 Nr. 1, wenn der Arbeitnehmer zur vorübergehenden Aushilfe eingestellt ist, und gem. § 622 Abs. 5 S. 1 Nr. 2, wenn der Arbeitgeber in der Regel nicht mehr als zwanzig Arbeitnehmer beschäftigt und die Kündigungsfrist vier Wochen nicht unterschreitet. Darüber hinaus sieht Art. 36¹ KP die einseitige Verkürzung der Kündigungsfrist durch den Arbeitgeber im Falle der Insolvenz oder der Liquidation des Arbeitgebers auf mindestens einen Monat vor. Eine ähnliche Vorschrift ist in Deutschland in § 113 Abs. 1 S. 2 InsO[787] zu finden, wonach bei Insolvenz des Arbeitgebers das Arbeitsverhältnis mit einer Frist von drei Monaten ordentlich gekündigt werden kann, wenn nicht eine kürzere Frist (gem. § 622 BGB) maßgeblich ist.
Im Hinblick auf die Verlängerung der Kündigungsfrist bestimmt Art. 36 § 5 KP eine solche Möglichkeit für einen Arbeitsplatz, der mit der Haftung für anvertrautes Vermögen verbunden ist. Ansonsten können die Parteien eine solche wiederum im beiderseitigen Einverständnis vornehmen, vorausgesetzt, die Verlängerung ist für den Arbeitnehmer günstiger.
Auch in Deutschland können die gesetzlichen Kündigungsfristen verlängert werden, § 622 Abs. 5 S. 3 BGB. Gem. § 622 Abs. 6 BGB darf jedoch für die Kündigung des Arbeitsverhältnisses durch den Arbeitnehmer keine längere Frist vereinbart werden als für die Kündigung durch den Arbeitgeber.
Nach der Kündigung, also während der Kündigungsfrist, hat in beiden Ländern der Arbeitgeber die Plicht dem Arbeitnehmer (auf Verlangen) Freizeit zur Stellungssuche

786 Hromadka/Maschmann, Arbeitsrecht Band 1, § 10 Rn. 83.
787 Insolvenzordnung vom 05.10.1994 (BGBl. I S. 2866).

zu gewähren (Art. 37 KP; § 629 BGB). In Polen jedoch erst bei einer Kündigungsfrist von mindestens zwei Wochen. Während diese Freistellung in Art. 37 § 2 KP mit höchstens zwei bzw. drei Werktagen festgelegt ist, spricht § 629 BGB von einer „angemessenen Zeit". Diese flexible Bestimmung stellt sich natürlich besser auf die individuellen Erfordernisse des Arbeitnehmers ein, als die starre des KP.
Ferner ist der Arbeitgeber verpflichtet dem Arbeitnehmer bei Beendigung des Arbeitsverhältnisses ein Arbeitszeugnis zu erteilen (Art. 97 § 1 KP; § 109 GewO). In Deutschland wird dabei zwischen dem einfachen und dem qualifizierten Zeugnis unterschieden.[788] Das einfache Zeugnis beinhaltet nur die Art und die Dauer der Tätigkeit (§ 109 Abs. 1 S. 1 GewO), während das qualifizierte Zeugnis darüber hinaus Angaben zu den Leistungen und dem Verhalten im Arbeitsverhältnis enthält (§ 109 Abs. 1 S. 2 GewO).[789]
In Polen wird eine solche Unterteilung nicht vorgenommen. Der in das Zeugnis aufzunehmende Inhalt ist in Art. 97 § 2 KP bestimmt und umfasst Angaben zur Dauer und Art der ausgeübten Tätigkeit, zu den bekleideten Stellungen, zur Auflösung des Arbeitsverhältnisses oder zu den Umständen, die zu dessen Erlöschen geführt haben, sowie weitere Angaben, die zur Feststellung der Arbeitnehmerrechte und der Rechte aus der Sozialverischerung unerlässlich sind (Satz 1). Die letztgenannten zu machenden Angaben sind zudem in der Verordnung über den ausführlichen Inhalt des Arbeitszeugnisses sowie die Art und Weise der Erteilung und Berichtigung[790] konkretisiert und betreffen unter anderem die Grundarbeitszeit, in Anspruch genommenen Erholungsurlaub sowie Entgeltfortzahlungen im Krankheitsfall. Darüber hinaus ist im Zeugnis auch eine Pfändung des Gehalts i.S.d. Vorschriften des Vollstreckungsverfahrens zu vermerken (Satz 2). Auf Verlangen des Arbeitnehmers sind auch Angaben über die Gehaltshöhe und –anteile aufzunehmen sowie über erworbene Qualifikationen (Satz 3).
Im Gegensatz zu einem qualifizierten Zeugnis, sind in einem polnischen Arbeitszeugnis somit ausschließlich Fakten zum Arbeitsverhältnis anzugeben und keinerlei Beurteilungen des Arbeitnehmers.[791] Der Arbeitgeber kann dem Arbeitnehmer aber eine sog. Empfehlung, als selbständiges Dokument, ausstellen, welche dem neuen Arbeitgeber vorgelegt werden kann.[792]

---

788 Hromadka/Maschmann, Arbeitsrecht Band 1, § 10 Rn. 418; Löwisch, Arbeitsrecht, Rn. 1269 f.; Palandt/Putzo, § 630 BGB Rn. 4; Zöllner/Loritz, Arbeitsrecht, S. 208.

789 Hromadka/Maschmann, Arbeitsrecht Band 1, § 10 Rn. 418 f.; Löwisch, Arbeitsrecht, Rn. 1269 f.; Palandt/Putzo, § 630 BGB Rn. 4; Zöllner/Loritz, Arbeitsrecht, S. 208.

790 Verordnung des Ministers für Arbeit und Sozialpolitik vom 15.05.1996 (Dz. U. 1996 Nr. 60, Pos. 282).

791 Florek/Zieliński, Prawo pracy, Rn. 186; Gwarek/Skibicka-Ghaley, Stosunek pracy, S. 136; Liszcz, Prawo pracy, S. 255.

792 Florek/Zieliński, Prawo pracy, Rn. 186.

Bei Unrichtigkeit des Arbeitszeugnisses hat wiederum in beiden Ländern der Arbeitnehmer einen Anspruch auf Berichtigung.[793]

b) Der unbefristete Arbeitsvertrag

Die ordentliche Kündigung eines unbefristeten Arbeitsverhältnisses ist in beiden Ländern möglich. Zwar existiert im BGB keine dies so eindeutig bestimmende Vorschrift, wie im KP der Art. 32 § 1 Nr. 3 KP. § 620 Abs. 2 BGB besagt jedoch, dass wenn die Dauer des Dienstverhältnisses weder bestimmt noch aus der Beschaffenheit oder dem Zwecke der Dienste zu entnehmen ist, jeder Teil das Dienstverhältnis nach Maßgabe der §§ 621 bis 623 kündigen kann, so dass auch auf § 622 BGB verwiesen wird, welcher, wie oben erläutert, die Kündigungsfristen bei Arbeitsverhältnissen festlegt.
Sowohl in Polen als auch in Deutschland sind aber bei einer Kündigung durch den Arbeitgeber der allgemeine und der besondere Kündigungsschutz zu beachten. Während jedoch beim besonderen Kündigungsschutz Parallelen und Gemeinsamkeiten zu erkennen sind, ergeben sich beim allgemeinen Kündigungsschutz einige Unterschiede.

aa) Der allgemeine Kündigungsschutz

In Polen fallen unter den allgemeinen Kündigungsschutz die Angabe des Kündigungsgrundes, die vorherige Anhörung der Betriebsgewerkschaft sowie die Vereinbarkeit der Kündigung mit der Generalklausel des Art. 8 KP. In Deutschland handelt es sich bei dem allgemeinen Kündigungsschutz um denjenigen i.S.d. Kündigungsschutzgesetzes (KSchG)[794].[795] Gem. § 1 Abs. 1 KSchG ist die Kündigung des Arbeitsverhältnisses gegenüber einem Arbeitnehmer, dessen Arbeitsverhältnis länger als sechs Monate bestanden hat rechtsunwirksam, wenn sie sozial ungerechtfertigt ist. Sozial ungerechtfertigt ist die Kündigung, wenn sie nicht durch Gründe, die in der Person oder in dem Verhalten des Arbeitnehmers liegen, oder durch dringende betriebliche Erfordernisse, die einer Weiterbeschäftigung des Arbeitnehmers in diesem Betrieb entgegenstehen, bedingt ist (§ 1 Abs. 2 S. 1 KSchG). Dies gilt jedoch nicht für Betriebe mit fünf oder weniger vollzeitbeschäftigten Arbeitnehmern bzw. 10 oder weniger vollzeitbeschäftigten Arbeitnehmern, deren Arbeitsverhältnis nach dem 31.12.2003 begonnen hat, da in diesem Fall das KSchG – mit Ausnahme der §§ 4 bis 7 und 13 Abs. 1 S. 1 und 2 - keine Anwendung findet, § 23 Abs. 1 S. 2, 3 KSchG.
Der allgemeine Kündigungsschutz des deutschen Arbeitsrechts erfordert somit zunächst das Vorliegen eines verhaltens-, personen- oder betriebsbedingten Kündi-

---

793 Ergibt sich aus Art. 97 § 2¹ KP (Geltendmachung der Berichtigung innerhalb von sieben Tagen ab Erhalt des Zeugnisses); BAG vom 29.01.1986, DB 1986, 1340; Löwisch, Arbeitsrecht, Rn. 1275; Palandt/Putzo, § 630 BGB Rn. 8.

794 In der Fassung der Bekanntmachung vom 25.08.1969 (BGBl. I S. 1317).

795 v. Hoyningen-Huene/Linck, KSchG, Einleitung Rn. 71; Zöllner/Loritz, Arbeitsrecht, S. 290.

gungsgrundes, der im Ergebnis, unter Berücksichtigung weiterer noch zu erläuternder Umstände, auch tatsächlich zur Kündigung berechtigt. Diese Voraussetzung ist durchaus mit einem Unterfall des allgemeinen Kündigungsschutzes i.S.d. polnischen Arbeitsrechts zu vergleichen, nämlich dem der Angabe des Kündigungsgrundes.
Zwar ist schon dessen Angabe, im Gegensatz zum deutschen Recht, Wirksamkeitsvoraussetzung für die Kündigung. Es reicht aber natürlich nicht aus, dass irgendein Kündigungsgrund angegeben wird. Dieser muss zudem wahr und konkret sein, mithin auch faktisch zur Kündigung berechtigen. Dabei wird zum einen zwischen den Kündigungsgründen, die den Arbeitnehmer betreffen und denjenigen, die den Arbeitgeber betreffen, unterschieden. Die ersteren können mit den verhaltens- und personenbedingten Gründen i.S.d. § 1 Abs. 1 S. 1 KSchG verglichen werden, da diese aus der Sphäre des Arbeitnehmers kommen[796] und die letzteren mit den betriebsbedingten i.S.d. KSchG, weil diese aus der Sphäre des Betriebes (bzw. des Arbeitgebers) kommen.[797]
Die Vergleichbarkeit wird zudem mit der Zusammenfassung deutlich, dass ein von Seiten des Arbeitnehmers resultierender Grund jeder Umstand sein kann, der die Person des Arbeitnehmers betrifft, die Art und Weise wie er die Arbeit ausführt, sein Verhalten oder Vorgehen im Rahmen des Arbeitsprozesses bzw. sogar Vorfälle, die unabhängig von den Parteien des Arbeitsverhältnisses geschehen.[798]
Im Hinblick auf die Kündigungsgründe, die den Arbeitnehmer betreffen, wird in Polen ferner zwischen denjenigen, die der Arbeitnehmer verschuldet hat und denjenigen, die er nicht verschuldet hat differenziert.
In Deutschland unterscheidet oftmals die Lehre auch nach dem Verschulden des Arbeitnehmers. Ein dem Arbeitnehmer vorwerfbares Verhalten wird dann als Grund im Verhalten angesehen und ein nicht vorwerfbares Verhalten als Grund in der Person.[799] Das BAG hingegen wertet Pflicht- verletzungen auch dann als Verhalten, wenn kein Verschulden vorliegt.[800] Da das BAG das fehlende Verschulden aber bei der Interessenabwägung berücksichtigt, kommt es wohl kaum zu unterschiedlichen Ergebnissen.[801]

---

796 Hromadka/Maschmann, Arbeitsrecht Band 1, § 10 Rn. 151; Stahlhacke/Preis, Kündigung, Rn. 924.

797 v. Hoyningen-Huene/Linck, KSchG, § 1 Rn. 432; Hromadka/Maschmann, Arbeitsrecht Band 1, § 10 Rn. 151.

798 Bessaraba, Stosunek pracy, S. 57.

799 ErfK/Ascheid, § 1 KSchG Rn. 286; HK-KSchG/Dorndorf, § 1 Rn. 530; Hromadka/Maschmann, Arbeitsrecht Band 1, § 10 Rn. 151 a; KR-Fischermeier, § 626 BGB Rn. 139; Löwisch, KSchG § 1 Rn. 94; Stahlhacke/Preis, Kündigung, Rn. 625; einschränkend: APS/Dörner, KündR, § 1 KSchG Rn. 275 f.; v. Hoyningen-Huene/Linck, KSchG, § 1 Rn. 279, die unter besonderen Umständen auch ein nicht schuldhaftes Verhalten genügen lassen.

800 BAG vom 04.11.1957, AP Nr. 39 zu § 1 KSchG; 27.07.1961, AP Nr. 24 zu § 611 BGB Ärzte, Gehaltsansprüche; vom 21.01.1999, NZA 1999, 863 (865).

801 Hromadka/Maschmann, Arbeitsrecht Band 1, § 10 Rn. 151a.

Die Konkretisierung der jeweiligen Kündigungsgründe erfolgt sowohl in Polen als auch in Deutschland durch die Rechtsprechung.
Die personenbedingte Kündigung nach deutschem Recht setzt voraus, dass der Arbeitnehmer aus persönlichen Gründen nicht mehr in der Lage ist, seinen arbeitsvertraglichen Verpflichtungen ordnungsgemäß nachzukommen, so dass dadurch die betrieblichen und wirtschaftlichen Interessen des Arbeitgebers gestört werden.[802] Eine Gefährdung der Interessen reicht dabei nicht aus.[803] Darüber hinaus bedarf es einer negativen Prognose dahingehend, dass der Arbeitnehmer auch in Zukunft die geschuldete Arbeitsleistung nicht vertragsgerecht erbringen kann, was zu Störungen führt.[804]
Da die Kündigung des Arbeitsverhältnisses für den Arbeitgeber zudem immer ultima ratio sein muss, ist vorab noch festzustellen, ob sich die in der Person des Arbeitnehmers liegende Vertragsstörung anders beheben läßt.[805] Zu denken ist insbesondere an eine Versetzung auf einen anderen vergleichbaren Arbeitsplatz,[806] dem Arbeitgeber zumutbare Umschulungs- und Fortbildungsmaßnahmen[807] oder die Weiterbeschäftigung zu sonstigen geänderten Arbeitsbedingungen[808] (§ 1 Abs. 2 S. 2 Nr. 1 lit. b, 3 KSchG).
Darüber hinaus ist laut der Rechtsprechung des BAG auch bei einer personenbedingten Kündigung eine Abmahnung erforderlich, wenn der Arbeitnehmer den Grund in seiner Person durch ein steuerbares Verhalten beseitigen kann.[809] Mit einer solchen Abmahnung verzichtet der Arbeitgeber auf sein Kündigungsrecht, so dass er dem Arbeitnehmer nicht mehr wegen derselben Pflichtwidrigkeit kündigen kann.[810]
Entbehrlich ist eine Abmahnung dann, wenn ein besonders schwerwiegender Verstoß vorliegt, dessen Rechtswidrigkeit dem Arbeitnehmer ohne weiteres erkennbar ist und bei dem es offensichtlich ausgeschlossen ist, dass der Arbeitgeber diesen hin-

---

802 BAG vom 20.05.1988, AP Nr. 9 zu § 1 KSchG 1969 Personenbedingte Kündigung; vom 28.02.1990, DB 1990, 2430; APS/Dörner, KündR, § 1 KSchG Rn. 118; v. Hoyningen-Huene/Linck, KSchG, § 1 Rn. 176, 177; KR-Etzel, § 1 KSchG Rn. 266; Löwisch, Arbeitsrecht, Rn. 1314.

803 BAG vom 20.07.1989, AP Nr. 2 zu § 1 KSchG 1969 Sicherheitsbedenken.

804 BAG vom 04.06.1997, DB 1997, 2386 (2387); vom 20.01.2000, DB 2000, 283 f.; APS/Dörner, KündR, § 1 KSchG Rn. 124; Bitter/Kiel, RdA 1995, 26 (30); v. Hoyningen-Huene/Linck, KSchG, § 1 Rn. 176 a; Stahlhacke/Preis, Kündigung, Rn. 920 f.

805 Löwisch, Arbeitsrecht, Rn. 1321 f.

806 BAG vom 29.01.1997, NZA 1997, 709.

807 Löwisch, Arbeitsrecht, Rn. 1322.

808 BAG vom 29.03.1990, NZA 1991, 181 (183); vom 27.09.1984, NZA 1985.

809 BAG vom 04.06.1997, NZA 1997, 1281 (1283); vom 08.06.2000, NZA 2000, 1282 (1285); ablehnend: APS/Dörner, KündR, § 1 KSchG Rn. 120; v. Hoyningen-Huene/Linck, KSchG, § 1 Rn. 185 a; MünchArbR/Berkowsky, § 137 Rn. 362.

810 BAG vom 10.11.1988, AP Nr. 3 zu § 1 KSchG 1969 Abmahnung; ErfK/Ascheid, § 1 KSchG Rn. 318; v. Hoyningen-Huene/Linck, KSchG, § 1 Rn. 294; Stahlhacke/Preis, Kündigung, Rn. 1176.

nimmt.[811] Des Weiteren ist die Abmahnung auch entbehrlich, wenn sie nicht als erfolgversprechend angesehen werden kann, weil der Arbeitnehmer zu erkennen gibt, dass er sich nicht vertragsgerecht verhalten will.[812]

Schließlich ist noch im Rahmen einer Interessenabwägung zu prüfen, ob im konkreten Einzelfall[813] Umstände vorliegen, die bei verständiger Würdigung vom Arbeitgeber billigerweise nicht mehr hingenommen werden müssen.[814] Es sind alle Umstände zu berücksichtigen, die einen konkreten Bezug zum Arbeitsverhältnis haben, wie insbesondere die Dauer der Betriebszugehörigkeit und der bisherige Verlauf des Arbeitsverhältnisses.[815] Da den Arbeitnehmer in der Regel kein Verschulden trifft, ist er besonders schutzwürdig, so dass ein strenger Maßstab anzulegen ist.[816]

Betrachtet man demgegenüber die Begründetheitsprüfung im Hinblick auf den Kündigungsgrund nach polnischem Recht, der sich unabhängig vom Verschulden oder Nichtverschulden des Arbeitnehmers auch aufgrund von Verletzungen der Arbeitnehmerpflichten ergibt, so ist diese nicht in der o.g. Weise durchstrukturiert.

Es ist zwar auch immer eine Einzelfallbetrachtung vorzunehmen,[817] sowie – insbesondere bei der Prüfung eines vom Arbeitnehmer nicht verschuldeten Kündigungsgrundes – eine Interessenabwägung, bei welcher auch der Zweck und das Wesen des Arbeitsverhältnisses berücksichtigt werden müssen.[818] Wie schon erläutert, spielt bei der Beurteilung sowohl die persönliche als auch die familiäre Situation des Arbeitnehmers eine wesentliche Rolle.

Im Gegensatz zur Interessenprüfung in Deutschland, die eher zugunsten des Arbeitnehmers vorgenommen wird, hat jedoch in Polen die Eignung des Arbeitnehmers hinsichtlich der auszuübenden Arbeit und der auf ihm lastenden Arbeitnehmerverpflichtungen nicht mindere Bedeutung. Zudem wird grundsätzlich keine negative

---

811 BAG vom 31.03.1993, NZA 1994, 409 (412); vom 26.08.1993, NZA 1994, 63 (66); vom 10.02.1999, NZA 1999, 708; vom 12.08.1999, NZA 2000, 421 (426); Becker-Schaffner, DB 1985, 650 (651); v. Hoyningen-Huene/Linck, KSchG, § 1 Rn. 286; Zöllner/Loritz, Arbeitsrecht, S. 296.

812 BAG vom 29.07.1976, AP Nr. 9 zu § 1 KSchG Vehaltensbedingte Kündigung; APS/Dörner, KündR, § 1 KSchG Rn. 367; Bock, AuR 1987, 217 (219); Falkenberg, NZA 1988, 489 (490); KR-Fischermeier, § 626 BGB Rn. 280; v. Hoyningen-Huene/Linck, KSchG, § 1 Rn. 285; Schmid, NZA 1985, 409 (412).

813 BAG vom 10.03.1977, AP Nr. 4 zu § 1 KSchG 1969 Krankheit; vom 25.11.1982, AP Nr. 7 zu § 1 KSchG 1969 Krankheit.

814 BAG vom 05.07.1990, AP Nr. 26 zu § 1 KSchG 1969 Krankheit; vom 20.01.2000, NZA 2000, 768 (770); APS/Dörner, KündR, § 1 KSchG Rn. 126; Stahlhacke/Preis, Kündigung, Rn. 922.

815 BAG vom 15.02.1984, EzA § 1 KSchG 1969 Krankheit Nr. 15; vom 12.04.1984, DB 1985, 873 (874); vom 21.05.1992, AP Nr. 30 zu § 1 KSchG 1969 Krankheit; HK-KSchG/Weller/Dorndorf, § 1 Rn. 372 ff.; v. Hoyningen-Huene/Linck, KSchG, § 1 Rn. 183; Kittner/Däubler/Zwanziger, KSchR, § 1 KSchG Rn. 70 f.

816 BAG vom 25.11.1982, AP Nr. 7 zu § 1 KSchG Krankheit; v. Hoyningen-Huene/Linck, KSchG, § 1 Rn. 182; Kittner/Däubler/Zwanziger, KSchR, § 1 KSchG Rn. 70.

817 Latos-Miłkowska, Rozwiązanie, S. 24.

818 Gwarek-Skibicka-Ghaley, Stosunek pracy, S. 27.

Prognose vorausgesetzt. Die Erwägung anderweitiger Maßnahmen, die die Kündigung als letztes Mittel verhindern könnten, wie z.B. das Angebot auf einem anderen Arbeitsplatz zu arbeiten, ist in der Praxis zwar keine Seltenheit. Als unumgängliches Erfordernis für die Begründetheitsprüfung wird es aber nicht gesehen.
Keine Voraussetzung ist zudem eine vorherige Abmahnung des Arbeitnehmers, wenn ihm sein Verhalten vorgeworfen werden kann.
Was die in der Rechtsprechung häufig behandelten Beispielsfälle betrifft, so sind in beiden Ländern jedoch Gemeinsamkeiten zu verzeichnen.
Nach der deutschen Rechtsprechung des BAG fällt unter den personenbedingten Grund insbesondere die wegen Krankheit des Arbeitnehmers ausgesprochene Kündigung, deren Zulässigkeit sich auch aus § 8 Abs. 1 EFZG ergibt. Dabei wird zwischen vier Fallgruppen unterschieden, nämlich der Kündigung wegen krankheitsbedingter Leistungsminderung,[819] wegen häufiger Kurzerkrankungen,[820] wegen Langzeiterkrankung[821] und wegen krankheitsbedingter Arbeitsunfähigkeit auf Dauer.[822] Bei der Prüfung sind die o.g. Punkte Prognose, ultima ratio und Interessenabwägung jeweils entsprechend anzuwenden.
Das polnische Höchste Gericht sieht die Abwesenheit des Arbeitnehmers aufgrund von Krankheit auch als Kündigungsgrund an, insbesondere wenn sie langandauernd ist und sich wiederholt und dadurch den Betriebsablauf stört, weil z.B. Überstunden geleistet oder Vertretungen eingstellt werden müssen.
Des Weiteren wird in Deutschland die mangelnde Eignung für die geschuldete Arbeitsleistung als personenbedingter Kündigungsgrund gesehen, insbesondere wenn es um fehlende fachliche Qualifikationen geht,[823] oder um den Verlust gesetzlich vorgeschriebener Erlaubnisse (z.B. Fluglizenz).[824] Auch in Polen wird die Ungeeignetheit des Arbeitnehmers aufgrund geringer beruflicher Qualifikationen als Kündigungsgrund betrachtet,[825] sowie der Verlust der für die Arbeitsausübung erforderlicher Erlaubnisse.[826]

---

819 BAG vom 26.09.1991, NZA 1992, 1073.; v. Hoyningen-Huene/Linck, KSchG, § 1Rn. 219, 252 e ff.

820 BAG vom 23.06.1983, DB 1983, 2524; vom 07.11.1985, NZA 1986, 359; vom 06.09.1989, NZA 1990, 305, 307, 434; vom 05.07.1990, NZA 1991, 185; vom 14.01.1993, NZA 1994, 309; v. Hoyningen-Huene/ Linck, KSchG, § 1 Rn. 219, 220 ff.

821 BAG vom 22.02.1980, DB 1980, 1446; vom 15.08.1984, NZA 1985, 357; v. Hoyningen-Huene/Linck, KSchG, § 1 Rn. 219, 242 ff.

822 BAG vom 30.01.1986, NZA 1987, 555; vom 28.02.1990, AP Nr. 25 zu § 1 KSchG 1969 Krankheit; v. Hoyningen-Huene/Linck, KSchG, § 1 Rn. 219, 252 a ff.

823 Löwisch, Arbeitsrecht, Rn. 1316 f.; Schaub, Arbeitsrechts-Handbuch, § 129 Rn. 10; Zöllner/ Loritz, Arbeitsrecht, S. 294.

824 BAG vom 31.01.1996, NZA 1996, 819; vom 25.04.1996, DB 1997, 179 (180); vom 07.12.2000, DB 2001, 1567.

825 SN (IPiUS) vom 27. 06.1985, OSNCP 1985/11/164; Latos-Miłkowska, Rozwiązanie, S. 26.

826 Florek/Zieliński, Prawo pracy, Rn. 120.

Die verhaltensbedingte Kündigung i.S.d. KSchG kommt dann in Betracht, wenn der Arbeitnehmer arbeitsvertragliche Haupt- oder Nebenpflichten verletzt, deren Schwere jedoch noch nicht zu einer außerordentlichen Kündigung berechtigt.[827] Nach ganz h.M. ist auch hier, wie bei der personenbedingten Kündigung, eine negative Prognose für die Zukunft zu erstellen.[828] Darüber hinaus ist auch das Ultima-ratio-Prinzip anzuwenden, im Rahmen dessen grundsätzlich eine vorherige Abmahnung erforderlich ist,[829] die im Zweifel immer ausgesprochen werden sollte.[830] Schließlich ist auch noch eine Interessenabwägung vorzunehmen.[831]
Wird nun wieder der Vergleich zum polnischen Arbeitsrecht gezogen, kann auf den bei der personenbedingten Kündigung vorgenommenen Vergleich verwiesen werden. Unabhängig davon, ob der Arbeitnehmer die Kündigung verschuldet hat oder nicht, erfolgt grundsätzlich keine unterschiedliche Prüfung. Liegt aber kein Verschulden des Arbeitnehmers vor, so ist bei der Interessenabwägung insbesondere die persönliche und die familiäre Situation des Arbeitnehmers zu berücksichtigen. Anzumerken ist aber, dass bei leitenden oder selbstständigen Stellungen strengere Maßstäbe an die Beurteilung anzusetzen sind.
Das KSchG findet grundsätzlich auch auf Geschäftsführer, Betriebsleiter und ähnliche leitende Angestellte, soweit diese zur selbständigen Einstellung oder Entlassung von Arbeitnehmern berechtigt sind, Anwendung (§ 14 Abs. 2 S. 1). Ihre Kündigung muss somit auch gem. § 1 KSchG sozial gerechtfertigt sein, deren Überprüfung sie gem. § 4 KSchG aufgrund einer Kündigungsschutzklage geltend machen können.[832] § 14 Abs. 2 S. 2 KSchG bestimmt aber, dass der Arbeitgeber die Auflösung des Arbeitsverhältnisses gegen Zahlung einer Abfindung gem. § 9 Abs. 1 S. 2 i.V.m. § 10 KSchG immer durchsetzen kann. Die leitenden Angestellten genießen somit keinen Bestands- sondern nur einen Abfindungsschutz.[833]

---

827 BAG vom 16.08.1991, AP Nr. 27 zu § 1 KSchG 1969 Verhaltensbedingte Kündigung; Hromadka/Maschmann, Arbeitsrecht Band 1, § 10 Rn. 177; Kittner/Däubler/Zwanziger, KSchR, § 1 KSchG Rn. 154; Löwisch, Arbeitsrecht, Rn. 1304; Zöllner/Loritz, Arbeitsrecht, S. 294.

828 BAG vom 10.11.1988, AP Nr. 3 zu § 1 KSchG 1969 Abmahnung; vom 17.01.1991, AP Nr. 25 zu § 1 KSchG 1969 Verhaltensbedingte Kündigung; APS/Dörner, KündR, § 1 KSchG Rn. 272; Hillebrecht, ZfA 1991, 87 (120); v. Hoyningen-Huene/Linck, KSchG, § 1 Rn. 274; Stahlhacke/Preis, Kündigung, Rn. 920 f.

829 BAG vom 18.01.1980, AP Nr. 3 zu § 1 KSchG 1969 Verhaltensbedingte Kündigung; vom 04.06.1997, NZA 1997, 1281; vom 08.06.2000, NZA 2000, 1282 (1285); Schaub, NZA 1997, 1185; Zuber, NZA 1999, 1142 (1145).

830 v. Hoyningen-Huene/Linck, KSchG, § 1 Rn. 284; Stahlhacke/Preis, Kündigung, Rn. 1174.

831 BAG vom 22.07.1982, AP Nr. 5 zu § 1 KSchG 1969 Verhaltensbedingte Kündigung; vom 16.08.1991, AP Nr. 27 zu § 1 KSchG 1969 Verhaltensbedingte Kündigung; HK-KSchG/Dorndorf, § 1 Rn. 705; Schaub, Arbeitsrechts-Handbuch, § 129 Rn. 2; Zöllner/Loritz, Arbeitsrecht, S. 294.

832 Löwisch, Arbeitsrecht, Rn. 1384.

833 Hromadka/Maschmann, Arbeitsrecht Band 1, § 10 Rn. 140.

Bei der Betrachtung der von der Rechtsprechung behandelten Fälle sind wiederum in beiden Ländern Ähnlichkeiten und sogar Übereinstimmungen zu erkennen.
Laut dem BAG kann darunter zum einen die Arbeitsverweigerung fallen.[834] Ein Kündigungsgrund liegt aber nicht vor, wenn die Arbeitsverweigerung rechtmäßig war, weil z.B. ein Leistungsverweigerungsrecht wegen nicht erfüllter Vergütungsansprüche[835] oder wegen der Verletzung arbeitsschutzrechtlicher Vorschriften[836] gegeben war.
Ähnlich die Annahme des Höchsten Gerichts in Polen, dass ein vom Arbeitnehmer verschuldeter Kündigungsgrund vorliegt, wenn er Dienstanweisungen des Vorgesetzten ohne sachlichen Grund nicht befolgt.
Des Weiteren zählt in beiden Ländern der Verstoß gegen das Konkurrenzverbot zu einem solchen Kündigungsgrund.[837]
Weiterhin geht das BAG davon aus, dass eine strafbare Handlung des Arbeitnehmers zum Nachteil des Arbeitgebers im allgemeinen das Vertrauen des Arbeitgebers in den Arbeitnehmer erschüttert und somit regelmäßig auch dann einen Kündigungsgrund darstellt, wenn nur ein geringer materieller Schaden entstanden ist.[838]
Auch in Polen kann der Verlust des Vertrauens in den Arbeitnehmer zu einer ordentlichen Kündigung führen, was aber nicht unbedingt erst die Begehung einer strafbaren Handlung erfordert. Dabei kann der Vertrauensverlust sogar dann begründet sein, wenn dem Arbeitnehmer keine Schuld nachgewiesen werden kann, sein Verhalten aber, objektiv erkennbar, Merkmale von Arbeitnehmerpflichtverletzungen enthält.
Dies erinnert im Ansatz an die in Deutschland grundsätzlich zulässige Verdachtskündigung.[839] Diese kann oftmals sogar als außerordentliche Kündigung ausgesprochen werden und liegt vor, wenn nur ein bloßer Verdacht einer strafbaren Handlung oder einer anderen schwerwiegenden Vertragsverletzung gegeben ist, dieser aber dem Arbeitsverhältnis die Vertrauensgrundlage entzieht.[840] Näheres dazu wird noch später im Rahmen der außerordentlichen Kündigung zu erörtern sein.
Zudem kann sowohl in Deutschland als auch in Polen ein außerdienstliches Verhalten eine ordentliche Kündigung begründen, wenn das Arbeitsverhältnis dadurch belastet wird.[841]

---

834 BAG vom 31.01.1985, AP Nr. 6 zu § 8 a MuSchG 1968.
835 BAG vom 09.05.1996, NZA 1996, 1085.
836 BAG vom 08.05.1996, DB 1996, 2446.
837 BAG vom 16.08.1990, AP Nr. 10 zu § 611 BGB Treuepflicht.
838 BAG vom 02.06.1960, AP Nr. 42 zu § 626 BGB; vom 17.05.1984, AP Nr. 14 zu § 626 BGB Verdacht strafbarer Handlung; 03.04.1986, AP Nr. 18 zu § 626 BGB Verdacht strafbarer Handlung.
839 v. Hoyningen-Huene/Linck, KSchG, § 1 Rn. 260 ff.; Schaub, Arbeitsrechts-Handbuch, § 130 Rn. 74.
840 v. Hoyningen-Huene/Linck, KSchG, § 1 Rn. § 261.
841 BAG vom 06.06.1984, AP Nr. 11 zu § 1 KSchG 1969 Verhaltensbedingte Kündigung; vom 20.09.1984, NZA 1985, 285; 23.06.1994, NZA 1994, 1080 (1082); Wank, RdA 1993, 79 (86 ff.).

Insgesamt kommen noch viele weitere Gründe in Betracht, die eine verhaltensbedingte Kündigung rechtfertigen können und sich aus der Nichterfüllung der Arbeitspflicht, Schlechtleistungen, Störungen des Betriebsfriedens sowie der Verletzung der Loyalitätspflicht gegenüber dem Arbeitgeber ergeben können.[842] Auch in Polen ist die ordentliche Kündigung in der Regel bei Verstößen gegen die Arbeitnehmerpflichten begründet, sowie bei deren nachlässiger oder unredlicher Ausübung. Im Hinblick auf Einzelfälle einer verhaltensbedingten Kündigung wird es daher wohl viele Übereinstimmungen geben.

Schließlich kann eine Kündigung gem. § 1 Abs. 2 S. 1 KSchG sozial gerechtfertigt sein, wenn dringende betriebliche Erfordernisse einer Weiterbeschäftigung des Arbeitnehmers in diesem Betrieb entgegenstehen. Bei diesen betrieblichen Erfordernissen kann es sich sowohl um wirtschaftliche, technische oder organisatorische, also innerbetriebliche Umstände (z.B. Rationalisierungsmaßnahmen, Umstellung oder Einschränkung der Produktion, Betriebsstillegung, -einschränkung oder -verlagerung, „outsourcing") handeln, als auch um außerbetriebliche Gründe (z.B. Auftragsmangel, Umsatzrückgang, Absatzschwierigkeiten, Rohstoff- oder Energiemangel).[843]

Diese betrieblichen Erfordernisse müssen eine unternehmerische Entscheidung zur Folge haben, die zum Wegfall eines Arbeitsplatzes führt.[844] Dabei muss es sich nicht um einen konkreten Arbeitsplatz handeln. Es reicht aus, wenn mehr Arbeitskräfte vorhanden sind, als der Arbeitgeber für die vorhandene Arbeit benötigt.[845]

Wie aus dem Gesetz ausdrücklich hervorgeht, muss es sich dabei um dringende betriebliche Erfordernisse handeln, die eine Kündigung im Interesse des Betriebes unvermeidbar machen.[846] Dies ist der Fall, wenn die Kündigung notwendige Folge der betrieblichen Erfordernisse ist[847] und weniger einschneidende Maßnahmen (z.B. Abbau von Überstunden, Einführung von Kurzarbeit (str.)) dem Betrieb nicht zuzumuten sind.[848]

Die unternehmerische Entscheidung ist verfassungsrechtlich geschützt (Art. 12 Abs. 1, 14 Abs. 1 GG) und wird von den Gerichten nicht auf ihre Notwendigkeit oder

---

842 Hromadka/Maschmann, Arbeitsrecht Band 1, § 10 Rn. 189; Löwisch, Arbeitsrecht, Rn. 1304.

843 BAG vom 07.12.1978, AP Nr. 6 zu § 1 KSchG 1969 Betriebsbedingte Kündigung; vom 30.04.1987, NZA 1987, 776; vom 15.06.1989, NZA 1990, 65; vom 12.11.1998, DB 1999, 536; Hromadka/Maschmann, Arbeitsrecht Band 1, § 10 Rn. 192; Löwisch, Arbeitsrecht, Rn. 1323; Schaub, Arbeitsrechts-Handbuch, § 131 Rn. 5 ff.; Söllner, Grundriß Arbeitsrecht, S. 306; Zöllner/Loritz, Arbeitsrecht, S. 297.

844 Brox/Rüthers, Arbeitsrecht, Rn. 201; v. Hoyningen-Huene/Linck, KSchG, § 1 Rn. 364 a.

845 BAG vom 15.06.1989, NZA 1990, 65; v. Hoyningen-Huene/Linck, KSchG, § 1 Rn. 372 a; KR-Etzel, § 1 KSchG Rn. 544.

846 BAG vom 30.04.1987, NZA 1987, 776; vom 15.06.1989, AP Nr. 45 zu § 1 KSchG 1969 Betriebsbedingte Kündigung; Stahlhacke/Preis, Kündigung, Rn. 930.

847 BAG vom 30.04.1987, NZA 1987, 776; KR-Etzel, § 1 KSchG Rn. 527.

848 Brox/Rüthers, Arbeitsrecht, Rn. 201; v. Hoyningen-Huene/Linck, KSchG, § 1 Rn. 381.

ihre Zweckmäßigkeit überprüft.[849] Die Gerichte überprüfen lediglich, ob es sich um einen offensichtlichen Fehlgebrauch der unternehmerischen Freiheit handelt, welcher dann gegeben ist, wenn die Maßnahme offenbar unsachlich, unvernünftig oder willkürlich ist.[850]

Voll überprüfbar ist aber auch, ob die vom Arbeitgeber behaupteten inner- oder außerbetrieblichen Gründe tatsächlich vorliegen, und ob sie objektiv zum Entfallen von Beschäftigungsmöglichkeiten führen.[851] Damit soll verhindert werden, dass willkürliche Entscheidungen getroffen werden Arbeitskräfte abzubauen und das KSchG leerläuft.[852] Die Darlegungs- und Beweislast liegt beim Arbeitgeber (§ 1 Abs. 2 S. 4 KSchG).[853]

Auch die betriebsbedingte Kündigung unterliegt dem ultima-ratio-Prinzip.[854] Die Kündigung ist somit nur dann unvermeidbar, wenn es keine anderen weniger einschneidenden betrieblichen Maßnahmen gibt, die dem Arbeitgeber auch zumutbar sind.[855] Vorrang hat grundsätzlich der Abbau von Überstunden und Leiharbeitsverhältnissen.[856] Streitig ist jedoch, ob der Arbeitgeber auch Kurzarbeit einführen muss, um betriebsbedingte Kündigungen zu vermeiden.[857]

Ferner ist zu überprüfen, ob der Arbeitnehmer an einem anderen Arbeitsplatz in demselben Betrieb oder in einem anderen Betrieb des Unternehmens weiterbeschäftigt werden kann. Ist dies der Fall, dann ist die Kündigung sozial ungerechtfertigt (§ 1 Abs. 2 S. 2 Nr. 1 lit. b KSchG). Dies gilt gem. § 1 Abs. 2 S. 3 KSchG entsprechend, wenn die Weiterbeschäftigung des Arbeitnehmers nach zumutbaren Umschulungs- oder Fortbildungsmaßnahmen oder unter geänderten Arbeitsbedingungen möglich ist und der Arbeitnehmer sein Einverständnis hiermit erklärt hat. Der Gesetzeswortlaut setzt zudem voraus, dass der Betriebsrat aus diesen Gründen der Kündigung widersprochen hat (§ 1 Abs. 2 S. 2 Nr. 1 a.E. KSchG). Das BAG hat aber festgestellt, dass die Weiterbeschäftigungsmöglichkeit im Interesse des Arbeitnehmers

---

849 BAG vom 30.04.1987, NZA 1987, 776; vom 18.01.1990, DB 1990, 1773 f.; vom 21.09.2000, NZA 2001, 255 (257); Bitter, DB 1999, 1214 (1217); v. Hoyningen-Huene/Linck, KSchG, § 1 Rn. 371 f.; KR-Etzel, § 1KSchG Rn. 535; Zöllner/Loritz, Arbeitsrecht, S. 298.

850 BAG vom 07.12.1978, AP Nr. 6 zu § 1 KSchG 1969 Betriebsbedingte Kündigung; vom 22.11.1973, AP Nr. 22 zu § 1 KSchG Betriebsbedingte Kündigung; vom 30.04.1987, AP Nr. 42 zu § 1 KSchG 1969 Betriebsbedingte Kündigung; vom 21.09.2000, NZA 2001, 255 (257); ErfK/Ascheid, § 1 KSchG Rn. 431; Feudner, NZA 2000, 1136 (1140 f.); KR-Etzel, § 1 KSchG Rn. 535.

851 BAG vom 15.06.1989, NZA 1990, 65.

852 BAG vom 07.12.1978, AP Nr. 6 zu § 1 KSchG 1969 Betriebsbedingte Kündigung.

853 BAG vom 07.12.1978, NJW 1979, 1902.

854 Hromadka/Maschmann, Arbeitsrecht Band 1, § 10 Rn. 201.

855 Brox/Rüthers, Arbeitsrecht, Rn. 201; Schaub, Arbeitsrechts-Handbuch, § 131 Rn. 32 ff.

856 v. Hoyningen-Huene/Linck, KSchG, § 1 Rn. 383; Kittner/Däubler/Zwanziger, KSchR, § 1 KSchG Rn. 291 f.

857 Dazu: Denck, Jura 1985, 178; Meinhold, BB 1988, 623; Preis, NZA 1995, 241 (247).

- über den Wortlaut des Gesetzes hinaus - auch dann zu beachten ist, wenn der Betriebsrat der Kündigung nicht widersprochen hat.[858]

Schließlich ist i.S.v. § 1 Abs. 3 KSchG noch eine Sozialauswahl vorzunehmen. Die betriebsbedingte Kündigung ist also auch dann sozial ungerechtfertigt, wenn der Arbeitgeber bei der Auswahl des Arbeitnehmers soziale Gesichtspunkte, nämlich die Dauer der Betriebszugehörigkeit, das Lebensalter, die Unterhaltspflichten und die Schwerbehinderung nicht oder nicht ausreichend berücksichtigt hat (§ 1 Abs. 3 S. 1, 1. HS KSchG). Ist die Kündigung unvermeidbar, dann soll nur der entlassen werden, der am wenigsten sozial schutzbedürftig ist.[859]

In einem ersten Schritt ist somit zunächst der Kreis der für die Sozialauswahl in Betracht kommenden Arbeitnehmer zu ermitteln.[860] Einzubeziehen sind nur vergleichbare bzw. austauschbare Arbeitnehmer, also solche, deren Funktion auch von den Arbeitnehmern wahrgenommen werden könnte, deren Arbeitsplatz weggefallen ist.[861] Darüber hinaus kommen nur Arbeitnehmer desselben Betriebes in Betracht.[862]

Dann ist in einem zweiten Schritt die soziale Schutzwürdigkeit zu bestimmen, welche nach den o.g. sozialen Gesichtspunkten zu erfolgen hat.

Es genügt die ausreichende Berücksichtigung dieser Gesichtspunkte, bei welcher der Arbeitgeber einen Bewertungsspielraum hat. Eine ideale Würdigung ist damit nicht erforderlich.[863]

In diese soziale Auswahl sind jedoch solche Arbeitnehmer nicht einzubeziehen, deren Weiterbeschäftigung, insbesondere wegen ihrer Kenntnisse, Fähigkeiten und Leistungen oder zur Sicherung einer ausgewogenen Personalstruktur des Betriebes, im berechtigten betrieblichen Interesse liegt, § 1 Abs. 3 S. 2 KSchG. Dies kann z.B. dann der Fall sein, wenn der Arbeitnehmer besonders gute Beziehungen zu Kunden und Lieferanten hat, oder wenn er über besondere Qualifikationen verfügt.[864]

Für die fehlerhafte Sozialauswahl trägt gem. § 1 Abs. 3 S. 3 KSchG der Arbeitnehmer die Darlegungs- und Beweislast. Diese wird ihm dadurch erleichtert, dass er gem. § 1 Abs. 3 S. 1, 2. HS KSchG vom Arbeitgeber verlangen kann ihm die Gründe anzugeben, die zu der getroffenen sozialen Auswahl geführt haben. Kommt der

---

858 BAGE 25, 278; vom 17.05.1984, NZA 1985, 489; so auch die h.L.: HK-KSchG/Weller/Dorndorf, § 1 Rn. 895; v. Hoyningen-Huene/Linck, KSchG, § 1 Rn. 142 f.; KR-Etzel, § 1 KSchG Rn. 263; Stahlhacke/Preis, Kündigung, Rn. 1249.

859 v. Hoyningen-Huene/Linck, KSchG, § 1 Rn. 432.

860 BAG vom 25.04.1985, NZA 1986, 64 (65); Zöllner/Loritz, Arbeitsrecht, S. 301.

861 BAG vom 25.04.1985, NZA 1986, 64 (65); vom 15.06.1989, NZA 1990, 226; vom 17.09.1998, DB 1998, 2534; ErfK/Ascheid, § 1 KSchG Rn. 481; Meisel, DB 1991, 92 (93); Schaub, Arbeitsrechts-Handbuch, § 132 Rn. 6 a ff.

862 BAG vom 22.05.1986, NZA 1987, 125; vom 15.06.1989, NZA 1990, 226 (227); ErfK/Ascheid, § 1 KSchG Rn. 479; Meisel, DB 1991, 92 (93); Löwisch, Arbeitsrecht, Rn. 1335; Zöllner/Loritz, Arbeitsrecht, S. 301.

863 BAG vom 18.10.1984, NZA 1985, 423; Rieble, NJW 1991, 65 ff.

864 v. Hoyningen-Huene/Linck, KSchG, § 1 Rn. 480; Hromadka/Maschmann, Arbeitsrecht Band 1, § 10 Rn. 208 (Tabelle); Löwisch, Arbeitsrecht, Rn. 1341.

Arbeitgeber dieser Mitteilungspflicht nach, dann trifft den Arbeitnehmer wieder die volle Darlegungs- und Beweislast. Er muss dann vortragen, welche vom Arbeitgeber in die Auswahl einbezogenen Arbeitnehmer weniger schutzbedürftig sind oder welche weiteren Arbeitnehmer zu berücksichtigen sind, die der Arbeitgeber nicht in Betracht gezogen hat.[865] Kommt der Arbeitgeber seiner Mitteilungspflicht nicht nach, wird der Vortrag des Arbeitnehmers, dass die sozialen Gesichtspunkte nicht ausreichend berücksichtigt worden sind, als unstreitig, die Kündigung wegen fehlerhafter Sozialauswahl als sozial ungerechtfertigt angesehen.[866]

Die Kündigung aufgrund dringender betrieblicher Erfordernisse ist vergleichbar mit den in Polen anerkannten Kündigungsgründen, die auf Seiten des Arbeitgebers liegen bzw. solchen, die die Arbeitnehmer nicht betreffen. Diese ergeben sich im Allgemeinen auch dadurch, dass es aufgrund wirtschaftlicher Ursachen oder aufgrund organisatorischer oder technologischer Änderungen oder solcher, die die Produktion betreffen oder aufgrund einer Neustrukturierung bzw. Modernisierung des Betriebes, indem bestimmte Arbeitsplätze ganz gestrichen oder Arbeitnehmer mit anderen Qualifikationen gesucht werden, erforderlich wird, die Anzahl der Beschäftigten zu verringern.

Die Übereinstimmungen beschränken sich aber nur auf die Bestimmung, wann ein betriebsbedingter Kündigungsgrund vorliegt. Im Hinblick auf die Vermeidbarkeit einer solchen Kündigung, den Arbeitnehmerschutz also, ergeben sich wesentliche Unterschiede.

Die Erwägung weniger einschneidender Maßnahmen als eine Kündigung, die dem Arbeitgeber zuzumuten sind, wird nicht gefordert. Es ist auch nicht zu überprüfen, ob eine Weiterbeschäftigung in demselben oder einem anderen Betrieb des Unternehmens oder aufgrund zumutbarer Umschulungs- oder Fortbildungsmaßnahmen oder unter geänderten Arbeitsbedingungen möglich ist, geschweige denn, dass dies gesetzlich angeordnet ist, wie im KSchG. Der Grundsatz, wie er in Deutschland herrscht, dass eine Änderungskündigung regelmäßig vor einer Beendigungskündigung auszusprechen ist,[867] ist nicht ersichtlich.

Zu betonen ist aber, dass diese zwar nicht als grundlegende Prüfungsvoraussetzungen angesehen werden; im Einzelfall können jedoch auch mildere Maßnahmen in Erwägung gezogen werden, insbesondere wenn es um die Vereinbarkeit mit der Generalklausel des Art. 8 KP geht.

Der größte Unterschied ist aber der, dass eine Sozialauswahl nicht vorgenommen werden muss. Das polnische Höchste Gericht hat sogar festgestellt, dass bei einer betriebsbedingten Kündigung nicht erforderlich ist, den entlassenen Arbeitnehmer in Hinsicht auf seine Qualifikationen, seine Beschäftigungsdauer u.ä. mit anderen

---

865 BAG vom 24.03.1983, DB 1983, 1822 (1823); vom 21.07.1988, AP Nr. 17 zu § 1 KSchG 1969 Soziale Auswahl; v. Hoyningen-Huene/Linck, KSchG, § 1 Rn. 493 e.

866 BAG vom 21.07.1988, AP Nr. 17 zu § 1 KSchG 1969 Soziale Auswahl; vom 05.05.1994, NZA 1994, 1023 (1024 f.); v. Hoyningen-Huene/Linck, KSchG, § 1 Rn. 493 d.

867 BAG vom 30.05.1978, NJW 1979, 332 (333).

Arbeitnehmern zu vergleichen.[868] Dem entlassenen Arbeitnehmer kommt in einem solchen Fall einzig, aber immerhin, zu Gute, dass die Kündigung höchstwahrscheinlich dem Art. 10 des Gesetzes über besondere Regeln für die Auflösung von Arbeitsverhältnissen aus Gründen, die die Arbeitnehmer nicht betreffen unterfallen wird und er damit gem. Art. 8 des o.g. Gesetzes einen Abfindungsanspruch hat. Die Auslegung, ob die Kündigung dem o.g. Gesetz unterfällt, ist dabei zu Gunsten des Arbeitnehmers vorzunehmen.

Somit ist der Arbeitnehmer in Polen bei einer betriebsbedingten Kündigung weitaus weniger geschützt als derjenige in Deutschland.

Einer kurzen Erwänung bedarf es hier noch, welche Grenzen bei der ordentlichen Kündigung in kündigungsschutzfreien Betrieben zu beachten sind.

Neben der sechsmonatigen Wartezeit des Arbeitnehmers gem. § 1 Abs. 1 KSchG ist in Deutschland nämlich noch zu beachten, dass das KSchG - mit Ausnahme der §§ 4 bis 7 und 13 Abs. 1 S. 1 und 2 - nicht für Betriebe gilt, in denen in der Regel fünf oder weniger Arbeitnehmer auf Vollzeit bzw. 10 oder weniger Arbeitnehmer auf Vollzeit, deren Arbeitsverhältnis nach dem 31.12.2003 begonnen hat, beschäftigt werden (§ 23 Abs. 1 S. 2, 3 KSchG). In einem solchen Fall sind neben den auch hier geltenden allgemeinen Vorschriften für Rechtsgeschäfte, die Kündigungsfristen des § 622 BGB zu beachten sowie der besondere Kündigungsschutz, von welchem teilweise Ausnahmen gesetzlich geregelt sind.[869]

Die Kündigung darf ferner weder gegen gesetzliche Kündigungsverbote verstoßen noch gegen die allgemeinen Benachteiligungsverbote.[870] Sie darf auch nicht sittenwidrig i.S.v. § 138 Abs. 1 BGB sein, was dann gegeben ist, wenn entweder die die Kündigung tragenden Gründe oder die Umstände, unter denen sie ausgesprochen wird, den allgemeinen Wertvorstellungen kraß widersprechen.[871] Mittlerweile geht dabei die Tendenz dahin, den Sittenwidrigkeitsvorwurf nur noch objektiv zu prüfen und auf den subjektiven Vorwurf zu verzichten.[872]

Darüber hinaus muss die Kündigung der Generalklausel des § 242 BGB entsprechen, sie darf also nicht treuwidrig sein.[873] Sie ist aber nicht an das Vorliegen eines rechtfertigenden Grundes gebunden, und der Arbeitgeber ist regelmäßig auch nicht verpflichtet dem Arbeitnehmer den Kündigungsgrund mitzuteilen.[874] Besteht aber ein Betriebsrat, so ist dieser vor der Kündigung anzuhören, wobei ihm die einschlägigen Gründe mitzuteilen sind.[875]

---

868 SN vom 17.09.1982, OSNCP 1983/4/61.

869 Löwisch, BB 1997, 782 ff.

870 Löwisch, BB 1997, 782 (784).

871 KR-Friedrich, § 13 KSchG, Rn. 120-121.

872 BAG vom 10.10.1990, AP Nr. 47 zu § 138 BGB.

873 BVerfG vom 27.01.1998, NZA 1998, 470; Löwisch, BB 1997, 782 (785 ff.); Hromadka/Maschmann, Arbeitsrecht Band 1, § 10 Rn. 73; MünchArbR/Wank, § 122 Rn. 18.

874 Löwisch, BB 1997, 782 (786 f., 789).

875 BAG vom 08.09.1988, BB 1989, 1345; vom 18.05.1994, BB 1994, 1783; Löwisch, BB 1997, 782 (789).

Die Verfassungsmäßigkeit der Kleinbetriebsklausel des § 23 Abs. 1 S. 2, 3 KSchG wurde vom BVerfG bestätigt.[876]
Das polnische Arbeitsgesetzbuch macht die Anwendbarkeit des allgemeinen Kündigungsschutzes nicht von einer bestimmten Beschäftigtenzahl oder dem Verstreichen einer Wartefrist abhängig. Bei der ordentlichen Kündigung eines unbefristeten Arbeitsvertrages ist somit immer ein Kündigungsgrund anzugeben. Verglichen mit dem Arbeitgeber eines Kleinbetriebes in Deutschland ist der Arbeitgeber in Polen demnach in seiner Kündigungsfreiheit zunächst einmal wesentlich eingeschränkter. Dies wird aber dadurch ausgeglichen, dass die Inhaltskontrolle des Kündigungsgrundes nicht so streng ausfällt, wie in Deutschland.
Unter den allgemeinen Kündigungsschutz des polnischen Arbeitsrechts fällt des Weiteren die Überprüfung der Kündigung auf ihre Vereinbarkeit mit der Generalklausel des Art. 8 KP, d.h. auf ihre Vereinbarkeit mit der gesellschaftlich-wirtschaftlichen Zweckbestimmung des Rechts und den Grundsätzen des gesellschaftlichen Zusammenlebens. Dies ist im Grunde nichts anderes, als die in Deutschland erforderliche Beachtung der o.g. §§ 138 Abs. 1 und 242 BGB. Bei der Überprüfung der sozialen Rechtfertigung der Kündigung i.S.d. KSchG kommt dieser Aspekt insbesondere im Rahmen des ultima-ratio-Prinzips und der Interessenabwägung zum Tragen.
Der dritte Unterfall des polnischen allgemeinen Kündigungsschutzes ist die vorherige Benachrichtigung der Betriebsgewerkschaft bzw. als zuständiges Organ, des Betriebsrates, gem. Art. 38 KP. Dem entspricht in Deutschland die vorherige Anhörung des Betriebsrates gem. § 102 Abs. 1 BetrVG, die aber nicht zum allgemeinen Kündigungsschutz zählt, sondern einen eigenständigen Prüfungspunkt ausmacht. Da es sich aber anbietet, soll hier schon der ausführliche Vergleich gemacht werden.
Beabsichtigt der Arbeitgeber die Kündigung eines Arbeitnehmers, muss er vorher den Betriebsrat, unter Angabe der Kündigungsgründe, darüber unterrichten (§ 102 Abs. 1 BetrVG; Art. 38 § 1 KP). Während die Unterrichtungspflicht in Polen aber dem Schriftformerfordernis unterliegt (Art. 38 § 1 KP), kann diese in Deutschland mündlich oder schriftlich vorgenommen werden.[877] Es ist aber zweckmäßig und üblich, dass zumindest in größeren Betrieben die Mitteilung schriftlich erfolgt.[878]
Findet eine vorherige Anhörung nicht statt, dann ist die Kündigung unwirksam (§ 102 Abs. 1 S. 3 BetrVG; Art. 45 § 1 KP). Darüber hinaus ist die Kündigung auch dann unwirksam, wenn das Anhörungsverfahren von Seiten des Arbeitgebers nicht ordnungsgemäß durchgeführt worden ist.[879]

---

876 BVerfG vom 27.01.1998, NZA 1998, 470; BVerfG vom 27.01.1998, NZA 1998, 469.
877 Richardi/Richardi/Thüsing, BetrVG, § 102 Rn. 77; KR-Etzel, § 102 BetrVG Rn. 76; Stege/Weinspach, BetrVG, § 102 Rn. 63.
878 Hromadka/Maschmann, Arbeitsrecht Band 1, § 10 Rn. 287.
879 SN (IPiUS) vom 19.05.1978, OSNCP 1978/8/127; BAG vom 04.08.1975, AP Nr. 4 zu § 102 BetrVG 1972; vom 16.09.1993, DB 1994, 381; Löwisch, Arbeitsrecht, Rn. 696; Söllner, Grundriß Arbeitsrecht, S. 194; Richardi/Richardi/Thüsing, BetrVG, § 102 Rn. 119.

Ein Unterschied besteht darin, dass in Deutschland die Anhörung des Betriebsrates vor jeder Kündigung durchzuführen ist, d.h. auch vor der Kündigung eines befristeten Arbeitsvertrages, sofern eine solche zulässig ist,[880] während in Polen die Anhörung allein auf die Kündigung von unbefristeten Arbeitsverträgen beschränkt ist.
Zudem bestehen Unterschiede im Anhörungsverfahren selbst.
§ 102 BetrVG kennt zwei Formen der Stellungnahme des Betriebsrates, nämlich die Äußerung von Bedenken (Abs. 2 S. 1) und den Widerspruch gegen die Kündigung (Abs. 3). Gem. Art. 38 § 2 KP hat der Betriebsrat hingegen lediglich die Möglichkeit seine Bedenken gegen die ordentliche Kündigung mitzuteilen.
Hegt der Betriebsrat Bedenken gegen die ordentliche Kündigung, dann sind diese dem Arbeitgeber, unter Angabe der Gründe, schriftlich mitzuteilen, wobei der deutsche Betriebsrat dies innerhalb einer Woche (§ 102 Abs. 2 S. 1 BetrVG) und der polnische innerhalb von fünf Tagen (Art. 38 § 2 KP) vornehmen muss.
In Deutschland soll der Betriebsrat, soweit dies erforderlich erscheint, vor seiner Stellungnahme den betroffenen Arbeitnehmer hören, § 102 Abs. 2 S. 4 BetrVG. Eine entsprechende Regelung enthält Art. 38 KP nicht.
Äußert sich der Betriebsrat innerhalb der Frist nicht, dann gilt in Deutschland seine Zustimmung zur Kündigung als erteilt (§ 102 Abs. 2 S. 2 BetrVG). Eine Regelung, wie das Verhalten des polnischen Betriebsrates in einem solchen Fall zu bewerten ist, enthält Art. 38 KP wiederum nicht.
In Deutschland hat der Betriebsrat darüber hinaus noch die Möglichkeit der ordentlichen Kündigung zu widersprechen. Die Gründe für einen solchen Widerspruch sind in § 102 Abs. 3 BetrVG abschließend aufgezählt.[881] Der Widerspruch muss innerhalb der Ein-Wochen-Frist des Abs. 2 S. 1 erfolgen (§ 102 Abs. 3 BetrVG) und bedarf der Schriftform.[882]
Die Äußerung von Bedenken und der Widerspruch haben unterschiedliche Auswirkungen in ihren Rechtsfolgen. Kommt es zu einem Kündigungsschutzverfahren, dann haben die vom Betriebsrat geäußerten Bedenken lediglich Einfluss auf die Beweiswürdigung,[883] während bei Vorliegen eines frist- und ordnungsgemäßen Widerspruchs der Arbeitgeber auf Verlangen des Arbeitnehmers diesen nach Ablauf der Kündigungsfrist bis zum rechtskräftigen Abschluss des Rechtsstreits bei unveränderten Arbeitsbedingungen weiterbeschäftigen muss (§ 102 Abs. 5 S. 1 BetrVG).
In den Fällen des § 102 Abs. 5 S. 2 BetrVG kann das Gericht den Arbeitgeber von dieser Weiterbeschäftigungspflicht entbinden. Unabhängig davon aber, ob der Betriebsrat reagiert oder nicht, liegt in beiden Ländern die letzte Entscheidung beim Arbeitgeber, der trotz eventueller Bedenken oder eines Widerspruchs kündigen

---

880 Hromadka/Maschmann, Arbeitsrecht Band 1, § 10 Rn. 283.
881 Richardi/Richardi/Thüsing, BetrVG, § 102 Rn. 148.
882 Fitting, BetrVG, § 102 Rn. 71; Löwisch, Arbeitsrecht, Rn. 699; Richardi/Richardi/Thüsing, BetrVG, § 102 Rn. 179 f.; Stege/Weinspach, BetrVG, § 102 Rn. 90.
883 Hromadka/Maschmann, Arbeitsrecht Band 1, § 10 Rn. 294.

kann.[884] Schließlich besteht die Anhörungspflicht sowohl in Deutschland als auch in Polen nicht, wenn ein Betriebsrat im Betrieb nicht existiert.[885]

bb) Der besondere Kündigungsschutz

In Deutschland wie in Polen umfasst der besondere Kündigungsschutz bestimmte Arbeitnehmer- gruppen, die besonders schutzbedürftig sind.[886] In beiden Ländern gilt er für alle Arten der Arbeitsverträge.[887]

Auch die Mittel des Kündigungsschutzes stimmen überein, nämlich das Kündigungsverbot und die Zustimmung von Behörden.[888] Eine zusätzliche Unterteilung in vier Stufen sowie in Kündigungsverbote im engeren und im weiteren Sinne wird in Deutschland aber nicht vorgenommen.

Teilweise wird jedoch zwischen den formalen und den materiellen Kündigungsschranken differenziert.[889] Im Hinblick auf die formalen Kündigungsschranken muss der Arbeitgeber Form und Fristen wahren und unter Umständen auch Dritte an einem besonderen Verfahren beteiligen.[890] Die inhaltlichen Schranken gelten entweder allgemein oder sie knüpfen an einen bestimmten Status von Arbeitnehmern an.[891]

Was die einzelnen Tatbestände des Sonderkündigungsschutzes betrifft, finden sich im Hinblick auf die geschützten Arbeitnehmergruppen viele Übereinstimmungen. Die inhaltlichen Ausgestaltungen weichen jedoch teilweise voneinander ab.

Einen wichtigen Fall des besonderen Kündigungsschutzes stellt zum einen der Mutterschutz dar. In Deutschland ist gem. § 9 Abs. 1 S. 1, 1. HS MuSchG die Kündigung gegenüber einer Frau während der Schwangerschaft und bis zum Ablauf von vier Monaten nach der Entbindung unzulässig, wenn dem Arbeitgeber zur Zeit der Kündigung die Schwangerschaft oder Entbindung bekannt war oder innerhalb zweier Wochen nach Zugang der Kündigung mitgeteilt wird. Das Überschreiten dieser Frist ist unschädlich, wenn es auf einem von der Frau nicht zu vertretenden Grund beruht und die Mitteilung unverzüglich nachgeholt wird, § 9 Abs. 1 S. 1, 2. HS MuSchG.

Art. 177 KP regelt den Mutterschutz in Polen. Laut § 1 kann der Arbeitgeber einer Arbeitnehmerin während der Schwangerschaft und während des Mutterschaftsurlaubs den Arbeitvertrag grundsätzlich nicht kündigen. Der besondere Kündigungsschutz existiert damit von dem Moment an, in dem die Arbeitnehmerin tatsächlich schwanger geworden ist bis zum Ende des Mutterschaftsurlaubs. Der Mutterschaftsurlaub beträgt im Falle der Geburt des ersten Kindes 16 Wochen (Art. 180 § 1 Nr. 1 KP),

---

884 Art. 38 § 5 KP; Hromadka/Maschmann, Arbeitsrecht Band 1, § 10 Rn. 295; Söllner, Grundriß Arbeitsrecht, S. 195; Zöllner/Loritz, Arbeitsrecht, S. 587.
885 Schaub, Arbeitsrechts-Handbuch, § 123 Rn. 99.
886 v. Hoyningen-Huene/Linck, KSchG, Einleitung Rn. 18; Zöllner/Loritz, Arbeitsrecht, S. 316.
887 Hromadka/Maschmann, Arbeitsrecht Band 1, § 10 Rn. 231.
888 Götz, Arbeitsrecht I, S. 205; Hromadka/Maschmann, Arbeitsrecht Band 1, § 10 Rn. 229.
889 MünchArbR/Wank, § 122 Rn. 45 ff.
890 MünchArbR/Wank, § 122 Rn. 45, 47 ff.
891 MünchArbR/Wank, § 122 Rn. 45, 58 ff.

jedes darauf folgenden Kindes 18 Wochen (Art. 180 § 1 Nr. 2 KP) und bei Mehrlingsgeburten sogar 26 Wochen (Art. 180 § 1 Nr. 3 KP).
Die Dauer des Mutterschutzes gem. Art. 177 § 1 KP ist damit flexibler gestaltet als diejenige nach § 9 Abs. 1 S. 1 MuSchG, welche pauschal mit Ablauf des vierten Monats nach der Entbindung endet. Die Schutzdauer nach der Geburt kann sich nur dann verkürzen, wenn die Arbeitnehmerin den Mutterschaftsurlaub schon vor der voraussichtlichen Niederkunft in Anspruch nimmt (gem. Art. 180 § 3 KP können mindestens zwei Wochen des Mutterschaftsurlaubs schon vor dem Tag der voraussichtlichen Niederkunft anfallen).
Der Kündigungsschutz des § 9 Abs. 1 S. 1 MuSchG beginnt auch mit dem Tag der Befruchtung.[892] Während hier aber die Schwangerschaft objektiv zum Zeitpunkt des Zugangs der Kündigungserklärung vorgelegen haben muss,[893] findet Art. 177 § 1 KP auch dann Anwendung, wenn der Arbeitgeber das Arbeitsverhältnis gekündigt hat, bevor die Arbeitnehmerin schwanger geworden ist, die Auflösung des Arbeitsverhältnisses aber während der Schwangerschaft eintreten soll, sie somit erst während der Kündigungsfrist schwanger geworden ist.
Darüber hinaus muss dem Arbeitgeber gem. § 9 Abs. 1 S. 1 MuSchG die Schwangerschaft oder die Entbindung zur Zeit der Kündigung bekannt gewesen bzw. im Falle des Nichtwissens rechtzeitig mitgeteilt worden sein.[894] Eine solche Regelung enthält Art. 177 KP nicht, und die Kenntnis des Arbeitgebers von der Schwangerschaft zum Zeitpunkt der Kündigung wird auch nicht vorausgesetzt. Zwar ist es nur logisch, dass die Geltendmachung des Kündigungsschutzes nach Art. 177 KP von der Arbeitnehmerin erfordert, den Arbeitgeber über die Schwangerschaft zu informieren. Eine diesbezüglich einzuhaltende Frist wird aber nicht vorgegeben.
§ 9 MuSchG verbietet jede Kündigung, also auch die außerordentliche, und greift selbst dann ein, wenn die schwangere Arbeitnehmerin grob gegen ihre Pflichten aus dem Arbeitsverhältnis verstoßen hat.[895] Ausnahmsweise kann aber die für den Arbeitsschutz zuständige oberste Landesbehörde oder die von ihr bestimmte Stelle in besonderen Fällen die Kündigung für zulässig erklären, § 9 Abs. 3 S. 1 MuSchG. Eine solche behördliche Zustimmung kommt praktisch nur im Falle einer außerordentlichen Kündigung in Betracht, wird aber auch dann nur selten vorgenommen.[896]
In Polen kann nur bei einer von der Arbeitnehmerin verschuldeten außerordentlichen Kündigung der Arbeitsvertrag, nach Zustimmung der sie vertretenden Betriebsgewerkschaft, während der Schwangerschaft oder während des Mutterschaftsurlaubs aufgelöst werden, Art. 177 § 1 KP. Ansonsten gilt generell ein Kündigungsverbot.

---

[892] KR-Etzel, § 9 MuSchG Rn. 29; Schaub, Arbeitsrechts-Handbuch, § 170 Rn. 5.
[893] BVerfG vom 14.07.1981, DB 1981, 1939; vom 15.11.1990, NZA 1991, 669; Müller/Rieland, Arbeitsrecht, Rn. 1276.
[894] KR-Etzel, § 9 MuSchG Rn. 33.
[895] BAGE 3, 66; Löwisch, Arbeitsrecht, Rn. 1408.
[896] Löwisch, Arbeitsrecht, Rn. 1408; Zöllner/Loritz, Arbeitsrecht, S. 318.

Die Vorschriften des Art. 177 § 1, 2 und 4 KP sind auf den Arbeitnehmer-Vater entsprechend anzuwenden, wenn er das Kind während des Mutterschaftsurlaubs erzieht. Einen ähnlichen „Vaterschutz" gibt es im deutschen Arbeitsrecht nur für Arbeitnehmer in Elternzeit gem. § 18 Abs. 1 S. 1 BErzGG (dazu unten mehr).
Darüber hinaus enthält Art. 177 § 3 KP eine bestimmte Regelung für befristete Arbeitsverträge. Ein Arbeitsvertrag auf bestimmte Zeit oder auf Zeit zur Ausübung einer bestimmten Arbeit oder ein einen Monat überschreitender Probevertrag wird bis zum Tage der Geburt verlängert, wenn er nach Ablauf des dritten Schwangerschaftsmonats aufgelöst werden soll. Darunter fällt auch die Beendigung des Arbeitsvertrages durch Zeitablauf. Eine solche Regelung enthält das MuSchG oder das deutsche Befristungsrecht hingegen nicht.
Insgesamt ist somit festzustellen, dass die schwangere Arbeitnehmerin in Polen weitergehend geschützt ist als in Deutschland.
Nach der Geburt des Kindes besteht des Weiteren ein Kündigungsschutz für Arbeitnehmerinnen und Arbeitnehmer in Elternzeit. Gem. § 18 Abs. 1 S. 1 BErzGG darf der Arbeitgeber das Arbeitsverhältnis ab dem Zeitpunkt, von dem an Elternzeit verlangt worden ist, höchstens jedoch acht Wochen vor Beginn der Elternzeit, und während der Elternzeit nicht kündigen. Auch hier kann aber die für den Arbeitsschutz zuständige oberste Landesbehörde oder die von ihr bestimmte Stelle in besonderen Fällen eine Kündigung ausnahmsweise für zulässig erklären, § 18 Abs. 1 S. 2, 3 BErzGG.
Dem entspricht in Polen größtenteils die Vorschrift des § 4 der Verordnung über Erziehungsurlaub und Erziehungsbeihilfe. Danach darf der Arbeitgeber den Arbeitsvertrag ab dem Zeitpunkt, an dem die Arbeitnehmerin einen Antrag auf Erteilung von Erziehungsurlaub gestellt hat, bis zum Ende dieses Urlaubs nicht kündigen, es sei denn es liegen die in den Vorschriften über besondere Regeln für die Auflösung von Arbeitsverhältnissen aus betriebsbedingten Gründen bestimmten Gründe vor oder solche, die eine von der Arbeitnehmerin verschuldete außerordentliche Kündigung rechtfertigen, oder die Arbeitnehmerin hat die persönliche Fürsorge über das Kind eingestellt. Gem. § 21 Abs. 1 der Verordnung findet § 4 auch auf Arbeitnehmer Anwendung. Die Möglichkeit einer darüber hinausgehenden ausnahmsweisen Kündigung nach Zustimmung einer Behörde gibt es nicht.
Ein weiterer Fall des Kündigungsschutzes in Deutschland ist der Schwerbehindertenschutz. Gem. § 85 SGB IX[897] bedarf die Kündigung des Arbeitsverhältnisses eines schwerbehinderten Menschen durch den Arbeitgeber der vorherigen Zustimmung des Integrationsamtes.
Die Kündigungsfrist beträgt vier Wochen, § 86 SGB IX. Vor Ausspruch der Kündigung muss der Arbeitgeber die Zustimmung zu dieser bei dem für den Sitz des Betriebes oder der Dienststelle zuständigen Integrationsamt schriftlich beantragen, § 87

[897] Sozialgesetzbuch (SGB) Neuntes Buch (IX) – Rehabilitation und Teilhabe behinderter Menschen – vom 19.06.2001 (BGBl. I S. 1046).

Abs. 1 S. 1 SGB IX. Nach Einholung einer Stellungnahme des zuständigen Arbeitsamtes, des Betriebsrates oder Personalrates und der Schwerbehindertenvertretung und der Anhörung des schwerbehinderten Menschen (§ 87 Abs. 2 SGB IX), trifft das Integrationsamt innerhalb eines Monats vom Tage des Eingangs des Antrages an eine Entscheidung, § 88 Abs. 1 SGB IX.

Für den Schwerbehindertenschutz kommt es darauf an, ob die Schwerbehinderung im Zeitpunkt des Zugangs der Kündigung objektiv vorliegt.[898] Dabei muss sie weder behördlich festgestellt worden noch dem Arbeitgeber bekannt gewesen sein.[899] Zum Schutze des Arbeitgebers hat das BAG den § 85 SGB IX aber in zweifacher Weise eingeschränkt. Danach kann der Arbeitgeber auch ohne Zustimmung des Integrationsamtes kündigen, wenn die behördliche Feststellung der Schwerbehinderteneigenschaft nach § 69 SGB IX vor der Kündigung noch nicht erfolgt ist oder zumindest noch nicht beantragt war.[900] Hat der Arbeitgeber zur Zeit der Kündigung keine Kenntnis von einer Feststellung oder einem Antrag auf Feststellung, so muss ihn der Arbeitnehmer innerhalb einer angemessenen Frist, welche regelmäßig einen Monat beträgt, darüber unterrichten.[901] Unterlässt er dies, ist die Kündigung jedenfalls nicht nach § 85 SGB IX unwirksam.[902]

Der Kündigungsschutz des § 85 SGB IX gilt gem. § 91 Abs. 1 SGB IX auch bei einer außerordentlichen Kündigung. In diesem Fall muss der Arbeitgeber die Zustimmung innerhalb von zwei Wochen nach Kenntniserlangung der für die Kündigung maßgebenden Tatsachen beantragen, § 91 Abs. 2 SGB IX. Das Integrationsamt trifft die Entscheidung dann innerhalb von zwei Wochen, § 91 Abs. 3 S. 1 SGB IX. Wird innerhalb dieser Frist eine Entscheidung nicht getroffen, gilt die Zustimmung als erteilt, § 91 Abs. 3 S. 2 SGB IX. Die Verweigerung der Zustimmung darf nur aus ganz besonderen Gründen erfolgen.[903]

Jede Kündigung bedarf der vorherigen Zustimmung des Integrationsamtes.[904] Dabei gilt der Schwerbehindertenschutz grundsätzlich für alle Arbeitnehmer (§§ 68, 73 SGB IX), jedoch erst nach einer sechsmonatigen Wartefrist (§ 90 Abs. 1 Nr. 1 SGB IX). Weitere Ausnahmen vom persönlichen Anwendungsbereich sind in § 90 SGB IX geregelt.

Ein solcher allgemeiner Schwerbehindertenschutz existiert in Polen nicht. Besonderen Kündigungsschutz genießen nur Kriegs- und Militärbehinderte gem. Art. 18 Abs. 3 des Gesetzes über die Versorgung der Kriegs- und Militärbehinderten und ihrer Familien. Danach muss für die Auflösung des Arbeitsverhältnisses mit dieser Gruppe von Arbeitnehmern die schriftliche Zustimmung des Leiters des zuständigen

---

898 KR-Etzel, §§ 85-90 SGB IX Rn. 12.
899 Hromadka/Maschmann, Arbeitsrecht Band 1, § 10 Rn. 253.
900 BAG vom 16.08.1992, EzA § 15 SchwbG Nr. 5.
901 BAG vom 16.08.1992, EzA § 15 SchwbG Nr. 5.
902 BAG vom 16.08.1992, EzA § 15 SchwbG Nr. 5.
903 BVerwG vom 10.09.1992, EzA § 21 SchwbG 1986 Nr. 4.
904 KR-Etzel, §§ 85-90 SGB IX Rn. 33; Stahlhacke/Vossen, Kündigung, Rn. 1455.

Bezirksamtes der allgemeinen Staatsverwaltung eingeholt werden. Eine Kündigung kann dabei grundsätzlich nur aus einem wichtigen Grund erfolgen, wie z.B. dem vollständigen oder erheblichen Verlust der Arbeitsfähigkeit.
Besonderen Kündigungsschutz genießen in Deutschland zudem die Wehrdienst- und Zivildienstleistenden. Gem. § 2 Abs. 1 ArbPlSchG[905] darf der Arbeitgeber das Arbeitsverhältnis von der Zustellung des Einberufungsbescheides bis zur Beendigung des Grundwehrdienstes sowie während einer Wehrübung nicht kündigen. Vor und nach dem Wehrdienst[906] darf er das Arbeitsverhältnis auch nicht aus Anlass des Wehrdienstes kündigen, § 2 Abs. 2 S. 1 ArbPlSchG.
Das Recht zur Kündigung aus wichtigem Grunde – also einer außerordentlichen Kündigung – bleibt aber gem. § 2 Abs. 3 S. 1 ArbPlSchG unberührt. Die Einberufung des Arbeitnehmers zum Wehrdienst ist grundsätzlich jedoch kein wichtiger Grund zur Kündigung, § 2 Abs. 3 S. 2, 1. HS ArbPlSchG.
Für Zivildienstleistende gilt der Kündigungsschutz nach dem ArbPlSchG gem. § 78 Abs. 1 Nr. 1 ZDG[907] entsprechend.
Darüber hinaus findet das ArbPlSchG auch auf Angehörige eines EG-Mitgliedstaates Anwendung, die zum Wehrdienst in ihr Heimatland einberufen werden, jedoch nicht auf Ausländer, die nicht aus einem EG-Mitgliedstaat stammen.[908]
Im Hinblick auf die Wehrdienstleistenden entspricht in Polen diesem Kündigungsschutz das Kündigungsverbot in Art. 118 Abs. 1 des Gesetzes über die allgemeine Pflicht zur Verteidigung der Republik Polen, wonach das Arbeitsverhältnis ab dem Tag der Zustellung des Einberufungsbefehls und der Ableistung des Wehrdienstes vom Arbeitgeber nicht gekündigt werden darf. Trifft den Arbeitnehmer ein Verschulden, dann kann das Arbeitsverhältnis aber auch außerordentlich gekündigt werden, Art. 118 Abs. 6 des o.g. Gesetzes.
Ein interessanter Unterschied zum deutschen Recht besteht aber darin, dass in Polen laut Art. 126 des o.g. Gesetzes während der Ableistung des Pflichtwehrdienstes auch der Ehefrau des Wehrdienstleistenden nicht gekündigt werden darf, es sei denn sie hat die Gründe für eine außerordentliche Kündigung zu vertreten. Der besondere Kündigungsschutz ist für diese Zeit somit auch auf die Ehefrau ausgeweitet, was es in Deutschland so nicht gibt.
Ein weiterer wichtiger Fall ist der Kündigungsschutz im Rahmen der Betriebsverfassung und Personalvertretung.
Dieser gilt gem. § 15 Abs. 1 KSchG für die Mitglieder eines Betriebsrates, einer Jugend- und Auszubildendenvertretung, einer Bordvertretung oder eines Seebetriebs-

905 Gesetz über den Schutz des Arbeitsplatzes bei Einberufung zum Wehrdienst (Arbeitsplatzschutzgesetz) vom 30.03.1957 (BGBl. I S. 293), in der Fassung der Bekanntmachung vom 14.02.2001 (BGBl. I S. 253).
906 Zöllner/Loritz, Arbeitsrecht, S. 319.
907 Gesetz über den Zivildienst der Kriegsdienstverweigerer (Zivildienstgesetz – ZDG) in der Fassung der Bekanntmachung vom 28.09.1994 (BGBl. I S. 2811).
908 BAG vom 22.12.1982, AP Nr. 23 zu § 123 BGB.

rates. Nach § 15 Abs. 2 KSchG unterfallen im öffentlichen Dienst[909] diesem Kündigungsschutz die Mitglieder einer Personalvertretung, einer Jugend- und Auszubildendenvertretung oder einer Jugendvertretung. Diesen Personen kann laut den o.g. Vorschriften während ihrer Amtszeit sowie bis zu einem Jahr nach ihrer Beendigung nicht ordentlich gekündigt werden. Der Schutz gilt für alle Kündigungen.[910]
Grundsätzlich möglich bleibt jedoch die außerordentliche Kündigung, welche – außer im Falle des nachwirkenden Kündigungsschutzes – der nach § 103 Betriebsverfassungsgesetz bzw. nach dem Personalvertretungsrecht erforderlichen Zustimmung oder ihrer gerichtlichen Ersetzung bedarf (§ 15 Abs. 1 S. 1, Abs. 2 S. 1 KSchG).
Gleiches gilt für die Mitglieder eines Wahlvorstands vom Zeitpunkt ihrer Bestellung an und für Wahlbewerber vom Zeitpunkt der Aufstellung des Wahlvorschlags an bis zur Bekanntgabe des Wahlergebnisses sowie innerhalb von sechs Monaten danach, § 15 Abs. 3 KSchG.
Eine Ausnahme von den Kündigungsverboten ist jedoch im Falle einer Betriebsstillegung vorgesehen (§ 15 Abs. 4, 5 KSchG).
Eine ähnliche polnische Vorschrift läßt sich in Art. 15 des Gesetzes über die Kommerzialisierung und Privatisierung staatlicher Unternehmen finden, nach welcher einem Arbeitnehmer, der Mitglied des Aufsichtsrates einer Gesellschaft ist, welche aufgrund der Umwandlung eines staatlichen Unternehmens entstanden ist, während seiner Amtsdauer sowie ein Jahr danach nicht ordentlich gekündigt werden darf.
Ansonsten bedarf der Arbeitgeber für die Kündigung eines Arbeitsverhältnisses mit beispielsweise dem Vorstandsmitglied einer Betriebsgewerkschaft während der Mandatsdauer sowie ein Jahr danach der Zustimmung des Gewerkschaftsvorstandes (Art. 32 Abs. 1 des Gesetzes über Gewerkschaften), dem Mitglied des Betriebsrates eines staatlichen Unternehmens während der Amtsdauer sowie ein Jahr danach der Zustimmung des Betriebsrates (Art. 6 des Gesetzes über die Selbstverwaltung der Belegschaft in staatlichen Unternehmen) oder dem Mitglied des Aufsichtrates einer Genossenschaft der Zustimmung des Aufsichtsrates (Art. 45 § 6 des Genossenschaftsgesetzes).
Darüber hinaus gibt es sowohl in Deutschland als auch in Polen Vorschriften zum Sonderkündigungsschutz, die ihre jeweilige Entsprechung nicht finden. Als Beispiel ist Art. 41 KP zu nennen, wonach der Arbeitgeber den Arbeitsvertrag während des Urlaubs eines Arbeitnehmers sowie während einer anderen entschuldigten Abwesenheit von der Arbeit nicht ordentlich kündigen kann, sofern noch nicht die Zeit verstrichen ist, die zu einer fristlosen Kündigung berechtigt. Demgegenüber geht in Deutschland ein an die Heimatanschrift gerichtetes Kündigungsschreiben auch dann zu, wenn der Kündigungsempfänger aufgrund von Urlaub, Kur oder Krankheit nicht an seinem gewöhnlichen Aufenthaltsort ist und dies dem Arbeitgeber bekannt ist.[911]

---

909 Hromadka/Maschmann, Arbeitsrecht Band 1, § 10 Rn. 262.
910 BAG vom 05.07.1979, AP Nr. 6 zu § 15 KSchG 1969.
911 BAG vom 16.03.1988, AP Nr. 16 zu § 130 BGB; vom 02.03.1989, AP Nr. 17 zu § 130 BGB.

In Deutschland wiederum kann einem Auszubildenden nach der Probezeit das Berufsausbildungsverhältnis nicht ordentlich gekündigt werden (§ 15 Abs. 2 BBiG). Einen solchen Schutz genießen die Auszubildenden in Polen nicht. Ihnen kann das Berufsausbildungsverhältnis in den in Art. 196 KP bestimmten Fällen ordentlich gekündigt werden.
In Polen entfaltet der besondere Kündigungsschutz grundsätzlich keine Wirkung, wenn der Arbeitgeber das Insolvenzverfahren eröffnet oder liquidiert wird. Im Falle der Insolvenz des Arbeitgebers in Deutschland, hat der Insolvenzverwalter hingegen in der Regel den allgemeinen als auch den besonderen Kündigungsschutz zu beachten.[912] In den §§ 113 ff. InsO sind zwar einige Sonderregelungen enthalten. Es gibt jedoch keine Vorschriften, die bei Insolvenz des Arbeitgebers die Nichtanwendbarkeit der Vorschriften über den besonderen Kündigungsschutz anordnen, wie es in Polen Art. 41^1 § 1 KP vornimmt.

c) Der befristete Arbeitsvertrag

Sowohl in Deutschland als auch in Polen endet ein kalendermäßig befristeter Arbeitsvertrag bzw. ein Arbeitsvertrag auf bestimmte Zeit mit Ablauf der vereinbarten Zeit (§ 15 Abs. 1 TzBfG; Art. 30 § 1 Nr. 4 KP). Während dies aber nach deutschem Recht auch dann gilt, wenn der Arbeitnehmer einem besonderen Kündigungsschutz unterliegt,[913] ist in Polen dieser auch dann noch zu beachten. Dies betrifft insbesondere Art. 177 § 3 KP, wonach der Arbeitsvertrag auf bestimmte Zeit bis zum Tag der Geburt verlängert wird, wenn er nach Ablauf des dritten Schwangerschaftsmonats aufgelöst werden soll. Dies gilt jedoch nicht, wenn ein Arbeitnehmer zur Vertretung befristet eingestellt wird, Art. 177 § 3^1 KP. In diesem Fall ist die polnische Arbeitnehmerin weitergehend geschützt als die deutsche.
Darüber hinaus endet der zweckbefristete Arbeitsvertrag bzw. der Arbeitsvertrag auf Zeit zur Ausübung einer bestimmten Arbeit mit Erreichen des Zwecks (§ 15 Abs. 2 TzBfG) bzw. an dem Tag, an welchem die Arbeit beendet wird, über welche der Vertrag geschlossen worden ist (Art. 30 § 1 Nr. 5 KP). § 15 Abs. 2 TzBfG besagt aber weiter, dass der zweckbefristete Arbeitsvertrag jedoch frühestens zwei Wochen nach Zugang der schriftlichen Unterrichtung des Arbeitnehmers durch den Arbeitgeber über den Zeitpunkt der Zweckerreichung endet. Eine solche Auslauffrist, die dazu dienen soll, dass sich der Arbeitnehmer auf das bevorstehende Ende des Arbeitsverhältnisses einstellt, sich insbesondere einen anderen Arbeitsplatz sucht,[914] ist im polnischen Arbeitsrecht hingegen nicht vorgesehen. Dafür gilt aber auch hier wiederum Art. 177 § 3 KP.

---

912 ErfK/Müller-Glöge, § 113 InsO Rn. 21 f.; v. Hoyningen-Huene/Linck, KSchG § 1 Rn. 107 c; Hromadka/Maschmann, Arbeitsrecht Band 1, § 10 Rn. 225.

913 Amtl. Begr., BT-Drs. 14/4374 S. 20; Kliemt, NZA 2001, 296 (301); Nielebock/Perreng, Neues Arbeits- und Sozialrecht, § 15 TzBfG Rn. 1.

914 Amtl. Begr., BT-Drs. 14/4374 S. 20; Hansen/Kelber/Zeißig, Neues Arbeitsrecht, Rn. 675; Ring, TzBfG, § 15 Rn. 12.

Unter bestimmten Voraussetzungen ist in beiden Ländern zudem auch die ordentliche Kündigung möglich.

Laut § 15 Abs. 3 TzBfG unterliegt ein befristetes Arbeitsverhältnis nur dann der ordentlichen Kündigung, wenn dies einzelvertraglich oder im anwendbaren Tarifvertrag vereinbart ist. Grundsätzlich ist die Kündigung eines befristeten Arbeitsvertrages somit ausgeschlossen.[915] Liegt eine solche Vereinbarung vor, dann bedarf die wirksame Ausübung einer Kündigung der Einhaltung von gesetzlichen, tarif- oder einzelvertraglichen Kündigungsfristen, von Kündigungsschutzbestimmungen sowie ggfs. der Beteiligung des Betriebsrats nach § 102 BetrVG.[916]

Ist das Arbeitsverhältnis für die Lebenszeit einer Person oder für längere Zeit als fünf Jahre eingegangen, so kann es gem. § 15 Abs. 4 S. 1 TzBfG von dem Arbeitnehmer nach Ablauf von fünf Jahren gekündigt werden. Die Kündigungsfrist beträgt dann sechs Monate, § 15 Abs. 4 S. 2 TzBfG. Jeder Beendigungstermin kommt dabei in Betracht.[917] Eine entsprechende Kündigungsmöglichkeit für den Arbeitgeber ist indessen nicht vorgesehen, so dass er unter Umständen dauerhaft von dieser ausgeschlossen ist.[918]

Daneben ist aber auch die ordentliche Kündigung aufgrund gesetzlicher Sonderbestimmungen (z.B. gem. § 21 Abs. 4 BErzGG) möglich.[919]

Im polnischen Arbeitsrecht ist die zentrale Vorschrift über die Möglichkeit der ordentlichen Kündigung eines befristeten Arbeitsvertrages Art. 33 KP. Danach können die Parteien, beim Abschluss eines Arbeitsvertrages auf bestimmte Zeit, der länger als sechs Monate dauert, die Zulässigkeit einer vorherigen Auflösung des Vertrages mit zweiwöchiger Kündigungsfrist vorsehen. Diese Vorschrift bezieht sich mithin nur auf den Arbeitsvertrag auf bestimmte Zeit. Die ordentliche Kündigung eines zweckbefristeten Arbeitsvertrages ist nur gem. Art. 41^1 § 2 KP (Insolvenz/ Liquidation) möglich.

Art. 33 KP und § 15 Abs. 3 TzBfG stellen somit beide im Grunde darauf ab, dass die Möglichkeit der ordentlichen Kündigung von den Parteien vereinbart worden ist. Die Unterschiede bestehen darin, dass § 15 Abs. 3 TzBfG für alle Arten des befristeten Arbeitsvertrages gilt, Art. 33 KP hingegen nur für den Arbeitsvertrag auf bestimmte Zeit (kalendermäßig befristet). Des Weiteren ist in Polen die Kündigung i.S.v. Art. 33 KP nur dann möglich, wenn der Arbeitsvertrag auf bestimmte Zeit mindestens sechs Monate dauert. Bis zu einer Dauer von sechs Monaten ist eine solche Kündigung

---

915 Nielebock/Perreng, Neues Arbeits- und Sozialrecht, § 15 TzBfG Rn. 3; Pelzner/Scheddler/ Widlak, Flexibilität im Arbeitsverhältnis, S. 109; Ring, TzBfG, § 15 Rn. 17.

916 Ring, TzBfG, § 15 Rn. 18.

917 Hansen/Kelber/Zeißig, Neues Arbeitsrecht, Rn. 695; Kliemt, NZA 2001, 296 (302); Ring, TzBfG, § 15 Rn. 28.

918 Hansen/Kelber/Zeißig, Neues Arbeitsrecht, Rn. 694; Ring, TzBfG, § 15 Rn. 24; Pelzner/ Scheddler/Widlak, Flexibilität im Arbeitsverhältnis, S. 112.

919 Ring, TzBfG, § 15 Rn. 22.

demnach nicht zulässig. Eine solche Mindestvertragslaufzeit ist im deutschen Befristungsrecht nicht vorgesehen.
Diese vorausgesetzte Mindestdauer von sechs Monaten verliert jedoch aufgrund der Rechtsprechung zu Art. 33 KP vollkommen an Bedeutung, da laut dieser, der Arbeitsvertrag auf bestimmte Zeit auch vor Ablauf der sechs Monate i.S.d. Art. 33 KP aufgelöst werden kann, wenn er ursprünglich auf über sechs Monate abgeschlossen worden und eine Klausel über die Kündigungsmöglichkeit wirksam vereinbart worden ist.[920] Für den Arbeitgeber ist es damit günstiger sofort einen länger als sechs Monate dauernden Arbeitsvertrag auf bestimmte Zeit, einschließlich einer Klausel i.S.d. Art. 33 KP mit dem Arbeitnehmer abzuschließen, weil er dann jederzeit die Möglichkeit hat schon vor Ablauf der sechs Monate den Vertrag zu kündigen. Würde er einen Arbeitsvertrag schließen, der höchsten sechs Monate dauert, würde ihm dieser Weg versperrt sein.
Insgesamt stellt sich der Art. 33 KP als eine sehr problematische Vorschrift dar, die, wie oben gesehen, viele Streitfragen aufwirft.
Ein weiterer Unterschied zwischen Art. 33 KP und § 15 Abs. 3 TzBfG besteht darin, dass Art. 33 KP eine starre Kündigungsfrist von zwei Wochen vorsieht, § 15 Abs. 3 TzBfG dagegen nicht. Wie schon gesagt, sind bei einer ordentlichen Kündigung gem. § 15 Abs. 3 TzBfG die gesetzlichen, tarifvertraglichen oder auch einzelvertraglichen Kündigungsfristen zu beachten, die unterschiedlich ausfallen können.
Weiterhin sind in Deutschland bei der Kündigung eines befristeten Arbeitsvertrages auch die Kündigungsschutzbestimmungen, soweit anwendbar, zu beachten. Dies gilt weitgehend auch in Polen. Bei der ordentlichen Kündigung eines befristeten Arbeitsvertrages werden jedoch keine so hohen Anforderungen an den allgemeinen Kündigungsschutz gestellt. Zum einen ist die Angabe des Kündigungsgrundes nicht erforderlich und zum anderen muss die Betriebsgewerkschaft nicht konsultiert werden.
Was letztlich den Probearbeitsvertrag betrifft, so kann dieser gem. Art. 32 § 1 Nr. 1 KP jederzeit, unter Einhaltung der jeweiligen Kündigungsfrist (Art. 34 KP), ordentlich gekündigt werden. In Deutschland ist die ordentliche Kündigung eines Probearbeitsverhältnisses im Rahmen eines befristeten Arbeitsvertrages gem. § 15 Abs. 3 TzBfG möglich und im Rahmen eines unbefristeten Arbeitsverhältnisses gem. § 622 Abs. 3 BGB. Dauert die Probezeit länger als sechs Monate ist ggfs. das KSchG zu beachten.
So wie es in Deutschland zudem Sonderbestimmungen über die ordentliche Kündigung von befristeten Arbeitsverträgen gibt, existieren auch in Polen noch weitere Rechtsgrundlagen zur ordentlichen Kündigung eines Arbeitsvertrages auf bestimmte Zeit. Es ist der, schon beim zweckbefristeten Arbeitsvertrag erwähnten, Art. 41^1 § 2 KP (Insolvenz/Liquidation). Wird das Arbeitsverhältnis nach Ablauf der Zeit, für die es eingegangen ist, oder nach Zweckerreichung mit Wissen des Arbeitgebers fortgesetzt, so gilt es gem. § 15 Abs. 5 TzBfG als auf unbestimmte Zeit verlängert, wenn

920 OSNAPiUS 1994/11/173.

der Arbeitgeber nicht unverzüglich widerspricht oder dem Arbeitnehmer die Zweckerreichung nicht unverzüglich mitteilt. Eine entsprechende oder ähnliche Vorschrift enthält das polnische Arbeitsrecht nicht. Es wird auch nur bei einem Probevertrag angenommen, dass wenn nach Ablauf dieses Arbeitsvertrages die Beschäftigung mit Einverständnis des Arbeitgebers fortgesetzt wird, ohne dass ein neuer Arbeitsvertrag geschlossen wurde, die Parteien konkludent, in erster Linie einen unbefristeten Arbeitsvertrag geschlossen haben, es sei denn, aus den Umständen ergibt sich, dass ein befristeter Arbeitsvertrag geschlossen werden sollte.
Im Falle eines Arbeitsvertrages auf bestimmte Zeit ist von Bedeutung, ob Art. 25^1 KP gilt oder nicht. Ist er anwendbar, dann kommt es darauf an, welcher (Anzahl) Arbeitsvertrag geschlossen wird. Erst beim dritten Arbeitsvertrag auf bestimmte Zeit liegt ein unbefristeter Arbeitsvertrag vor. Ist Art. 25^1 KP jedoch nicht anwendbar, was im Moment der Fall ist, dann ist die Anzahl der geschlossenen Arbeitsverträge auf bestimmte Zeit irrelevant, und es kann nicht davon ausgegangen werden, dass die Parteien konkludent einen unbefristeten Arbeitsvertrag geschlossen haben. Letzteres gilt auch für den Arbeitsvertrag auf Zeit zur Ausübung einer bestimmten Arbeit.
Während § 15 Abs. 5 TzBfG somit die stillschweigende Verlängerung des Arbeitsverhältnisses, unabhängig vom Willen der Parteien in Form einer gesetzlichen Fiktion[921] oder auch einer unwiderleglichen gesetzlichen Vermutung,[922] regelt, wird in Polen nur im Falle der Fortsetzung der Arbeit nach einem Probevertrag von einer konkludenten Vereinbarung der Parteien über die Fortsetzung des Arbeitsverhältnisses aufgrund eines neuen Arbeitsvertrages ausgegangen.

d) Ansprüche des Arbeitnehmers aufgrund einer rechtswidrigen Kündigung

In Polen gelten bei einer rechtswidrigen und damit unwirksamen ordentlichen Kündigung durch den Arbeitgeber für den unbefristeten und den befristeten Arbeitsvertrag unterschiedliche Rechtsfolgen. Die Kündigung eines unbefristeten Arbeitsvertrages kann entweder rechtswidrig i.w.S., d.h. unbegründet sein, oder rechtswidrig i.e.S. sein, d.h. gegen Kündigungsvorschriften verstoßen. In einem solchen Fall stellt das Arbeitsgericht grundsätzlich entweder die Unwirksamkeit der Kündigung fest - ist das Arbeitsverhältnis durch die Kündigung schon aufgelöst worden, hat der Arbeitnehmer einen Wiedereinstellungsanspruch, ansonsten besteht das Arbeitsverhältnis einfach fort -, oder es spricht dem Arbeitnehmer einen Schadensersatzanspruch zu (Art. 45 § 1 KP). Der Arbeitnehmer kann zwischen diesen Ansprüchen wählen.
Im Falle einer unwirksamen Kündigung eines befristeten Arbeitsvertrages hat der Arbeitnehmer regelmäßig nur einen Schadensersatzanspruch (Art. 50 KP).

921 Pelzner/Scheddler/Widlak, Flexibilität im Arbeitsverhältnis, S. 112 f.; Ring, TzBfG, § 15 Rn. 30, 41.
922 BAG vom 02.12.1998, DB 1998, 694; Kittner/Zwanziger/Lakies, Arbeitsrecht § 133 Rn. 322.

Auch in Deutschland wird im Hinblick auf den Kündigungsschutzprozess unterschieden. Zum einen gibt es die Kündigungsschutzklage[923], mit welcher der Arbeitnehmer geltend macht, dass die Kündigung sozial ungerechtfertigt ist, somit kein Kündigungsgrund i.S.v. § 1 Abs. 2 KSchG vorliegt. Dies entspricht im Grunde der Rechtswidrigkeit i.w.S. in Polen. Zum anderen gibt es das Kündigungsschutzverfahren bei einer aus sonstigen Gründen unwirksamen Kündigung (z.B. § 102 Abs. 1 BetrVG, §§ 134, 138, 242, 623 BGB, § 9 MuSchG).[924] Entsprechendes umfasst in Polen die Rechtswidrigkeit i.e.S.

Will ein Arbeitnehmer geltend machen, dass eine Kündigung sozial ungerechtfertigt oder aus anderen Gründen rechtsunwirksam ist, muss die Klage gem. § 4 S. 1 KSchG innerhalb von drei Wochen nach Zugang der Kündigung erhoben werden.

Im Falle der Geltendmachung einer sittenwidrigen Kündigung wird noch eine zusätzliche Rechtsfolge gewährt, nämlich die Möglichkeit der gerichtlichen Auflösung des Arbeitsverhältnisses gegen Zahlung einer angemessenen Abfindung, § 13 Abs. 2 i.V.m. § 9 Abs. 1 S. 1 KSchG. In Polen ist die Klage gegen eine ordentliche Kündigung immer an eine siebentägige Frist gebunden (Art. 264 § 2 KP).

Darüber hinaus gelten, im Gegensatz zu Polen, die bei einem Kündigungsschutzprozess vorgesehenen Rechtsfolgen grundsätzlich sowohl für unbefristete als auch für befristete Arbeitsverträge.

In beiden Ländern ist das Arbeitsgericht zuständig (Art. 262 § 1, 264 § 1 KP; § 2 Abs. 1 Nr. 3 b) ArbGG[925], § 4 S. 1 KSchG).

Was die Rechtsfolgen einer unwirksamen ordentlichen Kündigung betrifft, so bestehen im deutschen und polnischen Recht einige wesentliche Unterschiede.

Stellt das deutsche Arbeitsgericht fest, dass die Kündigung sozialwidrig ist, und dass das Arbeitsverhältnis durch die Kündigung nicht beendet wurde bzw. dass die Kündigung aus sonstigen Gründen unwirksam ist und das Arbeitsverhältnis nicht aus irgendeinem Rechtsgrund beendet wurde, besteht das Arbeitsverhältnis somit fort, und der Arbeitnehmer kann verlangen, wieder auf seinem früheren Arbeitsplatz beschäftigt zu werden.[926]

Gleiches gilt in Polen nur, wenn das Arbeitsgericht die Unwirksamkeit der Kündigung eines unbefristeten Arbeitsvertrages feststellt, die Kündigungsfrist aber noch nicht abgelaufen ist. Dies wird in der Praxis wohl eher selten der Fall sein. Ist der Arbeitsvertrag durch die Kündigung schon aufgelöst worden, steht dem Arbeitnehmer in diesem Fall ein Wiedereinstellungsanspruch zu, wenn er wieder auf demselben Arbeitsplatz beschäftigt werden will, wobei er seine Arbeitsbereitschaft innerhalb

923 Schaub, Arbeitsrechts-Handbuch, § 136.

924 Hromadka/Maschmann, Arbeitsrecht Band 1, § 10 Rn. 301; Schaub, Arbeitsrechts-Handbuch, § 138.

925 Arbeitsgerichtsgesetz in der Fassung der Bekanntmachung vom 02.07.1979; BGBl. I S. 853.

926 Götz, Arbeitsrecht I, S. 198; v. Hoyningen-Huene/Linck, KSchG, § 4 Rn. 86 f.; Hromadka/Maschmann, Arbeitsrecht Band 1, § 10 Rn. 337, 339; Löwisch, Arbeitsrecht, Rn. 1360.

von sieben Tagen nach dem rechtskräftigen Urteil über die Wiedereinstellung dem Arbeitgeber gegenüber erklären muss (Art. 48 § 1 KP).
Auch in Deutschland gibt es einen Wiedereinstellungsanspruch, der aber in diesem Fall nicht dem polnischen entspricht. Er kann unter bestimmten Voraussetzungen nur nach einer wirksamen Kündigung bestehen, wenn sich die Prognose, auf welcher die Kündigung beruhte (z.B. beabsichtigte Betriebsstellegung), auf Grund von Umständen, die erst nach dieser Kündigung eintreten, als falsch erweist.[927]
Verlangt der Arbeitnehmer in Deutschland wieder an seinem frühreren Arbeitsplatz beschäftigt zu werden, hat er für die Zeit zwischen dem Ablauf der Kündigungsfrist und der Beendigung des Rechtsstreits Anspruch auf Zahlung der vereinbarten Vergütung, ohne zur Nachleistung verpflichtet zu sein.[928] Der Arbeitgeber muss sich jedoch im Annahmeverzug befinden (§ 615 S. 1 BGB), welcher aber automatisch eintritt, wenn der Arbeitgeber die Kündigung erklärt und den Arbeitnehmer nicht weiter arbeiten lässt.[929] Auf dieses Arbeitsentgelt muss sich der Arbeitnehmer jedoch anrechnen lassen, was er durch anderweitige Arbeit verdient hat (§ 11 Nr. 1 KSchG), was er hätte verdienen können, wenn er es nicht böswillig unterlassen hätte, eine ihm zumutbare Arbeit anzunehmen (§ 11 Nr. 2 KSchG) oder was ihm an öffentlichrechtlichen Leistungen infolge der Arbeitslosigkeit für die Zwischenzeit gezahlt worden ist (§ 11 Nr. 3 KSchG).
Kehrt hingegen in Polen der Arbeitnehmer aufgrund eines Wiedereinstellungsanspruchs zu seiner früheren Arbeit zurück, hat er bezüglich der Zwischenzeit keinen umfassenden Vergütungs- anspruch. Für die Zeit, in der er arbeitslos war, steht ihm nur eine Entschädigung i.H.d. Gehalts für grundsätzlich maximal zwei Monate zu (Art. 47 KP). Dafür muss er sich aber nicht anrechnen lassen, was er durch anderweitige Arbeit verdient hat. Aufgrund der nur geringen Entschädigung für einen Zeitraum von regelmäßig höchstens zwei Monaten, der grundsätzlich weit unter dem Zeitraum bleibt, welchen der Rechtsstreit umfasst, ist dies letztlich nur gerecht.
Ist der Arbeitnehmer in der Zwischenzeit ein neues Arbeitsverhältnis eingegangen, muss er dieses in Deutschland so schnell wie möglich, unter Einhaltung der gesetzlichen, tarif- oder einzelvertraglichen Kündigungsfristen kündigen,[930] während ihm in Polen gem. Art. 48 § 2 KP ein besonderes fristloses Kündigungsrecht zusteht. Er muss dann das neue Arbeitsverhältnis innerhalb von sieben Tagen nach Wiedereinstellung bei seinem alten Arbeitgeber mit dreitägiger Voranmeldung fristlos kündigen.

---

927 BAG vom 27.02.1997, NZA 1997, 757; Dütz, Arbeitsrecht, Rn. 337; Hromadka/Maschmann, Arbeitsrecht Band 1, § 10 Rn. 358 ff.; Löwisch, Arbeitsrecht, Rn. 1333.

928 Götz, Arbeitsrecht I, S. 198 f.; v. Hoyningen-Huene/Linck, KSchG, § 4 Rn. 87; Löwisch, Arbeitsrecht, Rn. 1361.

929 BAG vom 21.03.1985, vom 19.04.1990, AP Nr. 35, 45 zu § 615 BGB; Dütz, Arbeitsrecht, Rn. 363; v. Hoyningen-Huene/Linck, KSchG, § 4 Rn. 87.

930 Götz, Arbeitsrecht I, S. 199.

Dieses besondere fristlose Kündigungsrecht benachteiligt den neuen Arbeitgeber sehr. Kündigt ihm der Arbeitnehmer fristlos, wird es für ihn schwer sein für diesen Arbeitsplatz schnell einen neuen geeigneten Arbeitnehmer zu finden.
Ein wesentlicher Unterschied zwischen dem deutschen und dem polnischen Recht besteht auch darin, dass der Arbeitnehmer in Polen anstatt der Wiedereinstellung Schadensersatz aufgrund der rechtswidrigen ordentlichen Kündigung verlangen kann. In Deutschland steht dem Arbeitnehmer ein solcher Anspruch im Rahmen eines Kündigungsschutzprozesses, in welchem das Bestehen oder Nichtbestehen des Arbeitsverhältnisses festgestellt wird, nicht zu. Er hat somit keinen Schadensersatzanspruch aufgrund einer sozialwidrigen oder aus sonstigen Gründen unwirksamen Kündigung.
Dem gegenüber besteht aber in Deutschland die Möglichkeit, dass das Gericht auf Antrag des Arbeitnehmers bzw. auf Antrag des Arbeitgebers das Arbeitsverhältnis auflöst und den Arbeitgeber zur Zahlung einer angemessenen Abfindung verurteilt, wenn dem Arbeitnehmer die Fortsetzung des Arbeitsverhältnisses nicht zuzumuten ist bzw., wenn eine den Betriebszwecken dienliche weitere Zusammenarbeit zwischen Arbeitgeber und Arbeitnehmer nicht zu erwarten ist, § 9 Abs. 1 KSchG. Darüber hinaus bestimmt § 1 a Abs. 1 KSchG, dass wenn der Arbeitnehmer bei einer Kündigung des Arbeitgebers wegen dringender betrieblicher Erfordernisse bis zum Ablauf der Frist des § 4 S. 1 KSchG keine Klage auf Feststellung der Unwirksamkeit der Kündigung erhoben hat, der Arbeitnehmer mit Ablauf der Kündigungsfrist Anspruch auf Abfindung hat. Der Anspruch setzt aber den Hinweis des Arbeitgebers in der Kündigungserklärung voraus, dass die Kündigung auf dringende betriebliche Erfordernisse gestützt ist und der Arbeitnehmer bei Verstreichenlassen der Klagefrist die Abfindung beanspruchen kann. Die Höhe der Abfindung beträgt 0,5 Monatsverdienste für jedes Jahr des Bestehens des Arbeitsverhältnisses, § 1 a Abs. 2 S. 1 KSchG.
Die Auflösung des Arbeitsverhältnisses gegen Zahlung einer Abfindung ist aber nur auf die Kündigungsschutzklage i.S.d. KSchG beschränkt. Bei einer aus sonstigen Gründen unwirksamen Kündigung kann ein solcher Antrag nicht gestellt werden, § 13 Abs. 3 KSchG.[931] Ein Abfindungsanspruch ist im KP wiederum gar nicht vorgesehen. Die Zahlung von Schadensersatz erfüllt aber den gleichen Zweck.
Schließlich ist noch kurz auf einen weiteren Unterschied einzugehen. Zwischen dem Ablauf der Kündigungsfrist und der rechtskräftigen Beendigung des Rechtsstreites ist in beiden Ländern der Arbeitnehmer zunächst ohne Beschäftigung.[932] Da dies von Nachteil sein kann, besteht in Deutschland auch in der Zwischenzeit unter bestimmten Voraussetzungen ein Anspruch auf Weiterbeschäftigung. Zum einen kann ein betriebsverfassungsrechtlicher Weiterbeschäftigungs- anspruch auf Grund von § 102 Abs. 5 BetrVG bestehen, wenn der Betriebsrat der ordentlichen Kündigung frist- und ordnungsgemäß widersprochen hat und der Arbeitnehmer die Weiterbeschäftigung vom Arbeitgeber verlangt hat (§ 102 Abs. 5 S. 1 BetrVG). Ausnahmen sind in § 102

931 Schaub, Arbeitsrechts-Handbuch, § 138 Rn. 11.
932 Götz, Arbeitsrecht I, S. 200.

Abs. 2 S. 2 BetrVG geregelt. Sind diese Voraussetzungen nicht erfüllt, kommt zum anderen der vom BAG entwickelte allgemeine Weiterschäftigungsanspruch in Betracht, wenn die Kündigung unwirksam ist und überwiegende schützenswerte Interessen des Arbeitgebers der Weiterbeschäftigung nicht entgegenstehen.[933] Dieser allgemeine Weiterbeschäftigungsanspruch kann im Gegensatz zum betriebsverfassungsrechtlichen auch bei einer fristlosen Kündigung geltend gemacht werden.[934]
Eine diesbezügliche Entsprechung gibt es im polnischen Recht nicht. Der Arbeitnehmer muss sich demnach für die Zwischenzeit unter Umständen eine Beschäftigung bei einem anderen Arbeitgeber suchen.

e) Besondere Arbeitsverträge

In Deutschland endet ein Berufsausbildungsverhältnis gem. § 14 Abs. 1 BBiG mit Ablauf der Ausbildungszeit. Es ist somit ein gesetzlich befristetes Arbeitsverhältnis.[935]
Auch in Polen kann unter bestimmten Voraussetzungen ein Berufsausbildungsvertrag in befristeter Form geschlossen werden. In der Regel handelt es sich bei diesen aber um unbefristete Arbeitsverträge. Dabei ist eine ordentliche Kündigung durch den Heranwachsenden jederzeit, durch den Arbeitgeber nur in den in Art. 196 KP bestimmten Fällen möglich.
Ansonsten finden die Vorschriften zum unbefristeten Arbeitsvertrag Anwendung (Art. 194 KP).
In Deutschland kann des Berufsausbildungsverhältnis während der Probezeit jederzeit ohne Einhalten einer Kündigungsfrist gekündigt werden, § 15 Abs. 1 BBiG, sog. entfristete ordentliche Kündigung.[936] Da in Polen die Vereinbarung einer Probezeit im Rahmen eines Berufsausbildungsvertrages unzulässig ist, gibt es keine Entsprechung zu dieser deutschen Regelung.
Nach der Probezeit kann das Berufsausbildungsverhältnis nur vom Auszubildenden mit einer Kündigungsfrist von vier Wochen ordentlich gekündigt werden, wenn er die Berufsausbildung aufgeben oder sich für eine andere Berufstätigkeit ausbilden lassen will, § 15 Abs. 2 Nr. 2 BBiG. Im Unterschied zum polnischen Recht hat der Ausbildende in Deutschland – abgesehen von dem entfristeten ordentlichen Kündigungsrecht während der Probezeit – kein ordentliches Kündigungsrecht.
In beiden Ländern muss die Kündigung schriftlich erfolgen (§ 15 Abs. 3 BBiG; Art. 30 § 3 i.V.m. Art. 194 KP). Während in Deutschland der Auszubildende aber auch den Kündigungsgrund angeben muss (§ 15 Abs. 3 BBiG), besteht in Polen diese

---

933 BAG GS vom 27.02.1985, NZA 1985, 702; zustimmend: Erman/Hanau, § 611 BGB, Rn. 371 ff.; Kittner/Däubler/Zwanziger, KSchR, Einl. Rn. 739 ff.; a.A.: APS/Koch, KündR, § 102 BetrVG Rn. 236; Barton, NZA 1985, 77 ff.; Bengelsdorf, DB 1986, 168 ff.; Mayer-Maly, JZ 1986, 557 (559); Wank, RdA 1987, 129 (149 ff.).
934 BAG GS vom 27.02.1985, NZA 1985, 702; Götz, Arbeitsrecht I, S. 203.
935 Dütz, Arbeitsrecht, Rn. 268.
936 BAG vom 10.11.1988, NZA 1989, 268.

Pflicht nur für die ordentliche Kündigung durch den Arbeitgeber (Art. 30 § 4 i.V.m. Art. 194 KP).

II. Die Auflösung des Arbeitsvertrages durch die außerordentliche Kündigung

1. Polen

Die außerordentliche bzw. fristlose Kündigung kann vom Arbeitgeber und vom Arbeitnehmer ausgesprochen werden. Sie ist auf alle Arten der Arbeitsverträge anwendbar, sogar auf diejenigen, die nicht ordentlich gekündigt werden können (z.B. der Arbeitsvertrag auf Zeit zur Ausübung einer bestimmten Arbeit).[937] Auch der Berufsausbildungsvertrag ist davon erfasst.[938] Was den genossenschaftlichen Arbeitsvertrag betrifft, so ergeben sich einige Abweichungen, welche später dargestellt werden.

Die Vorschriften, welche die fristlose Kündigung von Arbeitsverträgen regeln, finden dabei nicht nur auf vertragliche Arbeitsverhältnisse Anwendung, sondern auch auf außervertragliche, wie z.B. die Berufung, sofern spezielle Vorschriften dies bestimmen.[939]

Was die Kündigungsgründe betrifft, so sind diese im KP aufgezählt.

Kündigt der Arbeitgeber fristlos den Arbeitsvertrag, dann kann dies aus vom Arbeitnehmer verschuldeten oder auch nicht verschuldeten Gründen erfolgen. Bezüglich der Gründe, die den Arbeitnehmer zu einer solchen Kündigung berechtigen, so sind diese enger gefaßt als beim Arbeitgeber.

a) Die außerordentliche Kündigung durch den Arbeitgeber aufgrund Verschuldens des Arbeitnehmers

Laut Art. 52 § 1 KP kann der Arbeitgeber dem Arbeitnehmer fristlos kündigen, wenn die in den Nr. 1 bis 3 bestimmten Gründe vorliegen und der Arbeitnehmer diese verschuldet hat. Diese Gründe sind abschließend geregelt und dürfen in keiner Weise erweitert werden.[940]

Ein zur Kündigung berechtigender Grund liegt somit zunächst gem. Nr. 1 bei einem schweren Verstoß des Arbeitnehmers gegen seine grundlegenden Arbeitnehmerpflichten vor.

Was die grundlegenden Arbeitnehmerpflichten sind, wird im KP nicht geregelt. Vor der großen Arbeitsgesetzreform im Jahre 1996 zählten gem. Art. 52 § 1 Nr. 1 KP

---

937 Gwarek/Skibicka-Ghaley, Stosunek pracy, S. 63; Jackowiak/Uziak/Wypych-Żywicka, Prawo pracy, S. 114; Romer, Prawo pracy, komentarz, Art. 52, Nr. 1.

938 Małysz, PiZS 1/1998, S. 24.

939 Barzycka-Banaszczyk, Prawo pracy, S. 65.

940 Doliński, RP 1/2000, S. 45 (57); Latos-Miłkowska, Rozwiązanie, S. 75.

insbesondere die Störung der Ordnung und Ruhe am Arbeitsplatz, das unentschuldigte Verlassen der Arbeit, das Erscheinen zur Arbeit im Zustand der Trunkenheit oder die Trunkenheit am Arbeitsplatz sowie der Mißbrauch von Sozialversicherungsleistungen dazu. Heute besagt nur Art. 211 KP, dass die Einhaltung der Vorschriften und Grundsätze über die Sicherheit und Hygiene am Arbeitsplatz eine grundlegende Arbeitnehmerpflicht darstellt.

Ansonsten werden in Art. 100 KP die allgemeinen Arbeitnehmerpflichten beispielhaft aufgezählt. Zu diesen gehören insbesondere die Einhaltung der im Betrieb festgelegten Arbeitszeit, die Einhaltung der Arbeitsordnung und der Betriebsordnung, die Einhaltung der Vorschriften und Grundsätze über die Sicherheit und Hygiene am Arbeitsplatz sowie der Brandschutzvorschriften, das Sorgetragen für die Betriebsgüter, der Schutz des Betriebsvermögens sowie die Geheimhaltung von Informationen, deren Offenbarung dem Arbeitgeber Schaden zufügen könnte, die Wahrung von Geheimnissen, die in speziellen Vorschriften bestimmt sind und die Einhaltung der Grundsätze des gesellschaftlichen Zusammenlebens im Betrieb.

Um beurteilen zu können, wann es sich um eine grundlegende Arbeitnehmerpflicht handelt, müssen insbesondere die Art der Arbeit, der Umfang der Dienstpflichten sowie alle anderen Umstände berücksichtigt werden, die eine Feststellung dahingehend erlauben, dass diese Pflicht eine grundlegende Rolle bei der Realisierung der Beschäftigung und dem effektiven Arbeitsablauf spielt.[941]

Außer aus dem KP können sich somit weitere solcher Pflichten aus dem Arbeitsvertrag, dem Tarifvertrag, den Ordnungen und den Satzungen ergeben.[942] Insbesondere sollen gem. Art. 104 § 1 KP die Arbeitnehmer- und Arbeitgeberpflichten in den Arbeitsordnungen geregelt werden.[943]

Über die Schwere des Verstoßes entscheidet vor allem der Grad des Verschuldens und oftmals auch der Umfang des dem Betrieb, aufgrund des Verstoßes, zugefügten oder drohenden Schadens.[944] Ein schwerer Verstoß liegt bei Vorsatz und grober Fahrlässigkeit vor, nicht jedoch bei einfacher Fahrlässigkeit oder Leichtfertigkeit.[945]

Hinsichtlich der Beurteilung, wann ein Verstoß gegen die grundlegenden Arbeitnehmerpflichten vorliegt, existiert eine umfangreiche Rechtsprechnung und Literatur, nach welcher ein solcher Verstoß z.B. in folgenden Fällen gegeben ist: Trunkenheit

---

941 Latos-Miłkowska, Rozwiązanie, S. 76; Łajeczko, PP 4/2000, S. 3 (5).

942 Barzycka-Banaszczyk, Prawo pracy, S. 66; Jackowiak/Uziak/Wypych-Żywicka, Prawo pracy, S. 116.

943 Gem. Art. 104 § 2 KP ist eine solche Arbeitsordnung aber nicht einzuführen, wenn diese Pflichten durch Tarifverträge geregelt werden oder der Arbeitgeber weniger als 20 Arbeitnehmer beschäftigt.

944 OSNAPiUS 1998/13/396; Latos-Miłkowska, Rozwiązanie, S. 76; Jackowiak/Uziak/Wypych-Żywicka, Prawo pracy, S. 116; Romer, Prawo pracy, komentarz, Art. 52, Nr. 3; Sadlik, PP 1/2000, S. 19 (21).

945 OSNAPiUS 1998/9/269; Jackowiak/Uziak/Wypych-Żywicka, Prawo pracy, S. 116; Małysz, PiZS 1/1998, S. 24 (25); Sadlik, PP 1/2000, S. 19 (21).

am Arbeitsplatz (auch einmalig),[946] schon der einmalige Missbrauch von Sozialversicherungsleistungen,[947] das „Ausleihen“ von Geld aus der Geschäftskasse, auch wenn dieses später zurückgezahlt wird,[948] die Störung der Ordnung und Ruhe im Betrieb[949] sowie geringschätzige und arrogante Äußerungen im Verhältnis zu Bevollmächtigten des Arbeitgebers,[950] das unentschuldigte Verlassen der Arbeit,[951] Missbrauch der Arbeitsstelle[952] und die rechtswidrige und bewusste Ablehnung der Ausführung von Anweisungen, wodurch wesentliche Interessen des Arbeitgebers bedroht werden.[953] Darüber hinaus kann eine fristlose Kündigung auch dann gerechtfertigt sein, wenn kleinere Verstöße oft und wiederholt auftreten und damit zu einem Ernstfall werden.[954]

Ein weiterer Kündigungsgrund ist gem. Nr. 2 eine während der Dauer des Arbeitsvertrages vom Arbeitnehmer begangene Straftat, die eine weitere Beschäftigung auf der eingenommenen Stelle unmöglich macht. Es ist nicht von Bedeutung, ob die Straftat den Betrieb, in welchem der Arbeitnehmer arbeitet, geschädigt hat oder einen Dritten.[955] Ob die Weiterbeschäftigung auf dieser Stelle unmöglich ist, hängt vom Beweggrund der Straftatbegehung, ihrer Art und ihrer Verbindung zur Funktion des Arbeitnehmers auf der besetzten Stelle ab.[956]

Die Straftat muss des Weiteren offensichtlich oder durch ein rechtskräftiges Urteil festgestellt worden sein.

Eine Straftat ist dann offensichtlich, wenn der Tatbestand keine Zweifel zulässt und eine sichere Feststellung erlaubt, dass der Arbeitnehmer eine Straftat begangen hat, welche gesetzlich unter Strafe gestellt ist, z.B. wenn der Arbeitnehmer auf frischer Tat erwischt wird. Ein Verdacht allein reicht somit nicht aus.[957]

---

946 SN vom 19.09.1978, Służba Pracownicza 1979/1/28; vom 23.07.1987, OSNCP 1989/2/32; OSNAPiUS 1999/7/237; Małysz, PiZS 1/1998, S. 24 (27).

947 OSNAPiUS 1998/23/685.

948 OSNAPiUS 1999/14/460.

949 SN vom 20.03.1979, OSNCP 1979/10/198; OSNAPiUS 1998/10/297; Małysz, PiZS 1/1998, S. 24 (26).

950 OSNAPiUS 1998/10/297.

951 Libera/Zduńska, Pracownik w zakładzie pracy, S. 104 ff.

952 SN vom 27.09.1984, OSNCP 1985/5-6/79; Jackowiak/Uziak/Wypych-Żywicka, Prawo pracy, S. 117.

953 OSNAPiUS 1997/23/465; OSNAPiUS 1998//1/323; Małysz, PiZS 1/1998, S. 24 (27).

954 OSNAPiUS 1998/10/301; Salwa, KP, Art. 52, Nr. 2.

955 SN vom 12.10.1976, OSNCP 1977/4/67; Gwarek/Skibicka-Ghaley, Stosunek pracy, S. 72; Małysz, PiZS 1/1998, S. 24 (28).

956 Małysz, PiZS 1/1998, S. 24 (28); Salwa, KP, Art. 52, Nr. 3.

957 SN vom 04.04.1979, OSNCP 1979/11/221; Latos-Miłkowska, Rozwiązanie, S. 78; Małysz, PiZS 1/1998, S. 24 (29); Orłowski/Patulski/Patulski, Prawo pracy, S. 134; Romer, Prawo pracy, komentarz, Art. 52, Nr.5.

Die Straftat kann sowohl innerhalb als auch außerhalb des Betriebes begangen worden sein. Von Bedeutung ist aber, dass es während der Dauer des Arbeitsvertrages geschehen ist.[958]

Letztlich kann dem Arbeitnehmer gem. Nr. 3 fristlos gekündigt werden, wenn er verschuldeterweise die Berechtigung zur Berufsausübung verliert, die zur Ausübung der besetzten Stelle notwendig ist. Was die Verschuldensform betrifft, so kommt sowohl Vorsatz als auch Fahrlässigkeit in Betracht.[959] Der Verlust darf sich aber auch nur auf solche Berufe beziehen, die spezielle Berechtigungen erfordern (z.B. Führerschein, Pilotenschein u.ä.).[960]

Die fristlose Kündigung muss schriftlich erfolgen (Art. 30 § 3 KP), unter Angabe des Kündigungsgrundes (Art. 30 § 4 KP) und einer Belehrung des Arbeitnehmers über sein Recht der Anrufung des Arbeitsgerichts (Art. 30 § 5 KP).

Im Falle eines Verfahrens vor dem Arbeitsgericht kann sich der Arbeitgeber darüber hinaus auch nur auf den in der Kündigungserklärung angegebenen Grund berufen und kann keine weiteren Kündigungsgründe angeben, auch wenn sie zu einer fristlosen Kündigung berechtigen würden.[961] Der Arbeitgeber kann dem Arbeitnehmer auch nicht fristlos kündigen, wenn er ihm vorher aus demselben Grund schon ordentlich gekündigt hat.[962]

Darüber hinaus kann die fristlose Kündigung nicht mehr nach Ablauf von einem Monat, ab Kenntnis der die fristlose Kündigung begründenden Umstände, vorgenommen werden (Art. 52 § 2 KP). Die die fristlose Kündigung begründenden Umstände liegen dann vor, wenn eine Person oder ein die organisatorische Einheit des Arbeitgebers leitendes Organ oder eine andere zur Auflösung von Arbeitsverhältnissen berechtigte Person von dem Verhalten des Arbeitnehmers erfahren hat.[963] Ist der eine Monat schon vergangen, dann kann der Arbeitgeber ggfs. nur noch ordentlich kündigen.[964]

Bevor der Arbeitgeber eine Entscheidung bezüglich der fristlosen Kündigung trifft, muss er zudem die den Arbeitnehmer vertretende Betriebsgewerkschaft unter Angabe des Kündigungsgrundes benachrichtigen und deren Meinung einholen (Art. 52 § 3 S. 1 KP). Hegt die Betriebsgewerkschaft Vorbehalte gegen die Begründetheit der fristlosen Kündigung, so muss sie dahingehend ihre Meinung unverzüglich, jedoch nicht später als innerhalb von drei Tagen äußern (Art. 52 § 3 S. 2 KP).

---

958 SN vom 13.01.1986, OSNCP 1986/11/186; Latos-Miłkowska, Rozwiązanie, S. 79; Małysz, PiZS 1/1998, S. 24 (28).

959 Sadlik, PP 1/2000, S. 19 (21).

960 SN vom 26.10.1984, OSNCP 1985/7/99; Barzycka-Banaszczyk, Prawo pracy, S. 66 f.; Łajeczko, PP 4/2000, S. 3 (6); Małysz, PiZS 1/1998, S. 24 (30).

961 Latos-Miłkowska, Rozwiązanie, S. 74.

962 SN vom 04.01.1978, OSPiKA 1979/3/49; Jackowiak/Uziak/Wypych-Żywicka, Prawo pracy, S. 115.

963 OSNAPiUS 1998/21/625; OSNAPiUS 1998/4/122.

964 Latos-Miłkowska, Rozwiązanie, S. 80 f.

Hinsichtlich der sich aus dem Gesetz über die Gewerkschaften ergebenden Vorschriften gilt hier auch das schon bei der ordentlichen Kündigung Gesagte, insbesondere hat der Arbeitnehmer das Recht seine Rechte nach den Grundsätzen, die einem Gewerkschaftsmitglied zuteil sind zu schützen, wenn er keiner Gewerkschaft angehört und sofern die durch ihn ausgewählte Betriebsgewerkschaft ihre Zustimmung hinsichtlich der Verteidigung seiner Arbeitnehmerrechte erteilt, Art. 30 Abs. 2 des Gesetzes über die Gewerkschaften.

Der Arbeitgeber ist aber nicht verpflichtet den Arbeitnehmer über die beabsichtigte fristlose Kündigung zu informieren und ihn anzuhören.[965]

Die Nichteinhaltung der gesetzlichen Erfordernisse führt zwar nicht zur Unwirksamkeit der Kündigungserklärung, ruft aber bei einer Klage des Arbeitnehmers vor dem Arbeitsgericht, aufgrund ihrer Fehlerhaftigkeit, bestimmte Rechtsfolgen hervor.[966]

Was den besonderen Kündigungsschutz betrifft, so muss der Arbeitgeber in bestimmten Fällen die vorherige Zustimmung der Betriebsgewerkschaft zur fristlosen Kündigung einholen (z.B. Art. 177 § 1 KP[967]).

Auch in anderen einzelnen Fällen ist die vorherige Zustimmung eines bestimmten Organs einzuholen (z.B. gem. Art. 31 Abs. 2 des Gesetzes über die Ausübung des Mandats eines Abgeordneten und eines Senators, Art. 18 Abs. 3 Nr. 1 des Gesetzes über die Versorgung der Kriegs- und Militärbehinderten und ihrer Familien, Art. 11 des Gesetzes über Kombattanten und andere Personen, die zu den Opfern der Repressalien des Krieges und der Nachkriegszeit gehören[968]).

Teilweise findet darüber hinaus der besondere Kündigungsschutz sogar gar keine Anwendung, wie gem. Art. 41 KP. Somit kann der Arbeitgeber dem Arbeitnehmer auch fristlos kündigen, wenn sich dieser im Urlaub befindet oder aus anderen Gründen entschuldigt abwesend ist.[969]

---

965 OSNAPiUS 1998/8/242; Ciborski/Rutkowski, Umowa o pracę, S. 107.

966 Latos-Miłkowska, Rozwiązanie, S. 74 f.; Salwa, KP, Art. 52, Nr. 5.

967 Die fristlose Kündigung eines Arbeitsvertrages mit einer Schwangeren oder einer Arbeitnehmerin im Mutterschaftsurlaub ist dann möglich, wenn sie die die fristlose Kündigung begründenden Umstände zu vertreten hat und die die Arbeitnehmerin vertretende Betriebsgewerkschaft ihre Zustimmung zur fristlosen Kündigun erteilt hat. Gem. Art. 177 § 5 KP gilt dies auch für den Arbeitnehmer-Vater, der den Mutterschaftsurlaub in Anspruch nimmt und während dessen das Kind erzieht.

968 Vom 24.01.1991, in der Fassung der Bekanntmachung vom 30.03.2002; Dz. U. 2002, Nr. 42, Pos. 371; mit späteren Änderungen.

969 SN vom 27.09.1983, Służba Pracownicza 1984/2/28.

b) Die außerordentliche Kündigung durch den Arbeitgeber ohne Verschulden des Arbeitnehmers

Eine Möglichkeit dem Arbeitnehmer fristlos zu kündigen, obwohl ihn keine Schuld trifft, ist bei einer lang dauernden entschuldigten Abwesenheit des Arbeitnehmers gegeben, geregelt in Art. 53 KP.

Gem. Art. 53 § 1 Nr. 1 kann der Arbeitgeber dem Arbeitnehmer fristlos kündigen, wenn die Arbeitsunfähigkeit des Arbeitnehmers aufgrund von Krankheit länger als drei Monate dauert und der Arbeitnehmer beim Arbeitgeber kürzer als sechs Monate beschäftigt war (lit. a), oder wenn sie länger als der gesamte Zeitraum, in dem aufgrund der Krankeit das Gehalt und eine Unterstützung bezogen worden ist, dauert und der Arbeitnehmer beim Arbeitgeber zumindest sechs Monate beschäftigt war oder die Arbeitsunfähigkeit aufgrund eines Arbeitsunfalls oder einer Berufskrankheit verursacht worden ist (lit. b). Darüber hinaus ist eine solche Kündigung gem. Art. 53 § 1 Nr. 2 KP im Falle einer entschuldigten Abwesenheit des Arbeitnehmers aus anderen als den in Nr. 1 genannten Gründen möglich, wenn sie länger als einen Monat dauert.

Einschränkend bestimmt jedoch Art. 53 § 2 KP, dass eine fristlose Kündigung nicht möglich ist, wenn der Arbeitnehmer aufgrund der Betreuung eines Kindes von der Arbeit abwesend ist, und zwar während des Zeitraums, in dem er aufgrund der Betreuung eine Unterstützung bezieht, sowie im Falle der Isolierung des Arbeitnehmers aufgrund einer ansteckenden Krankheit, und zwar während des Zeitraums, in dem er aufgrund dieser Isolierung das Gehalt und eine Unterstützung bezieht. Somit kann nach Ablauf der genannten geschützten Zeiträume eine fristlose Kündigung wieder ausgesprochen werden.[970]

Insgesamt handelt es sich auch hier um eine abschließende Regelung.[971]

Bei der Berechnung der Beschäftigungsdauer beim Arbeitgeber ist auf den Zeitraum abzustellen, in welchem der Arbeitnehmer vor dem Tag der Entstehung der Arbeitsunfähigkeit beschäftigt war.[972] Des Weiteren ist gem. Art. 53 § 4 KP der Art. 36 § 1^1 KP entsprechend anwendbar, wonach dem Arbeitnehmer auch die Beschäftigungsdauer beim vorherigen Arbeitgeber dazugerechnet wird, wenn der Arbeitgeberwechsel aufgrund eines Betriebsübergangs (Art. 23^1 KP) stattgefunden hat, oder wenn der neue Arbeitgeber kraft spezieller Vorschriften Rechtsnachfolger hinsichtlich des vom vorigen Arbeitgeber abgeschlossenen Arbeitsverhältnisses ist.

Auch in diesem Fall hat die fristlose Kündigung schriftlich zu erfolgen (Art. 30 § 3 KP), unter Angabe des Kündigungsgrundes (Art. 30 § 4 KP) und einer Belehrung des Arbeitnehmers über sein Recht der Anrufung des Arbeitsgerichts (Art. 30 § 5 KP).

---

970 Gwarek/Skibicka-Ghaley, Stosunek pracy, S. 79 f.; Jackowiak/Uziak/Wypych-Żywicka, Prawo pracy, S. 121; Kolasiński, Prawo pracy I, S. 190.

971 Bessaraba, Stosunek pracy, S. 92; Gęsicki, KP, Art. 53 Nr. 1; Orłowski/Patulski/Patulski, Prawo pracy, S. 136.

972 Barzycka-Banaszczyk, Prawo pracy, komentarz, Art. 53, Rn. 2; Bessaraba, Stosunek pracy, S. 93; Gwarek/Skibicka-Ghaley, Stosunek pracy, S. 76.

Was die Konsultierung der Betriebsgewerkschaft betrifft, so ist gem. Art. 53 § 4 KP der Art. 52 § 3 KP entsprechend anzuwenden, so dass dazu auf die schon oben gemachten Ausführungen verwiesen werden kann.
Es besteht keine zeitliche Beschränkung, wie bei Art. 52 § 2 KP, innerhalb welcher der Arbeitgeber die fristlose Kündigung spätestens auszusprechen hat. Sie kann aber nicht mehr erklärt werden, wenn der Arbeitnehmer wieder zur Arbeit erscheint, weil der Abwesenheitsgrund entfallen ist (Art. 53 § 3 KP). Bei einer krankheitsbedingten Abwesenheit, die länger als 30 Tage dauerte, muss die wieder bestehende Arbeitsfähigkeit des Arbeitnehmers durch ein ärztliches Attest bestätigt werden (Art. 229 § 2 KP).
Was den besonderen Kündigungsschutz betrifft, so kann größtenteils auch auf das oben Dargelegte verwiesen werden. Die Möglichkeit einer fristlosen Kündigung ist hier aber, aufgrund des mangelnden Verschuldens des Arbeitnehmers, noch eingeschränkter. Gem. Art. 177 § 1 KP z.B. kann der schwangeren Arbeitnehmerin oder derjenigen im Mutterschaftsurlaub sowie dem Arbeitnehmer-Vater gar nicht fristlos gekündigt werden, wenn sie kein Verschulden trifft. Das Gleiche gilt für Pflichtwehrdienstleistende (Art. 118 Abs. 1 i. V.m. Abs. 6 des Gesetzes über die allgemeine Pflicht zur Verteidigung der Republik Polen) und für die Ehefrauen der Pflichtwehrdienstleistenden (Art. 126 des o.g. Gesetzes) sowie für Arbeitnehmerinnen, die im Erziehungsurlaub sind (§ 4 der Verordnung über Erziehungsurlaub und Erziehungsbeihilfe).
Bei der Eröffnung des Insolvenzverfahrens oder der Liquidation des Arbeitgebers besteht auch hier wiederum kein Kündigungsschutz.
Bei der näheren Betrachtung der einzelnen Kündigungsgründe ist zunächst auf die krankheitsbedingte Arbeitsunfähigkeit und die damit verbundene Abwesenheit von der Arbeit einzugehen.
Im Rahmen von Art. 53 § 1 Nr. 1 a KP ist insbesondere zu sagen, dass die Arbeitsunfähigkeit ununterbrochen gedauert haben muss, wobei es ohne Bedeutung ist, um was für eine Krankheit es sich handelt, ob es sich nur um eine Krankheit handelt oder um zwei ohne Unterbrechnung aufeinander folgende, und ob der Arbeitnehmer Anspruch auf Krankengeld hat oder nicht.[973] Erscheint der Arbeitnehmer aber zur Arbeit, obwohl er tatsächlich aufgrund der Krankheit nicht arbeitsfähig ist, um die dreimonatige Abwesenheitsdauer zu unterbrechen und damit eine fristlose Kündigung zu umgehen, um dann wieder aufgrund derselben Krankheit abwesend zu sein, so wird die

[973] Gwarek/Skibicka-Ghaley, Stosunek pracy, S. 76; Jackowiak/Uziak/Wypych-Żywicka, Prawo pracy, S. 120; Latos-Miłkowska, Rozwiązanie, S. 87; Liszcz, Prawo pracy, S. 201; zum Teil anders Gęsicki, KP, Art. 53 Nr. 1, der die Voraussetzungen der Vorschrift auch dann als erfüllt ansieht, wenn die Kumulation unterbroche- ner Zeiträume der Arbeitsunfähigkeit die geschützte Frist übersteigt.

gesamte Krankheitsdauer, ohne Berücksichtigung der kurzen Unterbrechung, zusammen gerechnet.[974]

Etwas komplizierter dagegen ist die Formulierung des Kündigungsgrundes in Art. 53 § 1 Nr. 1 b KP. Diese ist so zu verstehen, dass der Arbeitgeber dem Arbeitnehmer fristlos kündigen kann, wenn der Arbeitnehmer bei ihm zumindest sechs Monate beschäftigt ist oder die Arbeitsunfähigkeit aufgrund eines Arbeitsunfalls oder einer Berufskrankheit verursacht worden ist, unabhängig von der Beschäftigungsdauer beim Arbeitgeber, aber erst nach Ablauf des gesamten Zeitraums, in dem der Arbeitnehmer aufgrund der Krankeit das Gehalt und eine Unterstützung bezogen hat.[975]

Der Zeitraum, in dem der Arbeitnehmer aufgrund der Krankheit sein Gehalt weiterhin bezieht, ist in Art. 92 KP bestimmt. Gem. Art. 92 § 1 Nr. 1 KP hat der Arbeitnehmer für die Zeit, in der er infolge einer Krankheit oder der Isolierung aufgrund einer ansteckenden Krankheit arbeitsunfähig war und welche bis zu einschließlich von 33 Tagen in einem Kalenderjahr gedauert hat, Anspruch auf Zahlung von 80% seines Gehalts, es sei denn, die den Arbeitgeber verpflichtenden arbeitsrechtlichen Vorschriften sehen die Zahlung eines höheren Gehalts vor.

Ist die Arbeitsunfähigkeit aufgrund eines Arbeitsunfalls, eines Unfalls auf dem Weg zur oder von der Arbeit, einer Berufskrankheit oder einer Krankheit während der Schwangerschaft verursacht worden, so stehen dem Arbeitnehmer für den in Nr. 1 genannten Zeitraum 100% des Gehalts zu (Art. 92 § 1 Nr. 2 KP). Ab dem 34. Tag steht dann dem Arbeitnehmer Krankengeld gemäß spezieller Vorschriften zu, Art. 92 § 4 KP.

Das einschlägige Gesetz zur Berechnung der Dauer der Arbeitsunfähigkeit sowie der Höhe des sich daraus ergebenden Anspruchs auf Unterstützung ist das Gesetz über die Geldleistungen der Sozialversicherungen bei Krankheit und Mutterschaft.

Was den in Art. 53 § 1 Nr. 2 KP bestimmten Kündigungsgrund betrifft, so geht aus dem KP nicht hervor, was unter einer anderen als der in Art. 53 § 1 Nr. 1 KP entschuldigten Abwesenheit zu verstehen ist.

In beispielhaften Aufzählungen wird aber unter anderem die Abwesenheit aufgrund der Ableistung einer Freiheitsstrafe oder aufgrund der Notwendigkeit eine andere Person als ein krankes Kind, welches ein Familienmitglied ist, zu betreuen dazu gezählt.[976] Auch hier muss die Abwesenheit ununterbrochen gedauert haben.[977]

Zur Bestimmung des Art. 53 § 2 KP ist zu sagen, dass sich der Zeitraum, in dem der Arbeitnehmer aufgrund der Betreuung des Kindes eine Unterstützung bezieht, auch

---

974 SN vom 16.06.1953, PiP 1/1954, S. 187; i. d. S. auch SN vom 15.02.1963, OSNCP 1964/2/33; Jackowiak/Uziak/Wypych-Żywicka, Prawo pracy, S. 120; Liszcz, Prawo pracy, S. 201.

975 Latos-Miłkowska, Rozwiązanie, S. 87 f.

976 Bessaraba, Stosunek pracy, S. 96; Latos-Miłkowska, Rozwiązanie, S. 91; Orłowski/Patulski/Patulski, Prawo pracy, S. 137.

977 Gwarek/Skibicka-Ghaley, Stosunek pracy, S. 78 f.; Jackowiak/Uziak/Wypych-Żywicka, Prawo pracy, S. 121; Libera/Zduńska, Pracownik w zakładzie pracy, S. 109; Romer, Prawo pracy, komentarz, Art. 53, Nr. 8.

aus dem Gesetz über die Geldleistungen der Sozialversicherungen bei Krankheit und Mutterschaft ergibt. Das Betreuungsgeld steht für höchsten 60 Tage in einem Kalenderjahr zu (Art. 33 Abs. 1 Nr. 1) und das nur bei der Betreuung eines Kindes bis zu acht Jahren in ganz genau bestimmten Situationen, wie z.B. im Falle der unvorhergesehenen Schließung der vom Kind besuchten Kinderkrippe, des Kindergartens oder der Schule (Art. 32 Abs. 1 Nr. 1 a) oder bei der Betreuung eines kranken Kindes bis zu höchstens 14 Jahren (Art. 32 Abs. 1 Nr. 2).
Für die Isolierung des Arbeitnehmers aufgrund einer ansteckenden Krankheit stellt das Gesetz über ansteckende Krankheiten und Infektionen[978] die Grundlage dar.
Zuletzt ist noch aufzuführen, dass dem Arbeitgeber gem. Art. 53 § 5 KP die Pflicht obliegt, den Arbeitnehmer, dem fristlos gekündigt worden ist, nach Möglichkeit wieder einzustellen, wenn dieser innerhalb von sechs Monaten nach der fristlosen Kündigung aufgrund der in § 1 und § 2 genannten Gründe seine Wiederaufnahme der Arbeit unverzüglich nach Wegfall der Kündigungsgründe erklärt. Dabei handelt es sich wohl nach herrschender Meinung, trotz der schwammigen Formulierung „nach Möglichkeit", um eine Arbeitgeberpflicht, sofern eine Arbeitsstelle besteht und der Arbeitnehmer qualifiziert ist, so dass die Unterlassung einer solchen Wiedereinstellung trotz gegebener Möglichkeiten zu unangenehmen Konsequenzen für den Arbeitgeber führen kann.[979] Dem Arbeitnehmer stehen nämlich dann Ansprüche auf Begründung eines Arbeitsverhältnisses sowie auf Zahlung von Schadensersatz für die Zeit, in der er seit der Erklärung der Bereitschaft zur Wiederaufnahme der Arbeit arbeitslos war, zu.
Die Anspruchsgrundlage ergibt sich dafür aus dem KC (Art. 471 KC[980] i.V.m. Art. 300 KP).[981]
Erscheint der Arbeitnehmer zur Arbeit und erklärt er seine Bereitschaft zu deren Wiederaufnahme, obwohl er noch krank geschrieben ist, so ist der Arbeitnehmer aber nicht i.S.d. Art. 53 § 5 KP verpflichtet.[982]

---

978 Vom 06.09.2001; Dz. U. 2001, Nr. 126, Pos. 1384.

979 SN vom 10.09.1976, OSNCP 1977/4/65; Gwarek/Skibicka-Ghaley, Stosunek pracy, S. 82; Latos-Miłkowska, Rozwiązanie, S. 93; Libera/Zduńska, Pracownik w zakładzie pracy, S. 110; Orłowski/Patulski/Patulski, Prawo pracy, S. 137; Romer, Prawo pracy, komentarz, Art. 53, Nr. 16; Zieliński, Prawo pracy, zarys systemu II, S. 107.

980 „Der Schuldner ist verpflichtet Schadensersatz wegen Nichterfüllung oder wegen Schlechterfüllung zu leisten, es sei denn, die Nichterfüllung oder die Schlechterfüllung sind die Folge von Umständen, für die der Schuldner nicht verantwortlich ist."

981 SN vom 10.09.1976, OSNCP 1977/4/65; vom 09.04.1998, OSNAPiUS 1999/8/268; Gwarek/Skibicka-Ghaley, Stosunek pracy, S. 82; Latos-Miłkowska, Rozwiązanie, S. 93; Libera/Zduńska, Pracownik w zakładzie pracy, S. 110; Gęsicki, KP, Art. 53 Nr. 3 sieht in dieser Vorschrift zwar keine Arbeitgeberpflicht begründet, spricht dem Arbeitnehmer aber unverständlicherweise bei Nichteinstellung trotzdem einen Anspruch auf Begründung des Arbeitsverhältnisses zu, den er gerichtlich geltend machen kann.

982 OSNAPiUS 1999/8/268; Gwarek/Skibicka-Ghaley, Stosunek pracy, S. 82; Romer, PP, komentarz, Art. 53, Nr. 16.

c) Die außerordentliche Kündigung durch den Arbeitnehmer

Die fristlose Kündigung kann auch vom Arbeitnehmer ausgesprochen werden, jedoch nur in zwei bestimmten Situationen. Zum einen ist sie möglich, wenn ein ärztliches Attest feststellt, dass die ausgeübte Arbeit einen schädigenden Einfluss auf die Gesundheit des Arbeitnehmers hat und der Arbeitgeber diesem, innerhalb einer im ärztlichen Attest angegebenen Frist, keine andere Arbeit zuweist, die in Hinblick auf den Gesundheitszustand und die berufliche Qualifikation des Arbeitnehmers entsprechend geeignet ist (Art. 55 § 1 KP). Zum anderen bei einem schweren Verstoß des Arbeitgebers gegen seine grundlegenden Pflichten gegenüber dem Arbeitnehmer (Art. 55 § 1^1 KP).

Während der erste Kündigungsgrund schon seit In-Kraft-Treten des KP besteht, wurde der zweite erst im Rahmen der Reform des Arbeitsgesetzbuches im Jahre 1996 eingeführt.[983]

Der erste der o.g. Kündigungsgründe spielt insgesamt in der Praxis keine größere Rolle, ist eher eine Ausnahmeerscheinung.[984] Zu erwähnen ist nur, dass das Verfahren über die Entscheidung, dass die Versetzung des Arbeitnehmers auf einen anderen Arbeitsplatz erforderlich ist, in der Verordnung des Ministers für Gesundheit und Sozialhilfe über die Durchführung ärztlicher Untersuchungen der Arbeitnehmer, ihrer vorbeugenden Gesundheitsfürsorge sowie über die Ausstellung ärztlicher Atteste zu den im Kodeks Pracy vorgesehenen Zwecken[985] geregelt ist.

Von wesentlicherer Bedeutung ist aber der zweite Kündigungsgrund.

Wie bei dem schon oben beschriebenen Art. 52 § 1 Nr. 1 KP (grundlegende Pflichten eines Arbeitnehmers), so geht auch hier aus dem KP nicht hervor, was in diesem Fall die grundlegenden Pflichten eines Arbeitgebers gegenüber dem Arbeitnehmer sind. Art. 94 KP zählt aber beispielhaft auf, welche „normalen" Pflichten der Arbeitgeber insbesondere hat. Dazu zählen z.B. die Organisation der Arbeit in der Weise, dass die Arbeitszeit voll ausgelastet wird, sowie dass durch die Arbeitnehmer, durch die Ausschöpfung ihrer Fähigkeiten und Qualifikationen, eine hohe Arbeitsleistung und die erforderliche Arbeitsqualität erreicht wird (Nr. 2), die Gewährleistung von sicheren und hygienischen Arbeitsbedingungen sowie die systematische Schulung der Arbeitnehmer im Bereich der Sicherheit und Hygiene am Arbeitsplatz (Nr. 4), die frist- und ordnungsgemäße Gehaltsauszahlung (Nr. 5), dass den Arbeitnehmern der Erwerb beruflicher Qualifikationen erleichtert wird (Nr. 6) und die Anwendung objektiver und gerechter Kriterien hinsichtlich der Beurteilung von Arbeitnehmern und deren Arbeitsergebnissen (Nr. 9).

Eine gute Hilfe hinsichtlich einer solchen Beurteilung können dabei jedoch die in den Art. 10 bis 18 KP festgelegten grundlegenden arbeitsrechtlichen Grundsätze sein. Als grundlegende Arbeitgeberpflichten gegenüber dem Arbeitnehmer können somit die in

---

983 Art. 1 Nr. 53 b des Gesetzes vom 02.02.1996.

984 Sadlik, PP 1/2000, S. 19 (22).

985 Vom 30.05.1996; Dz. U. 1996, Nr. 69, Pos. 332; mit späteren Änderungen.

diesen Vorschriften bestimmten Verpflichtungen des Arbeitgebers qualifiziert werden.[986]

Dazu zählen die Pflicht, die Würde und andere persönliche Rechtsgüter des Arbeitnehmers zu achten (Art. 11^1 KP), die Pflicht zur Gleichbehandlung der Arbeitnehmer (Art. 11^2, 18^{3a} ff. KP), das Diskriminierungsverbot (Art. 11^3 KP), die Pflicht zur Zahlung von angemessenem Arbeitsentgelt (Art. 13 KP), die Pflicht zur Beachtung der Vorschriften über das Recht des Arbeitnehmers auf Erholung (Art. 14 KP), die Pflicht zur Gewährleistung von sicheren und hygienischen Arbeitsbedingungen (Art. 15 KP) und die Pflicht, den Arbeitnehmern den Erwerb beruflicher Qualifikationen zu erleichtern (Art. 17).

Als grundlegende Arbeitgeberpflichten können somit, aufgrund derer besonderen Betonung, diejenigen der frist- und ordnungsgemäßen Gehaltszahlung,[987] der Erteilung von Erholungsurlaub,[988] der Beachtung der Arbeitszeitvorschriften,[989] der Gewährleistung von sicheren und hygienischen Arbeitsbedingungen[990] sowie des Schutzes von Frauenarbeit[991] und der Arbeit von Heranwachsenden[992] gesehen werden.

Ansonsten ist auch hier wieder Art. 104 KP zu beachten, wonach sich die Rechte und Pflichten von Arbeitgeber und Arbeitnehmer aus der Arbeitsordnung ergeben sollen.

Zur Beurteilung wiederum, wann eine solche Pflicht in einem schweren Maße verletzt worden ist, wird teilweise, aufgrund derselben Formulierung wie in Art. 52 § 1 Nr. 1 KP, auch auf die dafür erarbeiteten Kriterien zurück gegriffen.[993] Die Schwere der Verletzung richte sich somit nach dem Verschuldensgrad des Arbeitgebers und sei bei Vorsatz und grober Fahrlässigkeit gegeben.[994]

Andere setzen dagegen kein Verschulden voraus, sondern bejahen einen schweren Verstoß dann, wenn die wesentlichen Arbeitnehmerpflichten verletzt oder gefährdet

---

986 Gwarek/Skibicka-Ghaley, Stosunek pracy, S. 91; Jackowiak/Uziak/Wypych-Żywicka, Prawo pracy, S. 124 f.; Latos-Miłkowska, Rozwiązanie, S. 106; Liszcz, Prawo pracy, S. 206 f.; Piankowski, PiZS 4/1996, S. 41 (43); Romer, Prawo pracy, komentarz, Art. 55, Nr. 4; Sanetra, PiZS 6/1996, S. 26 (31).

987 Gęsicki, KP, Art. 55; Piątkowski, Stosunek pracy, S. 352; Sadlik, PP 1/2000, S. 19 (22); Seweryński, Wynagrodzenie; Pacho, Służba Pracownicza 12/1979, S. 24.

988 Cudowski/Leszczyńska, PiZS 10-11/1988, S. 45 ff.; Piątkowski, Stosunek pracy, S. 352; Szemplińska, Służba Pracownicza 9/1989, S. 3.

989 Masewicz, Czas pracy; Romer, Prawo pracy, komentarz, Art. 55, Nr. 4.

990 Gęsicki, KP, Art. 55; Iwulski/Sanetra, KP, Art. 55; Piątkowski, Stosunek pracy, S. 352; Sadlik, PP 1/2000, S. 19 (22); Zakrzewska-Szczepańska, Służba Pracownicza 3/1994, S. 8.

991 Jackowiak, Sytuacja pracownicza kobiet; Rafacz-Krzyżanowska, PiZS 12/1985, S. 12 ff.; Romer, Prawo pracy, komentarz, Art. 55, Nr. 4.

992 Goździewicz, PiZS 11/1976, S. 21 ff.; Romer, Prawo pracy, komentarz, Art. 55, Nr. 4.

993 Barzycka-Banaszczyk, Prawo pracy, S. 69; Gersdorf, PiZS 6/1998, S. 37; Jackowiak, KP, Art. 55, Nr. 2; Liszcz, Prawo pracy, S. 207; Sanetra, PiZS 6/1996, S. 26 (31).

994 Bessaraba, Stosunek pracy, S. 100; Gersdorf, PiZS 6/1998, S. 37; Jackowiak, KP, Art. 55, Nr. 2; Latos-Miłkowska, Rozwiązanie, S. 105; Liszcz, Prawo pracy, S. 207; Sanetra, PiZS 6/1996, S. 26 (31).

worden sind.[995] Begründet wird dies damit, dass es der Arbeitgeber ist, der das Risiko seiner Tätigkeit trägt.[996]
Auch wenn es sich, aufgrund der entsprechenden Formulierung in Art. 52 § 1 KP geradezu anbietet, die dafür festgelegten Beurteilungskriterien entsprechend anzuwenden, so spricht die stärkere Position des Arbeitgebers im Verhältnis zu der des Arbeitnehmers aber gegen eine solche gleichwertige Behandlung. Insbesondere ist es dem Arbeitnehmer nicht zuzumuten in dem Arbeitsverhältnis zu verbleiben, wenn seine Rechte in einem schweren Maße verletzt worden sind, den Arbeitgeber dafür aber kein Verschulden trifft.
Zu betonen ist aber, dass die fristlose Kündigung eines Arbeitnehmers aufgrund der schweren Verletzung einer grundlegenden Pflicht des Arbeitgebers, welche dem Arbeitnehmer gegenüber oblag, unabhängig davon wirksam ist, ob eine solche Verletzung stattgefunden hat oder nicht.[997] Spricht der Arbeitnehmer eine Kündigung i.S.d. Art. 55 § 1^1 KP aus, so steht ihm demgemäß eine Entschädigung i.H.d. Gehalts für die Dauer der Kündigungsfrist zu, und wenn es sich um einen Arbeitsvertrag auf bestimmte Zeit oder auf Zeit zur Ausübung einer bestimmten Arbeit gehandelt hat, i.H.d. Gehalts für zwei Wochen.
Dieser Schadensersatzanspruch entsteht aber nicht automatisch mit der fristlosen Kündigung, unabhängig vom Vorliegen des Kündigungsgrundes, sondern nur, wenn der Arbeitgeber tatsächlich eine grundlegende Pflicht schwer verletzt hat. Die die fristlose Kündigung begründenden Umstände müssen also subjektiv als auch objektiv vorgelegen haben.[998] Ansonsten wäre der Arbeitgeber immer schadensersatzpflichtig, was zu einem Mißbrauch der Institution führen könnte.[999]
Wie im Falle der fristlosen Kündigung des Arbeitgebers, muss der Arbeitnehmer diese auch schriftlich erklären, unter Angabe des Kündigungsgrundes (Art. 55 § 2 S. 2 KP). Darüber hinaus kann die fristlose Kündigung nicht mehr nach Ablauf von einem Monat, ab Kenntnis der die fristlose Kündigung begründenden Umstände, vorgenommen werden. Art. 52 § 2 KP ist gem. Art. 55 § 2 S. 2 KP entsprechend anzuwenden.
Der Verstoß gegen diese Erfordernisse führt aber, mangels entsprechender Vorschriften, nicht zur Unwirksamkeit der fristlosen Kündigung oder zu anderen Sanktionen. Das Arbeitsverhältnis wird demnach trotzdem sofort aufgelöst.[1000] Dies wird auch im

995 Piankowski, PiZS 4/1996, S. 41 (43); Piątkowski, Stosunek pracy, S. 353.
996 Piankowski, PiZS 4/1996, S. 41 (43 f.); ähnlich Florek/Zieliński, Prawo pracy, Rn. 157.
997 SN vom 04.03.1999, OSP 1999/11/208; Iwulski/Sanetra, KP, Art. 55; Piątkowski, Stosunek pracy, S. 353; Sadlik, PP 1/2000, S. 19 (22 f.).
998 SN vom 04.03.1999, OSP 1999/11/208; Romer, Prawo pracy, komentarz, Art. 55, Nr. 4; Sadlik, PP 1/2000, S. 19 (23).
999 Romer, Prawo pracy, komentarz, Art. 55, Nr. 4; Sadlik, PP 1/2000, S. 19 (23).
1000 Florek/Zieliński, Prawo pracy, Rn. 158; Gęsicki, KP, Art. 55; Jackowiak/Uziak/Wypych-Żywicka, Prawo pracy, S. 125; Piankowski, PiZS 4/1996, S. 41 (44); Sanetra, PiZS 6/1996, S. 26 (32 f.).

Falle der Überschreitung der Monatsfrist angenommen, obwohl schon allein die Formulierung „kann nicht" die Unwirksamkeit indizieren müsste.[1001]

Die fristlose Kündigung des Arbeitsvertrages aus den in § 1 und § 1[1] bestimmten Gründen zieht gem. Art. 55 § 3 KP die bei einer ordentlichen Kündigung des Arbeitgebers vorgesehenen Folgen nach sich.

Schließlich ist noch anzumerken, dass das KP noch zwei weitere „irreguläre" Fälle vorsieht, in denen der Arbeitnehmer das Arbeitsverhältnis fristlos kündigen kann.

Gem. Art. 23[1] § 4 S. 1 KP kann der Arbeitnehmer innerhalb von zwei Monaten, ab dem Zeitpunkt, in dem der Betrieb oder ein Teil des Betriebes auf einen anderen Arbeitgeber übergegangen ist, das Arbeitsverhältnis mit siebentägiger Voranmeldung fristlos kündigen. Die Auflösung des Arbeitsverhältnisses auf diese Weise ruft für den Arbeitnehmer die Folgen hervor, welche arbeitsrechtliche Vorschriften im Falle der ordentlichen Kündigung des Arbeitgebers vorsehen (Art. Art. 23[1] § 4 S. 2 KP).

Darüber hinaus bestimmt Art. 48 § 2 S. 1 KP, dass ein gekündigter Arbeitnehmer, der erfolgreich auf Wiedereinstellung geklagt hat, davor aber schon eine Arbeit bei einem anderen Arbeitgeber aufgenommen hat, diesen Arbeitsvertrag innerhalb von sieben Tagen nach der Wiedereinstellung bei seinem alten Arbeitgeber mit dreitägiger Voranmeldung fristlos kündigen kann.

Auch hier ruft die Auflösung des Arbeitsverhältnisses auf diese Weise für den Arbeitnehmer die Folgen hervor, welche arbeitsrechtliche Vorschriften im Falle der ordentlichen Kündigung des Arbeitgebers vorsehen (Art. 48 § 2 S. 2 KP).

d) Der Genossenschaftsvertrag

Wie schon erwähnt, ergeben sich bei der fristlosen Kündigung eines Genossenschaftsvertrages einige Abweichungen.

Eine fristlose Kündigung des genossenschaftlichen Arbeitsvertrages durch die Genossenschaft ist gem. Art. 189 § 1 des Genossenschaftsgesetzes während der Dauer der Mitgliedschaft nur bei Vorliegen der Gründe möglich, die gemäß den Vorschriften des KP zu einer solchen Auflösung des Vertrages ohne Verschulden des Arbeitnehmers berechtigen würden.

Die Kündigungserklärung ist schriftlich abzugeben unter Angabe des Kündigungsgrundes (Art. 191 des o.g. Gesetzes). Darüber hinaus ist die im KP vorgesehene Konsultierung der Gewerkschaft zu beachten, sofern eine solche in der Genossenschaft tätig ist (Art. 190 § 1).

Wurde dem Mitglied der Genossenschaftsvertrag fristlos gekündigt, obwohl ein Grund i.S.d. Art. 189 § 1 nicht vorlag oder unter Verstoß gegen Art. 191, so hat dieser einen Anspruch auf Wiedereinstellung zu den vorherigen Bedingungen, Art. 189 § 2. Hat ein Mitglied die Arbeit infolge der Wiedereinstellung aufgenommen, so steht ihm gem. Art. 189 § 3 eine Entlohnung für die Zeit, in der er arbeitslos

---

[1001] Florek/Zieliński, Prawo pracy, Rn. 158; Jackowiak/Uziak/Wypych-Żywicka, Prawo pracy, S. 125; Sanetra, PiZS 6/1996, S. 26 (32 f.).

war zu, und zwar gemäß den in Art. 188 § 2[1002] bestimmten Grundsätzen, nicht weniger jedoch als ein Monatsgehalt.
Hat das Genossenschaftsmitglied dagegen ein Verhalten an den Tag gelegt, welches gem. Art. 52 § 1 KP eine fristlose Kündigung begründen würde, so ist nicht diese Form der Vertragsauflösung anzuwenden. Gem. Art. 193 § 1 Nr. 1 des Genossenschaftsgesetzes erfolgt in diesem Fall der Ausschluss des Mitglieds aus der Genossenschaft. Darüber hinaus kann ein solcher Ausschluss im Falle eines schwerwiegenden Verstoßes gegen die Mitgliedspflichten oder eines vorsätzlichen schädigenden Handelns zu Lasten der Genossenschaft erfolgen (Art. 193 § 1 Nr. 2 des o.g. Gesetzes).
Der Ausschluss kann nicht mehr nach Ablauf von einem Monat, ab Kenntnis der den Ausschluss begründenden Umstände, vorgenommen werden (Art. 193 § 3). Des Weiteren zieht der Ausschluss diejenigen Rechtsfolgen nach sich, welche die arbeitsrechtlichen Vorschriften bei einer fristlosen Kündigung des Arbeitgebers aufgrund Verschuldens des Arbeitnehmers hervorrufen, Art. 193 § 4.
Ist in der Genossenschaft eine Gewerkschaft tätig, so fasst die Genossenschaft gem. Art. 195, nach Einholung der Meinung des zuständigen Organs der Gewerkschaft, einen Beschluss über den Ausschluss des Mitglieds aus der Genossenschaft.
Wurde ein Mitglied, welches aufgrund eines genossenschaftlichen Arbeitsvertrages beschäftigt war, unter Verstoß gegen die Art. 193 bis 195 aus der Genossenschaft ausgeschlossen, so stehen ihm die in Art. 188 § 1 und § 2[1003] bestimmten Ansprüche zu oder, wenn dies für das Mitglied günstiger ist, diejenigen bei einer rechtswidrigen außerordentlichen Kündigung durch den Arbeitgeber (Art. 196 § 1).
Diese Ansprüche kann das Mitglied aber nur dann einklagen, wenn es auf Aufhebung des Beschlusses über den Ausschluss aus der Genossenschaft klagt, Art. 196 § 2. Gem. Art. 198 § 1 entscheiden darüber die Gerichte, welche für Sachen aus Nichtvermögensrechten zuständig sind.

e) Ansprüche des Arbeitnehmers aufgrund einer rechtswidrigen außerordent-lichen Kündigung des Arbeitgebers

Dem rechtswidrig, d.h. unter Verstoß gegen die Vorschriften über die außerordentliche Kündigung, gekündigten Arbeitnehmer, steht entweder ein Anspruch auf Wiedereinstellung zu den vorherigen Bedingungen oder auf Schadensersatz zu, worüber das Arbeitsgericht entscheidet, Art. 56 § 1 KP. Der Gesetzgeber unterscheidet hier nicht, wie bei der ordentlichen Kündigung, zwischen einer rechtswidrigen und einer unbegründeten Kündigung, da die Kündigungsgründe gesetzlich bestimmt sind, so

---

1002 Die durchschnittliche Gehaltshöhe der letzten drei Monate sowie ein entsprechender Anteil am Bilanzüberschuss.

1003 Anspruch auf Wiedereinstellung (§ 1); Zahlung der durchschnittlichen Gehaltshöhe der letzten drei Monate sowie ein entsprechender Anteil am Bilanzüberschuss für die Zeit der Arbeitslosigkeit.

dass die Unbegründetheit auch immer einen Verstoß gegen die Vorschriften über die fristlose Kündigung darstellt.[1004]

Im Gegensatz zu einer rechtswidrigen ordentlichen Kündigung des Arbeitgebers bezieht sich hier der Wiedereinstellungsanspruch auf alle Arten der Arbeitsverträge, somit auch auf die befristeten. Eine Ausnahme ist jedoch in Art. 59 KP geregelt. Danach steht dem Arbeitnehmer nur ein Schadensersatzanspruch zu, wenn ein Arbeitsvertrag auf bestimmte Zeit oder auf Zeit zur Ausübung einer bestimmten Arbeit rechtswidrig gekündigt worden ist und der Termin, bis zu welchem der Vertrag dauern sollte, schon verstrichen ist oder die Wiedereinstellung aufgrund der nur noch kurzen verbliebenen Zeit nicht angezeigt ist.

Da gem. Art. 56 § 2 KP die Vorschriften des Art. 45 § 2 und § 3 KP entsprechend anzuwenden sind, muss das Arbeitsgericht aber das Begehren des Arbeitnehmers hinsichtlich der Wiedereinstellung nicht berücksichtigen, wenn es feststellt, dass die Berücksichtigung dieses Begehrens unmöglich oder nicht zweckmäßig ist; in diesem Fall entscheidet das Gericht über Schadensersatz. Diese Vorschrift wird aber wiederum nicht auf Arbeitnehmer i.S.d. Art. 39 KP und Art. 177 KP angewendet, sowie nicht auf solche, die dem Kündigungsschutz spezieller Vorschriften unterliegen, es sei denn, die Wiedereinstellung ist aufgrund der in Art. 41^1 KP genannten Gründe unmöglich (Eröffnung des Insolvenzverfahrens, Liquidation); in diesem Fall entscheidet das Gericht wiederum nur über Schadenersatz (Art. 45 § 3 KP).

Die Höhe des Schadensersatzanspruchs ist in Art. 58 KP bestimmt und entspricht dem Gehalt für die Dauer der Kündigungsfrist, und wenn es sich um die Auflösung eines Arbeitsvertrages auf bestimmte Zeit oder auf Zeit zur Ausübung einer bestimmten Arbeit handelt, der Höhe des Gehalts, welches bis zum Ablauf des Vertrages dem Arbeitnehmer zugestanden hätte, jedoch nicht mehr als für drei Monate.

Hat der Arbeitnehmer die Arbeit infolge der Wiedereinstellung aufgenommen, so steht ihm das Gehalt für die Zeit, in der er arbeitslos war, zu, jedoch nicht mehr als für drei Monate und nicht weniger als für einen Monat, Art. 57 § 1 KP. Wurde der Arbeitsvertrag mit einem Arbeitnehmer i.S.d. Art. 39 KP oder Art. 177 KP aufgelöst, einem Arbeitnehmer-Vater, der den Mutterschaftsurlaub in Anspruch nimmt und während dessen das Kind erzieht oder einem solchen, der vom besonderen Kündigungsschutz umfasst war, so hat er Anspruch auf das Gehalt für den gesamten Zeitraum der Arbeitslosigkeit, Art. 57 § 2 KP.

Darüber hinaus ist gem. Art. 57 § 4 KP auch Art. 48 KP entsprechend anzuwenden. Wurde also dem Begehren des Arbeitnehmers hinsichtlich der Wiedereinstellung stattgegeben, so muss er seine Bereitschaft zur unverzüglichen Arbeitsaufnahme innerhalb von sieben Tagen nach der Wieder- einstellung erklären. Ansonsten kann der Arbeitgeber die Wiedereinstellung ablehnen, es sei denn, der Arbeitnehmer hat die Überschreitung des Termins nicht zu vertreten (Art. 48 § 1 KP). Die siebentägige

---

1004 Gęsicki, KP, Art. 56, Nr. 1; Kolasiński, Prawo pracy I, S. 191; Libera/Zduńska, Pracownik w zakładzie pracy, S. 112.

Frist beginnt mit dem Tag, an welchem das rechtskräftige Urteil über die Wiedereinstellung ergangen ist, zu laufen.[1005]
Hat der Arbeitnehmer vor der Wiedereinstellung eine Arbeit bei einem anderen Arbeitgeber aufgenommen, so kann er diesen Arbeitsvertrag innerhalb von sieben Tagen nach der Wiedereinstellung bei seinem alten Arbeitgeber mit dreitägiger Voranmeldung fristlos kündigen (Art. 48 § 2 KP).
Wurde der Arbeitsvertrag während des Laufs der Kündigungsfrist rechtswidrig fristlos gekündigt, so steht dem Arbeitnehmer nur ein Schadensersatzanspruch zu, und zwar in Höhe des Gehalts für die Zeit, bis die Kündigungsfrist abgelaufen ist (Art. 60 KP).
Wegen der weitgehenden Entsprechung zu den Ansprüchen des Arbeitnehmers aufgrund einer rechtswidrigen ordentlichen Kündigung kann hinsichtlich der näheren Erörterung auf die dazu gemachten Ausführungen verwiesen werden.

f) Ansprüche des Arbeitgebers aufgrund einer rechtswidrigen außerordentlichen Kündigung des Arbeitnehmers

Im Falle einer unbegründeten fristlosen Kündigung durch den Arbeitnehmer, d.h. bei Nichtvorliegen eines Grundes i.S.d. Art. 55 § 1^1 KP,[1006], steht dem Arbeitgeber gem. Art. 61^1 KP ein Schadensersatzanspruch zu, über welchen das Arbeitsgericht entscheidet. Dabei obliegt ihm die Beweislast, dass ein Kündigungsgrund i.S.d. Art. 55 § 1^1 KP nicht vorlag, dass er mithin gegen keine grundlegende Pflicht gegenüber dem Arbeitnehmer in einem schweren Maße verstoßen hat.[1007]
Wie schon erwähnt, sieht das KP keine Sanktionen bei Verstoß des Arbeitnehmers gegen Formvorschriften vor, so dass der Arbeitgeber in einem solchen Fall keine Ansprüche geltend machen kann.
Die in Art. 61^1 KP bestimmte Entschädigung steht dem Arbeitgeber in Höhe des Gehalts des Arbeitnehmers, welches er für die Dauer der Kündigungsfrist erhalten hätte, zu, und wenn es sich um einen Arbeitsvertrag auf bestimmte Zeit oder auf Zeit zur Ausübung einer bestimmten Arbeit handelt, das Gehalt für zwei Wochen (Art. 61^2 § 1 KP).
Entscheidet das Arbeitsgericht über Schadensersatz, so findet Art. 55 § 3 KP keine Anwendung (Art. 61^2 § 2 KP), d.h. dass die fristlose Kündigung des Arbeitnehmers aufgrund Verschuldens des Arbeitgebers nicht die Rechtsfolgen hervorruft, welche die arbeitsrechtlichen Vorschriften bei einer ordentlichen Kündigung des Arbeitgebers vorsehen.
Anzumerken ist noch, dass wenn das Arbeitsgericht dem Arbeitgeber einen Schadensersatzanspruch auf der Grundlage von Art. 61^1 KP zuspricht, dies nicht automatisch dazu führt, dass die dem Arbeitnehmer eventuell schon ausgezahlte Entschädi-

---

[1005] SN (in der Zusammensetzung von 7 Richtern) vom 28.05.1976, OSNCP 1976/9/187.
[1006] Gęsicki, KP, Art. 61^1; Sanetra, PiZS 6/1996, S. 26 (34).
[1007] Latos-Miłkowska, Rozwiązanie, S. 108.

gung i.S.d. Art. 55 § 1^1 KP dem Arbeitgeber zurückzuzahlen ist. Diese Rückzahlung muss er dann auf der Grundlage der Vorschriften des KC (i.V.m. Art. 300 KP) wegen ungerechtfertigter Bereicherung einfordern.[1008]
Darüber hinaus kann der Arbeitgeber das Vorliegen eines Kündigungsgrundes i.S.d. Art. 55 § 1^1 KP auch dann in Frage stellen, wenn der Arbeitnehmer auf Zahlung der Entschädigung aus Art. 55 § 1^1 KP klagt, er selbst aber keine Klage auf der Grundlage von Art. 61^1 KP eingereicht hat.[1009]

2. Vergleich mit Deutschland

a) Die außerordentliche Kündigung

In Deutschland ist die fristlose Kündigung aus wichtigem Grund, d.h. die außerordentliche Kündigung, in § 626 BGB geregelt. Laut Abs. 1 dieser Vorschrift kann das Arbeitsverhältnis von jedem Vertragsteil aus wichtigem Grund ohne Einhaltung einer Kündigungsfrist gekündigt werden, wenn Tatsachen vorliegen, auf Grund derer dem Kündigenden unter Berücksichtigung aller Umstände des Einzelfalles und unter Abwägung der Interessen beider Vertragsteile die Fortsetzung des Arbeitsverhältnisses bis zum Ablauf der Kündigungsfrist oder bis zu der vereinbarten Beendigung des Arbeitsverhältnisses nicht zugemutet werden kann.
Damit bestimmt § 626 Abs. 1 BGB als Generalklausel[1010] die außerordentliche Kündigung des Arbeitgebers als auch des Arbeitnehmers. Es wird also nicht, wie in Polen, ausdrücklich zwischen der außerordentlichen Kündigung durch den Arbeitgeber aufgrund Verschuldens des Arbeitnehmers bzw. aufgrund Nichtverschuldens des Arbeitnehmers sowie der außerordentlichen Kündigung durch den Arbeitnehmer unterschieden, die sogar eigenständig in den Art. 52, 53 und 55 KP festgelegt sind. Grundsätzlich kommt es auch nicht auf ein Verschulden an, und zwar selbst dann nicht, wenn die außerordentliche Kündigung auf verhaltensbedingte Gründe gestützt wird.[1011] Hat der gekündigte Vertragsteil aber pflichtwidrig gehandelt, ist dies bei der Interessenabwägung zu berücksichtigen.[1012]
Während in den Art. 52 § 2, 53 § 1, 2 und 55 § 1, 1^1 KP mithin die Kündigungsgründe für eine außerordentliche Kündigung abschließend aufgezählt sind, ist für eine solche gem. § 626 Abs. 1 BGB zunächst ganz allgemein ein wichtiger Grund erforderlich.

1008 Latos-Miłkowska, Rozwiązanie, S. 109.
1009 OSNAPiUS 1999/17/542.
1010 Löwisch, Arbeitsrecht, Rn. 1233; Söllner, Grundriß Arbeitsrecht, S. 297.
1011 BAG vom 21.01.1999, NZA 1999, 863; Dütz, Arbeitsrecht, Rn. 392; Müller/Rieland, Arbeitsrecht, Rn. 1200; Palandt/Putzo, § 626 BGB Rn. 41.
1012 BAG vom 21.01.1999, NZA 1999, 863 (866); Palandt/Putzo, § 626 BGB Rn. 41.

Ob ein wichtiger Grund vorliegt, ist nach objektiven Gesichtspunkten zu bestimmen und nicht nach dem Motiv des Kündigenden.[1013] Dabei führt das BAG die Prüfung in zwei Schritten durch.[1014] Zunächst ist festzustellen, ob ein bestimmter Sachverhalt an sich geeignet ist einen Kündigungsgrund abzugeben. Ist dies zu bejahen, so ist anschließend eine umfassende Interessenabwägung vorzunehmen. Damit ist zu prüfen, ob dem Kündigenden, nach Abwägung aller in Betracht zu ziehenden Umstände des Einzelfalles, das Festhalten am Vertrag – zumindest bis zum Ablauf der Kündigungsfrist – zumutbar ist oder nicht.[1015]

Im Rahmen der Interessenabwägung ist der ultima-ratio-Grundsatz, das Prognoseprinzip und das Übermaßverbot zu beachten.[1016]

Bei einer auf dem Verhalten des Arbeitnehmers beruhenden außerordentlichen Kündigung ist regelmäßig eine vorherige Abmahnung erforderlich.[1017] Es ist zu prüfen, ob es in Zukunft mit hoher Wahrscheinlichkeit zu erheblichen Beeinträchtigungen des Arbeitsverhältnisses kommen wird („Negativprognose“).[1018]

Letztlich muss die außerordentliche Kündigung angemessen sein.[1019] Das Interesse an der sofortigen Beendigung des Arbeitsverhältnisses muss das Bestandsschutzinteresse überwiegen, wobei in die Abwägung alle Umstände einzubeziehen sind, die konkret mit dem Arbeitsverhältnis zusammenhängen (z.B. Betriebsfrieden, wirtschaftliche Lage, Betriebszugehörigkeit und Alter des Arbeitnehmers).[1020]

In Polen wird bei der Prüfung der Rechtmäßigkeit einer außerordentlichen Kündigung eine solche systematische und ausführliche Interessenabwägung nicht vorgenommen. Es werden aber die Umstände des Einzelfalles berücksichtigt, wobei insbesondere der Grad des Verschuldens und die Höhe des drohenden oder zugefügten Schadens von großer Bedeutung sind.

Ein wichtiger Grund i.S.d. § 626 Abs. 1 BGB liegt vor allem bei einem erheblichen Verstoß gegen Pflichten aus dem Arbeitsverhältnis vor.[1021] Damit deckt sich dieser

---

[1013] BAG vom 02.06.1960, AP Nr. 42 zu § 626 BGB.

[1014] BAG vom 17.05.1984, AP Nr. 14 zu § 626 BGB Verdacht strafbarer Handlung; vom 13.12.1984, NZA 1985, 288; vom 06.02.1969, vom 20.09.1984, vom 17.03.1988, AP Nr. 58, 80, 99 zu § 626 BGB.

[1015] BAG vom 09.12.1954, AP Nr. 1 zu § 123 GewO; vom 15.11.1984, NZA 1985, 661; vom 13.12.1984, NZA 1985, 288; vom 18.02.1993, NZA 1994, 74.

[1016] Staudinger/Preis, § 626 BGB Rn. 82.

[1017] Götz, Arbeitsrecht I, S. 212; Löwisch, Arbeitsrecht, Rn. 1238; Müller/Rieland, Arbeitsrecht, Rn. 1224; Palandt/Putzo, § 626 BGB Rn. 18.

[1018] BAG vom 16.08.1991, EzA § 1 KSchG Verhaltensbedingte Kündigung Nr. 41; Müller/Rieland, Arbeitsrecht, Rn. 1204.

[1019] Hromadka/Maschmann, Arbeitsrecht Band 1, § 10 Rn. 118.

[1020] BAG vom 22.02.1980, EzA § 1 KSchG Krankheit Nr. 5; vom 13.12.1984, AP Nr. 81 zu § 626 BGB; Erman/Hanau, § 626 BGB Rn. 38 ff.; KR-Fischermeier, § 626 BGB Rn. 239 f.; Staudinger/Preis, § 626 BGB Rn. 75.

[1021] Dütz, Arbeitsrecht, Rn. 392; Hromadka/Maschmann, Arbeitsrecht Band 1, § 10 Rn. 112; Löwisch, Arbeitsrecht, Rn. 1233; Palandt/Putzo, § 626 BGB Rn. 43; Zöllner/Loritz, Arbeitsrecht, S. 282.

Kündigungsgrund weitgehend mit den in Art. 52 § 1 Nr. 1 und Art. 55 § 1[1] KP genannten Gründen, gemäß welcher der Arbeitgeber und der Arbeitnehmer bei einem schweren Verstoß gegen die grundlegenden Arbeitnehmer- bzw. Arbeitgeberpflichten den Arbeitsvertrag fristlos kündigen können. Auch bei der Konkretisierung solcher Verstöße durch Rechtsprechung und Literatur sind viele Übereinstimmungen zu verzeichnen.
Was die Verletzung der Pflichten durch den Arbeitnehmer betrifft, zählen dazu z.B. die Arbeitsverweigerung,[1022] vorsätzliches Nichtbefolgen berechtigter Weisungen,[1023] unentschuldigtes Verlassen der Arbeit,[1024] grobe Beleidigungen,[1025] Störung des Betriebsfriedens,[1026] Alkoholgenuss bzw. Trunkenheit am Arbeitsplatz.[1027] Bei der Verletzung der Pflichten durch den Arbeitgeber kommen in beiden Ländern insbesondere der Zahlungsverzug[1028] und die Verletzung von Arbeitsschutzvorschriften[1029] in Betracht. Darüber hinaus kann der Arbeitnehmer das Arbeitsverhältnis fristlos kündigen, wenn die Fortsetzung des Arbeitsverhältnisses seine Gesundheit oder sogar sein Leben ernstlich bedrohen würde.[1030] Dieser Kündigungsgrund ist in Art. 55 § 1 KP auch festgelegt.
Spricht der Arbeitnehmer in Polen eine außerordnetliche Kündigung aus, weil der Arbeitgeber ihm gegenüber eine Pflicht schwer verletzt hat, hat er gem. Art. 55 § 1[1] KP Anspruch auf Entschädigung i.H.d. Gehalts für die Dauer der Kündigungsfrist, und wenn es sich um einen Arbeitsvertrag auf bestimmte Zeit oder auf Zeit zur Ausübung einer bestimmten Arbeit handelt i.H.d. Gehalts für zwei Wochen, wenn die Verletzung sowohl subjektiv als auch objektiv vorliegt.
Ein solcher „genereller“ Entschädigungsanspruch existiert im deutschen Recht nicht. Es können sich aber anderweitige Schadensersatzansprüche ergeben.
Ein weiterer wichtiger Grund für eine außerordentliche Kündigung durch den Arbeitgeber ist das Begehen strafbarer Handlungen, insbesondere gegen das Vermögen des

---

1022 BAG vom 17.03.1988, AP Nr. 99 zu § 626 BGB; vom 21.11.1996, NZA 1997, 487; vom 21.11.1996, NJW 1997, 2195; Palandt/Putzo, § 626 BGB Rn. 43; Schaub, Arbeitsrechts-Handbuch, § 125 Rn. 62 f.
1023 Palandt/Putzo, § 626 BGB Rn. 47.
1024 Götz, Arbeitsrecht I, S. 212; Löwisch, Arbeitsrecht, Rn. 1234; Palandt/Putzo, § 626 BGB Rn. 44.
1025 Palandt/Putzo, § 626 BGB Rn. 50; Schaub, Arbeitsrechts-Handbuch, § 125 Rn. 77.
1026 Brox/Rüthers, Arbeitsrecht, Rn. 192a; Götz, Arbeitsrecht I, S. 212; Löwisch, Arbeitsrecht, Rn. 1236.
1027 BAG vom 12.01.1956, DB 1956, 187; LAG Düsseldorf/Köln vom 17.08.1967, BB 1967, 1425.
1028 BAG vom 25.07.1963, AP Nr. 1 zu § 448 ZPO; LAG Stuttgart vom 05.11.1959, BB 1960, 289; Frankfurt vom 27.10.1964, DB 1965, 186; Götz, Arbeitsrecht I, S. 212; Löwisch, Arbeitsrecht, Rn. 1239; Palandt/Putzo, § 626 BGB Rn. 57; Söllner, Grundriß Arbeitsrecht, S. 297.
1029 BAG vom 28.10.1971, AP Nr. 62 zu § 626 BGB; Löwisch, Arbeitsrecht, Rn. 1239.
1030 Götz, Arbeitsrecht I, S. 212; Palandt/Putzo, § 626 BGB Rn. 59; Söllner, Grundriß Arbeitsrecht, S. 297.

Arbeitgebers.[1031] Die Entsprechung ist in Art. 52 § 1 Nr. 2 KP zu finden. In beiden Ländern kann es sich um Straftaten handeln, die sowohl innerhalb als auch außerhalb des Arbeitsverhältnisses begangen werden, wobei sich im letzteren Fall die Straftat auf das Arbeitsverhältnis auswirken muss.[1032] In Polen muss die Straftat zudem offensichtlich oder durch ein rechtskräftiges Urteil festgestellt worden sein (Art. 52 § 1 Nr. 2 KP). Auch in Deutschland muss die begangene Straftat unstreitig oder bewiesen sein.[1033] Eine Verurteilung im Strafverfahren ist jedoch keine Voraussetzung.[1034]

In besonderen Fällen kann aber in Deutschland auch schon der Verdacht einer strafbaren Handlung oder einer Pflichtverletzung als wichtiger Grund genügen (sog. Verdachtskündigung).[1035] Durch diesen Verdacht muss das Vertrauensverhältnis zwischen den Parteien zerstört worden sein und dadurch die Fortsetzung des Arbeitsverhältnisses unzumutbar sein.[1036]

An die Verdachtskündigung werden jedoch hohe Anforderungen gestellt. Der Verdacht muss auf objektiven Tatsachen beruhen[1037] und der Arbeitgeber muss alles Erforderliche zur Aufklärung des Verdachts vornehmen,[1038] insbesondere den verdächtigen Arbeitnehmer anhören.[1039] Stellt sich nach einer solchen wirksamen Kündigung heraus, dass der Verdacht unbegründet war, kann dem Arbeitnehmer ein Wiedereinstellungsanspruch zustehen.[1040]

1031 BAG vom 13.12.1984, NJW 1985, 1853; Götz, Arbeitsrecht I, S. 212; Löwisch, Arbeitsrecht, Rn. 1237; Schaub, Arbeitsrechts-Handbuch, § 125 Rn. 117; Palandt/Putzo, § 626 BGB Rn. 48; Söllner, Grundriß Arbeitsrecht, S. 298.

1032 BAG vom 20.09.1984, DB 1985, 1192; Schaub, Arbeitsrechts-Handbuch, § 125 Rn. 117; Zöllner/Loritz, Arbeitsrecht, S. 283.

1033 Palandt/Putzo, § 626 BGB Rn. 48.

1034 Palandt/Putzo, § 626 BGB Rn. 48.

1035 H.M.: BAG vom 26.03.1992, NJW 1993, 83; vom 14.09.1994, NJW 1995, 1110; vom 14.09.1994, NZA 1995, 269; vom 20.08.1997, BB 1997, 2484; Hromadka/Maschmann, Arbeitsrecht Band 1, § 10 Rn. 120; Löwisch, Arbeitsrecht, Rn. 1242; Palandt/Putzo, § 626 BGB Rn. 49; Schaub, Arbeitsrecht-Handbuch, § 125 Rn. 129; Söllner, Grundriß Arbeitsrecht, S. 298; Zöllner/Loritz, Arbeitsrecht, S. 283 f.

1036 BAG vom 26.03.1992, NJW 1993, 83; vom 14.09.1994, NJW 1995, 1110; vom 14.09.1994, NZA 1995, 269; vom 20.08.1997, BB 1997, 2484; Schaub, Arbeitsrechts-Handbuch, § 125 Rn. 129.

1037 BAG vom 13.09.1995, NZA 1996, 81 (83); Schaub, Arbeitsrechts-Handbuch, § 125 Rn. 131.

1038 BAG vom 13.09.1995, NZA 1996, 81; Löwisch, Arbeitsrecht, Rn. 1242; Müller/Rieland, Arbeitsrecht, Rn. 1261; Zöllner/Loritz, Arbeitsrecht, S. 284.

1039 BAG vom 11.04.1985, NJW 1986, 3159; vom 30.04.1987, AP Nr. 19 zu § 626 BGB Verdacht strafbarer Handlung; vom 13.09.1995, NZA 1996, 81; Müller/Rieland, Arbeitsrecht, Rn. 1261; Söllner, Grundriß Arbeitsrecht, S. 298.

1040 BAGE 3, 332; 16, 72; vom 20.08.1997, NZA 1997, 1340 (1343); Hromadka/Maschmann, Arbeitsrecht Band 1, § 10 Rn. 122; Löwisch, Arbeitsrecht, Rn. 1243; Palandt/Putzo, § 626 BGB Rn. 49; Zöllner/Loritz, Arbeitsrecht, S. 284.

In Polen reicht ein solcher Verdacht für die außerordentliche Kündigung nicht aus. Dies wird auch durch den Gesetzeswortlaut bekräftigt, welcher eine offensichtliche oder durch ein rechtskräftiges Urteil festgestellte strafbare Handlung fordert (Art. 52 § 1 Nr. 2 KP). Wie schon oben erwähnt, können solche Verdachtsmomente nur eine ordentliche Kündigung begründen.
Des Weiteren kann der Arbeitgeber gem. Art. 52 § 1 Nr. 3 KP fristlos kündigen, wenn der Arbeitnehmer verschuldeterweise seine Berechtigung zur Berufsausübung verliert, die zur Ausübung der besetzten Stelle notwendig ist. Der Verlust einer solchen Erlaubnis kann in Deutschland auch einen wichtigen Grund darstellen, wie z.B. im Falle der Entziehung der Fahrerlaubnis bei einem Kraftfahrer.[1041]
Schließlich kann in Polen der Arbeitgeber unter bestimmten Voraussetzungen fristlos kündigen, wenn der Arbeitnehmer krank ist oder aus einem anderen Grund entschuldigt von der Arbeit abwesend ist (Art. 53 § 1 KP). Auch laut dem BAG kann die Krankheit – wenn auch nur ausnahmsweise - einen an sich wichtigen Grund für eine außerordentliche Kündigung darstellen.[1042] Diese muss jedoch sehr schwerwiegend sein[1043] und die Möglichkeit einer ordentlichen Kündigung gänzlich ausschließen.[1044] An die Beurteilung ist dabei ein besonders strenger Maßstab anzulegen.[1045]
Was die sonstige entschuldigte Abwesenheit von der Arbeit betrifft, fällt in Polen darunter z.B. das Ableisten einer Freiheitsstrafe. Auch in Deutschland berechtigt der Strafantritt regelmäßig zu einer außerordentlichen Kündigung.[1046] Es kommt jedoch entscheidend auf die Umstände an, wie die Dauer der Haft[1047] oder zumutbare Überbrückungsmöglichkeiten.[1048]
Weiterhin wird in Art. 53 § 5 KP bestimmt, dass der Arbeitgeber den Arbeitnehmer, dem fristlos gekündigt worden ist, nach Möglichkeit wieder einstellen soll, wenn dieser innerhalb von sechs Monaten nach der Kündigung aufgrund der in § 1 und § 2 genannten Gründe seine Wiederaufnahme der Arbeit unverzüglich nach Wegfall der Kündigungsgründe erklärt. Bei dieser Regelung handelt es sich nach der wohl h.M. um eine Arbeitgeberpflicht. Eine solche Arbeitgeberpflicht ist in Deutschland nicht gesetzlich geregelt. Der nachträgliche Wegfall eines Kündigungsgrundes läßt die Kündigung unberührt.[1049] Für den Arbeitnehmer kann sich jedoch, aus den Grundsätzen von Treu und Glauben, auch ein Wiedereinstellungsanspruch ergeben.[1050]

1041 BAG vom 30.05.1978, AP Nr. 70 zu § 626 BGB.
1042 BAG vom 12.07.1995, NJW 1996, 2446.
1043 BAG vom 12.07.1995, NJW 1996, 2446 (2447); Schaub, Arbeitsrechts-Handbuch, § 125 Rn. 90.
1044 BAG vom 12.07.1995, NJW 1996, 2446 (2447); Palandt/Putzo, § 626 BGB Rn. 51.
1045 BAG vom 12.07.1995, NJW 1996, 2446 (2447).
1046 BAG vom 15.11.1984, NZA 1985, 661; vom 09.03.1995, NZA 1995, 777.
1047 BAG vom 15.11.1984, DB 1986, 50.
1048 BAG vom 09.03.1995, DB 1995, 733.
1049 BAG vom 13.07.1956, AP Nr. 2 zu § 611 BGB Fürsorgepflicht.
1050 BAG vom 15.03.1984, AP Nr. 2 zu § 1 KSchG 1969 Soziale Auswahl; Hromadka/Maschmann, Arbeitsrecht Band 1, § 10 Rn. 107, 358.

Ferner gibt es in Deutschland noch eine besondere Form der außerordentlichen Kündigung, nämlich die sog. Druckkündigung.[1051] In diesem Fall verlangen Dritte (z.B. Mitarbeiter, Betriebsrat, Kunden) vom Arbeitgeber unter Androhung von Nachteilen, wie Eigenkündigungen oder den Abbruch von Geschäftsbeziehungen, einen bestimmten Arbeitnehmer zu entlassen.[1052] Grundsätzlich hat sich der Arbeitgeber schützend vor den Arbeitnehmer zu stellen.[1053] Die Druckkündigung ist aber zulässig, wenn dem Arbeitgeber die Hinnahme der angedrohten Nachteile nicht zugemutet werden kann, was der Fall ist, wenn seine Existenz vernichtet oder er zumindest wirtschaftlich schwer geschädigt würde.[1054]

In der polnischen Literatur wird diese besondere Form der Kündigung nicht erwähnt. Auch die Rechtsprechung musste sich wohl noch nicht mit diesem Fall befassen. Berücksichtigt man die menschliche Natur, und dass in Betrieben oftmals ähnliche Umstände herrschen, ist wohl kaum auszuschließen, dass es in Polen zu Kündigungen aufgrund des Verlangens Dritter kommt. Da diese aber noch nicht zu Diskussionen führen, sind sie anscheinend noch nicht nennenswert in Erscheinung getreten.

Die außerordentliche Kündigung hat in Polen schriftlich zu erfolgen (Art. 30 § 3 KP) unter Angabe des Kündigungsgrundes (Art. 30 § 4 KP) und einer Belehrung über das Recht des Arbeitnehmers eine Klage einzureichen (Art. 30 § 5 KP). Auch in Deutschland bedarf die Kündigung gem. § 623 BGB der Schriftform. Der Kündigungsgrund muss dem anderen Teil jedoch nur auf Verlangen unverzüglich schriftlich mitgeteilt werden, § 626 Abs. 2 S. 3 BGB. Dessen Angabe ist keine Wirksamkeitsvoraussetzung (Ausnahme: § 15 Abs. 3 i.V.m. Abs. 2 Nr. 1 BBiG).[1055] Eine Belehrungspflicht gibt es nicht.

Während aber die Einhaltung der Schriftform gem. § 623 BGB Wirksamkeitsvoraussetzung für die Kündigung ist, führt in Polen ein Verstoß gegen die Vorschriften der außerordentlichen Kündigung nicht zur Unwirksamkeit dieser. In einem solchen Fall

---

[1051] BAG vom 10.10.1957, AP Nr. 1 zu § 626 BGB Druckkündigung; vom 18.09.1975, AP Nr. 10 zu § 626 BGB Druckkündigung; vom 31.01.1996, NZA 1996, 581; KR-Fischermeier, § 626 BGB Rn. 204; Schultz, RdA 1963, 81 (86).

[1052] BAG vom 19.06.1986, AP Nr. 33 zu § 1 KSchG 1969 Betriebsbedingte Kündigung; vom 04.10.1990, AP Nr. 12 zu § 626 BGB Druckkündigung; vom 31.01.1996, NZA 1996, 581 (584); Palandt/Putzo, § 626 BGB Rn. 52; Schaub, Arbeitrechts-Handbuch, § 125 Rn. 82; Zöllner/Loritz, Arbeitsrecht, S. 284.

[1053] BAG vom 19.06.1986, AP Nr. 33 zu § 1 KSchG 1969 Betriebsbedingte Kündigung; Hromadka/Maschmann, Arbeitsrecht Band 1, § 10 Rn. 123a; Müller/Riedel, Arbeitsrecht, Rn. 1099; Schaub, Arbeitsrechts-Handbuch, § 125 Rn. 82.

[1054] BAG vom 19.06.1986, AP Nr. 33 zu § 1 KSchG 1969 Betriebsbedingte Kündigung; vom 04.10.1990, NZA 1991, 468 (469); vom 31.01.1996, NZA 1996, 581; Löwisch, Arbeitsrecht, Rn. 1243; Palandt/Putzo, § 626 BGB Rn. 52; Schaub, Arbeitsrechts-Handbuch, § 125 Rn. 82; Zöllner/Loritz, Arbeitsrecht, S. 284; a.A. Staudinger/Preis, § 626 BGB Rn. 235.

[1055] BAG vom 17.08.1972, AP Nr. 65 zu § 626 BGB; Brox/Rüthers, Arbeitsrecht, Rn. 191; Götz, Arbeitsrecht I, S. 213; Palandt/Putzo, § 626 BGB Rn. 32.

steht dem Arbeitnehmer jedoch entweder ein Wiedereinstellungs- oder Schadensersatzanspruch zu, über welchen das Gericht entscheidet (Art. 56 § 1 KP).

In beiden Ländern kann die außerordentliche Kündigung nur innerhalb einer bestimmten Frist ausgesprochen werden. In Deutschland beträgt diese gem. § 626 Abs. 2 S. 1 BGB zwei Wochen und in Polen gem. Art. 52 § 2 und Art. 55 § 2 S. 2 i.V.m. Art. 52 § 2 KP einen Monat bei einer durch den Arbeitnehmer verschuldeten Kündigung des Arbeitgebers und bei einer Kündigung des Arbeitnehmers. Die Frist beginnt mit dem Zeitpunkt, in dem der Kündigungsberechtigte von den für die Kündigung maßgebenden Tatsachen Kenntnis erlangt (§ 626 Abs. 2 S. 2 BGB; Art. 52 § 2 KP).

Vor Ausspruch einer außerordentlichen Kündigung ist des Weiteren sowohl in Deutschland als auch in Polen der Betriebsrat anzuhören, welcher eventuelle Bedenken dem Arbeitgeber unverzüglich, spätestens jedoch innerhalb von drei Tagen mitzuteilen hat (§ 102 Abs. 2 S. 3 BetrVG; Art. 52 § 3, 53 § 4 i.V.m. Art. 52 § 3 KP). Der Arbeitgeber ist aber nicht verpflichtet den Arbeitnehmer vor der beabsichtigten fristlosen Kündigung anzuhören (Ausnahme in Deutschland: Verdachtskündigung).[1056]

Was schließlich den Sonderkündigungsschutz betrifft, so ist schon oben erörtert worden, dass in besonderen Fällen für eine Kündigung die Zustimmung bestimmter Behörden oder des Betriebsrates erforderlich ist. Dies ist z.B. gem. § 9 Abs. 3 MuSchG, § 18 Abs. 1 S. 2, 3 BErzGG, § 91 Abs. 2 SGB IX oder § 15 Abs. 1 S. 1, 2 S. 1, 3 S. 1 KSchG der Fall.

In Polen muss in manchen Fällen die Zustimmung der Betriebsgewerkschaft bzw. des Betriebsrates eingeholt werden. Dies betrifft grundsätzlich aber nur die vom Arbeitnehmer verschuldete fristlose Kündigung des Arbeitgebers wie z.B. gem. Art. 177 § 1 KP. Die nicht verschuldete Kündigung ist in diesen Fällen regelmäßig ganz ausgeschlossen.

b) Ansprüche aufgrund einer rechtswidrigen Kündigung

Im Hinblick auf die Rechtsfolgen, die aufgrund einer rechtswidrigen außerordentlichen Kündigung resultieren, bestehen sowohl in Polen als auch in Deutschland kaum Unterschiede zu denjenigen bei einer rechtswidrigen ordentlichen Kündigung. Demnach ergeben sich hier im Grunde dieselben Abweichungen.

In Polen hat der Arbeitnehmer entweder einen Wiedereinstellungs- oder einen Schadensersatzanspruch (Art. 56 § 1 KP). In diesem Fall gelten die Ansprüche für alle Arten der Arbeitsverträge, also auch für befristete. Ein ausschließlicher Schadensersatzanspruch besteht aber in den in Art. 59 KP bestimmten Fällen (Befristungstermin schon verstrichen, Wiedereinstellung nicht angezeigt). Im Falle einer rechtswidrigen außerordentlichen Kündigung des Arbeitnehmers steht dem Arbeitgeber gem. Art. 61^1 KP ein Schadensersatzanspruch zu. Die Klage muss innerhalb von 14 Tagen nach

[1056] Palandt/Putzo, § 626 BGB Rn. 17.

der außerordentlichen Kündigung beim Arbeitsgericht erhoben werden, Art. 264 § 2 KP.
Beruft sich der Arbeitnehmer in Deutschland auf die Unwirksamkeit der außerordentlichen Kündigung, muss er die Klage gem. § 13 Abs. 1 S. 2 KSchG innerhalb der Drei-Wochen-Frist von § 4 S. 1 KSchG erheben.
Stellt das Arbeitsgericht fest, dass die außerordentliche Kündigung unwirksam ist, hat der Arbeitnehmer keinen Wiedereinstellungsanspruch wie derjenige in Polen. Wie im Falle der Feststellung der Unwirkamkeit einer ordentlichen Kündigung, kann er aber verlangen auf demselben Arbeitplatz wieder beschäftigt zu werden.[1057] Der Arbeitnehmer hat des Weiteren wiederum keinen generellen Schadensersatzanspruch, weil ihm rechtswidrig außerordentlich gekündigt worden ist. Es findet sich auch keine dem Art. 61^1 KP entsprechende Vorschrift. Dies schließt aber nicht aus, dass sowohl der Arbeitnehmer als auch der Arbeitgeber einen Schadensersatzanspruch aufgrund anderweitiger Vorschriften haben können.
Im Gegensatz zur polnischen Rechtslage kann der Arbeitnehmer gem. § 13 Abs. 1 S. 3 KSchG einen Antrag auf gerichtliche Auflösung des Arbeitsverhältnisses gegen Zahlung einer angemessenen Abfindung stellen, wenn ihm die Fortsetzung des Arbeitsverhältnisses nicht zuzumuten ist. Dem Arbeitgeber steht in diesem Fall die Möglichkeit des Auflösungsantrags nicht zu.[1058] Anzumerken ist aber, dass in Polen der Arbeitnehmer zwischen der Geltendmachung des Wiedereinstellungs- und des Schadensersatzanspruchs wählen kann.
Das Arbeitsgericht muss das Wiedereinstellungsbegehren aber nicht berücksichtigen, wenn es feststellt, dass die Wiedereinstellung nicht möglich oder unzweckmäßig ist, so dass dem Arbeitnehmer dann nur ein Schadensersatzanspruch zusteht (Art. 56 § 2 i.V.m. Art. 45 § 2 KP). Letzteres kann den Arbeitgeber begünstigen, wenn der Arbeitnehmer – aus welchen Gründen auch immer – darauf beharrt wieder eingestellt zu werden, es aber offensichtlich ist, dass eine zweckdienliche Zusammenarbeit nicht zu erwarten ist.
Was die Lohnfortzahlung betrifft, so ergeben sich hier dieselben Differenzen wie im Falle einer rechtswidrigen ordentlichen Kündigung. In Deutschland hat der Arbeitgeber die Vergütung weiter zu zahlen (§ 615 S. 1 BGB), wobei sich der Arbeitnehmer erlangten oder böswillig nicht erlangten Zwischenverdienst wieder anrechnen lassen muss (§ 13 Abs. 1 S. 3 a.E. KSchG). Dem gegenüber steht in Polen dem Arbeitnehmer das Gehalt grundsätzlich für maximal drei Monate zu (Art. 57 § 1 KP); für den gesamten Zeitraum der Arbeitslosigkeit nur dann, wenn er dem besonderen Kündigungsschutz unterfällt (Art. 57 § 2 KP).
Schließlich ist noch zu erwähnen, dass die - in Polen nicht vorgesehene - Weiterbeschäftigung während der Zwischenzeit sich in Deutschland nur aufgrund eines allgemeinen Weiterbeschäftigungsanspruchs ergeben kann, da der betriebsverfassungs-

1057 Götz, Arbeitsrecht I, S. 214.
1058 v. Hoyningen-Huene/Linck, KSchG, § 13 Rn. 17; Schaub, Arbeitsrechts-Handbuch, § 138 Rn. 4.

rechtliche Weiterbeschäftigungsanspruch nur bei einer ordentlichen Kündigung in Betracht kommt.

c) Besondere Arbeitsverträge

Die außerordentliche Kündigung eines Berufsausbildungsverhältnisses ist sowohl in Polen als auch in Deutschland durch jede Partei möglich. In Polen sind diesbezüglich die allgemeinen Vorschriften anwendbar (Art. 52 ff. KP i.V.m. Art. 194 KP), in Deutschland ergibt sich dies aus § 15 Abs. 2 Nr. 1 BBiG, laut welchem nach der Probezeit das Berufsausbildungsverhältnis aus einem wichtigen Grund ohne Einhalten einer Kündigungsfrist gekündigt werden kann. Für den Begriff des wichtigen Grundes gelten die Erörterungen zu § 626 BGB entsprechend.[1059]

Die Kündigung muss schriftlich unter Angabe des Kündigungsgrundes erfolgen, wobei letzteres in Polen wiederum nur für die Kündigung durch den Arbeitgeber gilt (§ 15 Abs. 3 BBiG; Art. 30 § 3, 4 KP).

Gem. § 15 Abs. 4 S. 1 BBiG ist die Kündigung aus einem wichtigen Grund unwirksam, wenn die ihr zugrunde liegenden Tatsachen dem zur Kündigung Berechtigten länger als zwei Wochen bekannt sind. In Polen beträgt diese Sperrfrist einen Monat (Art. 52 § 2 i.V.m. Art. 194 KP bzw. Art. 52 § 2 i.V.m. 55 § 2 i.V.m. Art. 194 KP).

III. Die Auflösung des Arbeitsvertrages durch den Aufhebungsvertrag

1. Polen

Gem. Art. 30 § 1 Nr. 1 KP kann ein Arbeitsvertrag auch durch einen Aufhebungsvertrag aufgelöst werden. Dies betrifft jede Form des Arbeitsvertrages.[1060] Die Auflösung in dieser Form kann von jeder Partei der anderen angetragen werden. Stimmt die andere Partei diesem Vertrag zu, so wird der Arbeitsvertrag zu dem im Aufhebungsvertrag bestimmten Termin aufgelöst.[1061]

Hinsichtlich der Bestimmung des Auflösungstermins sind die Parteien vollkommen frei.[1062] Aufgrund mangelnder Vorschriften kann der Aufhebungsvertrag auch formlos erfolgen.[1063] Insgesamt finden bezüglich der Willenserklärungen gem. Art. 300 KP die Vorschriften des KC entsprechende Anwendung.[1064]

1059 Schaub, Arbeitsrechts-Handbuch, § 174 Rn. 96.

1060 Bessaraba, Stosunek pracy, S. 49; Latos-Miłkowska, Rozwiązanie, S. 13.

1061 Florek/Zieliński, Prawo pracy, Rn. 106; Libera/Zduńska, Pracownik w zakładzie pracy, S. 65 f.

1062 SN vom 27.11.1975, PiZS 1/1977, S. 67; Gwarek/Skibicks-Ghaley, Stosunek pracy, S. 11; Latos-Miłkowska, Rozwiązanie, S. 14.

1063 Libera/Zduńska, Pracownik w zakładzie pracy, S. 66; Romer, Prawo pracy, komentarz, Art. 30, Nr. 2.

1064 Gersdorf/Rączka/Skoczyński, KP, Art. 30, Nr. 3.

Weiterhin besteht in diesem Fall weder der allgemeine noch der besondere Kündigungsschutz, was auch für Schwangere gilt, und der Arbeitnehmer hat auch keinen Anspruch auf Freistellung von der Arbeit zum Zwecke der Arbeitssuche.[1065] In den Aufhebungsvertrag können aber (rechtmäßige) Bestimmungen aufgenommen werden, wie z.B. eine Abfindung des Arbeitnehmers.[1066]
Die Zustimmung zum Abschluss eines Aufhebungsvertrages darf nicht unter einer Bedingung erfolgen, ansonsten wird die Zustimmung als nicht erteilt angesehen.[1067]
Lehnt der Arbeitgeber das Angebot des Arbeitnehmers zum Abschluss eines Aufhebungsvertrages ab, so führt dies nicht automatisch zur Umwandlung des Angebots in eine Kündigungserklärung des Arbeitnehmers - auch wenn der Arbeitnehmer das Arbeitsverhältnis auf jeden Fall auflösen will - es sei denn, es geht ausdrücklich aus dem Angebot hervor.[1068]
Haben die Parteien in den Inhalt des Arbeitsvertrages die Klausel aufgenommen, dass sowohl der Arbeitnehmer als auch der Arbeitgeber berechtigt sind diesen Arbeitsvertrag mit sofortiger Wirkung, ohne Angabe eines Grundes, durch einen Aufhebungsvertrag aufzulösen, so führt die Ausübung dieser Klausel nicht zu einer Auflösung des Arbeitsvertrages aufgrund eines Aufhebungsvertrages.[1069] Begründet wird dies damit, dass diese Klausel keinen Beendigungstermin enthalte, es sich in diesem Fall um ein künftiges unsicheres Ereignis handele. Eine solche Klausel könnte nur dann als wirksam angesehen werden, wenn sie für den Arbeitnehmer günstiger als arbeitsrechtliche Vorschriften sei, was aber nur der Fall wäre, wenn eine solche Auflösungsmöglichkeit allein dem Arbeitnehmer zustehen würde.[1070]
Wird das Arbeitsverhältnis innerhalb von sechs Monaten vor der Registrierung beim Kreisarbeitsamt durch einen Aufhebungsvertrag aufgelöst, so steht dem Arbeitnehmer das Arbeitslosengeld erst 90 Tage nach der Registrierung zu, Art. 27 Abs. 1 Nr. 3, Abs. 2 Nr. 2 des Gesetzes vom 14. Dezember 1994 über die Beschäftigung und die Vorbeugung gegen Arbeitslosigkeit. Das Arbeitslosengeld wird aber ohne Wartezeit ausgezahlt, wenn der Aufhebungsvertrag aufgrund der Eröffnung des Insolvenzverfahrens oder der Liquidation des Arbeitgebers, dem Ziel, die Anzahl der Beschäftigten zu verringern oder eines Wohnortwechsels des Arbeitnehmers abgeschlossen worden ist, Art. 27 Abs. 1 Nr. 3 des o.g. Gesetzes.
Letztlich ist noch zu erwähnen, dass die Auflösung eines Arbeitsvertrages aufgrund eines Aufhebungsvertrages manchmal auch von einem sog. Übergang des Arbeit-

---

[1065] OSNAPiUS 1999/24/792; Bessaraba, Stosunek pracy, S. 49; Gwarek/Skibicka-Ghaley, Stosunek pracy, S. 11 f.; Libera/Zduńska, Pracownik w zakładzie pracy, S. 65 ff.

[1066] Latos-Miłkowska, Rozwiązanie, S. 14; Liszcz, Prawo pracy, S. 180.

[1067] SN vom 05.04.1974, OSPiKA 1974/10/206; Barzycka-Banaszczyk, Prawo pracy, S. 58; Gwarek/Skibicks-Ghaley, Stosunek pracy, S. 13.

[1068] SN vom 05.04.1974, OSP 1974/10/206; Bessaraba, Stosunek pracy, S. 50; Jackowiak/Uziak/ Wypych-Żywicka, Prawo pracy, S. 97; Liszcz, Prawo pracy. S. 180; Romer, Prawo pracy, komentarz, Art. 30, Nr. 2.

[1069] OSNAPiUS 1994/3/40; Piątkowski, Stosunek pracy, S. 300.

[1070] OSNAPiUS 1994/3/40.

nehmers zu einem anderen Arbeitgeber, über welchen sich die Arbeitgeber einigen, begleitet ist.[1071] Der Arbeitswechsel aufgrund der Einigung zwischen den Arbeitgebern erfolgt dabei auf Grund von zwei getrennten Rechtsgeschäften, nämlich der Auflösung des bisherigen Arbeitsverhältnisses (z.B. in Form eines Aufhebungsvertrages) und der Begründung eines neuen Arbeitsverhältnisses zu den von den Parteien vereinbarten Bedingungen.[1072]

2. Vergleich mit Deutschland

Beim Vergleich mit der deutschen Rechtslage sind wesentliche Übereinstimmungen zu verzeichnen. Aus § 623 BGB geht ausdrücklich hervor, dass Arbeitsverhältnisse auch durch einen Auflösungsvertrag bzw. einen Aufhebungsvertrag[1073] beendet werden können. Er ist sogar weithin an die Stelle einer Kündigung durch den Arbeitgeber getreten.[1074]

Auch in Deutschland müssen die Aufhebungsverträge den Zeitpunkt regeln, in welchem der Arbeitsvertrag aufgelöst werden soll.[1075] Zudem enthalten sie auch insbesondere Abfindungsregelungen.[1076] Wie in Polen, ist dabei auf diese weder der allgemeine noch der besondere Kündigungsschutz anwendbar.[1077] Zudem stellt auch in Deutschland eine auf die Aufhebung des Arbeitsverhältnisses gerichtete Erklärung in der Regel keine Kündigung dar.[1078]

Ein Unterschied ergibt sich jedoch im Hinblick auf die Form. Während in Polen der Aufhebungsvertrag auch formfrei erfolgen kann, bedarf dieser in Deutschland gem. § 623 BGB zu seiner Wirksamkeit der Schriftform. Darüber hinaus treffen den polnischen Arbeitgeber keine Hinweispflichten bezüglich der rechtlichen Folgen eines Aufhebungsvertrages. Zwar muss sich auch in Deutschland der Arbeitnehmer grundsätzlich selbst über diese vergewissern.[1079] Ausnahmsweise trifft den Arbeitgeber aber eine solche Hinweispflicht, wenn eine Interessenabwägung nach Billigkeitsge-

---

[1071] Gwarek/Skibicka-Ghaley, Stosunek pracy, S. 13; Liszcz, Prawo pracy, S. 181.

[1072] SN vom 31.01.1977, OSNCP 1977/8/147; vom 20.09.1977, PiZS 8-9/1979, S. 95; Jackowiak/Uziak/Wypych-Żywicka, Prawo pracy, S. 97; Liszcz, Prawo pracy, S. 181.

[1073] Hromadka/Maschmann, Arbeitsrecht Band 1, § 10 Rn. 6.

[1074] Hromadka/Maschmann, Arbeitsrecht Band 1, § 10 Rn. 6; Kasseler Handbuch/Welslau, Band 2, 6.1 Rn. 14.

[1075] Bauer, Aufhebungsverträge, Rn. 7; Bengelsdorf, Aufhebungsvertrag, S. 7; Kasseler Handbuch/Welslau, Band 2, 6.1 Rn. 57; MünchArbR/Wank, § 115 Rn. 17.

[1076] Hromadka/Maschmann, Arbeitsrecht Band 1, § 10 Rn. 11.

[1077] BAG vom 07.05.1987, NZA 1988, 15; Bauer, Aufhebungsverträge, Rn. 8; Bengelsdorf, Aufhebungsvertrag, S. 3; Kasseler Handbuch/Welslau, Band 2, 6.1 Rn. 15; MünchArbR/Wank, § 115 Rn. 13; Zöllner/Loritz, Arbeitsrecht, S. 272.

[1078] Bauer, Aufhebungsverträge, Rn. 14.

[1079] BAG vom 13.11.1984, NZA 1985, 712; vom 03.07.1990, DB 1990, 2431; Germelmann, NZA 1997, 236 (241); Kasseler Handbuch/Welslau, Band 2, 6.1 Rn. 40; Nägele, BB 1992, 1274 (1277).

sichtspunkten und die Umstände des Einzelfalles ergeben, dass der Arbeitgeber den Arbeitnehmer vor einer Schädigung durch die Beendigung bewahren muss.[1080]
Eine weitere Gemeinsamkeit besteht aber wiederum darin, dass der Arbeitnehmer bei einer Auflösung des Arbeitsverhältnisses aufgrund eines Aufhebungsvertrages eine bestimmte Zeit vor dem ersten Bezug des Arbeitslosengeldes gesperrt ist. In Deutschland beträgt diese Sperrzeit gem. § 144 Abs. 1 Nr. 1, Abs. 3 Nr. 1 SGB III[1081] zwölf Wochen. So wie es in Polen diesbezüglich Ausnahmen gibt, gilt dies in Deutschland auch nicht, wenn ein wichtiger Grund für dieses Verhalten vorgelegen hat (§ 144 Abs. 1 a.E. SGB III).

IV. Die Auflösung des Arbeitsverhältnisses aus Gründen, die die Arbeitnehmer nicht betreffen („Gruppenentlassungen“)

1. Polen

Die Entwicklung der Marktwirtschaft in Polen sowie die damit verbundene Beschäftigungsumstrukturierung, welche auf der einen Seite dem Arbeitgeber die Entlassung entbehrlicher Arbeitnehmer erleichtern, auf der anderen Seite jedoch die mit dem Beschäftigungsverlust einhergehenden Folgen mildern soll, führte zur Schaffung des Gesetzes vom 28. Dezember 1989 über besondere Regeln für die Auflösung von Arbeitsverhältnissen aus betriebsbedingten Gründen sowie über die Änderung weiterer Gesetze,[1082] allgemein „Gesetz über Gruppenentlassungen“ genannt.[1083]
Seit dem 01.01.2004 ist dieses Gesetz durch das Gesetz über besondere Regeln für die Auflösung von Arbeitsverhältnissen aus Gründen, die die Arbeitnehmer nicht betreffen vom 13. März 2003 ersetzt worden. Auch dieses soll hier weiterhin „Gesetz über Gruppenentlassungen“ genannt werden.
Diese Vorschriften über die Kündigung von Arbeitsverhältnissen durch den Arbeitgeber stehen neben denen des KP. Es herrscht somit ein Dualismus.[1084]
Da die Regelungen des Gesetzes über Gruppenentlassungen nicht besonders komplex sind, finden gem. Art. 12 des Gesetzes in nicht geregelten Fällen die Vorschriften des KP Anwendung. Teilweise wird auch direkt auf das KP verwiesen.
Insgesamt hat das KP im Verhältnis zu den Vorschriften des Gesetzes über Gruppenentlassungen einen allgemeinen Charakter.[1085]

1080 BAG vom 10.03.1988, DB 1988, 2006; Germelmann, NZA 1997, 236 (241); Nägele, BB 1992, 1274 (1277).

1081 Sozialgesetzbuch, Arbeitsförderung – SGB III, vom 24.03.1997 (BGBl. I S. 594).

1082 Heute in der Fassung der Bekanntmachung vom 04.07.2002; Dz. U. 2002, Nr. 112, Pos. 980; mit späteren Änderungen.

1083 Liszcz, Prawo pracy, S. 233; Florek/Zieliński, Prawo pracy, Rn. 134; Orłowski/ Patulski/ Patulski, Prawo pracy, S. 30; Piątkowski, Stosunek pracy, S. 368.

1084 Stelina, PiZS 4/2000, S. 35.

1085 Stelina, PiZS 4/2000, S. 35.

Dieses Gesetz umfasst alle Arbeitgeber i.S.d. Art. 3 KP;[1086] weiterhin alle Arbeitnehmer, die aufgrund eines Arbeitsvertrages, eines Genossenschaftsvertrages, eines Berufsausbildungsvertrages und aufgrund Wahl oder Berufung beschäftigt werden, was sich aus Art. 11 des Gesetzes über Gruppenentlassungen ergibt,[1087] und welcher besagt, dass die Vorschriften dieses Gesetzes nicht auf Arbeitnehmer Anwendung finden, die aufgrund einer Ernennung beschäftigt werden.[1088]

Was den Regelungsumfang betrifft, so bezieht sich dieser auf die Auflösung von Arbeitsverhältnissen aus den in Art. 1 Abs. 1 des Gesetzes genannten Gründen, und zwar aus solchen, die die Arbeitnehmer nicht betreffen (dabei dürfte es sich in der Regel um betriebsbedingte Gründe handeln) und die die Auflösung von Arbeitsverhältnissen im Wege einer ordentlichen Kündigung oder eines Aufhebungsvertrages erforderlich machen. Die Vorschriften dieses Gesetzes finden gem. Art. 1 Abs. 1 aber nur dann Anwendung, wenn der Arbeitgeber zumindest 20 Arbeitnehmer beschäftigt. Um eine Gruppenentlassung i.S.d. Vorschrift handelt es sich aber erst dann, wenn innerhalb von 30 Tagen die Entlassungen mindestens 10 Arbeitnehmer umfassen, wenn der Arbeitgeber weniger als 100 Arbeitnehmer beschäftigt, 10% der Arbeitnehmer umfassen, wenn der Arbeitgeber mindestens 100, jedoch weniger als 300 Arbeitnehmer beschäftigt oder 30 Arbeitnehmer umfassen, wenn der Arbeitgeber mindestens 300 oder mehr Arbeitnehmer beschäftigt.

Das Vorliegen der in Art. 1 Abs. 1 des Gesetzes aufgezählten Voraussetzungen führt dazu, dass das Arbeitsverhältnis entsprechend den in diesem Gesetz geregelten Verfahren aufgelöst werden kann. Dazu zählen die ordentliche kollektive Kündigung (Gruppenkündigung) durch den Arbeitgeber (Art. 5 Abs. 1 i.V.m. Art. 1 Abs. 1) bzw. die ordentliche individuelle Kündigung (Art. 10) sowie der Aufhebungsvertrag (Art. 1). Darüber hinaus ist in bestimmten Situationen auch die Änderungskündigung möglich, und zwar entweder die kollektive (Art. 5 Abs. 4) oder die individuelle (Art. 10 Abs. 3).

Die Auflösung des Arbeitsverhältnisses aus den in diesem Gesetz bestimmten Gründen führt zu Ansprüchen des entlassenen Arbeitnehmers, welche auch in diesem Gesetz geregelt sind. Solche Ansprüche werden jedoch nicht begründet, wenn der Arbeitnehmer das Arbeitsverhältnis einseitig auflöst oder wenn ein auf bestimmte Zeit eingegangenes Arbeitsverhältnis infolge des Herannahens des in ihm bestimmten Auflösungstermins aufgelöst wird.[1089] Wird aber ein unbefristetes Arbeitsverhältnis aus den o.g. Gründen, mit Zustimmung beider Parteien, in ein Arbeitsverhältnis auf bestimmte Zeit umgestaltet, so wird vertreten, dass diese Situation derjenigen ähnelt,

---

[1086] Gwarek/Skibicka-Ghaley, Stosunek pracy, S. 107.

[1087] Gwarek/Skibicka-Ghaley, Stosunek pracy, S. 108.

[1088] Eine Ausnahme gilt für den Abfindungsanspruch aus Art. 8 des Gesetzes, wenn ein solcher in speziellen Vorschriften nicht vorgesehen ist.

[1089] Liszcz, Prawo pracy, S. 235; Orłowski/Patulski/Patulski, Prawo pracy, S. 32 .

in welcher die Auflösung aufgrund eines Aufhebungsvertrages erfolgt, so dass sie auch vom Gesetz über Gruppenentlassungen erfasst sein soll.[1090]

Da das Schwergewicht des Gesetzes auf den Gruppenentlassungen basiert, soll zunächst, vor deren ausführlicher Erörterung, kurz auf die verbleibenden Auflösungsverfahren eingegangen werden.

Für die ordentliche individuelle Kündigung gilt gem. Art. 10 Abs. 1 des Gesetzes, dass die Vorschriften des Art. 5 Abs. 3 bis 7 und des Art. 8 entsprechende Anwendung finden, wenn die Auflösung von Arbeitsverhältnissen nach einer individuellen Entscheidung durch einen Arbeitgeber, der zumindest 20 Arbeitnehmer beschäftigt, aus Gründen, die die Arbeitnehmer nicht betreffen, erforderlich ist und diese Gründe die ausschließlichen Gründe für die Kündigung darstellen. Darüber hinaus müssen die Entlassungen innerhalb von 30 Tagen eine kleinere als die in Art. 1 Abs. 1 genannte Arbeitnehmerzahl umfassen. Gem. Art. 12 des Gesetzes über Gruppenentlassungen i.V.m. Art. 38 KP ist der Arbeitgeber verpflichtet die Betriebsgewerkschaft zu konsultieren.

Unterliegen die betroffenen Arbeitnehmer aufgrund spezieller Vorschriften einem besonderen Kündigungsschutz, so ist die Kündigung möglich, wenn die Betriebsgewerkschaft innerhalb von 14 Tagen, nach Erhalt der Benachrichtigung über die beabsichtigte Kündigung, keinen Einspruch einlegt und die Kündigung im Rahmen von Gruppenentlassungen zulässig ist (Art. 10 Abs. 2 des Gesetzes über Gruppenentlassungen). Liegt ein Einspruch nicht vor, gilt wieder Art. 38 KP (über Art. 12 des Gesetzes über Gruppenentlassungen).

Die individuelle Änderungskündigung ist gem. Art. 10 Abs. 3 des Gesetzes über Gruppenentlassungen bei den in Art. 10 Abs. 2 genannten Personen möglich, wenn eine weitere Beschäftigung auf der bisherigen Arbeitsstelle aus Gründen, die die Arbeitnehmer nicht betreffen, nicht möglich ist.

Wenn aufgrund der Änderungskündigung eine geringere Entlohnung erfolgt, steht den in Art. 5 Abs. 5[1091] des o.g. Gesetzes genannten Arbeitnehmern ein Ausgleichszuschlag zu, Art. 5 Abs. 6 des o.g. Gesetzes. Des Weiteren gilt auch hier gem. Art. 10 Abs. 3 S. 2 des o.g. Gesetzes der Art. 38 KP.

Schließlich kann ein Arbeitsverhältnis gem. Art. 1 des Gesetzes über Gruppenentlassungen auch durch einen Aufhebungsvertrag aufgelöst werden.

Wie schon erwähnt, bilden die Gruppenentlassungen das Schwergewicht des hier behandelten Gesetzes. Darunter versteht man die innerhalb von 30 Tagen vorgenommenen Entlassungen, die mindestens 10 Arbeitnehmer umfassen, wenn der Arbeitge-

---

1090 Florek, Zwolnienia pracowników, S. 8; Liszcz, Prawo pracy, S. 235.

1091 Umfasst die in Art. 39 und 177 KP genannten Arbeitnehmer, Mitglieder des Betriebsrates eines staatlichen Unternehmens, Vorstandsmitglieder einer Betriebsgewerkschaft, Mitglieder einer Betriebsgewerkschaft, die berechtigt sind diese gegenüber dem Arbeitgeber zu vertreten, Inspekteure der gewerkschaftlichen Aufsichtsbehörde für den Arbeitsschutz sowie solche Arbeitnehmer, die zur Ableistung des Wehr- oder Zivildienstes einberufen werden. Der Ausgleichszuschlag steht ihnen während der Dauer des besonderen Kündigungsschutzes zu.

ber weniger als 100 Arbeitnehmer beschäftigt, 10% der Arbeitnehmer umfassen, wenn der Arbeitgeber mindestens 100, jedoch weniger als 300 Arbeitnehmer beschäftigt oder 30 Arbeitnehmer umfassen, wenn der Arbeitgeber mindestens 300 oder mehr Arbeitnehmer beschäftigt (Art. 1 Abs.1 des Gesetzes über Gruppenenetlassungen). Dazu zählen auch halbtags beschäftigte Arbeitnehmer.[1092] Es fallen aber nicht solche darunter, deren Arbeitsverhältnis aufgrund des Ablaufs der Dauer, für die es eingegangen worden ist, aufgelöst wird oder aufgrund der Beendigung der vertraglich auszuübenden Arbeit.[1093]

In der Praxis erfolgt diese Art der Auflösung des Arbeitsverhältnisses in der Regel durch die in Art. 5 Abs. 1 bestimmte ordentliche (kollektive) Kündigung, sowie durch den Aufhebungsvertrag (Art. 1).[1094] Möglich sind auch kollektive Änderungskündigungen (Art. 5 Abs. 4). Dabei ist ein besonderes Verfahren zu beachten.

Gem. Art. 2 Abs. 1 des Gesetzes ist der Arbeitgeber verpflichtet, die bei ihm tätigen Betriebsgewerkschaften im Hinblick auf die beabsichtigten Gruppenentlassungen zu konsultieren. Diese Konsultation betrifft insbesondere die Möglichkeit der Vermeidung oder der Verringerung der Zahl der Gruppenentlassungen sowie die Arbeitnehmerangelegenheiten, die mit diesen Entlassungen verbunden sind, dabei insbesondere die Möglichkeit einer beruflichen Umschulung oder einer anderweitigen Beschäftigung, Art. 2 Abs. 2. Dabei muss der Arbeitgeber die Betriebsgewerkschaften schriftlich über die Gründe für die beabsichtigte Gruppenentlassung, die Anzahl der beschäftigten Arbeitnehmer und die Arbeitnehmergruppen, denen sie angehören, die Arbeitnehmergruppen der von der Gruppenentlassung betroffenen Arbeitnehmer, den Zeitraum, in welchem die Entlassung erfolgt, die vorgeschlagenen Auswahlkriterien im Hinblick auf die zu entlassenden Arbeitnehmer, die Reihenfolge der Entlassungen, die Entscheidungsvorschläge bezüglich der mit der beabsichtigten Gruppenentlassung verbundenen Arbeitnehmer- angelegenheiten, und wenn diese Geldleistungen umfassen, auch über die Art und Weise der Bestimmung der Höhe, zu informieren, Art. 2 Abs. 3. Der Arbeitgeber ist zudem verpflichtet, andere Informationen weiterzuleiten, wenn diese einen Einfluss auf den Verlauf der Konsultation sowie die gem. Art. 3 abzuschliessende Betriebsvereinbarung haben können, Art. 2 Abs. 5. Die schriftliche Benachrichtigung muss zu einem Termin erfolgen, der es den Betriebsgewerkschaften ermöglicht, Vorschläge zu den in Art. 2 Abs. 2 bestimmten Angelegenheiten zu machen, Art. 2 Abs. 4.

Über die in Art. 2 Abs. 3 festgelegten Punkte – mit Ausnahme der Höhe, der den Arbeitnehmern zustehenden Geldleistungen – informiert der Arbeitgeber schriftlich auch das zuständige Kreisarbeitsamt, Art. 2 Abs. 6.

Ist bei dem Arbeitgeber keine Betriebsgewerkschaft tätig, so stehen die in Art. 2 Abs. 1 bis 5 bestimmten Rechte dem Arbeitnehmervertreter zu, welcher in einem vom Arbeitgeber angenommenen Verfahren gewählt wird, Art. 2 Abs. 7.

1092 Orłowski/Patulski/Patulski, Prawo pracy, S. 32.
1093 OSNAPiUS 1995/3/33.
1094 Orłowski/Patulski/Patulski, Prawo pracy, S. 32.

Innerhalb einer Frist von 20 Tagen nach Benachrichtigung der Betriebsgewerkschaften i.S.d. Art. 2 Abs. 3, sollen der Arbeitgeber und die Betriebsgewerkschaften eine Betriebsvereinbarung schließen, Art. 3 Abs. 1. In dieser Betriebsvereinbarung sollen die Grundsätze des Verfahrens bezüglich der von der beabsichtigten Gruppenentlassung betroffenen Arbeitnehmer sowie weitere Arbeitgeberpflichten hinsichtlich unerlässlicher Entscheidungen von anderen Arbeitnehmer- angelegenheiten, die mit der beabsichtigten Gruppenentlassung verbunden sind, bestimmt werden (Art. 3 Abs. 2). Sofern es nicht möglich ist, den Inhalt der Betriebsvereinbarung mit allen Betriebsgewerkschaften zu vereinbaren, vereinbart der Arbeitgeber den Inhalt der Betriebsvereinbarung mit den Repräsentativgewerkschaften i.S.d. Art. 241^{25a} KP[1095]. Ist es trotzdem nicht möglich eine solche Betriebsvereinbarung zu schliessen, werden die Verfahrensgrundsätze bezüglich der von der beabsichtigten Gruppenentlassung betroffenen Arbeitnehmer vom Arbeitgeber im Wege einer Richtlinie bestimmt, nach Möglichkeit unter Berücksichtigung der im Rahmen der Konsultation von den Betriebsgewerkschaften gemachten Vorschläge, Art. 3 Abs. 4.
Sind bei dem Arbeitgeber keine Betriebsgewerkschaften tätig, dann bestimmt der Arbeitgeber die o.g. Verfahrensgrundsätze im Wege einer Richtlinie, nachdem er den, in einem vom Arbeitgeber angenommenen Verfahren, gewählten Arbeitnehmervertreter konsultiert hat, Art. 3 Abs. 5.
Nach Abschluss der o.g. Betriebsvereinbarung sowie in dem Fall, dass eine solche nicht abgeschlossen worden ist, der Arbeitgeber aber die in Art. 3 Abs. 4 oder 5 bestimmten Pflichten erfüllt hat, benachrichtigt der Arbeitgeber schriftlich das zuständige Kreisarbeitsamt über die, die Gruppenentlassung betreffenden Vereinbarungen; dabei auch über die Zahl der beschäftigten und zu entlassenden Arbeitnehmer sowie die Entlassungsgründe, den Zeitraum, in welchem die Entlassung erfolgt sowie über die durchgeführte Konsultation mit den Betriebsgewerkschaften oder dem gewählten Arbeitnehmervertreter, Art. 4 Abs. 1. Eine Abschrift dieser Benachrichtigung hat der Arbeitgeber den Betriebsgewerkschaften oder dem gewählten Arbeitnehmervertreter zukommen zu lassen, die die Möglichkeit haben, dem zuständigen Kreisarbeitsamt ihre eigene Ansicht bezüglich der Gruppenentlassung mitzuteilen, Art. 4 Abs. 2, 3.
Erfolgt die Gruppenentlassung im Wege ordentlicher Kündigungen, dürfen diese nicht vor der vom Arbeitgeber i.S.d. Art. 4 Abs. 1 vorgenommenen Benachrichtigung des Kreisarbeitsamtes erfolgen, und wenn eine solche nicht erforderlich ist, nicht vor Abschluß der Betriebsvereinbarung oder der Aufstellung einer Richtlinie, Art. 6 Abs. 1. Die Auflösung des Arbeitsverhältnisses mit einem Arbeitnehmer darf jedoch

[1095] § 1: Bei einer Gewerkschaft handelt es sich um eine Repräsentativbetriebsgewerkschaft, wenn es sich 1) um eine organisatorische Einheit oder eine Mitgliederorganisation einer überbetrieblichen Gewerkschaft handelt, die aufgrund von Art. 241^{17} § 1 Nr. 1 KP (mindestens 500.000 Arbeitnehmer) als Repräsentativgewerkschaft anerkannt ist, unter der Bedingung, dass in ihr zumindest 7% der beim Arbeitgeber beschäftigten Arbeitnehmer organisiert sind oder 2) wenn in ihr zumindest 10% der beim Arbeitgeber beschäftigten Arbeitnehmer organisiert sind.

erst frühestens 30 Tage nach der Benachrichtigung des Kreisarbeitsamtes erfolgen, und wenn eine solche nicht erforderlich ist, frühestens 30 Tage nach Abschluß einer Betriebsvereinbarung oder der Aufstellung einer Richtlinie, Art. 6 Abs. 2.
Der Kündigungsschutz ist bei dieser Auflösung des Arbeitsverhältnisses nur begrenzt anwendbar. Art. 5 Abs. 1 schließt die Anwendbarkeit der Art. 38 und 41 KP - unter Vorbehalt des Art. 5 Abs. 2 bis 4[1096] - sowie spezieller Vorschriften, die den besonderen Kündigungsschutz betreffen - unter Vorbehalt des Art. 5 Abs. 5[1097] - aus.
Was den Abschluss der in Art. 3 bestimmten Betriebsvereinbarung des Arbeitgebers mit den Betriebsgewerkschaften betrifft, so hat die Praxis der letzten zehn Jahre dazu geführt, dass zu Gunsten der Arbeitnehmer sog. Sozialpakte (Pakete) geschlossen werden.[1098] Dies ist oftmals der Fall bei der Privatisierung staatlicher Unternehmen.[1099]
Diese Sozialpakte enthalten Garantiepakete für die betroffenen Arbeitnehmer, wie insbesondere die Garantie, dass das Arbeitsverhältnis über eine von vornherein bestimmte Zeit bestehen bleibt, dass entlassene Arbeitnehmer Leistungen erhalten, die über dem Standard liegen und die Bestimmung, wie das Niveau und der Umfang der Sozialleistungen besonders geschützt werden soll.[1100]
Zuletzt ist noch festzustellen, dass gem. Art. 5 Abs. 7 Arbeitsverträge auf bestimmte Zeit sowie zur Ausübung einer bestimmten Arbeit, im Rahmen einer Gruppenentlassung, von jeder Partei mit zweiwöchiger Kündigungsfrist gekündigt werden können. Im Verhältnis zu den Vorschriften im KP (Art. 33, 41¹ § 2) stellt diese Regelung eine erweiterte Möglichkeit der Auflösung dieser Arbeitsverhältnisse dar. Das in den Art. 2 bis 4 beschriebene Verfahren muss aber auch hier beachtet werden.[1101]
Kommt es schließlich zur Auflösung des Arbeitsverhältnisses i.S.d. hier behandelten Gesetzes über Gruppenentlassungen, steht dem Arbeitnehmer gem. Art. 8 Abs. 1 des Gesetzes eine Abfindung zu, deren Höhe von der Dauer der Berufstätigkeit abhängt und das 15fache des niedrigsten Gehalts nicht überschreiten darf (Abs. 4).
Da bei der Verletzung von Kündigungsvorschriften Art. 45 KP anwendbar ist, kann dem Arbeitnehmer, neben dem o.g. Abfindungsanspruch aber auch noch ein Scha-

---

1096 Art. 5 Abs. 2: Wird bei einer ordentlichen Kündigung sowie einer Änderungskündigung eine Betriebsvereinbarung i.S.d. Art. 3 nicht abgeschlossen, kommt Art. 38 KP zur Anwendung. Art. 5 Abs. 3: Unzulässigkeit der ordentlichen Kündigung, wenn der betroffene Arbeitnehmer Art. 41 KP unterfällt (Einschränkung: der Urlaub muss kürzer als drei Monate sein, oder wenn im Falle einer anderen entschuldigten Abwesenheit die Frist noch nicht abgelaufen ist, die den Arbeitgeber zu einer ordentlichen Kündigung berechtigt).Art. 5 Abs. 4: Eine Änderungskündigung in den in Art. 41 KP bestimmten Fällen ist unabhängig von der Urlaubsdauer oder der Dauer einer anderen entschuldigten Abwesenheit zulässig.

1097 Art. 5 Abs. 5: s.o. FN 1091.

1098 Orłowski/Patulski/Patulski, Prawo pracy, S. 34.

1099 Orłowski/Patulski/Patulski, Prawo pracy, S. 189.

1100 Orłowski/Patulski/Patulski, Prawo pracy, S. 189.

1101 Wichrowska-Janikowska, PiZS 10/2000, S. 33 (35).

densersatzanspruch aus Art. 47¹ KP zustehen (gem. Art. 12 des Gesetzes über Gruppenentlassungen).[1102]
Zudem soll der Arbeitgeber gem. Art. 9 Abs. 1 des Gesetzes über Gruppenentlassungen den Arbeitnehmer, mit welchem er das Arbeitsverhältnis aufgrund einer Gruppenetlassung aufgelöst hat, erneut einstellen, wenn er Arbeitnehmer der gleichen Berufsgruppe wieder einstellt und der Arbeitnehmer seine Absicht, in den Betrieb zurückzukehren, innerhalb eines Jahres seit der Auflösung des Arbeitsverhältnisses erklärt.
Der Wortlaut ist dabei zwar unklar, es wird aber angenommen, dass es sich um einen Arbeitnehmeranspruch handelt.[1103]
Die erneute Einstellung soll innerhalb von 15 Monaten nach der Auflösung des Arbeitsverhältnisses erfolgen, Art. 9 Abs. 2 des Gesetzes über Gruppenentlassungen.
Erfolgt die Gruppenentlassung aufgrund der Eröffnung eines Insolvenzverfahrens oder der Liquidation des Arbeitgebers, finden die Vorschriften der Artt. 41¹ § 1, 177 § 4, 5 und 196 Nr. 2 KP Anwendung, sowie spezielle Vorschriften, Art. 7 des Gesetzes über Gruppenentlassungen.

2. Vergleich mit Deutschland

Die in Polen sog. Gruppenentlassungen entsprechen in Deutschland den Massenentlassungen. Die Vorschriften über Massenentlassungen sind jedoch nicht, wie in Polen, in einem eigenständigen Gesetz zusammengefasst, sondern im dritten Abschnitt des KSchG (§§ 17 ff.), unter der Überschrift „Anzeigepflichtige Entlassungen", verankert.
Wie sich aus dem Titel des Gesetzes über Gruppenentlassungen ergibt, können diese nur aufgrund solcher Gründe vorgenommen werden, die die Arbeitnehmer nicht betreffen. Die §§ 17 ff. KSchG beschränken solche Entlassungen zwar nicht auf solche, in der Regel wohl betriebsbedingte Ursachen, so dass unter die Regelung auch personen- und verhaltensbedingte Entlassungen fallen können.[1104] Grundsätzlich werden Massenentlassungen jedoch auch nur dann vorgenommen, wenn betriebliche Gründe i.S.v. § 1 Abs. 2 S. 1 KSchG vorliegen.[1105] Wie schon oben erläutert, sind darunter wirtschaftliche, technische oder organisatorische, d.h. innerbetriebliche Umstände zu verstehen, wie auch außerbetriebliche wie z.B. Auftragsmangel.
Art. 1 Abs. 1 des Gesetzes über Gruppenentlassungen vom 13. März 2003 setzt nicht mehr – wie Art. 1 Abs. 1 des Gesetzes über Gruppenentlassungen vom 28. Dezember 1989 – für dessen Anwendbarkeit voraus, dass die Entlassungen mit dem Ziel, die Anzahl der Beschäftigten zu verringern, erfolgen. Auch in Deutschland wird die

---

[1102] SN vom 13.12.1990, OSNCP 1991/5/64.
[1103] Liszcz, Prawo pracy, S. 241 f.
[1104] BAG vom 08.06.1989, AP Nr. 6 zu § 17 KSchG 1969; APS/Moll, KündR, § 17 KSchG Rn. 37; ErfK/Ascheid, § 17 KSchG Rn. 12; KR-Weigand, § 17 KSchG Rn. 49 f.; KPK-Schiefer, §§ 17-22 Rn. 40.
[1105] Rumpenhorst, NZA 1991, 214 f.; Zöllner/Loritz, Arbeitsrecht, S. 314.

Verminderung der Arbeitnehmerzahl nicht gefordert. Die Vorschriften über Massenentlassungen finden somit auch dann Anwendung, wenn diesen Entlassungen Neueinstellungen gegenüberstehen.[1106]
Bei Insolvenz des Arbeitgebers oder dessen Liquidation, sind bestimmte Vorschriften des KP anwendbar sowie spezielle Gesetze. In Deutschland finden die §§ 17 ff. KSchG bei Insolvenz des Arbeitgebers[1107] oder einer Betriebsstillegung[1108] Anwendung. Im Falle der Insolvenz sind zudem die §§ 122 ff. InsO zu beachten.
Was den Begriff der Massenentlassung betrifft, liegt diese gem. § 17 Abs. 1 S. 1 KSchG vor, wenn der Arbeitgeber in Betrieben mit in der Regel mehr als 20 und weniger als 60 Arbeitnehmern mehr als 5 Arbeitnehmer (Nr. 1), in Betrieben mit in der Regel mindestens 60 und weniger als 500 Arbeitnehmern 10 vom Hundert der im Betrieb regelmäßig beschäftigten Arbeitnehmer oder aber mehr als 25 Arbeitnehmer (Nr. 2) oder in Betrieben mit in der Regel mindestens 500 Arbeitnehmern mindestens 30 Arbeitnehmer innerhalb von 30 Kalendertagen entläßt.
Nach der polnischen Rechtslage ist eine Gruppenentlassung gegeben, wenn die innerhalb von 30 Tagen vorgenommenen Entlassungen, mindestens 10 Arbeitnehmer umfassen, wenn der Arbeitgeber weniger als 100 Arbeitnehmer beschäftigt, 10% der Arbeitnehmer umfassen, wenn der Arbeitgeber mindestens 100, jedoch weniger als 300 Arbeitnehmer beschäftigt oder 30 Arbeitnehmer umfassen, wenn der Arbeitgeber mindestens 300 oder mehr Arbeitnehmer beschäftigt. Im Vergleich, unterscheiden sich zwar die zahlenmässigen Angaben in der polnischen und der deutschen Vorschrift. Bei der Berechnung, wann eine Gruppen- bzw. Massenentlassung vorliegt, ergeben sich jedoch keine wirklich wesentlichen Unterschiede. Darüber hinaus ist in beiden Ländern für die Anwendbarkeit der Vorschriften auf einen Betrieb eine vorgeschriebene Mindestzahl von beschäftigten Arbeitnehmern erforderlich. Art. 1 Abs. 1 des Gesetzes über Gruppenentlassungen spricht von zumindest 20 Arbeitnehmern, § 17 Abs. 1 S. 1 KSchG von „in der Regel mehr als 20“. Also besteht auch hier kaum ein Unterschied. Schließlich ist der Zeitraum, in welchem die Arbeitsverhältnisse aufgelöst werden, mit den bestimmten 30 Kalendertagen in beiden Ländern gleich.
Damit passte der polnische Gesetzgeber die Rechtslage der Massenentlassungsrichtlinie 98/59/EG vom 20.07.1998[1109] an, indem er den Wortlaut von Art. 1 lit. a) i) im Wesentlichen übernimmt. Eine Abweichung ergibt sich nur dahingehend, dass das Gesetz über Gruppenentlassungen schon bei einer Mindestzahl von 20 beschäftigten Arbeitnehmern Anwendung findet und nicht erst dann, wenn in dem Betrieb in der

1106 H. M.: BAG vom 13.03.1969, AP Nr. 10 zu § 15 KSchG; APS/Moll, KündR, § 17 KSchG Rn. 53; ErfK/Ascheid, § 17 KSchG Rn. 15; Kittner/Däubler/Zwanziger, KSchR, § 17 KSchG Rn. 26; Schaub, Arbeitsrechts-Handbuch, § 142 Rn. 17; Stahlhacke/Vossen, Rn. 1575.
1107 Hromadka/Maschmann, Arbeitsrecht Band 1, § 10 Rn. 279.
1108 v. Hoyningen-Huene/Linck, KSchG, § 17 Rn. 13.
1109 ABl. EG Nr. L 225/16.

Regel mehr als 20 Arbeitnehmer, also 21, beschäftigt werden, wie es die Richtlinie vorsieht und wie es auch in § 17 Abs. 1 S. 1 KSchG geregelt ist.
In beiden Ländern zählen dabei zu den Arbeitnehmern auch Teilzeitbeschäftigte.[1110] Die Vorschriften über Gruppen- bzw. Massenentlassungen finden aber keine Anwendung, wenn das Arbeitsverhältnis durch Zeitablauf endet.[1111]
Gem. § 17 Abs. 5 KSchG fallen unter die Arbeitnehmer i.S.d. Vorschrift jedoch keine Vorstandsmitglieder von juristischen Personen (Nr. 1), Vertreter von Personengesellschaften (Nr. 2) sowie leitende Angestellte (Nr. 3). Eine solche Ausnahme vom Arbeitnehmerbegriff des Gesetzes über Gruppenentlassungen findet sich in Polen nicht.
Unter einer Entlassung i.S.v. § 17 KSchG ist die vom Arbeitgeber aufgrund ordentlicher Kündigung herbeigeführte, tatsächliche Beendigung des Arbeitsverhältnisses, somit das Ausscheiden aus dem Betrieb zu verstehen.[1112] Es ist damit nicht bereits auf die Kündigungserklärung abzustellen, sondern auf den Ablauf der Kündigungsfrist, also den Kündigungstermin.[1113]
Auch in Polen erfolgen die Auflösungen der Arbeitsverhältnisse (Gruppenentlassungen) regelmäßig durch die in Art. 5 Abs. 1 bestimmte ordentliche Kündigung. Im Gegensatz zu Deutschland wird dabei jedoch nicht auf die tatsächliche Beendigung des Arbeitsverhältnisses abgestellt, sondern auf die Kündigung,[1114] worunter wohl die Kündigungserklärung zu verstehen ist.
Dabei sind in beiden Ländern die Gruppen- bzw. Massenentlassungen auch in Form von Änderungskündigungen möglich.[1115]
Gem. Art. 1 des Gesetzes über Gruppenentlassungen können die Arbeitsverhältnisse auch im Wege von Aufhebungsverträgen aufgelöst werden. Dem gegenüber besagt § 17 Abs. 1 S. 2 KSchG, dass den Entlassungen andere Beendigungen des Arbeitsverhältnisses gleich stehen, die vom Arbeitgeber veranlaßt werden. Somit kann in Deutschland der Abschluss eines Aufhebungsvertrages nur ausnahmsweise zu einer

---

1110 v. Hoyningen-Huene/Linck, KSchG, § 17 Rn. 7; Kittner/Däubler/ Zwanziger, KSchR, § 17 Rn. 10; Löwisch, KSchG § 17 Rn. 21.

1111 BAG vom 06.12.1973, AP Nr. 1 zu § 17 KSchG 1969; APS/Moll, KündR, § 17 KSchG Rn. 35; ErfK/Ascheid, § 17 KSchG Rn. 14; Kittner/Däubler/ Zwanziger, KSchR, § 17 KSchG Rn. 24; KR-Weigand, § 17 KSchG Rn. 44; Löwisch, KSchG § 17 Rn. 39.

1112 BAG vom 25.05.1960, AP Nr. 6 zu § 15 KSchG; vom 06.12.1973, AP Nr. 1 zu § 17 KSchG 1969; vom 13.04.2000, NZA 2001, 144 (145); ErfK/Ascheid, § 17 KSchG Rn. 12; Kittner/Däubler/Zwanziger, KSchR, § 17 KSchG Rn. 13; Löwisch, KSchG § 17 Rn. 25; Schaub, Arbeitsrechts-Handbuch, § 142 Rn. 10.

1113 BAG vom 17.11.1998, NZA 1999, 609; Götz, Arbeitsrecht I, S. 208; v. Hoyningen-Huene/Linck, KSchG, § 17 Rn. 15.

1114 Gwarek/Skibicka-Ghaley, Stosunek pracy, S. 111; Kolasiński, Prawo pracy I, S. 166; Orłowski/Patulski/Patulski, Prawo pracy, S. 32.

1115 H. M.: BAG vom 03.10.1963, AP Nr. 9 zu § 15 KSchG; vom 10.03.1982, AP Nr. 2 zu § 2 KSchG 1969; APS/Moll, KündR, § 17 KSchG Rn. 26; HaKo/Pfeiffer, § 17 Rn. 27; KR-Weigand, § 17 KSchG Rn. 41; Löwisch, KSchG § 17 Rn. 30; Stahlhacke/Vossen, Rn. 1575.

Entlassung i.S.d. §§ 17 ff. KSchG führen und zwar dann, wenn der Arbeitgeber dem Arbeitnehmer die beabsichtigte Kündigung mitteilt und sich der Arbeitnehmer aufgrund dessen zu einer einverständlichen Aufhebung des Arbeitsverhältnisses bereit erklärt.[1116]

Was die fristlosen Entlassungen betrifft, so bleiben diese gem. § 17 Abs. 4 KSchG unberührt und werden bei der Berechnung der Mindestzahl der Entlassungen nach Abs. 1 nicht mitgerechnet. In Polen ist die fristlose Kündigung bei Gruppenentlassungen in dem Gesetz vom 13. März 2003 nicht mehr geregelt. Da der Art. 7 a des Gesetzes über Gruppenentlassungen vom 28. Dezember 1989 die fristlose Kündigung aber nur im Falle der Insolvenzeröffnung oder der Liquidation des Betriebes vorsah, ist trotz der Verweisung des Art. 12 des nun geltenden Gesetzes über Gruppenentlassungen auf die Vorschriften des KP davon auszugehen, dass auch jetzt fristlose Kündigungen bei Gruppenentlassungen grundsätzlich nicht möglich sind.

Davon unberührt bleiben aber wohl die individuellen fristlosen Kündigungen gem. Art. 52 ff KP. Diese sind dann konsequenterweise auch nicht in die Berechnung der Mindestzahl der Entlassungen einzubeziehen.

Im Hinblick auf den Kündigungsschutz, ist in Deutschland sowohl der allgemeine[1117] als auch der besondere[1118] zusätzlich zu beachten. Wie schon bekannt, gibt es in Polen keinen allgemeinen Kündigungsschutz i.S.d. KSchG, den es zu beachten gäbe. Der besondere Kündigungsschutz wird zudem in manchen Vorschriften des Gesetzes über Gruppenentlassungen eingeschränkt.

Bei allen ordentlichen Kündigungen unbefristeter Arbeitsverhältnisse sowie deren Auflösung im Wege von Aufhebungsverträgen i.S.d. Art. 1 und 5 Abs. 1 des Gesetzes über Gruppenentlassungen sowie allen Entlassungen, die unter § 17 Abs. 1 KSchG fallen, ist ein bestimmtes Verfahren einzuhalten.

Relativ ausführlich ist in Polen die Beteiligung der Betriebsgewerkschaft (bzw. des Betriebsrates) geregelt, die in vielen Punkten derjenigen im KSchG ähnelt oder sogar mit ihr übereinstimmt.

Beabsichtigt der Arbeitgeber Gruppen- bzw. Massenentlassungen vorzunehmen, so hat er vorher den Betriebsrat (die Betriebsgewerkschaft), unter Angabe inhaltlich bestimmter Auskünfte, darüber schriftlich zu unterrichten (Art. 2 Abs. 3 des Gesetzes über Gruppenentlassungen; § 17 Abs. 2 S. 1 KSchG). Die gemäss diesen Vorschriften

---

1116 H.M.: BAG vom 13.11.1996, NZA 1997, 390 (392); vom 11.03.1999, DB 1999, 1274; Bauer/Röder, NZA 1985, 201(202 f.); ErfK/Ascheid, § 17 KSchG Rn. 14; Kittner/Däubler/Zwanziger, KSchR, § 17 KSchG Rn. 22; KR-Weigand, § 17 KSchG Rn. 43; Löwisch, KSchG § 17 Rn. 26; Zöllner/Loritz, Arbeitsrecht, S. 314.

1117 H. M.: BAG vom 27.02.1958, AP Nr. 1 zu § 1 KSchG Betriebsbedingte Kündigung; vom 06.11.1958, AP Nr. 1 zu § 15 KSchG; vom 06.12.1973, AP Nr. 1 zu § 17 KSchG 1969; ErfK/Ascheid, § 17 KSchG Rn. 3; HK-KSchG/Hauck, § 17 Rn. 2; Kittner/Däubler/Zwanziger, KSchR, § 17 KSchG Rn. 4; KR-Weigand, § 17 KSchG Rn. 10; Löwisch, KSchG § 17 Rn. 3; Zöllner/Loritz, Arbeitsrecht, S. 314.

1118 ErfK/Ascheid, § 17 KSchG Rn. 3; HK-KSchG/Hauck, § 17 Rn. 4; v. Hoyningen-Huene/Linck, KSchG, Vorb. zu §§ 17 ff. Rn. 12.

zu erteilenden Auskünfte stimmen in beiden Ländern überein. Die Angabe dieser Auskünfte wird auch so in Art. 2 Abs. 3 lit. b) iii) bis vi) der Richtlinie 98/59/EG vorgegeben.

Die Unterrichtung des Betriebsrates und die Erteilung der erforderlichen Auskünfte gem. Art. 2 Abs. 4 des Gesetzes über Gruppenentlassungen soll zu einem solchen Zeitpunkt erfolgen, der es den Betriebsgewerkschaften noch ermöglicht, die im Rahmen der Konsultation gemachten Vorschläge geltend zu machen. Ähnlich § 17 Abs. 2 S. 1 KSchG, der nur davon spricht, dass dies „rechtzeitig" zu erfolgen hat. Aufgrund dieses unklaren Begriffs werden unterschiedliche Ansichten vertreten, was darunter zu verstehen ist. Teilweise wird angenommen, dass die Unterrichtung mindestens zwei Wochen vor der zu erstattenden Anzeige bei der Agentur für Arbeit (§ 17 Abs. 1 S. 1 KSchG) vorzunehmen sei, weil ansonsten der Arbeitgeber keine wirksame Anzeige nach § 17 Abs. 3 S. 3 KSchG[1119] abgeben könnte.[1120]

Nach der Unterrichtung des Betriebsrates haben dieser und der Arbeitgeber insbesondere die Möglichkeiten zu beraten, Entlassungen zu vermeiden oder einzuschränken und ihre Folgen zu mildern (§ 17 Abs. 2 S. 2 KSchG). Dabei handelt es sich um eine Beratungspflicht.[1121]

Eine diesbezügliche Entsprechung findet sich im Grunde in Art. 2 Abs. 2 i.V.m. Abs. 1 des Gesetzes über Gruppenentlassungen. Danach hat der Arbeitgeber die Pflicht, die Betriebsgewerkschaft zu konsultieren, wobei insbesondere beraten werden soll, wie die Entlassungen verhindert oder verringert werden können, oder ob Umschulungsmaßnahmen in Betracht kommen.

Das KSchG fordert weder den Abschluss einer Betriebsvereinbarung, wie es Art. 3 Abs. 1 des Gesetzes über Gruppenentlassungen macht, noch die Aufstellung einer Richtlinie i.S.d. Art. 3 Abs. 4. Aber auch in Polen besteht bezüglich der Betriebsvereinbarung keine Abschlusspflicht, wie sich aus Art. 3 Abs. 4 des Gesetzes über Gruppenentlassungen ergibt („Wird eine Betriebsvereinbarung nicht geschlossen....").

Auch im Hinblick auf die Beteiligung der zuständigen Behörde gibt es Gemeinsamkeiten.

Der Arbeitgeber hat der Agentur für Arbeit bzw. dem zuständigen Kreisarbeitsamt eine Abschrift der Mitteilung an den Betriebsrat bzw. die Betriebsgewerkschaft zuzuleiten, die zumindest die in § 17 Abs. 2 S. 1 Nr. 1 bis 5 KSchG bzw. Art. 2 Abs. 3 des Gesetzes über Gruppenentlassungen vorgeschriebenen Angabe enthalten muss (§ 17 Abs. 3 S. 1, 4 KSchG; Art. 2 Abs. 6 des Gesetzes über Gruppenentlassungen).

1119 Liegt eine Stellungnahme des Betriebsrates zu den Entlassungen nicht vor, so ist die Anzeige wirksam, wenn der Arbeitgeber glaubhaft macht, dass er den Betriebsrat mindestens zwei Wochen vor Erstattung der Anzeige nach Abs. 2 S. 1 unterrichtet hat.

1120 HK-KSchG/Hauck, § 17 Rn. 29; v. Hoyningen-Huene/Linck, KSchG, § 17 Rn. 48; Kittner/Däubler/Zwanziger, KSchR, § 17 KSchG Rn. 31; KR-Weigand, § 17 KSchG Rn. 58; a.A. APS/Moll, KündR, § 17 KSchG Rn. 71.

1121 v. Hoyningen-Huene/Linck, KSchG, § 17 Rn. 49.

Der Arbeitgeber hat dem Betriebsrat bzw. der Betriebsgewerkschaft eine Abschrift dieser Anzeige zuzuleiten, und diese haben die Möglichkeit einer eigenen Stellungnahme gegenüber der Agentur für Arbeit bzw. dem Kreisarbeitsamt, § 17 Abs. 3 S. 6, 7 KSchG; Art. 4 Abs. 2 des Gesetzes über Gruppenentlassungen.
Es gibt jedoch keine den §§ 18 ff. KSchG entsprechenden Regelungen. Zwar darf die Auflösung des Arbeitsverhältnisses mit einem Arbeitnehmer frühestens 30 Tage nach der Benachrichtigung des Kreisarbeitsamtes erfolgen, und wenn eine solche nicht erforderlich ist, frühestens 30 Tage nach Abschluß einer Betriebsvereinbarung oder der Aufstellung einer Richtlinie, Art. 6 Abs. 2 des Gesetzes über Gruppenentlassungen. Dies ähnelt dem § 18 Abs. 1 KSchG, wonach Massenentlassungen vor Ablauf eines Monats nach Eingang der Anzeige bei der Agentur für Arbeit nur mit deren Zustimmung wirksam sind. Der wesentliche Unterschied ist aber der, dass zur Wirksamkeit der Entlassungen, in Polen nicht die Zustimmung des Kreisarbeitsamtes erforderlich ist. Art. 4 Abs. 1 der Richtlinie 98/59/EG setzt eine solche aber auch nicht voraus.
Wird schließlich das Arbeitsverhältnis mit einem Arbeitnehmer aufgrund einer Gruppenentlassung aufgelöst, steht diesem gem. Art. 8 Abs. 1 des Gesetzes über Gruppenentlassungen eine Abfindung zu. Eine solche Anspruchsgrundlage im Falle einer Massenentlassung findet sich im KSchG nicht. Es ist jedoch üblich, dass die entlassenen Arbeitnehmer eine Abfindung erhalten. Dass Abfindungen infolge von Massenentlassungen vorgesehen werden, ergibt sich zudem aus § 17 Abs. 2 S. 1 Nr. 6 KSchG, wonach dem Betriebsrat die für die Berechnung etwaiger Abfindungen vorgesehenen Kriterien anzugeben sind.
Schließlich besteht gem. Art. 9 des Gesetzes über Gruppenentlassungen ein Wiedereinstellungsanspruch des Arbeitnehmers, welcher bis zu einem Jahr nach Auflösung des Arbeitsverhältnisses fortdauert. Eine diesbezügliche ausdrückliche Regelung enthält das KSchG wiederum nicht. Aber auch in Deutschland wird grundsätzlich ein Wiedereinstellungsanspruch (§ 242 BGB) des Arbeitnehmers angenommen, wenn sich die tatsächlichen Umstände ändern und dadurch der Kündigungsgrund wegfällt.[1122] Unterschiedliche Ansichten gibt es jedoch hinsichtlich der Befristung dieses Anspruchs. Während ein Teil der Rechtsprechung und der Literatur den Wiedereinstellungsanspruch grundsätzlich nur bis zum Ablauf der Kündigungsfrist anneh-

[1122] BAG vom 27.02.1997, NZA 1997, 757; vom 28.06.2000, NZA 2000, 1097; Dütz, Arbeitsrecht, Rn. 337 ff.; ErfK/Ascheid, § 1 KSchG Rn. 158; v. Hoyningen-Huene/Linck, KSchG, § 156 a ff.; Hromadka/Maschmann, Arbeitsrecht Band 1, § 10 Rn. 358 ff.; Kittner/Däubler/Zwanziger, KSchR, § 1 KSchG Rn. 56 a; Löwisch, Arbeitsrecht, Rn. 1333; Stahlhacke/Preis, Kündigung, Rn. 1026.

men,[1123] kann dieser laut einem anderen Teil noch über das Arbeitsverhältnis hinaus fortdauern.[1124]

V. Das Erlöschen des Arbeitsverhältnisses in Polen

Das Erlöschen des Arbeitsverhältnisses tritt kraft Gesetzes ein, und zwar durch andere Umstände als durch ein Rechtsgeschäft.[1125]

Die Fälle, die diese Rechtsfolge hervorrufen, sind im polnischen Arbeitsrecht abschließend geregelt.

Dazu zählen der Tod des Arbeitnehmers (Art. 63^1 § 1 KP), der Tod des Arbeitgebers (Art. 63^2 § 1 KP), die dreimonatige Abwesenheit des Arbeitnehmers aufgrund Untersuchungshaft (Art. 66 § 1 KP), die fehlende Erklärung des Arbeitnehmers, innerhalb von sieben Tagen nach Auflösung des Arbeitsverhältnisses aufgrund von einer Wahl, über seine Rückkehr in den Betrieb, der ihn zum Zeitpunkt der Wahl beschäftigt hat (Art. 74 KP) und die fehlende Rückmeldung des Arbeitnehmers innerhalb von 30 Tagen zur Arbeit, nach Ableistung des Wehrdienstes (Art. 122 Abs. 1 des Gesetzes über die allgemeine Pflicht zur Verteidigung der Republik Polen).

Als Datum für das Erlöschen wird der Tag genommen, an dem der Arbeitnehmer seine Arbeit eingestellt hat.[1126]

Während beim Tod des Arbeitnehmers das Arbeitsverhältnis logischerweise immer erlischt, geschieht dies beim Tod des Arbeitgebers gem. Art. 63^2 § 3 KP dann nicht, wenn ein Betriebsübergang i.S.d. Art. 23^1 KP stattgefunden hat, der Arbeitnehmer somit vom neuen Arbeitgeber übernommen wird. Als neuer Arbeitgeber gilt auch der Erbe eines Betriebes, dessen Inhaber gestorben ist.[1127] Art. 63^2 § 1 KP ist nur auf natürliche Personen anwendbar.[1128]

Hat ein Betriebsübergang nicht stattgefunden, dann steht dem Arbeitnehmer aufgrund des Erlöschens des Arbeitsverhältnisses ein Schadensersatzanspruch in Höhe des Gehalts für die Kündigungsfrist zu, und wenn es sich um einen Arbeitsvertrag auf bestimmte Zeit oder auf Zeit zur Ausübung einer bestimmten Arbeit handelt, für die Dauer von zwei Wochen (Art. 63^2 § 2 KP). Wer zur Zahlung des Schadensersatzan-

---

[1123] BAG vom 06.08.1997, DB 1997, 1675; vom 28.06.2000, NZA 2000, 1097; Boewer, NZA 1999, 1177 (1178); Dütz, Arbeitsrecht, Rn. 337; ErfK/Ascheid, § 1 KSchG Rn. 158; HK-KSchG/Weller/Dorndorf, § 1 Rn. 946 a; v. Hoyningen-Huene/Linck, KSchG, § 1 Rn. 156 e; Hromadka/Maschmann, Arbeitsrecht Band 1, § 10 Rn. 363; KR-Etzel, § 1 KSchG Rn. 569; Stahlhacke/Preis, Kündigung, Rn. 1026.

[1124] BAG vom 13.11.1997, NZA 1998, 251;Bram/Rühl, NZA 1990, 753 (757); Nicolai/Noack, ZfA 2000, 87 (102 ff.).

[1125] Barzycka-Banaszczyk, Prawo pracy, S. 72; Libera/Zduńska, Pracownik w zakładzie pracy, S. 118.

[1126] Barzycka-Banaszczyk, Prawo pracy, S. 73.

[1127] OSNAPiUS 1994/2/23; Liszcz, PiZS 7-8/1997, S. 29 (36); Orłowski/Patulski/Patulski, Prawo pracy, S. 153; Salwa, PiZS 2/2000, S. 18 (19).

[1128] Liszcz, PiZS 7-8/1997, S. 29 (36); Salwa, PiZS 2/2000, S. 18 (19).

spruchs verpflichtet ist, regelt die Vorschrift jedoch nicht. Es wird aber angenommen, dass diese Verpflichtung zum Nachlass zählt und infolge dessen durch die Erben befriedigt werden muss.[1129]
Was das Erlöschen des Arbeitsverhältnisses bei dreimonatiger Abwesenheit von der Arbeit aufgrund der Untersuchungshaft betrifft, so dürfen diese drei Monate nicht unterbrochen worden sein. Erfolgte die Untersuchungshaft mit Unterbrechungen, so werden die einzelnen Abschnitte nicht summiert.[1130] Fällt die Untersuchungshaft in den Zeitraum eines unbezahlten Urlaubs des Arbeitnehmers, dann findet Art. 66 § 1 KP keine Anwendung.[1131] Des Weiteren ist es irrelevant, aus welchem Grund der Arbeitnehmer in Untersuchungshaft sitzt, insbesondere muss dieser nicht im Zusammenhang mit seiner Arbeit stehen.[1132]
Nach dem Erlöschen des Arbeitsvertrages ist der Arbeitgeber verpflichtet, den Arbeitnehmer wieder einzustellen, wenn das Strafverfahren eingestellt worden oder ein freisprechendes Urteil ergangen ist und der Arbeitnehmer die Wiederaufnahme seiner Arbeit innerhalb von sieben Tagen nach dem rechtskräftigen Urteil erklärt hat (Art. 66 § 2 KP). Dies gilt aber dann nicht, wenn das Verfahren aufgrund von Verjährung oder Amnestie eingestellt worden ist oder aufgrund dessen vorläufiger Einstellung (Art. 66 § 3 KP).
Die Wiedereinstellung hat zudem auf dem bisherigen, einem gleichwertigen oder den Qualifikationen des Arbeitnehmers entsprechendem Arbeitplatz, grundsätzlich auch zu den vorherigen Gehaltsbedingungen, zu erfolgen, es sei denn, dem stehen besondere Umstände entgegen.[1133]
Die Zeit zwischen dem Erlöschen des Arbeitsverhältnisses und der Wiedereinstellung i.S.d. Art. 66 § 2 KP führt nicht zum Verlust der Arbeitnehmerrechte, welche von einer nicht unterbrochenen Beschäftigung abhängen.[1134]
Weigert sich der Arbeitgeber den Arbeitnehmer, trotz seiner fristgerechten Erklärung über die Wiederaufnahme der Arbeit, wieder einzustellen, so kann der Arbeitnehmer das Arbeitsgericht anrufen, wobei die Art. 56 bis 61 KP entsprechende Anwendung finden (Art. 67 KP).

Wie schon erwähnt, wird in Deutschland nicht zwischen der Auflösung und dem Erlöschen des Arbeitsverhältnisses unterschieden. Dabei wurden die Beendigungsgründe aufgezählt und kurz mit den Auflösungs- und Erlöschensgründen des polnischen Arbeitsrechts verglichen. Insgesamt ist mithin auf einen umfassenderen

[1129] Bessaraba, Stosunek pracy, S. 12; Liszcz, PiZS 7-8/1997, S. 29 (36); Salwa, PiZS 2/2000, S. 18 (19).
[1130] Libera/Zduńska, Pracownik w zakładzie pracy , S. 120.
[1131] SN vom 23.02.1984, OSNCP 1984/9/154; Salwa, PiZS 2/2000, S. 18 (20).
[1132] Gęsicki, KP, Art. 66, Nr. 1; Orłowski/Patulski/Patulski, Prawo pracy, S. 152; Salwa, PiZS 2/2000, S. 18 (19).
[1133] SN vom 19.12.1980, OSNCP 1981/6/99; Salwa, PiZS 2/2000, S. 18 (20).
[1134] SN vom 26.07.1979, OSNCP 1979/12/237; Salwa, PiZS 2/2000, S. 18 (20).

Vergleich im Rahmen dieses Abschnitts zu verzichten und nach oben zu verweisen.[1135]

C. Die Beendigung eines außervertraglichen Arbeitsverhältnisses

I. Polen

1. Die Berufung

Ein aufgrund einer Berufung beschäftigter Arbeitnehmer kann jederzeit unverzüglich oder zu einem bestimmten Termin durch das Organ, welches ihn berufen hat, von der Stelle abberufen werden. Dies betrifft auch Arbeitnehmer, die aufgrund von speziellen Vorschriften befristet auf eine Stelle berufen worden sind, Art. 70 § 1 KP. Die vorherige Abberufung eines Arbeitnehmers, der aufgrund eines befristeten Arbeitsverhältnisses aufgrund Berufung beschäftigt wird, verstößt dann nicht gegen die gesellschaftlich-wirtschaftliche Zweckbestimmung (Art. 8 KP), wenn sich aus der Gesamtbetrachtung nicht ergibt, dass der Arbeitgeber im bösen Glauben mit dem Ziel der Schikane handelt oder sein Handeln objektiv unbegründet ist.[1136]

Die Abberufung ist entsprechend der Berufung ein einseitiger Akt[1137] und muss schriftlich erfolgen (Art. 70 § 1¹ KP). Wie schon bei der Begründung des Arbeitsverhältnisses aufgrund Berufung stellt sich aber auch hier die Frage nach den Konsequenzen bei einem Verstoß gegen die Schriftformvorschrift.

Mit der Abberufung verliert die betroffene Person sofort alle leitenden und repräsentativen Funktionen.[1138] Was das Arbeitsverhältnis betrifft, so ist die Abberufung gleichbedeutend mit einer ordentlichen Kündigung des Arbeitsvertrages (Art. 70 § 2 S. 1 KP), und wenn die Abberufung aufgrund eines in Art. 52 KP oder Art. 53 KP genannten Grundes erfolgt, mit einer außerordentlichen Kündigung des Arbeitsvertrages (Art. 70 § 3 KP). Jedoch ist anzumerken, dass eine Abberufung nicht zwingenderweise die Auflösung des Arbeitsverhältnisses nach sich zieht. Sofern es sich ausdrücklich aus der Abberufung des zuständigen Organs ergibt, kann es sich auch um ein Angebot handeln, zu geänderten Bedingungen weiter beschäftigt zu werden.[1139]

1135 S.o.: 2. Teil A. II.

1136 OSNAPiUS 1998/4/117; Romer, PP 12/1999, S. 3 (10).

1137 Liszcz, Prawo pracy, S. 224; Salwa, KP, Art. 70.

1138 Kolasiński, Prawo pracy I, S. 200; Piątkowski, Nowy stosunek pracy, S. 161; Romer, PP 12/1999, S. 3 (11).

1139 Bessaraba, Stosunke pracy, S. 128.

Gem. Art. 70 § 1^2 KP erfolgt die Auflösung eines Arbeitsverhältnisses mit einem abberufenen Arbeitnehmer aufgrund der Vorschriften in diesem Teil (Teil I, Das Arbeitsverhältnis aufgrund Berufung), es sei denn spezielle Vorschriften besagen etwas anderes. Art. 69 Nr. 1 KP besagt wiederum, dass die Vorschriften über das Verfahren der Auflösung eines Arbeitsvertrages keine Anwendung finden. Somit findet bei der Abberufung eine vorherige Anhörung der Betriebsgewerkschaft (Art. 38 KP) nicht statt.

Laut Beschluss des Höchsten Gerichts[1140] kann ein Arbeitsverhältnis mit einem aufgrund einer Berufung beschäftigten Arbeitnehmer auch während der Kündigungsfrist (welche durch die Abberufung eines Arbeitnehmers i.S.d. Art. 70 § 2 KP besteht) gem. Art. 52 § 1 KP aufgelöst werden. Die Abberufung muss dann schriftlich und unter Angabe des Abberufungsgrundes erfolgen.[1141] Bei einer der fristlosen Kündigung gleichbedeutenden Abberufung, ist also auf die Vorschriften, welche das Verfahren einer fristlosen Kündigung regeln, zu achten.[1142]

Handelt es sich bei der Abberufung um eine der ordentlichen Kündigung gleichbedeutende, dann hat der Arbeitnehmer während der Kündigungsfrist Anspruch auf diejenige Bezahlung, die ihm vor der Abberufung zustand, Art. 70 § 2 S. 2 KP. Auf Antrag oder mit Einverständnis des Arbeitnehmers kann der Arbeitgeber diesen während der Kündigungsfrist mit einer anderen Arbeit beschäftigen, die jedoch seinen beruflichen Qualifikationen entsprechen muss. Nach Ablauf der Kündigungsfrist kann der Arbeitgeber dann den Arbeitnehmer zu den neu vereinbarten Bedingungen beschäftigen, Art. 71.

Sollte der Arbeitnehmer mit der Aufnahme einer anderen Arbeit während der Kündigungsfrist nicht einverstanden sein, dann hat er Anspruch auf die bisherige Bezahlung, und zwar auch dann, wenn er bei dem bisherigen Arbeitgeber keine Arbeit leistet.[1143] Bei der dann in Anspruch genommenen Bezahlung handelt es sich somit nicht um eine Gegenleistung für die Arbeit, sondern um eine Garantieauszahlung.[1144]

Erfolgt die Abberufung während der entschuldigten Abwesenheit, dann beginnt die Kündigung erst nach Ablauf dieser Zeit zu laufen (Art. 72 § 1 S. 1 KP). Dauert die entschuldigte Abwesenheit aber länger, als die in Art. 53 § 1 und § 2 KP vorgesehene Dauer, kann das berufende Organ das Arbeitsverhältnis fristlos auflösen, Art. 72 § 1 S. 2 KP, wobei es eine zusätzliche Willenserklärung abgeben muß.[1145] Art. 72 § 1 KP findet auch Anwendung bei einer Abberufung während des Mutterschaftsurlaubs.[1146]

1140 Vom 27.08.1985, OSNCP 1986/4/51.

1141 SN vom 22.03.1979; OSNCP 1979/5/100; 27.08.1985, OSNCP 1986/4/51.

1142 Salwa, KP, Art. 72.

1143 OSNAPiUS 1994/12/193; Barzycka-Banaszczyk, Prawo pracy, komentarz, Art. 71 Rn. 1; Romer, PP 12/1999, S. 3 (11).

1144 Kolasiński, Prawo pracy I, S. 200.

1145 Liszcz, Prawo pracy, S. 225.

1146 Jackowiak/Uziak/Wypych-Żywicka, Prawo pracy, S.138; Romer, PP 12/1999, S. 3 (14).

Was schwangere Arbeitnehmerinnen betrifft, so enthält Art. 72 § 2 KP zwar eine Schutzbestimmung. Diese ist jedoch nicht geeignet eine wirkliche Stabilität des Arbeitsverhältnisses zu gewährleisten. Diese Vorschrift besagt nämlich, dass im Falle der Abberufung einer schwangeren Arbeitnehmerin das abberufende Organ verpflichtet ist, dieser eine andere Arbeit zu sichern, welche ihrer beruflichen Qualifikation entspricht und bei welcher sie während der der Kündigungsfrist entsprechenden Dauer Anspruch auf dieselbe Bezahlung hat, die ihr vor der Abberufung zustand. Sollte die Arbeitnehmerin aber ihr Einverständnis zur Aufnahme einer anderen Arbeit nicht geben, so wird das Arbeitsverhältnis nach Ablauf einer der Kündigungsfrist entsprechenden Dauer aufgelöst, welche am Tag des schriftlichen Angebots einer anderen Arbeit zu laufen beginnt. Somit ist eine Abberufung auf keinen Fall zu verhindern, und selbst wenn eine andere Arbeit gefunden wird, welche die Arbeitnehmerin auch annimmt, ist die gleiche Bezahlung nicht garantiert.

Die o.g. Vorschrift wird entsprechend auf die Abberufung eines Arbeitnehmers angewandt, dem nicht mehr als zwei Jahre zum Erwerb des Anspruch auf Pensionszahlung aus dem Sozialversicherungsfonds fehlen, (Art. 72 § 3 KP).

Die Regelungen des Art. 72 KP sind spezieller zu anderen Vorschriften und somit erschöpfend hinsichtlich des Schutzes bei einer der ordentlichen Kündigung gleichbedeutenden Abberufung für berufene Arbeitnehmer.[1147]

Gem. Art. 72 § 4 KP hat der Arbeitnehmer im Falle des Verstoßes gegen die §§ 1 bis 3 dieser Vorschrift das Recht auf Anrufung des Arbeitsgerichtes. Ansonsten hat der Arbeitnehmer, aufgrund von Art. 69 Nr. 2 KP, keine Möglichkeit die Unwirksamkeit der Abberufung feststellen zu lassen oder die Wiederkehr zur Arbeit geltend zu machen.[1148] Im Falle einer unwirksamen Abberufung, welche mit einer außerordentlichen Kündigung gleichbedeutend ist, kann der Arbeitnehmer jedoch Schadensersatz i.S.v. Art. 56 KP und Art. 58 KP fordern.[1149]

Das KP gewährt somit den aufgrund einer Berufung Beschäftigten nur geringen allgemeinen Schutz der Stabilität ihrer Arbeitsverhältnisse. Besonderer Schutz ist jedoch in speziellen Vorschriften vorgesehen und betrifft insbesondere Mitglieder der Gewerkschaftsorgane, Abgeordnete sowie Ratsmitglieder (z.B. Art. 32 Abs. 1 des Gesetzes über die Gewerkschaften).[1150]

Iwulski/Sanetra[1151] sind aber der Meinung, dass der Gesetzgeber die Institution der Berufung als Grundlage des Arbeitsverhältnisses nur deswegen eingeführt hat, um dessen jederzeitige und uneingeschränkte Auflösung einzuführen, ohne sich den Vorwürfen aussetzen zu müssen, dass gegen die Konstruktion und die Grundsätze des Arbeitsvertrages verstoßen wird.

1147 Salwa, KP, Art. 72.
1148 SN vom 09.04.1976, OSNCP 1976/9/196.
1149 SN vom 22..03.1977, OSNCP 1979/5/100; vom 11.12.1978, OSNCP 1979/6/111.
1150 Jackowiak/Uziak/Wypych-Żywicka, Prawo pracy, S. 138; Liszcz, Prawo pracy, S. 225.
1151 KP, Art. 70, Nr. 1.

Der mangelnde Schutz dieses Arbeitsverhältnisses wird jedoch mit dem Charakter der dadurch überantworteten Arbeit begründet.[1152] Es handele sich um leitende Stellungen in Unternehmern oder anderen organisatorischen Einheiten, die eine große Verantwortung und Selbständigkeit bezüglich der zu treffenden Entscheidungen mit sich brächten. Eine effektive Leitung erfordere also das vollständige Vertrauen in die Person, die diese Leitung übernommen hat, und somit bei deren Verlust die unverzügliche Entziehung der übertragenen Funktionen.[1153]

Des Weiteren kann eine Abberufung auch auf Antrag des Arbeitnehmers erfolgen.[1154] Er kann das Arbeitsverhältnis auch ordentlich Kündigen, gemäß den Grundsätzen, welche für die Kündigung eines unbefristeten Arbeitsvertrages gelten.[1155] In den vom Arbeitsgesetzbuch vorgesehenen Fällen steht dem Arbeitnehmer auch eine fristlose Kündigung zu, wenn das zuständige Organ seinen Antrag auf Abberufung nicht unverzüglich berücksichtigt hat.[1156]

Weiterhin kann das Arbeitsverhältnis auch durch einen Aufhebungsvertrag aufgelöst werden, welcher zwischen dem Arbeitnehmer und dem Berufungsorgan geschlossen wird.[1157] Eine Änderungskündigung ist jedoch nicht zulässig.[1158] Der Grund dafür ist, dass die Auflösung des vorangehenden Arbeitsverhältnisses aufgrund Berufung unabhängig vom Einverständnis des Arbeitnehmers hinsichtlich der neuen Arbeitsbedingungen erfolgt.[1159] Sollte der Arbeitnehmer mit den neuen Arbeitsbedingungen einverstanden sein, dann wird das Arbeitsverhältnis aufgrund der Berufung aufgelöst und gleichzeitig ein vertragliches Arbeitsverhältnis begründet.[1160]

Das Arbeitsverhältnis aufgrund Berufung erlischt in den durch Vorschriften vorgesehenen Fällen.[1161]

2. Die Wahl

Was das Arbeitsverhältnis aufgrund einer Wahl betrifft, so wird dieses gem. Art. 73 § 2 KP mit Erlöschen des Mandats aufgelöst. Wann ein Mandat erlischt, ist durch Gesetz,[1162] Satzung (z.B. Gewerkschaftssatzung) oder Ordnung bestimmt. In der Regel geschieht dies bei Ablauf der Wahlperiode, durch Abberufung durch das Organ, welches die Wahl trifft, bei Rücktritt des Arbeitnehmers von der besetzten Stelle oder

[1152] Stelina, PiZS 6/1996, S. 41 (43).
[1153] Stelina, PiZS 6/1996, S. 41 (43).
[1154] Barzycka-Banaszczyk, Prawo pracy, komentarz, Art. 70 Rn. 1; Liszcz, Prawo pracy, S. 225.
[1155] Kolasiński, Prawo pracy I, S. 200; Liszcz, Prawo pracy, S. 225.
[1156] Liszcz, Prawo pracy, S. 225.
[1157] SN vom 22.12.1976, OSNCP 1977/8/140; Jackowiak/Uziak/Wypych-Żywicka, Prawo pracy, S. 137.
[1158] SN vom 21.12.1987; OSPiKA 1989/2/45.
[1159] Kolasiński, Prawo pracy I, S. 201.
[1160] OSNAPiUS 1998/10/423; Kolasiński, Prawo pracy I, S. 201.
[1161] Jackowiak/Uziak/Wypych-Żywicka, Prawo pracy, S. 138.
[1162] Z.B. Art. 16, 29 des Gesetzes über die kommunale Selbstverwaltung.

bei Tod des Arbeitnehmers.[1163] Keine der beiden Parteien kann dieses Arbeitsverhältnis ordentlich oder außerordentlich kündigen.[1164] Somit ist auch eine Änderungskündigung nicht möglich.[1165] Bei Gründen, die in der Sphäre des Arbeitnehmers liegen und eine fristlose Kündigung rechtfertigen würden, ist die Abberufung des Arbeitnehmers von der Stelle möglich.[1166] Einen Katalog, der die Abberufungsgründe hinsichtlich eines durch Wahl beschäftigten Arbeitnehmers regeln würde, gibt es jedoch nicht.
Der Abschluss eines Aufhebungsvertrages zwischen den Parteien ist aber wohl möglich.[1167]
Darüber hinaus sieht das KP keinen Schutz des Arbeitsverhältnisses aufgrund einer Wahl vor dessen Beendigung vor, auch nicht in Hinsicht auf Frauen, die schwanger oder in Mutterschaftsurlaub sind.
Wie schon oben, bei der Begründung dieses außervertraglichen Arbeitsverhältnisses, dargelegt, hat ein Arbeitnehmer gem. Art. 74 KP, der in Zusammenhang mit einer Wahl im unbezahlten Urlaub verbleibt, das Recht zur Arbeit zurückzukehren, und zwar bei dem Arbeitgeber, der ihn zum Zeitpunkt der Wahl beschäftigt hat, auf eine gleichwertige Stelle und bei gleichwertiger Bezahlung, wenn er seine Rückkehr innerhalb von sieben Tagen nach Auflösung des Arbeitsverhältnisses aufgrund der Wahl meldet. Die Nichteinhaltung dieser Bedingung bewirkt das Erlöschen des Arbeitsverhältnisses, es sei denn der Arbeitnehmer hat dies nicht zu vertreten.
Dem Arbeitnehmer, der in Zusammenhang mit einer Wahl nicht im unbezahlten Urlaub verbleibt, steht gem. Art. 75 KP eine Abfindung i.H.v. einem Monatslohn zu.

3. Die Ernennung

Für die Beendigung eines Arbeitsverhältnisses aufgrund Ernennung muss weitgehend auf spezielle Vorschriften zurückgegriffen werden. Diese verweisen jedoch wieder teilweise auf die Vorschriften des KP, insbesondere auf die des Kündigungsschutzes.
Heutzutage kann der ernannte Arbeitnehmer das Arbeitsverhältnis kündigen (z.B. Art. 11 des Gesetzes über Angestellte der Kommunalverwaltung), wogegen das ernennende Organ diesbezüglich auf die gesetzlich bestimmten Fälle beschränkt ist, wie z.B. Liquidierung oder Reorganisierung einer Behörde, Nichterfüllung der dienstlichen Pflichten durch den Arbeitnehmer, Erreichen eines bestimmten Alters oder bei Erwerb des Anspruchs auf Pension oder Rente und bei Verlust der polnischen Staatsangehörigkeit (Art. 61 des Gesetzes über den öffentlichen Dienst, Art. 14

1163 Jackowiak/Uziak/Wypych-Żywicka, Prawo pracy, S. 139 f.; Liszcz, Prawo pracy, S. 230; Rutkowski, Prawo pracy, S. 23.
1164 SN vom 04.12.1979, OSNCP 1980/6/122; Jackowiak/Uziak/Wypych-Żywicka, Prawo pracy, S. 139.
1165 NSA vom 24. 09.1997, PP 1/1998, S. 42.
1166 Rutkowski, Prawo pracy, S. 23.
1167 Piątkowski, Nowy stosunek pracy, S. 155, FN 182.

des Gesetzes über Angestellte der Kommunalverwaltung, Art. 13 Abs. 1 des Gesetzes über die Beschäftigten in den staatlichen Behörden).
Das Kündigungsverfahren richtet sich dabei nach den Vorschriften für die speziellen Arbeitnehmergruppen und nicht nach denen des KP,[1168] es sei denn es wird auf diese verwiesen (wie z.B. Art. 10 Abs. 5 des Gesetzes über Angestellte der Kommunalverwaltung, der für bestimmte Fälle auf Art. 38 KP (Anhörung der Betriebsgewerkschaft) verweist, oder indirekt Art. 61 Abs. 4 des Gesetzes über den öffentlichen Dienst, welcher besagt, dass die Auflösung des Arbeitsverhältnisses nicht gegen den besonderen Kündigungsschutz verstoßen darf).
Des Weiteren ist die Auflösung durch einen Aufhebungsvertrag auch möglich (Art. 61 Abs. 5 des Gesetzes über den öffentlichen Dienst, Art. 13 des Gesetzes über Angestellte der Kommunalverwaltung).
Eine Änderungskündigung ist es jedoch dann nicht, wenn das für den Arbeitnehmer einschlägige Gesetz (in dem zu Grunde liegenden Fall war es das Gesetz über Angestellte der Kommunalverwaltung) die Änderung des Rechtsverhältnisses zwischen den Parteien nicht vorsieht.[1169] Begründet wird dies damit, dass die Ernennung nicht nur die Übertragung einer Stelle darstellt, sondern gleichzeitig ein Akt ist, der ein Arbeitsverhältnis mit einem Arbeitnehmer und einer ganz bestimmten Behörde begründet.[1170]
Darüber hinaus erlischt das Arbeitsverhältnis aufgrund Ernennung in den gesetzlich vorgeschriebenen Fällen, wie z.B. bei rechtskräftiger Verweisung in einem Disziplinarverfahren oder bei rechtskräftiger gerichtlicher Verurteilung mit der Nebenstrafe des Verlustes der öffentlichen Rechte (Art. 60 des Gesetzes über den öffentlichen Dienst, Art. 14 Abs. 3 des Gesetzes über die Beschäftigten in der Kommunalverwaltung).
Bei diesem Arbeitsverhältnis handelt es sich somit, im Vergleich mit den beiden anderen, um ein recht stabiles.[1171]
Was die gerichtliche Geltendmachung von Ansprüchen durch den Arbeitnehmer betrifft, so ist laut einiger Ordnungen das Hauptverwaltungsgericht für alle Streitigkeiten über das Bestehen oder Nichtbestehen, die Änderung und Aussetzung des Arbeitsverhältnisses zuständig, und zwar nach den Grundsätzen des KPA; im übrigen ist das Arbeitsgericht zuständig.[1172]

1168 Rutkowski, Prawo pracy, S. 24.
1169 OSNAPiUS 1999/1/5.
1170 OSNAPiUS 1999/1/5.
1171 NSA vom 28. 02.1996, PP 10/1996, S. 44; Jackowiak/Uziak/Wypych-Żywicka, Prawo pracy, S. 140; Piątkowski, Nowy stosunek pracy, S. 159.
1172 Jackowiak/Uziak/Wypych-Żywicka, Prawo pracy, S. 142; Liszcz, Prawo pracy, S. 228 f.

II. Vergleich mit Deutschland

Im ersten Teil dieser Arbeit wurde schon festgestellt, dass es in Deutschland nichts Vergleichbares im Hinblick auf die polnischen außervertraglichen Arbeitsverhältnisse gibt, die hauptsächlich die Beschäftigung im öffentlichen Sektor betreffen. Auch in Deutschland kann die Beschäftigung im öffentlichen Dienst aufgrund eines Arbeitsverhältnisses, nämlich eines Arbeitsvertrages oder eines Berufsausbildungsvertrages, erfolgen. In diesem Fall finden, neben einer Viezahl von Spezialvorschriften, die allgemeinen arbeitsrechtlichen Vorschriften Anwendung. Aufgrund dessen ist auf eine weitere Erörterung zu verzichten.

Dritter Teil: Die Änderung des Arbeitsverhältnisses

A. Der Änderungsvertrag

I. Polen

Auch wenn es auf den ersten Blick bezüglich des Aufbaus inkonsequent erscheint, die Änderung des Arbeitsverhältnisses erst nach dessen Beendigung zu erörten, wird dieser Aufbau hier trotzdem vorgenommen, weil auf die noch später einzugehende Änderungskündigung die Vorschriften über die ordentliche Kündigung eines Arbeitsvertrages entsprechend anzuwenden sind (Art. 42 § 1 KP). Um die Darstellung der ordentlichen Kündigung aber nicht vorweg zu nehmen, mit der Gefahr, dass diese zu komplex und damit unübersichtlich gerät, wird die Änderungskündigung und damit der gesamte Teil über die Änderung des Arbeitsverhältnisses an das Ende der Bearbeitung gestellt.

Arbeitgeber und Arbeitnehmer können einen Änderungsvertrag abschließen, um den Inhalt oder die Grundlage des Arbeitsverhältnisses zu ändern.[1173]
Zwar ist diese Möglichkeit im KP nicht geregelt. Es wird aber angenommen, dass wenn die Parteien die Möglichkeit haben ein Arbeitsverhältnis durch einen Aufhebungsvertrag aufzulösen (Art. 30 § 1 Nr. 1 KP), dessen Änderung, welche geringere Rechtsfolgen mit sich bringt, erst recht möglich sein muss (argumentum a maiore ad minus).[1174]
Der Änderungsvertrag unterliegt keinen Beschränkungen. Es können somit für beide Parteien bessere als auch schlechtere Bedingungen vereinbart werden.[1175] Er darf aber keine Bestimmungen enthalten, die für den Arbeitnehmer ungünstiger sind als die arbeitsrechtlichen Vorschriften (Art. 18 § 1 KP).[1176] Des Weiteren darf natürlich auch nicht gegen gesetzliche Verbote verstoßen werden.[1177]

[1173] Florek/Zieliński, Prawo pracy, Rn. 98; Jackowiak/Uziak/Wypych-Żywicka, Prawo pracy, S. 143; Liszcz, Prawo pracy, S. 215, 217; Piątkowski, Stosunek pracy, S. 278.

[1174] Florek/Zieliński, Prawo pracy, Rn. 98; Jackowiak/Uziak/Wypych-Żywicka, Prawo pracy, S. 143.

[1175] Jackowiak/Uziak/Wypych-Żywicka, Prawo pracy, S. 143.

[1176] Florek/Zieliński, Prawo pracy, Rn. 98.

[1177] Jackowiak/Uziak/Wypych-Żywicka, Prawo pracy, S. 144.

Die Änderung von Arbeitsbedingungen (unabhängig davon, ob es zu einer Verbesserung oder Verschlechterung für den Arbeitnehmer kommt) kann entweder sofort verpflichtend wirken oder aber erst ab dem im Änderungsvertrag bestimmten Termin. Dies gilt auch bei einer Verbesserung der Lohnbedingungen.[1178] Werden hingegen für den Arbeitnehmer schlechtere Lohnbedingungen vereinbart, so wird teilweise vertreten, dass diese nicht von einem Tag auf den anderen verpflichtend wirken können, da der Arbeitnehmer gem. Art. 84 KP nicht auf sein Recht auf Entlohnung verzichten darf.[1179] Somit dürfe die Lohnhöhe erst nach Ablauf der Kündigungsfrist, welche dem Arbeitnehmer im Falle einer Änderungskündigung zustehen würde, gesenkt werden.[1180] Andere wiederum gehen auch hier von der Möglichkeit einer sofortigen Verpflichtung aus.[1181]

Da der Änderungsvertrag nicht gesetzlich geregelt ist, obliegt er auch keinem Formerfordernis.[1182] Das für die Änderungskündigung geltende Schriftformerfordernis gem. Art. 42 § 2 KP findet keine entsprechende Anwendung.[1183]

Was die Änderung des Inhalts von außervertraglichen Arbeitsverhältnissen betrifft, so ist ein Änderungsvertrag bei einem Arbeitsverhältnis aufgrund Berufung möglich.[1184] Die Inhaltsänderung bei einem Arbeitsverhältnis aufgrund Ernennung erfolgt durch eine einseitige Entscheidung des beschäftigenden Subjekts. Zu ihrer Wirksamkeit bedarf es aber der Zustimmung des Arbeitnehmers.[1185]

II. Vergleich mit Deutschland

Auch in Deutschland können die Vertragsparteien nachträglich den Vertrag ändern, mithin einen Änderungsvertrag schließen.[1186] Dabei können grundsätzlich, wie in Polen, auch verschlechternde Arbeitsbedingungen festgelegt werden.[1187]

Problematisch ist aber die Situation, wenn dem Arbeitnehmer schlechtere Arbeitsbedingungen angeboten werden und dieser widerspruchslos weiter arbeitet. Laut der Rechtsprechung des BAG stimmt in einem solchen Fall der Arbeitnehmer nur dann

[1178] Jackowiak/Uziak/Wypych-Żywicka, Prawo pracy, S. 144.
[1179] Jackowiak/Uziak/Wypych-Żywicka, Prawo pracy, S. 144.
[1180] Jackowiak/Uziak/Wypych-Żywicka, Prawo pracy, S. 144.
[1181] Florek/Zieliński, Prawo pracy, Rn. 98.
[1182] Liszcz, Prawo pracy, S. 217; Piątkowski, Stosunek pracy, S. 278; Jackowiak/Uziak/Wypych-Żywicka, Prawo pracy, S. 144 fordern trotzdem Schriftform ohne eine Rechtsgrundlage zu nennen.
[1183] OSNAPiUS 1999/7/242.
[1184] Liszcz, Prawo pracy, S. 226.
[1185] Liszcz, Prawo pracy, S. 226; Sypniewski, Mianowanie, S. 71.
[1186] Hromadka/Maschmann, Arbeitsrecht Band 1, § 5 Rn. 170; Schaub, Arbeitsrechts-Handbuch, § 32 Rn. 27.
[1187] Schaub, Arbeitsrechts-Handbuch, § 32 Rn. 27.

den schlechteren Bedingungen zu, wenn sich die Änderung unmittelbar im Arbeitsverhältnis auswirkt und der Arbeitnehmer somit umgehend feststellen kann, welchen Einfluss sie auf seine Rechte und Pflichten hat. Eine konkludente Zustimmung liegt somit nicht vor, wenn sich die Änderung erst zu einem späteren Zeitpunkt auswirkt, wie z.B. bei Ruhegeldregelungen.[1188]

Der Änderungsvertrag bedarf, wie in Polen auch, mangels gesetzlicher Regelung grundsätzlich nicht der Schriftform. In vielen Arbeitsverträgen ist jedoch die Klausel enthalten, dass Ergänzungen und Änderungen der Schriftform bedürfen, woran sich in der Praxis jedoch kaum jemand hält.[1189] Selbst die Rechtsprechung nimmt an, dass eine solche Schriftformklausel auch mündlich abbedungen werden kann, und dies sogar stillschweigend.[1190]

Eine Änderung der wesentlichen Vertragsbedingungen ist dem Arbeitnehmer aber gem. § 3 S. 1 NachwG spätestens einen Monat nach der Änderung schriftlich mitzuteilen. Dies gilt nicht bei einer Änderung der gesetzlichen Vorschriften, Tarifverträge, Betriebs- und Dienstvereinbarungen und ähnlichen Regelungen, die für das Arbeitsverhältnis gelten, § 3 S. 2 NachwG.

B. Die Änderungskündigung

I. Polen

Art. 42 KP regelt die Kündigung der Arbeits- oder Lohnbedingungen bzw. die Änderungskündigung. Wie ausdrücklich aus dem Gesetz hervorgeht, bezieht sich somit die Änderung auf Arbeits- oder Lohnbedingungen.

Daher ist es streitig, ob zu den Arbeitsbedingungen auch die Art des Arbeitsvertrages (befristet, unbefristet) zählt und damit auch dieser Institution unterliegt.

Die wohl ganz überwiegende Ansicht erachtet die Änderungskündigung hinsichtlich der Art des Arbeitsvertrages als unzulässig.[1191] Als Begründung wird angeführt, dass selbst das KP ausdrücklich zwischen der Art des Arbeitsvertrages und den Arbeitsbedingungen (Art. 29 § 1) unterscheidet. Darüber hinaus würde auch eine teleologische Auslegung für eine Unabhängigkeit dieser beiden Faktoren sprechen, da die Art des Arbeitsvertrages die Organisationsform zwischen Arbeitgeber und Arbeitnehmer sei,

---

1188 BAG vom 08.07.1960, AP Nr. 2 zu § 305 BGB; vom 17.07.1965, AP Nr. 101 zu § 242 BGB Ruhegehalt; vom 12.02.1985, NZA 1985, 665; vom 27.03.1987, NZA 1988, 737.

1189 Hromadka/Maschmann, Arbeitsrecht Band 1, § 5 Rn. 177.

1190 BAG vom 28.10.1987, AP Nr. 1 zu § 7 AVR Caritasverband.

1191 SN (in der Zusammensetzung von 7 Richtern) vom 28.04.1994, OSNAPiUS 1994/11/169; Gwarek/Skibicka-Ghaley, Stosunek pracy, S. 44; Jackowiak/Uziak/Wypych-Żywicka, Prawo pracy, S. 144; Latos-Miłkowska, Rozwiązanie, S. 62; Libera/Zduńska, Pracownik w zakładzie pracy, S. 90; Liszcz, Prawo pracy, S. 217; Orłowski/Patulski/Patulski, Prawo pracy, S. 127; Piątkowski, Stosunek pracy, S. 279; Sadlik, PP 9/2000, S. 17 (18).

im Rahmen welcher sie die Bedingungen festlegen.[1192] Betrifft die Änderungskündigung die Vertragsart, so handele es sich um eine definitive ordentliche Kündigung und ein Angebot zum Abschluss eines neuen Arbeitsvertrages.[1193]
Darüber hinaus muss sich die Änderungskündigung nach ganz herrschender Meinung auf die wesentlichen Bedingungen beziehen, d.h. solche, die auf der Grundlage des Parteiwillens für dieses Verhältnis bedeutsam sind oder über den Charakter des gesamten rechtlichen Verhältnisses entscheiden. Dazu zählen z.B. die Art der Arbeit, der Ort, an dem sie auszuüben ist sowie die Entlohnung.[1194]
Die Änderungskündigung ist gem. § 2 dann wirksam ausgesprochen worden, wenn dem Arbeitnehmer schriftlich neue Bedingungen angeboten werden. Solange der Arbeitgeber keine neuen Bedingungen angeboten hat, ist die Änderungskündigung kraft Gesetzes unwirksam.[1195] Es wird allgemein angenommen, dass nur der Arbeitgeber eine Änderungskündigung aussprechen kann.[1196]
Gem. § 1 sind die Vorschriften über die ordentliche Kündigung von Arbeitsverträgen entsprechend anwendbar. Somit unterliegen der Änderungskündigung alle Arbeitsverträge, die auch definitiv ordentlich gekündigt werden können.[1197] Dabei müssen die Kündigungsfristen beachtet werden, sowie der Kündigungsschutz, und dem Arbeitnehmer steht natürlich auch der Weg zum Arbeitsgericht offen.[1198] Insbesondere muss ein berechtigter Kündigungsgrund vorliegen (Art. 42 § 1 i.V.m. Art. 30 § 4 KP) und die Betriebsgewerkschaft ist zu konsultieren (Art. 42 § 1 i.V.m. Art. 38 KP), wobei neben der beabsichtigten Änderungskündigung und dem Kündigungsgrund, in der Regel auch die neu angebotenen Bedingungen mitgeteilt werden müssen (diese Erfordernisse betreffen natürlich wiederum nur unbefristete Arbeitsverträge).[1199]

1192 Piątkowski, Stosunek pracy, S. 279.

1193 SN (in der Zusammensetzung von 7 Richtern) vom 28.04.1994, OSN 1994/11/169; Gwarek/Skibicka-Ghaley, Stosunek pracy, S. 44.

1194 SN (in der Zusammensetzung von 7 Richtern) vom 24.09.1981, OSNCP 1982/2/21; Jackowiak/Uziak/Wypych- Żywicka, Prawo pracy, S. 145; Libera/Zduńska, Pracownik w zakładzie pracy, S. 89; Piątkowski, Stosunek pracy, S. 280; Raszeja, PiZS 5/1996, S. 73; Romer, PP, Art. 42, Nr. 1; Sadlik, PP 9/2000, S. 17 (18);Salwa, KP, Art. 43, Nr. 4.

1195 Florek/Zieliński, Prawo pracy, Rn. 100; Latos-Miłkowska, Rozwiązanie, S. 66; Piątkowski, Stosunek pracy , S. 281.

1196 SN vom 24.10.1979, OSP 1980/3/50; Barzycka-Banaszczyk, Prawo pracy, S. 70; Ciborski/Rutkowski, Umowa o pracę, S. 75; Florek/Zieliński, Prawo pracy, Rn. 102; Latos-Miłkowska, Rozwiązanie, S. 62; Libera/Zduńska, Pracownik w zakładzie pracy, S. 90; Orłowski/Patulski/Patulski, Prawo pracy, S. 127; Romer, Prawo pracy, komentarz, Art. 42, Nr. 1; Sadlik, PP 9/2000, S. 17.

1197 Gwarek/Skibicka-Ghaley, Stosunek pracy, S. 43; Latos-Miłkowska, Rozwiązanie, S. 62; Sadlik, PP 9/2000, S. 17 (18).

1198 Łajeczko, PP 11/1999, S. 3 (14); Liszcz, Prawo pracy, S. 220; Piątkowski, Stosunek pracy , S. 282.

1199 SN (IPiUS) vom 19.05.1978, OSNCP 1978/8/127; Gwarek/Skibicka-Ghaley, Stosunek pracy, S. 45 f.; Jackowiak/Uziak/Wypych-Żywicka, Prawo pracy, S. 144; Latos-Miłkowska, Rozwiązanie, S. 69; Łajeczko, PP 11/1999, S. 3 (14); Sadlik, PP 9/2000, S. 17.

Grundsätzlich ist auch der besondere Kündigungsschutz zu beachten. Es gibt jedoch Ausnahmen. Gem. Art. 43 KP kann der Arbeitgeber einem dem Art. 39 KP unterliegenden Arbeitnehmer gegenüber eine Änderungskündigung aussprechen, wenn eine solche Kündigung aus Gründen der Einführung neuer Lohngrundsätze für alle Arbeitnehmer oder für eine Gruppe, welcher der betroffene Arbeitnehmer angehört erforderlich ist, oder bei der Feststellung durch ein ärztliches Attest, dass der Arbeitnehmer die Fähigkeit zur Ausübung der bisherigen Arbeit oder unverschuldet die Berechtigung zu deren Ausübung verloren hat. Darüber hinaus können den, dem besonderen Kündigungsschutz unterliegenden Arbeitnehmern die Lohn- und Arbeitsbedingungen gem. Art. 10 Abs. 3 des Gesetzes über besondere Regeln für die Auflösung von Arbeitsverhältnissen aus Gründen, die die Arbeitnehmer nicht betreffen gekündigt werden, wenn eine weitere Beschäftigung auf der bisherigen Stelle aus den in Abs. 1 genannten Gründen (solche, die die Arbeitnehmer nicht betreffen) nicht möglich ist.
Lehnt der Arbeitnehmer die neu angebotenen Arbeits- oder Lohnbedingungen ab, so wird der Arbeitsvertrag mit Ablauf der Kündigungsfrist aufgelöst (Art. 42 § 3 S. 1). Gibt der Arbeitnehmer vor Ablauf der Hälfte der Kündigungsfrist keine Ablehnungserklärung ab, so gelten die neuen Bedingungen als angenommen, wobei diesbezüglich das Schreiben des Arbeitnehmers eine Belehrung enthalten muss (§ 3 S. 2). Fehlt eine solche Belehrung, dann kann der Arbeitnehmer die neuen Bedingungen bis zum vollständigen Ablauf der Kündigungsfrist ablehnen (§ 3 S. 3).
Was die Ablehnungserklärung des Arbeitnehmers betrifft, so ist diese gem. Art. 300 KP i.V.m. Art. 60 KC formfrei.[1200]
Wurde der Arbeitnehmer belehrt und lehnt er die neuen Bedingungen erst nachdem schon die halbe Kündigungsfrist abgelaufen ist ab, so hat dies keine Wirkung mehr. Möchte er das Arbeits- verhältnis auf gar keinen Fall fortführen, muss er selbst eine Kündigung aussprechen.[1201]
Ruft der Arbeitnehmer das Arbeitsgericht an, um die Unwirksamkeit der Änderungskündigung feststellen zu lassen, wird dadurch nicht die Ablehnungserklärung ersetzt, es sei denn, aus den Umständen geht hervor, dass der Arbeitnehmer gleichzeitig die neu angebotenen Bedingungen ablehnt.[1202]
Die Änderungskündigung kann auf jedes Arbeitsverhältnis, mit Ausnahme derjenigen aufgrund Berufung und Wahl angewendet werden.[1203] Darüber hinaus kann auch

[1200] SN vom 04.10.1979, OSNCP 1980/3/61; Gwarek/Skibicka-Ghaley, Stosunek pracy, S. 44.
[1201] Latos-Miłkowska, Rozwiązanie, S. 68.
[1202] SN vom 05.05.1978, OSNCP 1978/11/200; OSNAPiUS 1997/24/493; OSNAPiUS 1999/16/514; OSNAPiUS 2000/2/52; Gwarek/Skibicka-Ghaley, Stosunek pracy, S. 45; Łajeczko, PP 11/1999, S. 3 (14); Liszcz, Prawo pracy, S. 219; Sadlik, PP 9/2000, S. 17 (20).
[1203] SN vom 21.12.1987, OSNCP 1989/9/131; Liszcz, Prawo pracy, S. 226; Piątkowski, Stosunek pracy , S. 279.

nicht gegenüber von Arbeitnehmern aufgrund einer Ernennung eine Änderungskündigung auf der Grundlage von Art. 42 KP ausgesprochen werden.[1204]
Stark eingeschränkt ist auch die Möglichkeit der Änderungskündigung eines genossenschaftlichen Arbeitsvertrages. Gem. Art. 184 § 1 des Genossenschaftsgesetzes kann sie nur in ganz bestimmten Fällen erfolgen, und zwar, wenn diese aus wirtschaftlichen oder organisatorischen Interessen der Genossenschaft begründet ist, insbesondere bei der Einführung neuer Lohngrundsätze, der Liquidation der Abteilung, in welcher das Mitglied beschäftigt wird, der Liquidation seines Arbeitsplatzes oder der Notwendigkeit auf dem Arbeitsplatz eine Person mit höheren oder speziellen Qualifikationen zu beschäftigen (Nr. 1). Darüber hinaus, gem. Nr. 2, im Falle der Feststellung durch ein ärztliches Attest, dass das Mitglied die Fähigkeit zur Ausübung der bisherigen Arbeit oder unverschuldet die Berechtigung zu deren Ausübung verloren hat.
Letztlich ist noch anzumerken, dass eine Änderungskündigung nicht erforderlich ist, wenn dem Arbeitnehmer, in Fällen begründeter Arbeitgeberinteressen, eine andere als die im Arbeitsvertrag bestimmte Arbeit übertragen wird, deren Dauer drei Monate in einem Kalenderjahr nicht überschreitet, keine Lohnkürzung bewirkt und den Arbeitnehmerqualifikationen entspricht (Art. 42 § 4 KP).

II. Vergleich mit Deutschland

In Deutschland ergibt sich die Möglichkeit einer Änderungskündigung auch aus dem Gesetz. Sie ist in § 2 S. 1 KSchG legaldefiniert und liegt vor, wenn der Arbeitgeber das Arbeitsverhältnis kündigt und dem Arbeitnehmer im Zusammenhang mit der Kündigung die Fortsetzung des Arbeitsverhältnisses zu geänderten Arbeitsbedingungen anbietet. Eine solche präzise Bestimmung der Änderungskündigung ergibt sich aus Art. 42 KP zwar nicht. Die Formulierung „Kündigung der Arbeits- oder Lohnbedingungen" erinnert zudem eher an die in Deutschland grundsätzlich unzulässige Teilkündigung, mit welcher einzelne Bestimmungen des Arbeitsvertrages unter Fortbestand der übrigen gekündigt werden sollen.[1205] Aber auch in Polen wird mit der Änderungskündigung das in § 2 S. 1 KSchG definierte Verhalten verbunden. Dies ergibt sich zum Teil aus Art. 42 § 2 KP, wonach die Änderungskündigung erst dann wirksam ist, wenn dem Arbeitnehmer schriftlich neue Bedingungen angeboten werden.
Was die zu ändernden Bedingungen betrifft, wird in Deutschland im Zusammenhang mit der Änderungskündigung, nicht ausdrücklich wie in Polen, zwischen den Arbeits- und den Lohnbedingungen unterschieden. In der Regel wird allgemein nur von der

---

1204 OSNAPiUS 1999/1/5; Piątkowski, Stosunek pracy , S. 279; Romer, Prawo pracy, komentarz, Art. 42, Nr. 9.

1205 BAG vom 04.02.1958, AP Nr. 1 zu § 620 BGB Teilkündigung; vom 14.11.1990, AP Nr. 25 zu § 611 BGB Arzt-Krankenhaus-Vertrag; vom 23.08.1989, NZA 1990, 191; Brox/Rüthers, Arbeitsrecht, Rn. 179; Schaub, Arbeitsrechts-Handbuch, § 123 Rn. 49.

Änderung der Arbeitsbedingungen gesprochen. Darunter kann aber auch die bloße Entgeltänderung fallen.[1206] Insgesamt muss sich die Änderungskündigung in beiden Ländern aber auf wesentliche Bedingungen beziehen bzw., es muss sich um eine nicht unerhebliche Änderung handeln.[1207]

Ein Unterschied ergibt sich jedoch im Hinblick auf die Änderung der Art des Arbeitsvertrages. Während eine solche Änderung in Polen als unzulässig erachtet wird, kann laut der deutschen Rechtsprechung ein zunächst auf unbestimmte Zeit eingegangener Arbeitsvertrag nachträglich befristet werden.[1208]

Ein weiterer - wesentlicher - Unterschied besteht darin, dass in Polen allgemein angenommen wird, dass nur der Arbeitgeber eine Änderungskündigung aussprechen kann, während diese Möglichkeit in Deutschland, obwohl es gesetzlich auch nicht vorgesehen ist, auch dem Arbeitnehmer zuerkannt wird, § 2 KSchG in diesem Fall entsprechend angewendet wird.[1209]

Im deutschen Arbeitsrecht handelt es sich bei der Änderungskündigung um eine echte Kündigung,[1210] welche als ordentliche oder als außerordentliche Kündigung erklärt werden kann.[1211] Es muss somit eine wirksame Kündigungserklärung vorliegen und der besondere Kündigungsschutz ist zu beachten.[1212] Darüber hinaus ist auch der Betriebsrat gem. § 102 BetrVG anzuhören.[1213] Abweichendes gilt für den allgemeinen Kündigungsschutz. § 2 S. 1 KSchG verweist zwar auf § 1 KSchG. Da aber bei einer Änderungskündigung nicht die Beendigung des Arbeitsverhältnisses im Vordergrund steht, sondern dessen Fortsetzung zu geänderten Arbeitsbedingungen, kommt es darauf an, dass die Änderung der Arbeitsbedingungen nicht sozial ungerechtfertigt ist und nicht die Beendigung, was auch ausdrücklich aus § 2 S. 1 KSchG hervorgeht.[1214]

1206 Hromadka/Maschmann, Arbeitsrecht Band 1, § 10 Rn. 391; Krause, DB 1995, 574; MünchArbR/Hanau, § 62 Rn. 100 ff.; Palandt/Putzo, Vorbem. § 620 BGB Rn. 40.

1207 Hromadka/Maschmann, Arbeitsrecht Band 1, § 10 Rn. 373; MünchArbR/Hanau, § 62 Rn. 103.

1208 BAG vom 25.04.1996, NZA 1996, 1197; vom 25.04.1996, NJW 1997, 1524; LAG Berlin vom 03.07.1995, DB 1996, 280.

1209 Schaub, Arbeitsrechts-Handbuch, § 123 Rn. 43; Steinmeyer, Arbeitsrecht, S. 163.

1210 BAG vom 10.12.1992, EzA § 315 BGB Nr. 40; Hromadka/Maschmann, Arbeitsrecht Band 1, § 10 Rn. 377; Schaub, Arbeitsrechts-Handbuch, § 137 Rn. 2.

1211 BAG vom 19.06.1986, DB 1986, 2604; vom 21.06.1995, DB 1995, 2429 (2430); vom 31.01.1996, DB 1996, 990; Palandt/Putzo, § 626 BGB Rn. 7; Schaub, Arbeitsrechts-Handbuch, § 123 Rn. 46.

1212 Hromadka/Maschmann, Arbeitsrecht Band 1, § 10 Rn. 377; Schaub, Arbeitsrechts-Handbuch, § 137 Rn. 2.

1213 BAG vom 11.10.1989, EzA § 1 KSchG Betriebsbedingte Kündigung Nr. 64; vom 30.11.1989, EzA § 102 BetrVG 1972 Nr. 77; Schaub, Arbeitsrechts-Handbuch, § 137 Rn. 2.

1214 BAG vom 19.05.1993, AP Nr. 31 zu § 2 KSchG 1969; Fischermeier, NZA 2000, 737 (738); Hromadka/Maschmann, Arbeitsrecht Band 1, § 10 Rn. 389; Löwisch, Arbeitsrecht, Rn. 1388 f.; Precklein, Änderungskündigung, S. 25; Zöllner/Loritz, Arbeitsrecht, S. 311; a.A. Berkowsky, in: NZA 1999, 293 (296 ff.), der davon ausgeht, dass auch bei der Änderungsschutzklage Streitgegenstand die Wirksamkeit der Kündigung sei und nicht die der Vertragsänderung.

In Bezug auf die Änderungskündigung des polnischen Arbeitsrechts kann im Grunde auch gesagt werden, dass es sich bei dieser um eine echte Kündigung handelt. Dies beschränkt sich aber auf die ordentliche Kündigung, da Art. 42 § 1 KP nur die entsprechende Anwendung der Vorschriften über die ordentliche Kündigung anordnet. Als außerordentliche Kündigung kann die Änderungs- kündigung somit nicht ausgesprochen werden. Ansonsten ist, aufgrund des Verweises in § 1, auch der allgemeine Kündigungsschutz (natürlich i.S.d. polnischen Arbeitsrechts) und grundsätzlich auch der besondere Kündigungsschutz zu beachten.

Was das Änderungsangebot betrifft, so muss dieses in Deutschland spätestens zusammen mit der Kündigung gemacht werden. Laut Rechtsprechung und h.L. kann das Änderungsangebot der Kündigung nicht nachfolgen.[1215] Demgegenüber besagt Art. 42 § 2 KP zwar, dass die Änderungskündigung erst dann wirksam ausgesprochen worden ist, wenn dem Arbeitnehmer schriftlich neue Bedingungen angeboten werden, woraus die Schlussfolgerung gezogen werden kann, dass das Änderungsangebot der Kündigung auch nachfolgen kann. Aufgrund dessen aber, dass die Kündigung solange nicht wirksam ist, bis das Änderungsangebot gemacht wird, ergeben sich im Ergebnis keine Unterschiede zur herrschenden Ansicht in Deutschland.

Im Hinblick auf die Reaktionsmöglichkeiten des Arbeitnehmers, kann in Deutschland der Arbeitnehmer das Änderungsangebot entweder uneingeschränkt annehmen oder strikt ablehnen und gerichtlich die Sozialwidrigkeit der Kündigung geltend machen. Wird die Sozialwidrigkeit nicht festgestellt, handelt es sich bei der Kündigung um eine definitive Kündigung, die zur Beendigung des Arbeitsverhältnisses führt.[1216] Diese beiden Möglichkeiten stehen auch den Arbeitnehmern in Polen offen, und bei einer Ablehnung des Änderungsangebotes können sie auf Feststellung der Unwirksamkeit der Kündigung klagen. Stellt das Gericht die Unwirksamkeit fest, kann der Arbeitnehmer dann zwischen dem Wiedereinstellungs- und dem Schadensersatzanspruch wählen.[1217]

§ 2 KSchG sieht aber zudem noch eine dritte Möglichkeit vor. Gem. Satz 1 kann der Arbeitnehmer das Angebot unter dem Vorbehalt annehmen, dass die Änderung der Arbeitsbedingungen nicht sozial ungerechtfertigt ist. Diesen Vorbehalt muss der Arbeitnehmer dem Arbeitgeber innerhalb der Kündigungsfrist, spätestens jedoch innerhalb von drei Wochen nach Zugang der Kündigung erklären (§ 2 S. 2 KSchG). In einem solchen Fall besteht das Arbeitsverhältnis zunächst zu den geänderten Arbeitsbedingungen fort.[1218] Stellt das Arbeitsgericht später aber fest, dass die Änderung der Arbeitsbedingungen sozial ungerechtfertigt ist, gilt die Änderungskündigung als von Anfang an unwirksam (§ 8 KSchG), und der Arbeitnehmer kann die Weiterbeschäfti-

---

1215 BAG vom 10.12.1975, AP Nr. 90 zu §§ 22, 23 BAT; Hromadka/Maschmann, Arbeitsrecht Band 1, § 10 Rn. 381.

1216 Hromadka/Maschmann, Arbeitsrecht Band 1, § 10 Rn. 383, 385; Zöllner/Loritz, Arbeitsrecht, S. 312 f.

1217 Florek/Zieliński, Prawo pracy, Rn. 133.

1218 BAG vom 18.01.1990, DB 1990, 1773; Löwisch, Arbeitsrecht, Rn. 1389.

gung zu den früheren Arbeitsbedingungen verlangen, welche aber auch auf die Vergangenheit zurückwirken.[1219]

Eine solche weitere Möglichkeit sieht Art. 42 KP zwar nicht vor. Es wird aber angenommen, dass wenn der Arbeitnehmer das Änderungsangebot nicht ablehnt, aber trotzdem das Gericht anruft, um die Unwirksamkeit der Kündigung feststellen zu lassen, das Arbeitsverhältnis nach Ablauf der Kündigungsfrist zunächst zu den geänderten Bedingungen fortbesteht.

Hat der Arbeitnehmer vor Gericht Erfolg, kann er die Wiedereinstellung zu den frühreren Bedingungen verlangen. Unterliegt er, so kann er zu den geänderten Bedingungen weiterarbeiten, sofern sich aus seinem Verhalten nicht ergeben hat, dass er bei Erfolglosigkeit seiner Klage auf keinen Fall auf der Grundlage der neuen Bedingungen weiterarbeiten will.[1220] Diese Variante unterscheidet sich somit im Grunde nicht von der in § 2 KSchG vorgesehenen Möglichkeit der Angebotsannahme unter Vorbehalt. Schwierigkeiten könnten sich jedoch bei der Interpretation des Verhaltens des Arbeitnehmers ergeben, ob er nun zu den geänderten Bedingungen arbeiten will oder nicht. Es ist aber davon auszugehen, dass wenn der Entscheidungszeitpunkt diesbezüglich näher rückt, der Arbeitnehmer wahrscheinlich sogar mit einer klaren Aussage seinen Willen kundtun wird.

Trotz ungleicher gesetzlicher Bestimmungen, ob es nun den Wortlaut betrifft oder sogar eine mangelnde Entsprechung, wird die Änderungskündigung in beiden Ländern in den meisten Punkten übereinstimmend behandelt.

1219 Löwisch, Arbeitsrecht, Rn. 1389; Zöllner/Loritz, Arbeitsrecht, S. 312 f.

1220 SN vom 13.03.1997, OSP 1998/2/46; Florek/Zieliński, Prawo pracy, Rn. 133.

Vierter Teil:

Zusammenfassung und Fazit

Im Ergebnis ist festzustellen, dass sich das deutsche und das polnische Arbeitsrecht, im Hinblick auf die Begründung und die Beendigung von Arbeitsverhältnissen, nur in einigen Bereichen wirklich wesentlich voneinander unterscheiden. Dies betrifft insbesondere das Befristungsrecht, welches in Polen (bislang) kaum gesetzlich geregelt ist, den allgemeinen Kündigungsschutz und die außervertraglichen Arbeitsverhältnisse, welche eine Besonderheit des polnischen Arbeitsrechts darstellen.

Die wichtigste Grundlage des Arbeitsverhältnisses bildet in beiden Ländern der Arbeitsvertrag, wobei die Kriterien für dessen Bestimmung hauptsächlich übereinstimmen. In Polen ist der Inhalt des Arbeitsverhältnisses (einschließlich der Arbeitnehmer- und Arbeitgeberdefinitionen) gesetzlich sogar ausführlich geregelt, was auch in Deutschland zu begrüßen wäre.

Auffallend ist, dass in Polen, außer teilweise im allgemeinen Sprachgebrauch, nicht zwischen Angestellten und Arbeitern unterschieden wird. Es wird durchweg nur vom Arbeitnehmer gesprochen. In Deutschland hingegen findet eine solche Differenzierung, trotz der mittlerweile vorgenommenen Angleichung der Arbeitsbedingungen, immer noch statt. Besonderen Ausdruck findet dies in der organisatorischen Gliederung der Rentenversicherung in die Bundes- versicherungsanstalt für Angestellte (BfA) und in die Landesversicherungsanstalten für Arbeiter (LVA). Einer der grundlegendsten Unterschiede ergibt sich jedoch bei der Begründung von befristeten Arbeitsverträgen. Die einzige gesetzliche Regelung in Art. 25^1 KP, welche zurzeit, wenn auch nur vorübergehend, auch nicht mehr gilt, kommt den Bestimmungen des deutschen TzBfG kaum nahe. Die Rechtsprechung des polnischen Höchsten Gerichts ähnelt derjenigen des BAG auch nur teilweise. Insbesondere existiert in Polen keine Sachgrundrechtsprechung im Sinne derjenigen des BAG.

Was aber die Kündigung des befristeten Arbeitsvertrages betrifft, so besteht in beiden Ländern die Möglichkeit der ordentlichen Kündigung, wenn diese vertraglich vereinbart worden ist, wobei Art. 33 KP dies nur auf kalendermäßig befristete Arbeitsverträge, mit einer Mindestlaufzeit von sechs Monaten beschränkt.

Zwar wird der polnische Gesetzgeber in Folge des Beitritts Polens in die EU das Befristungsrecht an die EG-Richtlinie über befristete Arbeitsverträge anpassen müssen. Ob dies zu Anfang in akzeptabler Weise gelingt, ist jedoch mehr als fraglich, gerade im Hinblick auf den neu formulierten Art. 25^1 KP.

Es ist von einem längeren Entwicklungsprozess auszugehen, der vielen Veränderungen unterliegen wird, bevor anerkannt wird, dass das Ziel die unbefristete Beschäftigung des Arbeitnehmers ist. Der Arbeitnehmerschutz muss in Polen weiter gestärkt werden, auch wenn die Arbeitsmarktsituation so schlecht ist, dass selbst viele Arbeitnehmer auf diesen verzichten würden, nur um zumindest vorübergehend eine Arbeit zu finden. Dies ist auf Dauer aber keine Lösung und kann auch nicht zu einer positiven Entwicklung bezüglich der Verbesserung der Arbeitnehmerstellung gegenüber der grundsätzlich stärkeren Arbeitgeberstellung führen.

In Polen muss erkannt werden, dass die Befristung auch eine Form der Kündigung ist.

Nur vereinzelte Autoren setzen sich mit den Problemen des befristeten Arbeitsvertrages, zumindest ansatzweise, auseinander und üben Kritik. Die mangelnde Aufmerksamkeit für dieses Thema wird besonders dadurch ersichtlich, dass es nur ein einziges Buch über befristete Arbeitsverträge (von Barbara Wagner) gibt, welches im Jahre 1980, also vor über 20 Jahren, erschienen und seitdem auch nicht mehr aktualisiert worden ist. Zwar gibt es nicht wenige Aufsätze. Diese beschäftigen sich jedoch in der Regel damit, das Institut des befristeten Arbeitsvertrages zu erläutern, ohne dieses zu problematisieren. Es ist zu hoffen, dass sich hier noch einiges ändert.

Der weitere wesentliche Unterschied liegt im allgemeinen Kündigungsschutz. In Polen wird zwar auch zwischen verhaltens-, personen- und betriebsbedingten Kündigungsgründen unterschieden, auch wenn sie nicht, wie in § 1 Abs. 2 S. 1 KSchG, vom Gesetz so ausdrücklich benannt werden. Es findet jedoch keine strenge, durchstrukturierte Überprüfung des jeweiligen Kündigungsgrundes i.S.d. Sozialwidrigkeitsprüfung nach § 1 Abs. 2 KSchG statt. Insbesondere wird bei der betriebsbedingten Kündigung keine Sozialauswahl vorgenommen.

Bei der Konkretisierung der einzelnen Kündigungsgründe sind aber wiederum viele Gemeinsamkeiten zu verzeichnen, was letztlich nicht erstaunlich ist, weil diese regelmäßig der Natur des Menschen entspringen sowie den Umständen, welche die Führung eines (privaten) Unternehmens mit sich bringt und daher überall ähnlich sind.

Dafür gibt es beim besonderen Kündigungsschutz viele Übereinstimmungen, jedenfalls was die Grundideen betrifft. Die inhaltliche Ausgestaltung der Vorschriften fällt dann oftmals doch unterschiedllich aus.

Überraschend ist, dass der Mutterschutz in Polen teilweise sogar weitergehender ist als derjenige in Deutschland.

Schließlich gibt es in Polen neben dem Arbeitsvertrag (sowie dem genossenschaftlichen Arbeitsvertrag) noch die Berufung, die Wahl und die Ernennung, welche auch die Grundlage eines Arbeitsverhältnisses bilden, mithin die außervertraglichen Arbeitsverhältnisse darstellen. Ein Pendant dazu existiert in Deutschland nicht.

Abgesehen von den oben noch einmal kurz zusammen gefassten wesentlichen Unterschieden, gibt es im Übrigen viele grundsätzliche Ähnlichkeiten und sogar Übereinstimmungen, die nur in einzelnen Punkten mehr oder weniger voneinander abweichen. Im Ergebnis ist somit zu sagen, dass es im Großen und Ganzen weniger Unterschiede zwischen dem deutschen und dem polnischen Recht im Hinblick auf die Begründung und die Beendigung von Arbeitsverhältnissen gibt, als zu erwarten gewesen wäre.

Indem der polnische Gesetzgeber die grundlegenden arbeitsrechtlichen Vorschriften im Kodeks Pracy, dem polnischen Arbeitsgesetzbuch, kodifiziert hat, ist er bezüglich der Darstellung des Arbeitsrechts sogar fortschrittlicher als der deutsche Gesetzgeber, der es, trotz einiger Versuche, immer noch nicht geschafft hat ein Arbeitsgesetzbuch zu gestalten. Dabei wäre ein zusammenfassender grundlegender Überblick wirklich begrüßenswert. Trotz kontroverser Meinungen sollte endlich der Entschluss in die Tat umgesetzt werden. Ein ideales Arbeitsgesetzbuch wird es am Anfang nicht geben, und selbst nach vielen Änderungen, die die Zeit mit sich bringt, wohl auch nicht. Trotzdem würde es den Überblick und die Rechtsfindung erleichtern. An manchen Bestimmungen, welche die arbeitsrechtlichen Grundsätze regeln, kann sich sogar der deutsche Gesetzgeber ein Beispiel am Kodeks Pracy nehmen.

Übersetzung der wichtigsten Vorschriften des Kodeks Pracy

Art. 22 § 1 Durch die Begründung eines Arbeitsverhältnisses verpflichtet sich der Arbeitnehmer zur Ausübung einer der Art nach bestimmten Arbeit, zu Gunsten und unter der Leitung des Arbeitgebers sowie an dem vom Arbeitgeber bestimmten Ort und zu der von ihm bestimmten Zeit, und der Arbeitgeber zur Beschäftigung des Arbeitnehmers gegen Vergütung.

Art. 25 § 1 Der Arbeitsvertrag wird auf unbestimmte Zeit, auf bestimmte Zeit oder auf Zeit zur Ausübung einer bestimmten Arbeit geschlossen. Ist es erforderlich, einen Arbeitnehmer zur Vertretung eines anderen Arbeitnehmers während seiner entschuldigten Abwesenheit von der Arbeit zu beschäftigen, kann der Arbeitgeber zu diesem Zweck einen anderen Arbeitnehmer aufgrund eines Arbeitsvertrages auf bestimmte Zeit für die Zeit der Abwesenheit beschäftigen.

Art. 25[1] Der Abschluss eines Arbeitsvertrages auf bestimmte Zeit steht in den Rechtsfolgen dem Abschluss eines Arbeitsvertrages auf unbestimmte Zeit gleich, wenn die Parteien vorher zwei aufeinander folgende Arbeitsverträge auf bestimmte Zeit abgeschlossen haben und die Unterbrechung zwischen der Auflösung des vorhergehenden und der Begründung des nachfolgenden Arbeitsvertrages einen Monat nicht überschreitet.
(Seit dem 29.11.2002 bis zum Beitritt Polens in die EU nicht mehr anzuwenden; Anm. d. Verf.)

Art. 25[1] **(Gem. Art. 15, 20 des Änderungsgesetzes zum Kodeks Pracy sowie weiterer Gesetze vom 14.11.2003 erst mit dem Beitritt Polens in die EU anzuwenden.)**

§ 1 Der Abschluss eines Arbeitsvertrages auf bestimmte Zeit steht in den Rechtsfolgen dem Abschluss eines Arbeitsvertrages auf unbestimmte Zeit gleich, wenn die Parteien vorher zwei aufeinander folgende Arbeitsverträge auf bestimmte Zeit abgeschlossen haben und die Unterbrechung zwischen der Auflösung des vorhergehenden und der Begründung des nachfolgenden Arbeitsvertrages 1 Monat nicht überschreitet.

§ 2 Vereinbarungen zwischen den Parteien während der Dauer eines Arbeitsvertrages auf bestimmte Zeit über eine längere Arbeitszeit aufgrund dieses Arbeitsvertrages werden so behandelt, als wäre mit dem Tage, welcher dem Tage, an dem dieser Arbeitsvertrag aufgelöst wird, nachfolgt, ein aufeinanderfolgender Arbeitsvertrag auf bestimmte Zeit im Sinne des § 1 abgeschlossen worden wäre.

§ 3 § 1 betrifft solche Arbeitsverträge auf bestimmte Zeit nicht, die
1) zum Zwecke der Vertretung eines anderen Arbeitnehmers während seiner entschuldigten Abwesenheit von der Arbeit,
2) zum Zwecke der Ausübung von Gelegenheits- oder Saisonarbeit oder zyklisch durchgeführter Aufgaben abgeschlossen werden.

Art. 29 § 1 Der Arbeitsvertrag bestimmt die Vertragsparteien, die Art des Vertrages, das Datum, an welchem der Vertrag abgeschlossen wird sowie die Arbeits- und Lohnbedingungen, insbesondere:
1) die Art der Arbeit,
2) den Ort, an dem die Arbeit ausgeübt wird,
3) die der Arbeitsart angemessene Vergütung unter Angabe der Lohnbestandteile,
4) die Grundarbeitszeit,
5) den Termin, an dem die Arbeit aufgenommen wird.

§ 2 Der Arbeitsvertrag wird schriftlich abgeschlossen. Ist der Arbeitsvertrag nicht schriftlich abgeschlossen worden, muss der Arbeitgeber spätestens an dem Tag der Arbeitsaufnahme durch den Arbeitnehmer die Art des Vertrages sowie dessen Bedingungen schriftlich bestätigen.

Art. 30 § 3 Die Kündigungserklärung beider Parteien bedarf der Schriftform.

§ 4 Bei einer ordentlichen Kündigung eines Arbeitsvertrages auf unbestimmte Zeit sowie bei einer außerordentlichen Kündigung hat der Arbeitgeber den Kündigungs-grund anzugeben.

Art. 33 Die Parteien können beim Abschluss eines Arbeitsvertrages auf bestimmte Zeit, der länger als sechs Monate dauert, die Zulässigkeit einer vorherigen Auflösung dieses Vertrages mit zweiwöchiger Kündigungsfrist vorsehen.

Art. 38 § 1 Hat der Arbeitgeber die Absicht einem Arbeitnehmer den unbefristeten Arbeitsvertrag ordentlich zu kündigen, so muss er die den Arbeitnehmer repräsentierende Betriebsgewerkschaft schriftlich darüber benachrichtigen, unter Angabe des Kündigungsgrundes.

§ 2 Hält die Betriebsgewerkschaft die Kündigung für unbegründet, kann sie innerhalb von fünf Tagen ab dem Zeitpunkt der Benachrichtigung, dem Arbeitgeber schriftlich ihre begründeten Bedenken mitteilen.

Art. 45 § 1 Im Falle der Feststellung, dass die Kündigung eines unbefristeten Arbeitsvertrages unbegründet ist oder gegen die Vorschriften über die Kündigung von Arbeitsverträgen verstößt, entscheidet das Arbeitsgericht - entsprechend dem Begehren des Arbeitnehmers - über die Unwirksamkeit der Kündigung, und wenn der Vertrag schon aufgelöst worden ist, über die Wiedereinstellung des Arbeitnehmers zu den vorherigen Bedingungen oder über Schadenersatz.

Art. 52 § 1 Der Arbeitgeber kann einen Arbeitsvertrag aufgrund Verschuldens des Arbeitnehmers außerordentlich kündigen:

1) bei einem schweren Verstoß des Arbeitnehmers gegen seine grundlegenden Arbeitnehmerpflichten,

2) bei einer während der Dauer des Arbeitsvertrages vom Arbeitnehmer begangenen Straftat, die eine weitere Beschäftigung auf der eingenommenen Stelle unmöglich macht,

3) bei einem verschuldeten Verlust der Berechtigung zur Berufsausübung, die zur Ausübung der besetzten Stelle notwendig ist.

Art. 53 § 1 Der Arbeitgeber kann den Arbeitsvertrag außerordentlich kündigen:

1) wenn die Arbeitsunfähigkeit des Arbeitnehmers aufgrund von Krankheit:

a) länger als drei Monate dauert und der Arbeitnehmer beim Arbeitgeber kürzer als sechs Monate beschäftigt war,

b) länger als der gesamte Zeitraum, in dem aufgrund der Krankeit das Gehalt und eine Unterstützung bezogen worden ist dauert und der Arbeitnehmer beim Arbeitgeber zumindest sechs Monate beschäftigt war oder dieArbeitsunfähigkeit aufgrund eines Arbeitsunfalls oder einer Berufskrankheit verursacht worden ist,

2) im Falle einer entschuldigten Abwesenheit des Arbeitnehmers aus anderen als den in Nr. 1 genannten Gründen.

Art. 55 § 1[1] Der Arbeitnehmer kann den Arbeitsvertrag in dem in § 1 bestimmten Verfahren (d.h. außerordentlich kündigen; Anm. d. Verf.) auflösen, wenn der Arbeitgeber einen schweren Verstoß gegen seine grundlegenden Pflichten gegenüber dem Arbeitnehmer begangen hat; in diesem Fall steht dem Arbeitnehmer eine Entschädigung i.H.d. Gehalts für die Dauer der Kündigungsfrist zu, und wenn es sich um einen Arbeitsvertrag auf bestimmte Zeit oder auf Zeit zur Ausübung einer bestimmten Arbeit gehandelt hat i.H.d. Gehalts für zwei Wochen.

Art. 300 In den durch arbeitsrechtliche Vorschriften nicht geregelten Fällen, sind auf das Arbeitsverhältnis die Vorschriften des Kodeks Cywilny entsprechend anzuwenden, sofern sie nicht gegen die arbeitsrechtlichen Grundsätze verstoßen.

(Übersetzung der Verf.)

Verzeichnis der polnischen Rechtsquellen

I. Gesetze
Ustawy

Handelsgesetzbuch = Kodeks Handlowy
vom 27.06.1934; Dz. U. 1934, Nr. 57, Pos. 502; mit späteren Änderungen; nicht mehr gültig

Änderungsgesetz zum Gesetz vom 02.07.1924 über die Arbeit der Heranwachsenden und der Frauen
vom 28.04.1948; Dz. U. 1948, Nr. 27, Pos. 182; nicht mehr gültig

Zivilgesetzbuch = Kodeks Cywilny
vom 23.04.1964; Dz. U. 1964, Nr. 16, Pos. 93; mit späteren Änderungen

Zivilprozessordnung = Kodeks Postępowania Cywilnego
vom 17.11.1964; Dz. U. 1964, Nr. 43, Pos. 296; mit späteren Änderungen

Arbeitsgesetzbuch = Kodeks Pracy
vom 26.06.1974; Dz. U. 1974, Nr. 24, Pos. 141; mit späteren Änderungen; nicht mehr gültig

Gesetz über die Selbstverwaltung der Belegschaft in staatlichen Unternehmen
vom 25.09.1981; Dz. U. 1981, Nr. 24, Pos. 123; mit späteren Änderungen

Änderungsgesetz zum Kodeks Pracy sowie weiterer Gesetze
vom 07.04.1989; Dz. U. 1989, Nr. 20, Pos. 107

Gesetz über Arbeitgeberorganisationen
vom 23.05.1991; Dz. U. 1991, Nr. 55, Pos. 235; mit späteren Änderungen

Gesetz über die Lösung von Kollektivstreitigkeiten
vom 23.05.1991; Dz. U. 1991, Nr. 55, Pos. 236; mit späteren Änderungen

Änderungsgesetz zum Gesetz über die Beschäftigten in den staatlichen Behörden
vom 02.12.1994; Dz. U. 1994, Nr. 136, Pos. 704; mit späteren Änderungen

Änderungsgesetz zum Kodeks Pracy sowie weiterer Gesetze
vom 02.02.1996; Dz. U. 1996, Nr. 24, Pos. 110; mit späteren Änderungen

Gesetz über die Ausübung des Mandats eines Abgeordneten und eines Senators
vom 09.05.1996; Dz. U. 1996, Nr. 73, Pos. 350; mit späteren Änderungen

Verfassung der Republik Polen
vom 02.04.1997; Dz. U. 1997, Nr. 78, Pos. 483; mit späteren Änderungen

Gesetz über die Polnische Akademie der Wissenschaften
vom 25.04.1997; Dz. U. 1997; Nr. 75, Pos. 469; mit späteren Änderungen

Arbeitsgesetzbuch = Kodeks Pracy
vom 26.06.1974
in der Fassung der Bekanntmachung vom 23.12.1997; Dz. U. 1998, Nr. 21, Pos. 94; mit späteren Änderungen

Gesetz über die Organisation der Sozialversicherungen
vom 13.10.1998; Dz. U. 1998, Nr. 137, Pos. 887; mit späteren Änderungen

Gesetz über die Pensionen und Renten aus dem Sozialversicherungsfonds
vom 17.12.1998; Dz. U. 1998, Nr. 162, Pos. 1118; mit späteren Änderungen

Gesetz über den öffentlichen Dienst
vom 05.07.1996; Dz. U. 1996, Nr. 89, Pos. 402; mit späteren Änderungen; nicht mehr gültig
vom 18.12.1998; Dz. U. 1999, Nr. 49, Pos. 483; mit späteren Änderungen

Gesetz über die Geldleistungen der Sozialversicherungen bei Krankheit und Mutterschaft
vom 25.06.1999; Dz. U. 1999, Nr. 60, Pos. 636; mit späteren Änderungen

Gesetz über die wirtschaftliche Betätigung
vom 19.11.1999; Dz. U. 1999, Nr. 101, Pos. 1178; mit späteren Änderungen

Gesetzbuch der Handelsgesellschaften
vom 15.09.2000; Dz. U. 2000, Nr. 94, Pos. 1037; mit späteren Änderungen

Gesetz über die Institute für Forschung und Entwicklung
vom 25.07.1985
in der Fassung der Bekanntmachung vom 20.03.2001; Dz. U. 2001, Nr. 33, Pos. 388; mit späteren Änderungen

Gesetz über Gewerkschaften
vom 23.05.1991
in der Fassung der Bekanntmachung vom 31.05.2001; Dz. U. 2001, Nr. 79, Pos. 854; mit späteren Änderungen

Gesetz über die Oberste Kontrollkammer
vom 23.12.1994
in der Fassung der Bekanntmachung vom 24.07.2001; Dz. U. 2001, Nr. 85, Pos. 937; mit späteren Änderungen

Gerichtsverfassungsgesetz der ordentlichen Gerichte
vom 27.07.2001; Dz. U. 2001, Nr. 98, Pos. 1070; mit späteren Änderungen

Gesetz über die Beschäftigten in den staatlichen Behörden
vom 16.09.1982; Dz. U. 1982, Nr. 31, Pos. 214; mit späteren Änderungen; nicht mehr gültig
in der Fassung der Bekanntmachung vom 02.08.2001; Dz. U. 2001, Nr. 86, Pos. 953; mit späteren Änderungen

Gesetz über ansteckende Krankheiten und Infektionen
vom 06.09.2001; Dz. U. 2001, Nr. 126, Pos. 1384

Gesetz über die staatliche Arbeitsinspektion
vom 06.03.1981
in der Fassung der Bekanntmachung vom 12.10.2001; Dz. U. 2001, Nr. 124, Pos. 1362; mit späteren Änderungen

Gesetz über die kommunale Selbstverwaltung
vom 08.03.1990
in der Fassung der Bekanntmachung vom 12.10.2001; Dz. U. 2001, Nr. 142, Pos. 1591; mit späteren Änderungen

Gesetz über Angestellte der Kommunalverwaltung
vom 22.03.1990
in der Fassung der Bekanntmachung vom 07.11.2001; Dz. U. 2001, Nr. 142, Pos. 1593; mit späteren Änderungen

Gesetz über den Schutz von Arbeitnehmerforderungen bei Zahlungsunfähigkeit des Arbeitgebers
vom 29.12.1993
in der Fassung der Bekanntmachung vom 09.01.2002; Dz. U. 2002, Nr. 9, Pos. 85; mit späteren Änderungen

Gesetz über die Versorgung der Kriegs- und Militärbehinderten und ihrer Familien vom 29.05.1974
in der Fassung der Bekanntmachung vom 21.01.2002; Dz. U. 2002, Nr. 9, Pos. 87; mit späteren Änderungen

Gesetz über die allgemeine Pflicht zur Verteidigung der Republik Polen
vom 21.11.1967
in der Fassung der Bekanntmachung vom 08.02.2002; Dz. U. 2002, Nr. 21, Pos. 205; mit späteren Änderungen

Gesetz über Kombattanten und andere Personen, die zu den Opfern der Repressalien des Krieges und der Nachkriegszeit gehören
vom 24.01.1991
in der Fassung der Bekanntmachung vom 30.03.2002; Dz. U. 2002, Nr. 42, Pos. 371; mit späteren Änderungen

Gesetz über Rechtsberater
vom 06.07.1982
in der Fassung der Bekanntmachung vom 20.06.2002; Dz. U. 2002, Nr. 123, Pos. 1059; mit späteren Änderungen

Gesetz über die Staatsanwaltschaft
vom 20.06.1985
in der Fassung der Bekanntmachung vom 05.07.2002; Dz. U. 2002, Nr. 21, Pos. 206; mit späteren Änderungen

Gesetz über staatliche Unternehmen
vom 25.09.1981
in der Fassung der Bekanntmachung vom 20.07.2002, Dz. U. 2002, Nr. 112, Pos. 981; mit späteren Änderungen

Gesetz über die staatliche Feuerwehr
vom 24.08.1991
in der Fassung der Bekanntmachung vom 22.07.2002; Dz. U. 2002, Nr. 147, Pos. 1230; mit späteren Änderungen

Änderungsgesetz zum Kodeks Pracy sowie weiterer Gesetze
vom 26.07.2002; Dz. U. 2002, Nr. 135, Pos. 1146

Gesetz über die Kommerzialisierung und Privatisierung staatlicher Unternehmen
vom 30.08.1996
in der Fassung der Bekanntmachung vom 14.10.2002; Dz. U. 2002, Nr. 171, Pos. 1397

Gesetz über die Beschäftigung und Vorbeugung gegen Arbeitslosigkeit
vom 14.12.1994
in der Fassung der Bekanntmachung vom 07.03.2003; Dz. U. 2003, Nr. 58, Pos. 514

Gesetz über besondere Regeln für die Auflösung von Arbeitsverhältnissen aus Gründen, die die Arbeitnehmer nicht betreffen
vom 13.03.2003; Dz. U. 2003, Nr. 90, Pos. 844

Gesetz über die Lehrerkarte
vom 26.01.1982
in der Fassung der Bekanntmachung vom 29.05.2003; Dz. U. 2003, Nr. 118, Pos. 1112

Genossenschaftsgesetz
vom 16.09.1982
in der Fassung der Bekanntmachung vom 23.10.2003; Dz. U. 2003, Nr. 188, Pos. 1848

Änderungsgesetz zum Kodeks Pracy sowie weiterer Gesetze
vom 14.11.2003; Dz. U. 2003, Nr. 213, Pos. 2081

II. Verordnungen - rozporządzenia

1. Verordnungen des Ministerrats Rozporządzenia Rady Ministrów

Verordnung über die Beschäftigtenrechte von Heimarbeitern
vom 31.12.1975; Dz. U. 1976, Nr. 3, Pos. 19; mit späteren Änderungen

Verordnung über Erziehungsurlaub und Erziehungsbeihilfe
vom 28.05.1996; Dz. U. 1996, Nr. 60, Pos. 277; mit späteren Änderungen

Verordnung über die Berufsausbildung Heranwachsender und deren Vergütung
vom 28.05.1996; Dz. U. 1996, Nr. 60, Pos. 278

Verordnung über das Verzeichnis der für Frauen besonders schweren oder gesundheitsschädlichen Arbeiten
vom 10.09.1996; Dz. U. 1996, Nr.114, Pos. 545; mit späteren Änderungen

2. Verordnung des Ministers für Arbeit und Sozialpolitik Rozporządzenia Ministra Pracy i Polityki Socjalnej

Verordnung über die entschuldigte Abwesenheit von der Arbeit sowie über die Freistellung des Arbeitnehmers von der Arbeit
vom 15.05.1996; Dz. U. 1996, Nr. 60, Pos. 281

Verordnung über den ausführlichen Inhalt des Arbeitszeugnisses sowie die Art und Weise der Erteilung und Berichtigung
vom 15.05.1996; Dz. U. 1996, Nr. 60, Pos. 282

Verordnung über die Führung von Unterlagen in Angelegenheiten, die das Arbeitsverhältnis betreffen, sowie über die Führung der Personalakten der Arbeitnehmer durch den Arbeitgeber
vom 28.05.1996; Dz. U. 1996, Nr. 62, Pos. 286

Verordnung über die Grundsätze der Festlegung von Löhnen und Gehältern während des Nichtnachgehens der Arbeit sowie der Löhne und Gehälter, welche die Grundlage für Schadensersatzberechnungen, Abfindungen, Ausgleichszuschläge sowie anderer im Kodeks Pracy vorgesehener Forderungen bilden
vom 29.05.1996; Dz. U. 1996, Nr. 62, Pos. 289; mit späteren Änderungen

Verordnung über die genauen Grundsätze der Bewilligung von Erholungsurlaub, der Festlegung und der Auszahlung von Urlaubsgeld sowie des Äquivalents in Geld bei Urlaub
vom 08.01.1997; Dz. U. 1997, Nr. 2, Pos. 14; mit späteren Änderungen

Verordnung über die genauen Regeln und die Vorgehensweise bei der Ausstellung von Zusicherungen und Genehmigungen für die Arbeit von Ausländern
vom 19.12.2001; Dz. U. 2001, Nr. 153, Pos. 1766

Verordnung über die Ausnahmefälle der zulässigen Beschäftigung Heranwachsender, die das Gymnasium nicht beendet haben, von Personen unter 16 Jahren, die das Gymnasium beendet haben sowie von Personen unter 16 Jahren, die das Gymnasium nicht beendet haben
vom 05.12.2002; Dz. U. 2002, Nr. 214, Pos. 1808

3. Verordnung des Ministers für Gesundheit und Sozialhilfe

Verordnung über die Durchführung ärztlicher Untersuchungen der Arbeitnehmer, ihrer vorbeugenden Gesundheitsfürsorge sowie über die Ausstellung ärztlicher Atteste zu den im Kodeks Pracy vorgesehenen Zwecken
vom 30.05.1996; Dz. U. 1996, Nr. 69, Pos. 332; mit späteren Änderungen

4. Verordnung des Präsidenten der Republik

Verordnung über die Arbeitsverträge von Angestellten
vom 16.03.1928; Dz. U. 1928, Nr. 35, Pos. 323; nicht mehr gültig

Verordnung über die Arbeitsverträge von Arbeitern
vom 16.03.1928; Dz. U. 1928, Nr. 35, Pos. 324; nicht mehr gültig

Verordnung – Kodeks zobowiązań (Gesetzbuch der Verpflichtungen)
vom 27.10.1933; Dz. U. 1933, Nr. 82, Pos. 598; nicht mehr gültig

Verzeichnis der deutschen Rechtsquellen

I. Gesetze

Bürgerliches Gesetzbuch
vom 18.08.1896; (RGBl. S. 195)

Handelsgesetzbuch
vom 10.05.1897; (RGBl. S. 219)

Grundgesetz
vom 23.05.1949; (BGBl. S. 1)

Gesetz über den Einfluß von Eignungsübungen der Streitkräfte auf Vertragsverhältnisse der Arbeitnehmer und Handelsvertreter sowie auf Beamtenverhältnisse (Eignungsübungsgesetz)
vom 20.01.1956; (BGBl. I S. 13)

Mindesturlaubsgesetz für Arbeitnehmer (Bundesurlaubsgesetz)
vom 08.01.1963; BGBl. I S. 2.

Berufsbildungsgesetz
vom 14.08.1969; BGBl. I S. 1112

Kündigungsschutzgesetz (KSchG)
in der Fassung der Bekanntmachung vom 25.08.1969; BGBl. I S. 1317

Deutsches Richtergesetz
in der Fassung der Bekanntmachung vom 19.04.1972; BGBl. I S. 713

Bundespersonalvertretungsgesetz
vom 15.03.1974; BGBl. I S. 693

Arbeitsgerichtsgesetz
in der Fassung der Bekanntmachung vom 02.07.1979; BGBl. I S. 853

Gesetz über Einreise und Aufenthalt von Staatsangehörigen der Mitgliedstaaten der Europäischen Wirtschaftsgemeinschaft (Aufenthaltsgesetz/EWG – AufenthG/EWG)
in der Bekanntmachung vom 31.01.1980; BGBl. I S. 116

Bundesdatenschutzgesetz (BDSG)
vom 20.12.1990; BGBl. I S. 2954

Gesetz über die Zahlung des Arbeitsentgelts an Feiertagen und im Krankheitsfall
(Entgeltfortzahlungsgesetz)
vom 26.05.1994; BGBl. I S. 1014, 1065

Insolvenzordnung
vom 05.10.1994; BGBl. I S. 2866

Gesetz zur Regelung der gewerbsmäßigen Arbeitnehmerüberlassung (Arbeitnehmerüberlassungsgesetz – AÜG) und zur Änderung anderer Gesetze
vom 07.08.1972; BGBl. I S. 1393
in der Fassung der Neubekannt-machung vom 03.02.1995; BGBl. I S. 158

Gesetz über arbeitsrechtliche Vorschriften zur Beschäftigungsförderung
vom 26.04.1985; BGBl. I S. 710, geändert durch Gesetz vom 25.09.1996; BGBl. I S. 1476, aufgehoben durch das Gesetz über Teilzeitarbeit und befristete Arbeitsverträge (Teilzeit- und Befristungsgesetz – TzBfG)
vom 21.12.2000; BGBl. I S. 1966

Gesetz über den Zivildienst der Kriegsdienstverweigerer (Zivildienstgesetz – ZDG)
in der Fassung der Bekanntmachung vom 28.09.1994 (BGBl. I S. 2811)

Gesetz über den Nachweis der für ein Arbeitsverhältnis geltenden wesentlichen Bedingungen (Nachweisgesetz – NachwG)
vom 20.07.1995; BGBl. I S. 946

Gesetz über die Durchführung von Maßnahmen des Arbeitsschutzes zur Verbesserung der Sicherheit und des Gesundheitsschutzes der Beschäftigten bei der Arbeit (Arbeitsschutzgesetz – ArbSchG)
vom 07.08.1996; BGBl. I S. 1246

Gesetz zum Schutze der erwerbstätigen Mutter (Mutterschutzgesetz – MuSchG)
in der Fassung vom 17.01.1997; BGBl. I S. 22; ber. S. 293

Sozialgesetzbuch, Arbeitsförderung – SGB III
vom 24.03.1997; BGBl. I S. 594

Gewerbeordnung
in der Fassung der Bekanntmachung vom 22.02.1999; BGBl. I S. 202

Rahmengesetz zur Vereinheitlichung des Beamtenrechts (Beamtenrechtsrahmengesetz – BRRG)
in der Fassung der Bekanntmachung vom 31.03.1999; BGBl. I S. 654

Bundesbeamtengesetz
in der Fassung der Bekanntmachung vom 31.03.1999; BGBl. I S. 675

Gesetz zum Erziehungsgeld und zur Elternzeit (Bundeserziehungsgeldgesetz – BErzGG)
in der Fassung der Bekanntmachung vom 01.12.2000; BGBl. I S. 1645

Gesetz über Teilzeitarbeit und befristete Arbeitsverträge (Teilzeit- und Befristungsgesetz – TzBfG)
vom 21.12.2000; BGBl. I S. 1966

Gesetz über den Schutz des Arbeitsplatzes bei Einberufung zum Wehrdienst (Arbeitsplatzschutzgesetz)
vom 30.03.1957 (BGBl. I S. 293)
in der Fassung der Bekanntmachung vom 14.02.2001 (BGBl. I S. 253)

Gesetz über die Rechtsstellung der Soldaten (Soldatengesetz – SG –)
in der Fassung der Bekanntmachung vom 14.02.2001; BGBl. I S. 232

Sozialgesetzbuch (SGB) Neuntes Buch (IX) – Rehabilitation und Teilhabe behinderter Menschen –
vom 19.06.2001; BGBl. I S. 1046

Betriebsverfassungsgesetz
in der Fassung der Bekanntmachung vom 25.09.2001; BGBl. I S. 2518

II. Verordnungen

Verordnung über Arbeitsstätten (Arbeitsstättenverordnung – ArbStättV)
vom 20.03.1975; BGBl. I S. 729

Verzeichnis sonstiger Rechtsquellen

I. Gesetze

Allgemeines bürgerliches Gesetzbuch (Österreich)
eingeführt durch Patent vom 01.06.1811; JGS Nr. 946/1811

II. EG-Richtlinien

Richtlinie 91/533/EWG vom 14.10.1991 über die Pflicht des Arbeitgebers zur Unterrichtung des Arbeitnehmers über die für seinen Arbeitsvertrag oder sein Arbeitsverhältnis geltenden Bedingungen
ABl. EG Nr. L 288, vom 18.10.1991, S. 32

Richtlinie 95/46/EG vom 24.10.1995 zum Schutz natürlicher Personen bei der Verarbeitung personenbezogener Daten und zum freien Datenverkehr
ABl. EG Nr. L 281 vom 23.11.1995, S. 31

Richtlinie 97/81/EG vom 15.12.1997 über Teilzeitarbeit
ABl. EG Nr. L 14 vom 20.01.1998, S. 9

Richtlinie 98/59/EG vom 20.07.1998 zur Angleichung der Rechtsvorschriften der Mitgliedstaaten über Massenentlassungen
ABl. EG Nr. L 225 vom 12.08.1998, S.16

Richtlinie 99/70/EG vom 28.06.1999 über befristete Arbeitsverträge
ABl. EG Nr. L 175 vom 10.07.1999, S. 43

III. Sonstiges

Europäische Charta der kommunalen Selbstverwaltung
vom 15.10.1985; BGBl. 1987 II S. 65

FSC
www.fsc.org
MIX
Papier | Fördert gute Waldnutzung
FSC® C083411

Kolibri 360 GmbH
Ferdinand-Jühlke-Straße 7
99095 Erfurt, Deutschland
produktsicherheit@kolibri360.de

Druck:
CPI Druckdienstleistungen GmbH
im Auftrag der
Kolibri 360 GmbH
Ferdinand-Jühlke-Str. 7
99095 Erfurt